编 委 会

境外投资项目
法律风险防范研究

王甲国　主编

人民出版社

目　录

第一篇 │ 境外投资项目共性法律问题分析

第四篇 | 境外房地产投资项目全流程风险与防范

前　言

2013 年,习近平总书记提出了共建丝绸之路经济带和 21 世纪海上丝绸之路的重大倡议,自此,"一带一路"掀开了中国与世界发展新的一页。"一带一路"倡议的提出顺应了时代发展之需、全球治理变革之要,也为中国企业"走出去"提供了难得的契机。在"一带一路"倡议下,中国企业作为先行官,在支持发展中国家互联互通、重大基础设施建设、促进各国经济发展、人民生活改善等方面作出了重要贡献。许多国家积极与中国开展国际经贸合作,共同完善当地基础设施建设,经济发展动力因此得到提升。

根据中华人民共和国商务部、国家统计局、国家外汇管理局发布的《2021 年度中国对外直接投资统计公报》,2021 年,中国对外直接投资流量为 1788.2 亿美元,位列世界第二。在上述投资中,房地产业投资额 41 亿美元、建筑业 46.2 亿美元、交通运输/仓储和邮政业投资额 122.3 亿美元、电力/热力/燃气及水的生产与供应业投资额 43.9 亿美元。截至 2021 年底,中国 2.86 万家境内投资者在国(境)外共设立对外直接投资企业 4.6 万家,分布于全球 190 个国家(地区);对外直接投资累计净额达 27851.5 亿美元,其中股权投资 15964 亿美元、收益再投资 8932.3 亿美元、债务工具投资 2955.2 亿美元。①

随着中国对外投资额的逐步增长、投资规模的逐步扩大、投资领域的逐渐

---

① 参见中华人民共和国商务部、国家统计局、国家外汇管理局:《2021 年度中国对外直接投资统计公报》,中国商务出版社 2022 年版,第 3—4 页。

细分,中国企业"走出去"所面临的各类风险也越来越多,如因东道国/地区政府违约导致的投资失败、因东道国/地区投资审查引发的行政法律纠纷、因对东道国/地区法律不熟悉而引发的法律风险、因东道国/地区环境及社会文化差异而产生的诉讼纠纷等。如何破解中国企业"走出去"面临的风险,把控和降低在境外投资项目和工程承包的损失,是摆在从事境外投资和工程承包业务的中国企业面前的一个重大课题。

近年来,中国铁建股份有限公司(以下简称"中国铁建")积极响应国家"一带一路"倡议的号召,加强海外市场布局,努力打造以基础设施建设为主,集投建营于一体的国际化产业集团。中铁二十局集团有限公司(以下简称"中铁二十局")作为中央企业"走出去"的排头兵,通过持续加强境外市场的高端经营、提升项目管理水平等一系列举措,在基础设施投资、海外工程承包等领域取得了卓越的成绩。但在境外市场高速发展的同时也不可避免地面临着诸多法律风险,为保障未来境外投资项目的顺利实施、有效应对潜在的各类法律风险,中国铁建法律合规部组织中铁二十局法律合规部以"有效指导项目实践"为宗旨,结合各类项目实践经验,撰写了《境外投资项目法律风险防范研究》,北京市中伦(上海)律师事务所南锦林律师团队也给予了大力支持。

本研究突出了国际性、实务性、普遍性与特殊性相结合的特点。其一,本研究的内容主要围绕着境外各类投资项目的实施而撰写,其出发点和落脚点均为指导境外投资项目实践;其二,本研究在撰写过程中,结合了以往的项目实践,分析了境外投资项目实践过程中的法律风险及其应对方式;其三,本研究既对境外投资项目投资过程中的共性法律问题进行了分析,也就不同投资模式进行了系统性阐述,兼顾了内容在适用上的普遍性与特殊性。在撰写过程中,运用了文献研究法、对比分析法、历史分析法、案例研究法等研究方法,力争做到内容准确、翔实。

为了使相关知识和分析更切合境外市场的实际情况,在某些章节内容的撰写过程中,中国铁建法律合规部、中铁二十局法律合规部做了大量的工作,进行了充分调研,查阅了相关文献并结合了企业业务经验,希望能对中国铁建全系统及行业内境外投资项目顺利进行提供实践帮助。由于境外各类项目实践种类繁多、各国法律体系均不尽相同,本研究在适用时难免存在疏漏,在此也欢迎读者后续与笔者进行进一步沟通交流。

中国铁建股份有限公司法律合规部

2023 年 9 月 5 日

第一篇

境外投资项目共性法律问题分析

第一章　我国境外投资相关法律法规解读

▚ 内容提要

近年来,随着我国"一带一路"倡议的开展及企业"走出去"步伐不断加快,中国对境外投资的立法也越来越完善。企业开展境外投资的各个环节,都需要遵守中国的法律,受到中国政府的监管。

本章主要讨论我国境外投资相关法律法规,包括以下要点:

➢ 境外投资监管制度

➢ 境外投资担保制度

➢ 境外投资保险制度

通过学习、阅读本部分内容,可以迅速地了解中国企业在境外投资过程中受到的法律规制,指导项目人员了解相关监管规定及相应的流程。

第一节　境外投资监管制度

我国政府对国有企业境外投资的事前、事中和事后监管已建立了较为完善的制度体系,在行政监管层面,境外投资的主要监管机构包括国家发展和改革委员会(以下简称"国家发展改革委")、商务部、国家外汇管理局(以下简称

"国家外汇局")、国务院国有资产监督管理委员会（以下简称"国务院国资委"）等。

一、监管体系概述

中国国有企业进行境外投资,首先需报国家发展改革委、商务部这两大政府部门履行审批程序,之后由银行办理境外直接投资项下外汇汇出手续。对于中央企业,在报相关部委前,尚需经过企业内部决策,并取得国资管理部门的批准。其基本流程如下：

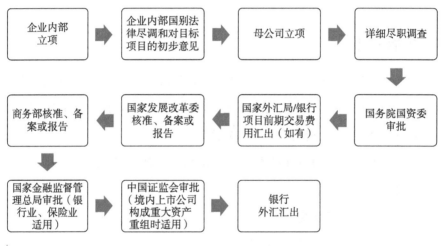

图 1-1-1　境外投资监管体系

下文将对境外投资各环节的监管进行详细讨论。

二、企业应遵循的境外投资规定

中央企业应当建立完善的境外投资管理制度,并经董事会审议通过后报送国务院国资委。①

---

① 国务院国有资产监督管理委员会:《中央企业境外投资监督管理办法》第 7 条,2017 年 1 月 7 日生效。

中央企业应当对境外投资决策实行统一管理,向下授权境外投资决策的企业管理层级原则上不超过二级。各级境外投资决策机构对境外投资项目作出决策时,应当形成决策文件,所有参与决策的人员均应在决策文件上签字背书,对所发表意见应记录存档[①]。

企业在境外经营投资中应当遵守国家法律法规、国有资产监管规章制度和企业内部管理规定。因此,企业不得违反内部的境外投资管理制度及决策程序进行对外投资,若企业开展列入负面清单禁止类的境外投资项目、违反规定从事非主业投资或开展列入负面清单特别监管类的境外投资项目、未按规定进行风险评估并采取有效风险防控措施对外投资或承揽境外项目,造成国有资产损失或其他严重不良后果,其相关负责人将被追究责任,追究方式包括组织处理、扣减薪酬、禁入限制、纪律处分、移送国家监察机关或司法机关处理等[②]。

三、国家发展改革委境外投资监管体系

国家发展改革委主要负责审核境外投资的合法性和可行性,对通过审核的境外投资项目发放项目核准文件或备案通知书,并对各类境外投资项目进行宏观指导、综合服务和全程监管。

2018年3月1日生效的《企业境外投资管理办法》是国家发展改革委境外投资监管的主要依据,包括境外投资主体、投资活动、核准与备案的程序和时限、事后监管机制及违反核准备案监管的法律责任等内容。

(一)境外投资概念

国家发展改革委《企业境外投资管理办法》中规定的"境外投资",指中华

①　国务院国有资产监督管理委员会:《中央企业境外投资监督管理办法》第15条,2017年1月7日生效。

②　国务院国有资产监督管理委员会:《中央企业违规经营投资责任追究实施办法(试行)》第16、31条,2018月8月30日生效。

人民共和国境内企业直接或通过其控制的境外企业,以投入资产、权益或提供融资、担保等方式,获得境外所有权、控制权、经营管理权及其他相关权益的投资活动。具体的投资活动主要包括:获得各类权益(包括土地所有权、使用权,自然资源勘探、开发特许权,境外基础设施所有权、经营管理权等,境外企业或资产所有权、经营管理权)、新建和改扩建境外固定资产、新建境外企业或向境外企业增资、新设和参股境外股权投资基金及通过协议、信托等方式控制境外企业或资产①。

(二) 核准、备案及报告项目范围

根据《企业境外投资管理办法》②,境外投资根据项目投资方式、投资金额及行业是否敏感等具体情况,分别采取核准、备案、报告三种方式进行监管,具体分类详见表1-1-1:

表1-1-1 国家发展改革委核准、备案及报告项目范围

中方投资额	直接投入资产、权益或提供融资、担保			通过控制的境外企业投资	
	敏感类项目	非敏感类项目		敏感类项目	非敏感类项目
		中央企业	地方企业		
3亿美元及以上	国家发展改革委核准	国家发展改革委备案	国家发展改革委备案	国家发展改革委核准	向国家发展改革委报告
3亿美元以下			省级发展改革部门备案		无须核准、备案或报告

敏感类项目包括涉及敏感国家和地区的项目与涉及敏感行业的项目。

敏感国家和地区包括与我国未建交的国家和地区;发生战争、内乱的国家

---

① 国家发展和改革委员会:《企业境外投资管理办法》第2条,2018年3月1日生效。
② 国家发展和改革委员会:《企业境外投资管理办法》第13、14、42条,2018年3月1日生效。

和地区；根据我国缔结或参加的国际条约、协定等，需要限制企业对其投资的国家和地区；其他敏感国家和地区。

敏感类行业的范围在《境外投资敏感行业目录（2018 年版）》中有详细的规定，包括武器装备的研制生产维修、跨境水资源开发利用、新闻传媒及需要限制企业境外投资的行业（房地产、酒店、影城、娱乐业、体育俱乐部以及在境外设立无具体实业项目的股权投资基金或投资平台）①。

央企集团下属全资子公司，履行境外投资项目核准、备案或告知手续，都需要通过集团进行申报②。

（三）核准与备案流程

对于应当进行核准的项目，投资主体应当通过网络系统向核准机关提交项目申请报告并附具有关文件③。项目申请报告应当包括投资主体情况、项目情况（包括项目名称、投资目的地、主要内容和规模、中方投资额等）、项目对我国国家利益和国家安全的影响分析及投资主体关于项目真实性的声明④。相关文件的格式文本参见国家发展改革委发布的《企业境外投资管理办法配套格式文本（2018 年版）》。

对于应当实行备案管理的项目，投资主体应当通过网络系统向备案机关提交项目备案表并附具有关文件⑤。项目备案表的内容主要包括投资主体情况、项目情况、项目对我国国家利益和国家安全的影响分析，其格式文本参见国家发展改革委发布的《企业境外投资管理办法配套格式文本（2018 年版）》。

---

① 国家发展和改革委员会：《境外投资敏感行业目录（2018 年版）》，2018 年 3 月 1 日生效。
② 国家发展和改革委员会：《境外投资常见问题解答》，见 http://www.chinagoabroad.com/zh/article/27866，2020 年 9 月 3 日访问。
③ 国家发展和改革委员会：《企业境外投资管理办法》第 18 条，2018 年 3 月 1 日生效。
④ 国家发展和改革委员会：《企业境外投资管理办法》第 19 条，2018 年 3 月 1 日生效。
⑤ 国家发展和改革委员会：《企业境外投资管理办法》第 29 条，2018 年 3 月 1 日生效。

（四）核准与备案的变更和延期

已核准、备案的项目，发生下列情形之一的，投资主体应当在有关情形发生前向出具该项目核准文件或备案通知书的机关提出变更申请①：

投资主体增加或减少；

投资地点发生重大变化；

主要内容和规模发生重大变化；

中方投资额变化幅度达到或超过原核准、备案金额的 20%，或中方投资额变化 1 亿美元及以上；

需要对项目核准文件或备案通知书有关内容进行重大调整的其他情形。

核准文件、备案通知书有效期 2 年。确需延长有效期的，投资主体应当在有效期届满的 30 个工作日前向出具该项目核准文件或备案通知书的机关提出延长有效期的申请②。

（五）境外投资过程中的监管

对于正在进行中的境外投资活动，《企业境外投资管理办法》建立了报告制度及检查问询惩戒制度，加强对境外投资过程中的监管。

《企业境外投资管理办法》提出建立协同监管机制，通过在线监测、约谈函询、抽查核实等方式对境外投资进行监督检查，加强境外投资监管的薄弱环节监管③。同时，《企业境外投资管理办法》引入项目完成情况报告、重大不利情况报告、重大事项问询和报告等制度，强调对境外投资的全程监管，维护国家利益和国家安全④。

---

① 国家发展和改革委员会：《企业境外投资管理办法》第 34 条，2018 年 3 月 1 日生效。
② 国家发展和改革委员会：《企业境外投资管理办法》第 35 条，2018 年 3 月 1 日生效。
③ 国家发展和改革委员会：《企业境外投资管理办法》第 40 条，2018 年 3 月 1 日生效。
④ 国家发展和改革委员会：《企业境外投资管理办法》第 43、44、45 条，2018 年 3 月 1 日生效。

针对企业境外投资的违法违规行为,如恶意分拆、虚假申报、通过不正当手段取得核准文件或备案通知书、擅自实施项目、不按规定办理变更、应报告而未报告、不正当竞争、威胁或损害国家利益和国家安全、违规提供融资等,《企业境外投资管理办法》明确了惩戒措施①。同时,《企业境外投资管理办法》提出,国家发展改革委建立境外投资违法违规行为记录,纳入全国信用信息共享平台等,会同有关部门和单位实施联合惩戒②。

四、商务部境外投资监管体系

商务部的监管主要依据 2014 年商务部发布的《境外投资管理办法》建立,侧重于境外投资设立企业的角度,对于完成备案或核准的投资企业出具《企业境外投资证书》,并指导境外投资合规管理,提供权益保障、投资促进和风险预警。

(一)监管范围

商务部对境外投资的监管较国家发展改革委而言范围更窄,针对企业通过新设、并购及其他方式在境外拥有非金融企业或取得既有非金融企业所有权、控制权、经营管理权及其他权益的行为③,即不包括个人或金融企业的境外投资行为。

(二)核准及备案项目范围

根据项目性质是否敏感,商务部分别采取备案和核准管理。根据企业性质不同,主管部门分为商务部和省级商务(厅、委)主管部门。详见表1-1-2④:

---

① 国家发展和改革委员会:《企业境外投资管理办法》第51—57条,2018年3月1日生效。
② 国家发展和改革委员会:《企业境外投资管理办法》第49条,2018年3月1日生效。
③ 商务部:《境外投资管理办法》第2条,2014年10月6日实施。
④ 商务部:《境外投资管理办法》第6、9、10条,2014年10月6日实施。

表1-1-2　商务部核准及备案项目范围

	敏感类	非敏感类
中央企业	向商务部申请核准	报商务部备案
地方企业	通过所在地省级商务主管部门向商务部申请核准	报所在地省级商务主管部门备案

根据《境外投资管理办法》，商务部监管体系下的敏感类项目，指涉及与中华人民共和国未建交的国家、受联合国制裁的国家的项目，或涉及出口中华人民共和国限制出口的产品和技术的行业、影响一国（地区）以上利益的行业的项目①。

（三）核准及备案流程

对属于核准情形的项目，中央企业向商务部提出申请，地方企业通过所在地省级商务主管部门向商务部提出申请②。

核准境外投资应当征求中国驻外使（领）馆（经商处室）意见。涉及中央企业的，由商务部征求意见；涉及地方企业的，由省级商务主管部门征求意见。征求意见时，商务部和省级商务主管部门应当提供投资事项基本情况等相关信息。驻外使（领）馆（经商处室）应当自接到征求意见要求之日起7个工作日内回复③。

商务部应当在受理中央企业核准申请后20个工作日内［包含征求驻外使（领）馆（经商处室）意见的时间］作出是否予以核准的决定④。

省级商务主管部门应当在受理地方企业核准申请后对申请是否涉及《境外投资管理办法》第四条所列禁止投资的情形进行初步审查，并在15个工作

---

① 商务部：《境外投资管理办法》第7条，2014年10月6日实施。
② 商务部：《境外投资管理办法》第10条，2014年10月6日实施。
③ 商务部：《境外投资管理办法》第11条，2014年10月6日实施。
④ 商务部：《境外投资管理办法》第12条，2014年10月6日实施。

日内［包含征求驻外使（领）馆（经商处室）意见的时间］将初步审查意见和全部申请材料报送商务部。商务部收到省级商务主管部门的初步审查意见后，应当在 15 个工作日内做出是否予以核准的决定①。

对属于备案情形的项目，中央企业和地方企业通过"境外投资管理系统"按要求填写并打印《境外投资备案表》，加盖印章后，连同企业营业执照复印件分别报商务部或省级商务主管部门备案，商务部或省级商务主管部门应当自收到真实完整的《境外投资备案表》之日起 3 个工作日内予以备案②。实务中，有些地区（如深圳市）除在线提交申请外，还需要提交纸质材料。

对于获得备案或核准的项目，商务部和省级商务主管部门通过"境外投资管理系统"对企业境外投资进行管理，并向获得备案或核准的企业颁发《企业境外投资证书》③。

五、境外投资外汇监管

（一）境外投资外汇登记主管部门及程序

根据国家外汇局于 2015 年发布的《国家外汇管理局关于进一步简化和改进直接投资外汇管理政策的通知》，境外直接投资的监管职能已下放至银行，由银行办理境外投资外汇登记，国家外汇局及其分支机构通过银行对直接投资外汇登记实施间接监管④。企业可以选择企业注册地银行办理境外直接投资外汇登记，非金融企业境外投资需要提供商务主管部门颁发的《企业境外投资证书》，金融机构境外投资需要提供相关金融主管部门对该项投资的批

---

① 商务部：《境外投资管理办法》第 12 条，2014 年 10 月 6 日实施。
② 商务部：《境外投资管理办法》第 9 条，2014 年 10 月 6 日实施。
③ 商务部：《境外投资管理办法》第 8 条，2014 年 10 月 6 日实施。
④ 国家外汇管理局：《国家外汇管理局关于进一步简化和改进直接投资外汇管理政策的通知》第 1 条，2015 年 6 月 1 日生效。

准文件或无异议函①。

银行对境外资金留存或境外收益获取的合规性进行审查,如涉嫌以其非法留存境外的资产或权益转做境外投资的,不得为其办理境外直接投资外汇登记②。

(二)境外直接投资前期费用登记

1. 前期费用的金额限制

根据《直接投资外汇业务操作指引》的规定,境内机构(含境内企业、银行及非银行金融机构)汇出境外的前期费用,累计汇出额原则上不超过 300 万美元且不超过中方投资总额的 15%③。

2. 前期费用登记的申请

根据《直接投资外汇业务操作指引》的规定,境内机构需要向银行提交《境外直接投资外汇登记业务申请表》和营业执照④。

(三)境内机构境外直接投资外汇登记

境内机构在以境内外合法资产或权益(包括但不限于货币、有价证券、知识产权或技术、股权、债权等)向境外出资前,应到注册地银行申请办理境外直接投资外汇登记相关的手续⑤。

(四)境外直接投资存量权益登记

凡进行境外投资的境内机构均需按年度进行此项登记,具体指境内投资

---

① 国家外汇管理局:《直接投资外汇业务操作指引》第 2.2 条,2015 年 6 月 1 日生效。
② 国家外汇管理局:《资本项目外汇业务指引(2020 年版)》第 7.2 条。
③ 国家外汇管理局:《资本项目外汇业务指引(2020 年版)》第 7.1 条。
④ 国家外汇管理局:《资本项目外汇业务指引(2020 年版)》第 7.1 条。
⑤ 国家外汇管理局:《资本项目外汇业务指引(2020 年版)》第 7.2 条。

主体于每年 1 月 1 日至 9 月 30 日(含)期间,通过外汇系统企业端、银行端向外汇局报送《境外直接投资中方权益统计表》,反映上年度境外企业资产、负债和所有者权益相关数据信息。外汇局仅负责抽查。如果未按规定办理登记或被业务管控的,银行将不得为其办理后续资本项下外汇业务①。

六、国务院国资委境外投资监管体系

中央企业的境外投资需申请国务院国资委审批程序并办理国有资产产权登记手续,要点如下。

(一)负面清单制度

国务院国资委对于中央企业的监管实施负面清单制度,分为三类进行监管②:

列入负面清单禁止类的境外投资项目,中央企业一律不得投资;

列入负面清单特别监管类的境外投资项目,中央企业应当报送国资委履行出资人审核把关程序;

负面清单之外的境外投资项目,由中央企业按照企业发展战略和规划自主决策。

(二)全过程监管

《中央企业境外投资监督管理办法》从事前、事中、事后对中央企业境外投资实现全过程监管,并加强规范、监控及问责。

---

① 国家外汇管理局:《资本项目外汇业务指引(2020 年版)》第 7.4 条。
② 国务院国有资产监督管理委员会:《中央企业境外投资监督管理办法》第 9 条,2017 年 1 月 7 日生效。

表1-1-3　国务院国资委全过程监督内容①

全过程监督	国资委监管工作	央企工作
事前	从项目风险、股权结构、资本实力、收益水平、竞争秩序、退出条件等方面履行出资人审核把关程序，必要时可委托第三方咨询机构对项目进行论证。	列入负面清单特别监管类的境外投资项目，应当在履行企业内部决策程序后、在向国家有关部门首次报送文件前报送国资委。
事中	对境外重大投资项目进行随机监督检查，重点检查企业境外重大投资项目决策、执行和效果等情况，对发现的问题向企业进行提示。	分别于每年一、二、三季度终了次月10日前将季度境外投资完成情况通过央企投资管理信息系统报送国资委。部分重点行业的应当按要求报送季度境外投资分析情况。
事后	对央企境外投资项目后评价工作进行监督和指导。	央企在年度境外投资完成后，应当编制年度境外投资完成情况报告，并于下一年1月31日前报送国资委。境外重大投资项目实施完成后，应当开展重大投资项目专项审计，及时开展后评价，形成后评价专项报告。

（三）"特别监管类的境外投资项目"的监管

列入中央企业境外投资项目负面清单特别监管类的境外投资项目，中央企业应当报送国资委履行出资人审核把关程序②。

国资委依据相关法律、法规和国有资产监管规定等履行出资人审核把关程序，并对有异议的项目在收到相关材料后20个工作日内向企业反馈书面意见。国资委认为有必要时，可委托第三方咨询机构对项目进行论证③。

---

① 国务院国有资产监督管理委员会：《中央企业境外投资监督管理办法》第9、12、16、19、20、21条，2017年1月7日生效。

② 国务院国有资产监督管理委员会：《中央企业境外投资监督管理办法》第9条，2017年1月7日生效。

③ 国务院国有资产监督管理委员会：《中央企业境外投资监督管理办法》第12条，2017年1月7日生效。

（四）对"非主业"的审核

主业是指由中央企业发展战略和规划确定的并经国资委确认公布的企业主要经营业务；非主业是指主业以外的其他经营业务。关于各央企的主业，国资委官方网站上有明确的公布。

（五）境外国有产权管理

中央企业及其各级子企业在首次取得境外企业产权的、境外企业产权状况发生改变、境外企业不再保留国有产权等情形下，应当由中央企业统一向国资委申办产权登记①。

同时，中央企业及其各级子企业以其拥有的境内国有产权向境外企业注资或者转让，或者以其拥有的境外国有产权向境内企业注资或者转让，应当对标的物进行评估，并办理评估备案或者核准②。

七、证监会及交易所

境内上市公司的境外直接投资受到证监会的监管，如果构成重大资产重组等事宜，需要经过证监会审批，并履行信息披露等相关程序。根据境外投资的交易体量和支付方式，证监会和交易所的监管要求有所不同。

（一）不构成重大资产重组的现金交易

上市公司进行不构成重大资产重组的现金交易，需履行一般的信息披露义务。

---

① 国务院国有资产监督管理委员会：《中央企业境外国有产权管理暂行办法》第8条，2011年7月1日生效。

② 国务院国有资产监督管理委员会：《中央企业境外国有产权管理暂行办法》第9条，2011年7月1日生效。

（二）构成重大资产重组的现金交易

上市公司及其控股或者控制的公司购买、出售资产，达到下列标准之一的，构成重大资产重组[①]：

购买、出售的资产总额占上市公司最近一个会计年度经审计的合并财务会计报告期末资产总额的比例达到 50% 以上；

购买、出售的资产在最近一个会计年度所产生的营业收入占上市公司同期经审计的合并财务会计报告营业收入的比例达到 50% 以上；

购买、出售的资产净额占上市公司最近一个会计年度经审计的合并财务会计报告期末净资产额的比例达到 50% 以上，且超过 5000 万元人民币。

（三）发行股份购买资产

上市公司发行股份购买资产，应当符合下列规定[②]：

充分说明并披露本次交易有利于提高上市公司资产质量、改善财务状况和增强持续盈利能力，有利于上市公司减少关联交易、避免同业竞争、增强独立性。

上市公司最近一年及一期财务会计报告被注册会计师出具无保留意见审计报告；被出具保留意见、否定意见或者无法表示意见的审计报告的，须经注册会计师专项核查确认，该保留意见、否定意见或者无法表示意见所涉及事项的重大影响已经消除或者将通过本次交易予以消除。

上市公司及其现任董事、高级管理人员不存在因涉嫌犯罪正被司法机关立案侦查或涉嫌违法违规正被中国证监会立案调查的情形，但是，涉嫌犯罪或违法违规的行为已经终止满 3 年，交易方案有助于消除该行为可能造成的不

---

① 中国证券监督管理委员会：《上市公司重大资产重组管理办法》第 12 条，2023 年 2 月 17 日实施。

② 中国证券监督管理委员会：《上市公司重大资产重组管理办法》第 43 条，2023 年 2 月 17 日实施。

良后果,且不影响对相关行为人追究责任的除外。

充分说明并披露上市公司发行股份所购买的资产为权属清晰的经营性资产,并能在约定期限内办理完毕权属转移手续。

中国证监会规定的其他条件。

上市公司申请发行股份购买资产,由证券交易所设立的并购重组委员会进行审议。

(四)重大资产重组的程序

上市公司实施重大资产重组,应当在初步磋商、资产评估、董事会作出重大资产重组决议等方面,遵守《上市公司重大资产重组管理办法》等相关法律的规定,并在作出决议后,对重大资产重组进行披露。

八、反垄断审查

根据《中华人民共和国反垄断法》(以下简称《反垄断法》),垄断主要表现为三种形式:经营者集中、垄断协议、滥用市场支配地位。其中,经营者集中是境外投资,尤其是境外收购中可能出现的情形,其主管部门是国家市场监督管理总局反垄断局。

根据《反垄断法》规定,经营者集中是指下列情形:经营者合并;经营者通过取得股权或者资产的方式取得对其他经营者的控制权;经营者通过合同等方式取得对其他经营者的控制权或者能够对其他经营者施加决定性影响[1]。在境外投资中,如果构成经营者集中,则须面临反垄断审查。

经营者集中实行事先申报制,达到国务院规定标准的,应事先向国务院反垄断执法机构申报,未经申报不得实施集中[2]。如反垄断局认定并购后的企业在市场上形成垄断,则可禁止该并购,其审查主要侧重于国内市场。

---

① 《中华人民共和国反垄断法》第 25 条,2022 年 8 月 1 日生效。
② 《中华人民共和国反垄断法》第 26 条,2022 年 8 月 1 日生效。

（一）申报标准

根据《国务院关于经营者集中申报标准的规定》，当一项交易同时符合以下条件时，需要进行申报：相关经营者的营业额达到需要申报的标准；交易构成"经营者集中"。

营业额的标准（相关经营者的营业额达到下列标准，需要进行申报）①：

参与集中的所有经营者上一会计年度在全球范围内的营业额合计超过120亿元人民币，并且其中至少两个经营者上一会计年度在中国境内的营业额均超过8亿元人民币；

参与集中的所有经营者上一会计年度在中国境内的营业额合计超过40亿元人民币，并且其中至少两个经营者上一会计年度在中国境内的营业额均超过8亿元人民币。

构成经营者集中的形式为②：

经营者合并；

经营者通过取得股权或者资产的方式取得对其他经营者的控制权；

经营者通过合同等方式取得对其他经营者的控制权或者能够对其他经营者施加决定性影响。

其中，《反垄断法》对"控制权"没有明确定义，也未规定具体持有股份比例的最低门槛。实践中，对于收购不足50%股权是否获得了《反垄断法》意义上的"控制权"，还需考虑收购方任命董事会董事或主要管理成员的能力，决定预算、商业计划和其他重大投资的能力等因素。同时，如果未达到上述申报标准，但按照规定程序收集的事实和证据表明该经营者集中具有或者可能具有排除、限制竞争效果的，也将面临反垄断执法机构的调查③。

---

① 《国务院关于经营者集中申报标准的规定》第3条，2024年1月22日实施。
② 《国务院关于经营者集中申报标准的规定》第2条，2024年1月22日实施。
③ 《国务院关于经营者集中申报标准的规定》第4条，2024年1月22日实施。

（二）申报流程

一般而言,中国的反垄断申报的流程如图 1-1-2 所示。

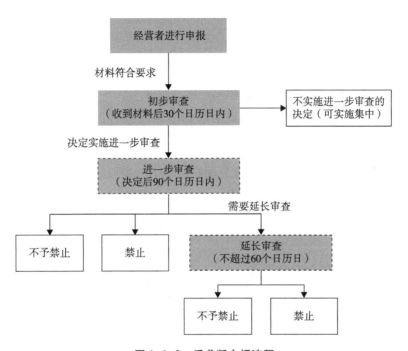

图 1-1-2　反垄断申报流程

同时,对于符合特定条件的集中,可以作为简易案件申报,进行简易程序的审查[①]。

（三）审查结果

1. 批准

经营者集中不具有或者不可能具有排除、限制竞争效果的,应当作出不予禁止的决定。如果经营者集中具有或者可能具有排除、限制竞争效果,但经营

---

① 国家市场监督管理总局:《经营者集中审查规定》第 19 条,2023 年 4 月 15 日实施。

者能够证明该集中对竞争产生的有利影响明显大于不利影响,或者符合社会公共利益的,国务院反垄断局可以作出对经营者集中不予禁止的决定。对不予禁止的经营者集中,国务院反垄断执法机构可以决定附加减少集中对竞争产生不利影响的限制性条件①。

2. 禁止

经营者集中具有或者可能具有排除、限制竞争效果的,国务院反垄断执法机构应当作出禁止经营者集中的决定。国务院反垄断执法机构应当将禁止经营者集中的决定或者对经营者集中附加限制性条件的决定,及时向社会公布。②

在境外实施并购项目,也同样会面临与境内相类似的经营者集中审查问题,本段描述境内经营集中审查,是为了在境外并购项目中考虑进去类似的问题。因目标项目所在地区不同,关于经营者集中审核问题的规定也有差别。

九、境外安全保障政策

为完善境外安全风险控制体系,指导企业加强境外安全风险防范,国家已发布多个法律文件,成为境外安保的主要制度保障,包括《境外中资企业机构和人员安全管理规定》《对外投资合作企业在外人员相关信息备案制度》《对外投资合作境外安全事件应急响应和处置规定》《关于加强境外中资企业机构与人员安全保护工作意见的通知》《对外投资合作境外安全风险预警和信息通报制度》等,下面就相关制度的重点内容进行简要分析。

(一)《境外中资企业机构和人员安全管理规定》

《境外中资企业机构和人员安全管理规定》由商务部、公安部、外交部、发改委等部门联合颁布,主要对境外安全教育和培训、境外安全风险防范、境外

---

① 《中华人民共和国反垄断法》第34、35条,2022年8月1日生效。
② 《中华人民共和国反垄断法》第34、36条,2022年8月1日生效。

安全突发事件应急处置、高风险国家和地区的管理、安全责任进行了规定。根据该规定,境外中资企业应当承担如下职责:

按照"谁派出,谁负责"的原则,对派出人员在出境前开展境外安全教育和培训;

制订境外安全管理制度,建立境外安全突发事件应急处置机制,指导派出机构制订安全防范措施和应急预案;

境外安全突发事件发生后,境外中资企业机构作为处理境外突发事件的主体单位应在驻外使领馆的指导下按规定的程序妥善处置;

在高风险国家和地区开展对外投资合作前,应聘请专业安全机构进行安全风险评估。

(二)《对外投资合作企业在外人员相关信息备案制度》

《对外投资合作企业在外人员相关信息备案制度》由商务部、外交部颁布,主要为保障中国境外人员的安全,规定境外投资企业应当在人员派出的同时,向驻在国或地区使领馆办理在外人员相关信息备案,并且在外人员相关信息如发生变化,应及时在备案系统中进行更新。

(三)《对外投资合作境外安全事件应急响应和处置规定》

《对外投资合作境外安全事件应急响应和处置规定》由商务部、外交部、住房和城乡建设部等六部委联合颁布,明确了各部委在境外安全应急处置中的责任及境外安全事件发生后各机构的响应程序和要求。其中,境外安全事件发生后,境外中资企业机构应第一时间向驻外使(领)馆和对外投资合作企业报告情况,并在驻外使(领)馆指导下做好现场处置工作。另外,境外中资企业机构首次进入驻在国市场,应到驻外使(领)馆经商处(室)备案,并定期汇报业务开展情况和有关工作。

第二节 境外投资担保制度

一、中国跨境担保法律体系

在境外投资中,跨境担保是较为常见的安排。跨境担保主要可以分为以下三种类型:内保外贷,是指担保人注册地在境内、债务人和债权人注册地均在境外的跨境担保;外保内贷,是指担保人注册地在境外、债务人和债权人注册地均在境内的跨境担保;其他形式跨境担保,是指除前述内保外贷和外保内贷以外的其他跨境担保情形①。跨境担保涉及国际收支平衡、国内金融安全和经济秩序稳定,关系社会公共经济利益,因此需要通过法律、法规等予以规范。中国相关法律法规如下。

表1-1-4 跨境担保相关法律法规

名称	性质	主要内容
外汇管理条例	行政法规	提供对外担保,应当向外汇管理机关提出申请,由外汇管理机关根据申请人的资产负债等情况作出批准或者不批准的决定……申请人签订对外担保合同后,应当到外管管理机关办理对外担保登记。
跨境担保外汇管理规定	部门规范性文件	外汇局对内保外贷和外保内贷实行登记管理。 外汇局对跨境担保合同的核准、登记或备案情况以及本规定明确的其他管理事项与管理要求,不构成跨境担保合同的生效要件。

根据上述法律规定,跨境担保应在国家外汇局进行登记,下文将重点说明各类跨境担保业务的相关规定。

(一)内保外贷

1. 内保外贷的分类

内保外贷主要包括如下两种类型:

---

① 国家外汇管理局:《跨境担保外汇管理规定》第3条,2014年6月1日生效。

（1）银行作为担保人的内保外贷。

（2）非银行金融机构或企业（"非银行机构"）作为担保人的内保外贷。

2. 内保外贷的资金使用限制

内保外贷项下资金用途应当符合以下规定[①]：

（1）内保外贷项下资金仅用于债务人正常经营范围内的相关支出，不得用于支持债务人从事正常业务范围以外的相关交易，不得虚构贸易背景进行套利，或进行其他形式的投机性交易。

（2）未经外汇局批准，债务人不得通过向境内进行借贷、股权投资或证券投资等方式将担保项下资金直接或间接调回境内使用。

3. 内保外贷的登记

内保外贷登记根据类型不同，有两种不同的流程[②]：

表1-1-5　内保外贷登记流程

	担保人为银行	担保人为非银行机构
签约	由担保人通过数据接口程序或其他方式向外汇局报送内保外贷业务相关数据。	在签订担保合同后15个工作日内到所在地外汇局办理内保外贷签约登记手续。
履行	自行办理担保履约项下对外支付。	凭担保登记文件直接到银行办理担保履约项下购汇及对外支付。 在境外债务人偿清因担保人履约而对境内担保人承担的债务之前，未经外汇局批准，担保人须暂停签订新的内保外贷合同。

（二）外保内贷

1. 外保内贷的条件

在实践中，外保内贷常用于境外资金因为审批原因无法及时进入中国境

---

① 国家外汇管理局：《跨境担保外汇管理规定》第11条，2014年6月1日生效。

② 国家外汇管理局：《跨境担保外汇管理规定》第9、14条，2014年6月1日生效。

内,而境内公司又需要使用资金的情形。

境内非金融机构从境内金融机构借用贷款或获得授信额度,在同时满足以下条件的前提下,可以接受境外机构或个人提供的担保,并自行签订外保内贷合同①:

债务人为在境内注册经营的非金融机构;

债权人为在境内注册经营的金融机构;

担保标的为金融机构提供的本外币贷款(不包括委托贷款)或有约束力的授信额度;

担保形式符合境内、外法律法规。

2. 外保内贷的登记

境外债务人从事外保内贷业务,由发放贷款或提供授信额度的境内金融机构向外汇局集中报送外保内贷业务相关数据②。

外保内贷业务发生境外担保履约的,境内债务人应在担保履约后15个工作日内到所在地外汇局办理短期外债签约登记及相关信息备案。外汇局在外债签约登记环节对债务人外保内贷业务的合规性进行事后核查③。

3. 外保内贷的限制

外保内贷业务发生担保履约的,在境内债务人偿清其对境外担保人的债务之前,未经外汇局批准,境内债务人应暂停签订新的外保内贷合同;已经签订外保内贷合同但尚未提款或尚未全部提款的,未经所在地外汇局批准,境内债务人应暂停办理新的提款④。

(三)其他形式跨境担保

其他形式的跨境担保是指,除前述内保外贷以及外保内贷之外的其他跨

---

① 国家外汇管理局:《跨境担保外汇管理规定》第17条,2014年6月1日生效。
② 国家外汇管理局:《跨境担保外汇管理规定》第18条,2014年6月1日生效。
③ 国家外汇管理局:《跨境担保外汇管理规定》第20条,2014年6月1日生效。
④ 国家外汇管理局:《跨境担保外汇管理规定》第19条,2014年6月1日生效。

境担保情形。

境内机构提供或接受其他形式跨境担保,在符合境内外法律法规和本规定的前提下,可自行签订跨境担保合同。除外汇局另有明确规定外,担保人、债务人不需要就其他形式跨境担保到外汇局办理登记或备案①。

境内机构办理其他形式跨境担保,可自行办理担保履约。除另有明确规定外,境内担保人或境内债权人申请汇出或收取担保履约款时,可直接向境内银行提出申请;银行在审核担保履约真实性、合规性并留存必要材料后,担保人或债权人可以办理相关购汇、结汇和跨境收支②。

二、保函

保函业务有利于促进市场交易主体达成合约、履行合约义务、完成交易。按照保函责任的承担性质及与基础交易的关系来看,保函可以分为独立性保函与从属性保函两类。

(一)独立性保函

独立性保函是指由保函开立人(担保方)向受益人出具的独立于基础合同的担保承诺,即当受益人提出书面索赔,且索赔材料符合保函规定形式时,担保方即行赔付,而不论基础合同的履行情况。

1. 国际惯例和公约

独立保函的国际惯例主要是:

(1)国际商会的《见索即付保函统一规则》(*Uniform Rules on Demand Guarantee*)。

1991 年,国际商会编制出国际商会第 458 号出版物国际商会第 458 号出

---

① 国家外汇管理局:《跨境担保外汇管理规定》第 25 条,2014 年 6 月 1 日生效。

② 国家外汇管理局:《跨境担保外汇管理操作指引》第四部分第 1 条,2014 年 6 月 1 日生效。

版物(以下简称"URDG458")。其后,由于 URDG458 已不能适应经济发展的需要,国际商会在 URDG458 的基础上,借鉴保函业务的实践经验,于 2009 年 12 月修订出国际商会第 758 号出版物(以下简称"URDG758")。URDG758 是目前见索即付保函业务的权威指南,它对原有的规则进行了完善,更加适应当前保函业务的发展趋势和需求。

(2)国际商会的《国际备用信用证惯例》(以下简称"ISP98")或者《跟单信用证统一惯例》(以下简称"UCP600")。

(3)联合国大会通过并于 2000 年 1 月 1 日生效的《独立担保和备用信用证公约》。但目前中国尚未加入该公约。

最高法院认可国际商事交易中的独立保函,其依据是 2010 年 10 月 28 日由全国人民代表大会常务委员会第十七次会议通过、2011 年 4 月 1 日生效的《中华人民共和国涉外民事关系法律适用法》。该法规定在涉外法律关系中当事人可以选择适用法律(法律强制规定必须适用中国法的除外)。由此可知,国际商事交易中的独立保函可以约定选择国际惯例。

2. 国内法律规定

国内交易中的独立保函适用《最高人民法院关于审理独立保函纠纷案件若干问题的规定》。独立保函的开立人仅限银行或非银行金融机构,非金融机构出具的独立保函不被认可。

根据该司法解释,保函具有下列情形之一,当事人主张保函性质为独立保函的,人民法院应予支持,但保函未载明据以付款的单据和最高金额的除外:

保函载明见索即付;

保函载明适用国际商会《见索即付保函统一规则》等独立保函交易示范规则;

根据保函文本内容,开立人的付款义务独立于基础交易关系及保函申请法律关系,其仅承担相符交单的付款责任。

（二）从属性保函

从属性保函是依附于基础合同的附属性担保措施,在受益人提出索赔的时候,担保方需要进行调查,只有在确认存在违约的情况下,担保方才会对其进行赔偿。从属性保函适用《民法典担保物权分编》及其司法解释。

三、多边投资担保

《多边投资担保机构公约》(即《汉城公约》),建立了多边投资担保机构(Multilateral Investment Guarantee Agency,简称"MIGA"),对发展中国家投资的货币汇兑、征收和类似措施、违约、战争和内乱等非商业性风险造成的损失提供担保,鼓励对发展中国家的投资。如投资国及东道国/地区均为是 MIGA的会员国,且东道国/地区为 MIGA 定义下的发展中国家,企业可考虑利用MIGA 分散风险。由于 MIGA 机制中,发展中国家会员国既是投资东道国/地区,也是 MIGA 的股东,这一双重身份使得 MIGA 机制作出理赔后东道国/地区也会遭受损失,因此对东道国/地区较有约束力。另外,MIGA 是具有独立法人资格的国际组织,该机构对投保人理赔后,其代位求偿权更有保障,如果东道国/地区拒绝 MIGA 的求偿,将受到成员、国际组织的压力。

第三节　境外投资保险制度

一、境外投资保险法律规定

国家对境外投资保险持鼓励和引导的态度。2012 年 6 月 29 日原国家工商行政管理总局、商务部、国家发展改革委等多部委颁布的《关于印发鼓励和引导民营企业积极开展境外投资的实施意见的通知》第 6 条规定:"推动保险机构积极为民营企业境外投资项目提供保险服务,创新业务品种,提高服务水平。"

对于中央企业,国务院国有资产监督管理委员会颁布的《中央企业境外投资监督管理办法》第27条规定:"中央企业应当根据自身风险承受能力,充分利用政策性出口信用保险和商业保险,将保险嵌入企业风险管理机制,按照国际通行规则实施联合保险和再保险,减少风险发生时所带来的损失。"

二、境外投资保险治理架构

目前,中资企业境外投资保险,由国家金融监督管理总局进行统一监管,由中国出口信用保险公司(以下简称"中信保")和综合性商业保险机构共同提供境外投资保险业主。一方面,国家金融监督管理总局作为监管国内保险市场的机构,主要负责制定保险行业的发展方针与战略,并审批与社会公益相关的保险险种,以及对政策性保险和强制性保险进行监管。另一方面,中信保是全球影响力较大的出口信用保险机构,也是我国国有政策性保险公司。

三、境外投资保险的申请要求

关于境外投资保险的申请要求,2005年1月25日中信保及国家发展改革委发布的《国家发展和改革委员会、中国出口信用保险公司关于建立境外投资重点项目风险保障机制有关问题的通知》规定,拟申请投保中信保境外投资保险的项目,须获得国家发展改革委核准或履行备案手续。中信保根据上述核准或备案文件对项目的投保条件进行独立审核。

四、境外投资保险承保机构

(一)中信保

对于投资者或者金融机构由于投资活动在东道国/地区因政治环境变化、

汇兑限制、政府违约等政治风险发生导致的损失,中信保为其提供政治险和商业险保险业务,承保业务的保险期限不超过 20 年,赔偿比例最高不超过 95%①。主要承保的风险如下:

战争及政治暴乱;

政府违约;

征收;

汇兑限制;

承租人违约。

(二) 其他商业保险

综合型商业保险公司所提供的保险产品主要有财产险、人身险和团体险三种。一般而言,对于开展境外投资的企业,商业保险公司可能提供的业务包括出口信用保险、商务合同信用保险、投标保证保险、建设工程完工履约保证保险、产品质量保证保险。

---

① 中国信用出口保险公司:《产品服务》,见 http://www.sinosure.com.cn/ywjs/xmxcp/hwtzbx/hwtzbxjj/index.shtml,2020 年 7 月 9 日访问。

第二章　境外投资国别法律环境调研

▟ 内容提要

境外投资项目通常投资数额巨大,受东道国/地区的法律法规政策制约较多,风险较高。因此,为有效识别和防控风险,保证投资的顺利进行,开展境外投资前,中国投资者应当对东道国/地区的法律环境进行调研。

本章的内容主要围绕境外投资国别法律环境调研展开,包括以下要点:

➢ 国别法律环境调研概论

➢ 东道国/地区的基本概况

➢ 外商投资及行业准入法律制度

➢ 土地法律制度

➢ 税收及财务法律制度

➢ 劳动法律制度

➢ 环境法律制度

➢ 外汇法律制度

➢ 保险法律制度

➢ 合同法律制度

➢ 公司法律制度

➢ 知识产权法律制度

通过学习、阅读本部分内容,将迅速地了解什么是国别法律环境调研、如何进行国别法律环境调研,指导项目人员有针对性对东道国/地区各方面法律进行研究,在公司立项之前,初步了解项目所在国的国别法律风险情况,为项目决策做到实时的支撑。

第一节 国别法律环境调研概论

一、法律环境的定义

法律环境(Legal Environment),是指能够影响企业财务管理活动的各种法律因素,包括法律规范、法律制度、法律组织机构等方面。

二、国别法律环境调研的必要性

中国企业通常因东道国/地区的丰富资源和巨大市场所吸引而进行境外投资,但事实上,一些国家的投资法律环境对于境外投资而言充斥着许多风险。在项目启动初期,建议投资者外聘法律顾问对东道国/地区的法律环境进行公平、全面、充分的调研,以达到如下目标:

预判东道国/地区法治环境,遵守法律规定、规避法律风险,考虑司法成本;

确保投资及后续经营活动开展符合东道国/地区法规,并对投资活动在东道国/地区审批的主要障碍和成本,审批时间等作出合理估计;

有针对性地对潜在建设风险和将来经营风险作出适当的交易考量和安排。

三、国别法律环境调研的方法

中国投资者可以外聘专业的法律顾问,首先基于对东道国/地区基本情况的了解和自身经验列出国别法律环境调研清单。其后按照清单对东道国/地区法律法规及相关投资案例进行研究,形成初步分析意见,列出潜在风险点。经内部论证决定继续开展该项投资,则可以由法律顾问开展详尽的国别法律环境调研,进一步详细了解法律规定、相应的实际操作流程及借鉴类似的项目经验与教训。如有必要,可前往东道国/地区进行实地考察,与东道国/地区政府或合作伙伴展开面对面沟通调研。

国别法律环境调研可以参考如下资料:

东道国/地区相关政府部门官网。东道国/地区相关政府部门官网中发布的法律法规、政策及文件是研究东道国/地区法律环境的第一手资料。其中,大部分国家或地区有专门的政府或机构网站对该国所有现行的法律法规进行收录,对调研具有极高的参考价值。

中国驻外使领馆、驻外使领馆经济商务处官方网站。中国驻外使领馆、驻外使领馆经济商务处官方网站定期发布、更新其驻在国的基本情况及投资政策,包括中国与该国往来信息、该国商情信息、相关政策法规等,具有一定指导意义。

中国政府部门、相关行业组织编写的报告。商务部编写、更新的一系列《对外投资合作国别(地区)指南》《中国对外投资发展报告》,对世界上各国家、地区的投资环境进行全面、客观的介绍,并提示了对外投资中一些值得关注的风险。中国对外承包工程商会每年发布的《中国对外承包工程发展报告》《中国对外劳务合作发展报告》、司法部与中华全国律师协会发布的《"一带一路"沿线国家法律环境国别报告》也具有较高的参考价值。

国际组织发布的报告。诸如联合国、国际货币基金组织、世界银行、亚洲开发银行、非洲发展银行等国际组织提供的统计数据、研究报告亦可作为国别法律环境调研的资料。

四、国别法律环境调研的内容

国别法律环境调研内容通常包括东道国/地区基本概况、外商投资法、行业准人规定、土地制度、公司法、税法、劳工法、环境保护法规、外汇制度、保险法律规定、知识产权法等,并结合投资项目的特点关注特定领域的法律制度。另外还需要调查东道国/地区相关国际公约、惯例、双边协定等情况,充分了解在该国别进行国际投资发生争议所可能采取的解决方式等。下文将详细探讨国别法律环境调研的要点。

第二节　东道国/地区的基本概况

不同国家/地区拥有不同的自然资源和社会结构,导致各国/地区制度、社会政策、意识形态、文化理念不尽相同。因此,调研初期应首先对东道国/地区的经济、政治、法律、文化、外交、自然资源、基础设施等基本概况进行调研,这些基本情况是东道国/地区营商环境的基础。其中,东道国/地区经济与政治方面重点关注经济发展水平、经济自由度、政权及政府政策稳定性、政府工作效率及透明度。法律制度方面关注各国法律体系、立法体系与司法体系。文化环境方面关注当地居民的风俗习惯及宗教信仰。外交方面关注是否与我国建交,及与我国签订的双边及多边条约。基础设施方面主要关注影响投资成本的东道国/地区的交通环境、通信环境等因素。对于能源类境外投资,还需对东道国/地区的土地、水、矿产等自然资源进行深入了解。

一、经济概况

（一）经济发展水平

东道国/地区的经济发展规模和速度,反映了该国家或区域的发展程度和发展潜力。一般来说,与发展中国家相比,发达国家总体上面临的经济风险较低。东道国/地区的经济发展如果存在着许多不确定因素,则会对境外投资造成的冲击。

（二）经济自由度

经济自由度包括市场经济的自由度、金融市场的开放度、商业环境的好坏。有些国家为了保护本国的工业发展与就业，采取了限制外国资本与贸易的措施，从而妨碍了外国直接投资的开展。经济自由度高的东道国/地区意味着营商环境较好，投资较为便利，更容易进入该国市场。而当投资者对经济自由度较低的东道国/地区进行投资时需要的程序更加冗杂，政府办事效率低，这就会加大投资成本，增加投资难度。

二、政治概况

（一）政权及政府政策稳定性

如果东道国/地区政治稳定性差，出现政局动荡、政府频繁更迭和政策的调整，原先的投资相关政策可能发生变化，加大投资难度，对企业原有投资经营活动造成损害。若东道国/地区政局不稳、社会治安差，甚至出现内战、暴乱、大规模抗议游行等现象，则将更加增加投资经营成本，也会导致财产损失。

（二）政府工作效率及透明度

如果东道国/地区政府工作效率较低，则投资过程中可能增加投资者的交易成本及经营风险。而政府腐败或地方保护主义会损害社会公平竞争机制，降低企业的投资及经营的积极性。

（三）行政制度及主管部门

各国国家/地区的政府组织形式有所不同。中国投资者应当了解东道国/地区的行政机构及各个与投资相关的主管部门的具体职责，便于厘清将来项目对接的相关部门和授权范围。

三、法律概况

(一)法律体系

目前,在世界范围内,各国的法律制度大致可划分为大陆法系和普通法系这两大类型。另有少数一些国家为伊斯兰法系。俄罗斯、法国、德国、日本等国家属于大陆法系,英国、美国、加拿大、澳大利亚等国家属于普通法系,大部分中东国家属于伊斯兰法系。不同法系可能产生法律信息不对称的情况,给投资者带来风险。投资者需要根据项目的特点,重点了解东道国/地区法律体系下对投资资金成本和时间成本的影响。

(二)立法体系

东道国/地区的立法程序及法律效力层级是进行东道国/地区法律环境调研首先了解的事项。一般而言,立法机构为议会,法律的颁布需要经过特定的程序由议会批准,主要需要了解法律颁布程序、公布地点以及法律解释的有权机关。对于一些联邦制国家,中央议会的有权制定适用于全国的法律,各邦的立法机构有权制定适用于该邦的法律,中央制定的法律效力不一定大于各邦制定的法律,法律的效力层级较为复杂。而对于特许经营类项目,尤其需要特别关注法律授予哪些部门签订特许经营协议的权力,以保证特许经营协议的有效性。

(三)司法体系

司法体系方面,主要需要了解法院的层级,审判制度及审判流程,争议解决的主要途径,外国法律适用,申请承认并执行外国判决、仲裁裁决的程序。一般而言,各国的司法机构为法院,外国法律适用方面,不少国家对涉外经贸活动的准据法进行了规定,投资者应当关注东道国/地区的准据法是否能够允许当事人自由选择外国法律,东道国/地区对于采用外国法、国际法和国际原则进行判决和裁决的接受程度。外国判决、仲裁裁决执行方面,需要了解东道国/地区与中国是否有司法协助的双边条约或协定,是否是世界贸易组织成员、是否是《纽约公约》的缔约国,这些协议存在与否会导致东道国/地区法院对外国判决、仲裁裁决执行方面的障碍。

四、文化概况

(一)价值观

在一些国家,政府、社会和员工与中国的文化意识与价值观较为不同。特别是在劳工工会、环境保护等领域,中国投资者需要重点关注。了解这些文化差异对投资和运行项目是否会产生额外费用,能产生多少额外费用,从而降低中国企业投资后的经营风险。

(二)宗教信仰

宗教对于一些具有宗教信仰的国家具有深远的影响,对于这些国家,中国企业在进行投资经营活动时,有可能由于宗教信仰的不一致而与当地居民发生冲突。某些宗教信仰会导致生产效率下降、施工时间滞后,从而增加投资和/或施工成本。因此,对于国际工程承包项目,项目的实际施工期也可能因宗教节日的存在而面临延期。投资者应当对类似的情况进行提前安排,在签订合同、计算工期时考虑这一因素。

(三)商业行为和习惯

不同国家的商业行为和习惯可能会存有差异,主要体现在国民道德素质和法律信仰程度上。了解项目东道国/地区的商业行为和习惯,以及对项目投资风险评判和特殊成本的考虑,对将来项目的实施有未雨绸缪的效果。

五、外交概况

(一)中国与东道国外交关系

对外投资和承包工程的前提条件是项目所在国需要与中国建立外交关系,若项目所在国与中国没有外交关系,在投资中是存在国别限制的。

东道国与中国的外交关系如果较为紧密,一般而言中国投资者在东道国/地区的投资会有良好投资环境。若东道国/地区与中国还有双边投资协定,则更可以减少东道国/地区投资、贸易壁垒,进一步为投资者提高法律确定性及投资保护。

(二)东道国/地区加入的国际组织

国际组织是在国际条约或者其他协定基础上由两个或者两个以上的国际法主体组成的并维护成员共同利益的独立的机构。国际组织以其各成员间达成的多边协议为基础,因此,各国加入国际组织就应遵守该国际组织成员国达成的相关协议和制定的规则。因此,东道国/地区加入的国际组织在贸易、投资、税收、争议解决等方面的规定可作为投资环境的一部分,供投资者参考。如东道国/地区已加入《纽约公约》,则外国仲裁的裁决及法院判决可在东道国/地区法院的协助下得到执行。如东道国/地区已加入世界贸易组织(WTO),则对于东道国/地区的投资可以适用 WTO 的《服务贸易总协定》(GATS)关于市场准入和国民待遇的规定。国际组织可以加强成员之间的协调,有利于境外投资工作的开展。

六、自然资源概况

自然资源包括地理气候、水文地质特征、资源能源储量等信息。如果东道国/地区的自然资源条件与投资者的投资方向相契合,则该国适合长期投资。东道国/地区自然资源调研对于矿业、能源行业的投资者尤为重要。

七、基础设施概况

东道国/地区基础设施建设的好坏,则会直接影响到公司的经营成本,进而影响到公司在当地的投资效益与便利度。例如,公路基础设施的不足会导致运输成本上升,而基础能源供应如果得不到稳定持续的供应,企业生产将受到影响。

东道国/地区的法律环境可能与中国有较大的差别,中国投资者应当全面研究东道国/地区在经济、政治、法律、文化、外交、自然资源、基础设施等方面的概况,进行评估和分析,根据自身需求及投资定位选择合适的东道国/地区进行投资。为防范投资风险,深刻了解东道国/地区投资的成本,应在满足投资需求的情况下尽可能选择经济发展健康、社会环境稳定、法律体制健全的东道国/地区进行投资。

第三节　外商投资及行业准入法律制度

中国投资者进行的境外投资对于东道国/地区而言属于外商投资,需要遵守东道国/地区关于外商投资的法律法规。东道国/地区有关外商投资政策及其管理体系也是该国投资环境的重要组成部分。

一、东道国/地区外商投资主管部门及其职能

东道国/地区的外商投资主管部门依据本国法律法规对外商投资活动进行行政管理。中国投资者在境外投资的准入、运营及退出过程中都将受到东道国/地区外商投资主管部门的管理。

二、外商投资的行业限制及股权比例限制

目前,世界许多国家/地区都在外商投资审查方面建立了一定的政策法律制度,对外资准入作出明确规定并设立专门机构进行审核。对外资准入的限制,是国际公认的对国民待遇的合理例外,外资限制的形式大多体现于办理准入许可的要求或准入附加条件等。对于限制投资的行业,各国会设置法律限制、监管机构、准入标准与程序。通常而言,限制外商投资的领域集中于军工、银行、电信、能源、媒体等关系国家安全、国计民生的重要行业和基础设施领域。有的国家对某些敏感性行业完全禁止外资进入,例如核能,国防、信息及保密领域、卫生防疫等。

三、东道国/地区对外商投资的优惠政策

对于外商投资,世界上大部分国家都会在不同程度上采取鼓励措施,尤其是对于那些对经济增长有利的新兴行业和那些可以改善其国际收支平衡的行业。例如,土地出让方面的优惠政策、外资企业的税收减免政策、为外资企业提供无息或低息贷款等。了解并充分利用这些优惠政策可以有效地节省开支,增强价格优势。

四、外国投资者保护相关立法

许多国家通过在宪法和其他基本法律中制定相应的规定来保护外国投资者的合法权益,以达到激励外国投资者来本国投资之目的。各国所经常采取的保护与鼓励措施有如下几种:保证非国有化、自由汇出投资收益、给予国民待遇或最惠国待遇以及专门提供给外国投资者在生产经营各环节的税收优惠政策[1]。东道国/地区对于外国投资的不同待遇将直接影响投资者子公司的

---

[1]　参见余劲松主编:《国际投资法》,法律出版社 2003 年版,第 161 页。

税务问题、成本问题、业务开展的规制问题、与当地企业竞争优势和劣势。

五、外商投资审批及相关证书的申办

一些发展中国家的外国投资法规定,外商投资必须得到东道国/地区政府的批准。发达国家也都在不同程度上建立了外资审批制度。

关于外国投资的审批,国际上存在着不同的立法原则,主要有以下两种形式[①]:

核准制。指设立企业,除了需要符合法律规定的实质要件外,还需要报请行政主管机关审核批准,才能登记成立。

登记制。指企业的设立不需要报请有关主管机关批准,只要符合法律规定的条件,即可向企业登记机关申请登记,经登记机关审查合格后授予其合法主体资格。

六、与当地企业的强制性合作

除外资准入限制外,东道国/地区对于外商投资者对公司的所有权及控制权限制措施也较为常见。其表现形式主要有:

外国人所有权限制,例如规定外国投资者对公司的股权比例不得超过 50%;

强制性合资,例如规定外国投资者必须与国家或当地私人投资者合资;

逐步退出要求,例如规定外商投资企业在一定期限后必须向当地企业转让部分或全部股权。

实施这些投资限制措施的主要目的在于保证东道国/地区能够参与外国投资企业的经营管理和对企业的控制,中国投资者应当合理评估东道国/地区对于公司所有权及控制权限制措施是否影响投资目标的达成。

---

① 参见梁孝玲:《中韩外国人直接投资法比较研究》,中国社会科学院研究生院 2002 年博士学位论文。

七、双边贸易协定或投资保护协定

投资的双边条约是东道国/地区与投资国调整两国投资关系、促进和保护两国国民在对方境内投资的主要法律保障。双边自由贸易协议(FTAs)中类似于双边投资协定的投资章节及双边投资协定(BITs)均有利于为中国投资者在东道国/地区的投资提供一个明确、稳定和透明的法律框架。目前,中国已签署 17 个自由贸易协定,涉及 25 个国家或地区,且已与超过 100 个国家/地区签订了双边投资协定①。主要内容包括投资与投资者定义、国民待遇、最惠国待遇、公正与公平待遇、征收或国有化的条件和补偿标准、外汇转移、解决投资争端的程序等条款②。中国投资者可关注东道国/地区是否与中国签订类似协议,当中国投资者在境外投资时遇到征收、不合理税收等不公平待遇时,可以合理利用协议内容对寻求法律保护。

第四节 土地法律制度

土地是最重要的生产资料之一,对于农业、房地产、建设工程等领域的境外投资,了解东道国/地区土地法律制度尤为重要。

一、土地国有制度或私有制度、土地规划、土地用途

由于国情及历史原因,世界各国在土地产权立法的态度上存有差异。世界上大多数国家以土地私有制为主,如美国、日本、英国③。而越南、中国等国

---

① 参见商务部:《我国对外签订双边投资协定一览表》,见 http://tfs.mofcom.gov.cn/article/Nocategory/201111/20111107819474.shtml,2020 年 7 月 13 日访问。

② 参见韩冰:《BITs 与海外投资利益保护——基于中国与"一带一路"国家 BITs 的分析》,《国际经济合作》2017 年第 4 期。

③ 参见席雯、雅玲:《外国土地制度对中国农村土地利用的借鉴》,《内蒙古农业科技》2010 年第 3 期。

家实行土地公有制,法律不承认私人拥有土地所有权。

土地规划及土地用途管制制度是许多国家广泛采取的土地管理制度,以指导和控制土地合理利用。尤其在城市土地方面,需要具体了解目标项目所在城市规划,例如土地用途、建筑容积率、建筑高度、建筑密度等重要指标。

二、土地占有或取得制度

土地占有或取得主要通过土地所有权或使用权的交易完成。所有权交易,指土地的直接交换和买卖。使用权交易,指土地出租等①。

国外许多国家都或多或少地对私人土地买卖进行了某种限制。在大部分国家,外国人可以买卖、租赁土地,但是对于某些土地的投资有特别的规定。例如,特定政府所持有的土地不出售给外国人,或特定地区限制外国人拥有土地。

三、土地登记制度

许多国家建立了完善的土地注册登记制度,但登记事项的范围、登记机关、登记流程不尽相同。在一部分国家或地区,不动产物权的设立、变更和终止必须进行登记,未经登记不得生效。在部分国家或地区,不动产物权的设立、变更和终止,在当事人签订有效的合同之后即发生效力,但未经登记不得对抗第三人。

四、土地征收制度、征收程序和补偿标准

因城市发展建设需要,各国政府征收土地的情况较为常见。有些国家经过长期的改革与发展,已经建立起较为完善、合理的征地机制。首先,土地征收必须符合一定的目的,例如,出于公共利益的需要。其次,土地征收需要有

---

① 参见杨重光:《国外土地制度和管理及对我国的启示》,《中国地产市场》2004 年第12 期。

严格程序,保证土地的合理征收及土地权利人的合法利益,被征收者有权提出异议。最后,土地权利人有权获得一定的征地补偿。但某些国家对于土地征收的程序和补偿标准规定较为模糊。中国投资者应当特别注意东道国/地区是否有完善的土地征收制度、程序及补偿标准。

第五节　税收及财务法律制度

世界各国的税收法律制度差异比较大,在中国企业"走出去"的过程中,境外投资的税务及财务问题受到越来越多的重视。企业需要充分调研、了解当地税务相关的法律及规定,例如税种、税率、计税方法,考虑本国与被投资国是否存在双边税收协定。若企业忽略了税务及财务因素,可能导致整个项目成本增加,或收到税务方面的行政处罚。

一、税种、税率

东道国/地区所征收的税种及其对应的税率是东道国/地区税收制度的基本信息。一般而言,主要包括以下税种:

所得税,包括公司所得税、个人所得税、资本利得税等;

流转税,包括增值税、消费税、进出口关税等;

财产税,包括房屋税、土地税、车辆购置税、遗产税等;

行为税,包括印花税、土地增值税等。

对于境外投资企业,应当着重了解东道国/地区对以下税种的规定。

(一)公司所得税

1. 征收对象

一般而言,公司所得税都以本国居民企业为征收对象。但不同国家对居民企业的判断标准有所不同。主要判断标准为注册地或主要经营场所所在地。

2. 征收范围

一般而言,公司应就其在东道国/地区境内和境外所有收入纳税,计算依据为企业年度实现的利润。一般而言,企业在经营活动中支出或计提的一些必要费用可以在税前扣除,需根据东道国/地区法律规定进一步研究并确定。

(二)增值税

1. 征收对象

一般而言,增值税的征收对象为在东道国/地区境内提供商品和劳务、进口商品或服务的个人或法律实体。

2. 征收范围

增值税是基于货物进口、在国内提供货物和服务过程中货物和服务的增值额而征收的,主要征收范围包括销售商品的收入、提供劳务的收入、租金收入以及商品与劳务的进口。

3. 增值税优惠政策

根据东道国/地区的政策,一些特定的经营活动可能适用较低的增值税税率或免于缴纳增值税。

二、税收的管辖、征收和稽核机构

一般而言,税收的管辖分为中央/联邦政府管辖及地方/州政府管辖,一些国家则实行联邦、州和地方三级政府征税制度,各级政府所征收的税种不同。中国投资者应当了解各税种对应的征收机构,以方便开展税收缴纳工作,并按照法律规定的程序进行税务登记、税务申报及税款缴纳。对具有严密税收规则的国家,应当深入了解其税务规则,避免无意识地违反税收规则产生不良记录,为企业长远发展带来负面影响。

三、项目所在行业或区域是否存在特定的税收优惠政策

为促进特定行业的发展或者特定地区的发展,各国通常对某些重点行业

或地区设定一定的税收优惠政策。投资者在选择投资方向时,可以重点关注东道国/地区所大力支持的行业和重点发展的地区,通过税收优惠政策降低成本、提升收益。

四、避免双重征税协定协定

截至 2023 年 4 月,我国与 109 个国家/地区签署了避免双重征税协定或安排,主要目的为避免在国内和国外就同一所得向同一纳税人重复征税。

根据国家税务总局《企业境外所得税收抵免操作指南》第 1 条第 1 款规定,居民企业可以就其取得的境外所得直接缴纳和间接负担的境外企业所得税性质的税额进行抵免。我国投资者可以关注双重征税协定,并在符合要求时积极申请税额抵免。

五、财务制度

公司的会计核算是税款计算的重要依据。公司的财务制度是企业正确计算税款、进行税务申报的依据,也是税务机关检查纳税情况的依据。因此,各国会对财务制度进行一定的规定。

(一)会计制度

会计准则是会计人员在工作中所需要遵从的规则。目前公认的国际性的会计准则是由国际会计准则理事会(IASB)制定的国际财务报告准则(IFRS)及其此前颁布并仍然有效的国际会计准则(IAS)。IFRS 及 IAS 是同一个组织在不同时间发布的准则,目前共有 40 余项准则,同时有效,因此以下合称"国际会计准则"。

国际会计准则在各国被采纳的程度有所不同,而一些国家则不采用国际会计准则。例如美国采用的会计准则通常被称为"公认会计准则"(GAAP)。投资者应当研究东道国/地区是否采用国际会计准则及其采纳模式,注意东道国/地区在会计准则上与本国的差异,在并购项目中充分考虑会计准则差异对目标公司财务表现的影响,在日常经营中遵守东道国/地区的会计制度。

(二) 账簿设置要求

账簿是商事主体为了记载和表明其营业活动和财产状况,根据会计原则,依法制作的书面簿册。多数国家对于账簿的设置均有法律规定,主要集中于以下几个方面:

设置账簿的强制性。各国对于设置账簿的要求有所不同,一些国家强制要求所有或者符合一定条件的商事主体设置账簿,一些国家不规定商事主体必须设置账簿。

账簿的保管期限。多数国家对于账簿的保管期限有具体的规定。例如美国规定,企业纳税人就其账簿凭证应保存十年,相关的审计支持性文件应保存七年,而各种税务申报表及相关税务支持性文件应保存三年[①]。

账簿的语言。一些国家对账簿的语言可能会进行一定的要求。例如,塞尔维亚规定,会计账簿应使用塞尔维亚语,未使用塞尔维亚语的,纳税人应附上具有翻译资质的公司或个人盖章签字的翻译件,费用由纳税人自行承担[②]。

企业应当遵守东道国/地区法律关于账簿的规定,进行及时、真实、准确、完整的记载,并配合税务机关对于账簿的检查。

在进行境外投资的初期,中国投资者应当充分了解东道国/地区税收及财务制度,识别潜在税务及财务风险以及影响,尽量减少由于信息不对称而引发的税务及财务风险。

[①]　参见国家税务总局:《中国居民赴美国投资税收指南》第 3.2.2 条,2018 年 11 月 30 日。

[②]　参见国家税务总局:《中国居民赴塞尔维亚共和国投资税收指南》第 3.2.2 条,2019 年 5 月 31 日。

第六节 劳动法律制度

如果东道国/地区政府制定较为完善的劳工保护制度,对劳动者的最低工资、加班补偿、劳动者的社会保险、外商投资企业雇佣当地人员的比例,以及裁减雇员的限制性条款和补偿标准等进行严格规定,则企业在东道国/地区开展投资经营活动、雇佣当地的劳动者时的劳动力成本会相应的增加。一些国家对劳动者保护程度高,意味着企业会承担更多的社会责任。中国投资者应当了解东道国/地区的劳动法律制度,既要保障东道国/地区劳工的权益,也要在东道国/地区外籍劳工政策下维护中国劳动者的权益。

一、职工劳动保护法律要求和最低报酬

中国投资者在雇佣东道国/地区本地雇员时,必须遵守当地关于劳动者保护及劳动关系建立的法律要求。应额外关注当地劳动法律规定的最低报酬标准、企业应为员工提供的保险和福利、员工加班费标准等直接影响人力成本的因素。

二、劳动者劳动时间及休假制度

通常一国的劳动法律制度会规定劳工的法定工作时间、休假制度和超过最高工作时间必须付给雇员补偿金以及补偿金的支付标准。一些国家对于劳动时间的规定非常细致,如巴西《劳工法典》规定,除非集体合同另有约定,劳动者每周最高工作时间为 44 小时,即每天 8 小时,每周 5 或 6 天,每天有 1 小时用于午餐和午休,若连续工作 6 小时即可构成一个工作日。所有劳动者都有权每周休息一天,休息日也必须支付工资[1]。

---

① 参见金波:《"一带一路"战略下跨国并购的劳动法律风险》,《理论观察》2017 年第 4 期。

三、劳动合同

劳动合同是确认劳动者和用人单位之间劳动关系的书面载体,通常包括工作内容、工作地点、劳动报酬、工作时间、劳动保护、合同期限等内容。

(一)集体合同

集体合同是用人单位与劳动者全体或代表之间,就劳动报酬、工作时间、休息休假、劳动安全卫生、保险福利等事项明确双方权利义务的合同。集体合同在缓和劳资冲突、和谐劳动关系、维护企业职工的合法权益、稳定社会经济秩序方面发挥了重要作用,已经成为世界各国普遍运用的调整劳资关系的重要的法律制度。

(二)固定期限劳动合同与无固定期限劳动合同

固定期限劳动合同是双方明确了合同有效期限的劳动合同,即明确了合同的起止时间。无固定期限劳动合同是指没有明确的劳动合同存续期限,当事人只约定劳动合同的生效日期,而不约定劳动合同的终止日期的劳动合同。

劳动合同签订后,无论固定期限劳动合同还是无固定期限劳动合同,在遵守法定劳动标准上没有任何的差别,二者同样都受法定的劳动合同解除条件的限制和约束。但劳动合同期限作为劳动合同的基本内容,劳动合同期限的长短是判断劳动关系稳定与否的重要指标之一,固定期限劳动合同与无固定期限劳动合同分别反映了不同的劳动关系存续状态。世界各国通常都通过限制固定期限劳动合同的适用,或通过强制订立无固定期限劳动,使无固定期限劳动合同成为用工方式的常态。

四、劳动合同解除/雇佣终止及赔偿的规定

某些国家的法律对解雇的规定较为宽松,而一些国家法律对解除劳动合

同设置了严格的条件和程序,或强制规定解除劳动合同后应给予员工的一定的补偿。中国投资者应熟悉当地关于解雇或裁员的法律规范,并在解雇或裁员时进行合规的操作,避免因此导致诉讼或行政处罚。

在计划开展较大规模的裁员时,中国投资者应当详细研究东道国/地区法律对于裁员及劳动合同解除的相关规定,按照当地法律规定的程序、赔偿要求等进行裁员工作,避免因裁员问题引发负面影响。

五、工会及罢工

在许多国家,工会都具有一定的社会影响力,法律允许工会组织的存在,并赋予工会在劳动问题上的广泛权利。员工可以选择参加不同的工会,各工会与公司之间可能会签订不同的集体合同。所以,如何处理与工会的关系问题,是企业在境外经营中面临的风险之一[①]。

以境外股权收购为例,对于职工数量较大的目标公司,收购前可能还会涉及工会的允准程序。由工会组织代表员工就薪资福利、人员留任、工作环境、厂址搬迁等方面进行谈判,要求投资人作出承诺,从而拖延项目进程或对交易产生负面影响。另外,在境外并购的尽职调查中,需要对目标公司当时的工会组织及集体合同情况进行详细的了解。如后续针对目标公司有搬迁办公地址、裁员或停止运营的计划,也需妥善与工会进行交涉,甚至需要与工会协商或征得工会的同意。

六、工作签证及外国人就业许可

对于外国人就业问题,部分国家没有工作许可的相关要求,外来务工人员仅凭有效工作或商务签证就可入境。也有许多国家,只有在工作许可证被批准的情况下,才能进一步办理工作签证。在了解东道国/地区关于外国人就业

---

① 参见乔慧娟:《对外工程承包企业劳务风险的防范》,《国际工程与劳务》2019 年第 3 期。

许可上,应当关注以下几个方面:

工作许可证有效期,如工作许可存在有效期,则在到期前必须及时提出续期申请;

工作地点,一些国家规定,工作许可不能异地使用;

岗位要求,一些国家对于外国人所从事的岗位进行限制。

中国投资者应当了解外籍劳工(包括施工人员、技术人员及高级管理人员)的工作许可审批机构、时限、数量限制,并遵守相关法律规定,否则将被视为非法用工,企业和员工有可能受到罚款、监禁和驱逐出境等处罚。

七、外籍劳工在公司中的人数比例是否有限制

为了保障国民的就业利益,许多国家都对外国员工的人数进行了严格的限制,并采取劳动力限额政策来控制外国员工的人数,要求外国员工的人数不得超过一定的比例。例如,智利《劳动法典》规定,用人单位至少 85% 的劳动者必须是智利国籍,人数少于 25 人的公司除外。

中国投资者应对当地劳工政策有全面的认识,充分遵守当地劳动法律政策,加强属地化管理,与当地政府、工会等建立良好沟通。

第七节　环境法律制度

随着经济高速发展,全球环境问题日益严重,除了国际性的保护环境协定,大多数国家/地区出台专门的环境立法来规制相关产业,并日趋严格。针对境外投资的环境保护问题,商务部、环境保护部于 2013 年 2 月 18 日发布了《对外投资合作环境保护指南》,要求中国企业投资建设和运营的项目,应当依照东道国/地区法律法规规定,申请当地政府环境保护方面的相关许可,对其开发建设和生产经营活动开展环境影响评价,并根据环境影响评价结果,采取合理措施降低可能产生的不利影响。企业应当按照东道国/地区环境保护法律法规和标

准的要求,建设和运行污染防治设施,开展污染防治工作,废气、废水、固体废物或其他污染物的排放应当符合东道国/地区污染物排放标准规定①。

在一些国家,环境保护相关的政府机构、组织及公众十分关注外国投资的环境保护议题,一旦处理不慎会对投资项目造成不利的影响,环保问题也可能蕴含巨大的风险和危机。

一、东道国/地区对于环境保护的规定

一些国家对环境保护的法律标准和程序有着严格的规定,而且对环境污染造成损害的规定了严厉的处罚措施。

中国投资者应当了解东道国/地区是否存在对于环境保护的特殊规定。例如,在印度尼西亚,采矿许可证的持有人在递交经营生产许可证申请或特别经营生产许可证申请时,都必须递交环境恢复规划和采后活动规划。采矿许可证的持有人对采矿区的社会发展负有责任,应当缴纳该地区土地复垦保证金。同样,缅甸《外国投资法》、尼泊尔《环境保护法》和老挝《投资促进法》等法律,也均对环境、土地和矿产资源特许经营权取得作出了类似的规定。又例如,德国的垃圾分类法规定垃圾进行了严格系统的细分。如果企业不熟悉德国垃圾分类法,将导致垃圾处理时违反相关法律规定。

二、项目立项审批过程中的环境影响评估/环境许可

对于能源、矿产、建设工程等可能对环境造成负面影响的投资项目,多数国家法律规定必须经过环境影响评估及国家环境管理机关审核。环境影响评估的内容主要包括对环境的影响、减损措施。如果环境影响评估无法通过,则投资项目将无法落地。如果项目没有按要求完成环境影响评价报告,将面临罚款、停工、拆除违反环评许可的设施等处罚,对项目的顺利实施造成影响。

---

① 商务部、环境保护部:《对外投资合作环境保护指南》,2013 年 2 月 18 日。

三、环境影响评估的审批程序及周期

各国的环评程序中通常包括投资人环评报告的提交,并由相关政府部门对环评报告进行审核。但不同国家对于项目达到环评要求的标准、环评的范围、环评是否进行公示,项目实施后是否进行监督和评价等方面,要求各有不同。根据《环境影响评价法令》,欧盟成员国环境影响评估程序可如下:项目的投资者必须向主管环保部门提供有关环境影响的信息;主管当局在考虑到协商的结果后作出决定,并向公众通知这项决定,公众不服可以向法院提出质疑。如果一个项目很可能对另一个成员国的环境产生重大影响,该成员国享有协商权。

在实际操作过程中,因为环评报告的审批机关比较复杂,一般会涉及多个不同的政府机构,而且还牵涉征求公众意见的过程,导致整个环境影响评估过程需要很长的一段时间,而且在是否能够获得批准以及在获得批准的问题上,还存在着很大的不确定性。例如,波兰 A2 高速公路项目的施工方案需要波兰环保部来批准,这就导致了项目成本控制的不确定性。

中国投资者应当深入研读东道国/地区环境相关法律法规,积极与环保监管机构建立顺畅的沟通,及时了解环保政策,在日常经营中严格落实环境保护政策。

第八节　外汇法律制度

外汇法律风险是中国企业境外投资中经常面临的一个风险。一方面,外汇市场汇率在时刻发生变化,由此造成境外投资收益随之发生波动,甚至可能引起损失。另一方面,由于某些东道国/地区存在外汇管制政策,投资者在境外获得的收入无法及时汇回国内。因此,项目的计价货币、支付货币、汇兑风险和汇率风险会伴随着项目的始终。

一、外汇储备

外汇储备在一国的货币经济政策中有着相当重要的作用,主要有以下方面:

保持国际支付能力。如果一国的国际收支出现暂时性逆差,可以直接动用外汇储备来加以弥补。如果一国对外支付的状况长期出现国际收支根本性的不平衡,也可以通过外汇储备缓和经济调整的过程,降低对国内经济发展所造成的影响。

支持本国货币汇率。各国中央银行所持有的外汇储备可以表明一国干预外汇市场和维持汇价的能力,所以它对稳定汇率有一定的作用。如一国货币贬值太快,政府可以出手部分外汇以收购本币,从而支持本国的货币汇率。

信用保证。外汇储备是一国向外借款时还款付息的重要保证,也是国际银行贷款时评估国家风险和偿债能力的重要指标之一,它对一国吸引外资流入、提升本国资信和货币稳定性有着极其重要的作用。

因此,投资者应当对一国的外汇储备进行充分的了解,通过外汇储备对该国的外汇偿还能力、货币稳定性、经济发展情况进行评估。

二、东道国/地区是否为外汇管制国家以及外汇管制总体情况

一国的外汇制度和政策,是由一国的经济与金融状况,以及一国的国际收支顺差或逆差情况所决定的。通常而言,经济发达、外汇持续顺差的国家不设置严格的外汇管制措施。经济发展较落后、外汇逆差较大的国家,则实行不同程度的外汇管制。外汇管制指一国政府授权相关机构,对外汇收支、买卖、借贷、转移以及国际间的结算、外汇汇率和外汇市场等实行的管制措施。

根据外汇管制措施的严格程度,外汇管制可以分为三种类型[1]:

---

[1] 参见杜春国:《如何降低境外投资外汇风险》,《中国投资(中英文)》2019年第11期。

严格外汇管制。对于实行计划经济的国家及多数发展中国家,为了合理运用外汇资源、调节外汇需求,会实行比较严格的外汇管制。资本、货币和黄金的输入输出必须经政府审批,国际贸易中外汇使用、留存必须经过政府指定机构。例如在有些国家,外资在进入之前没有得到许可,那么未来的外资流出就会遭遇阻碍。

部分外汇管制。一些比较发达但经济规模不大的工业国及经济金融状况较好的发展中国家实行部分外汇管制措施,仅对国际收支中的资本项目进行管制,对经常项目则不实行管制,在一定限额内允许外汇自由买卖。

不实行外汇管制。部分西方发达国家由于其经济实力较强,外汇储备充足,对资本项目和经常项目都不实行管制,外汇限制极少。

三、外汇汇入的限制

对于实行严格外汇管制的东道国/地区,外汇汇入须经过政府的审批。但通常国家不会对外汇汇入进行严格的限制。

四、资金汇出的限制

如东道国/地区存在外汇管制政策,则投资者可能在资金汇出时面临如下外汇管制风险:

外汇结算需要通过指定的机构办理,或需取得相关部门授予的许可。

一些国家采用固定的官方汇率,但受政治影响,国家可能采用行政手段改变汇率。

东道国/地区限制外汇自由兑换,导致外国投资者无法将当地货币兑换为国际流通货币,导致项目无法偿还外币贷款。

在国际收支不平衡时,东道国/地区可能会出于维护金融市场稳定的目的,而禁止或限制外国投资者向境外汇出其公司的本金、利润或者其他的合法收入,从而对外国投资者带来损失。例如,2002 年阿根廷发生货币危机导致政府发布禁令,禁止外国投资者的外汇汇出阿根廷。

一些国家可能对投资者利润的汇出及外国劳动者报酬的汇出进行特殊规定。

此外,在存在烦琐、严格的审批和监管程序的外汇管制下,企业的现金流会因此受到影响,有可能会导致资金风险。

五、东道国/地区公司向境外金融机构或境外公司借款的限制

在东道国/地区设立的企业向境外机构或公司借款,构成涉外债务并涉及外汇问题,因此,一些国家可能会对此进行特殊规定。例如,企业向境外机构或公司借款需经过东道国/地区政府审批或备案,通过政府指定的银行进行操作,等等。

第九节　保险法律制度

保险是转移风险的有效手段。按照保险的标的性质,保险一般分为人身保险、财产保险和信用保险与保证保险这三大类型。境外投资和经营的过程中可能对上述三类保险均有所涉及,按照东道国/地区法律规定及合同约定,投资者需要办理特定保险。因此,中国投资者应当了解东道国/地区对保险的相关规定。

一、对特定项目保险有何特殊规定

对特定的投资项目,东道国/地区法律可能对保险的购买进行特殊规定。例如,对工程项目,东道国/地区可能强制要求购买下列建设工程及工程质量相关的险种:

建筑工程一切险。主要承保在建筑工程施工期间因自然灾害和意外事故等原因导致的经济损失,以及被保险人因对第三者造成人身伤亡或财产损失

而需要承担的民事损害赔偿责任。

安装工程一切险。该险种主要适用于以安装工程为主体的工程建设项目。

雇主责任险。如果员工在受聘期间,因工作原因导致工伤、死亡或职业病,由保险公司向员工支付医疗费用、康复费用伤亡赔偿、工伤休假期间工资等费用。

二、特定项目是否必须在当地购买保险

将近 60 多个国家,特别是非洲的欠发达国家,不同程度地在法律中对保险的投保地点、承保机构有着限定性的规定。例如,非洲国家尼日利亚的保险法律就规定工程项目只能在尼日利亚本国投保①。越南《外国投资法》规定,外资企业和合作经营企业须在越南保险公司和允许在越南经营的其他保险公司购买财产保险和民事责任保险。哥斯达黎加规定,雇主必须为雇员投保个人伤害,而且只能向哥斯达黎加国有保险公司(INS)参保,该险种费用视雇员工作性质而定,一般为工资的 2%—3%。所以,中国投资者在投保前应了解东道国/地区的规定,确认该险种是否可以在外国投保,还是只能在当地投保,以免在投保后无法得到承认,需重新投保。

三、是否存在强制保险要求

在大多数国家,都存在强制保险的规定,要求投保人必须投保某个险种。强制保险的适用范围主要为涉及社会公众利益的领域。例如,在德国,依照相关法律的规定,有 120 多种活动要进行强制保险,强制保险的险种大致可以分为以下几类②:

职业责任强制保险,例如税务顾问和税务代理人的强制职业责任保险,审

---

① 参见周亚帝、刘启汉:《国际工程保险属地化遵循原则的探讨》,《建筑经济》2018 年第 6 期。
② 参见孙宏涛:《论强制保险的正当性》,《华中科技大学学报(社会科学版)》2009 年第 4 期。

计师强制职业第三者责任保险,律师强制第三者责任保险;

产品责任强制保险,例如医用产品强制责任保险;

事业责任强制保险,例如强制旅游责任保险、承运人强制责任保险、环境责任强制保险、油污染损害强制责任保险、核能源利用强制责任保险等;

雇主责任强制保险,例如保安雇员强制责任保险;

特殊行为强制保险,例如机动车事故责任强制保险等。

第十节　合同法律制度

合同是平等主体的自然人、法人、其他组织之间设立、变更、终止民事权利义务关系的协议。合同与境外投资的开展及经营过程密切相关。合同法也是每个国家民事法律最重要的部分之一。为保证合同的顺利签订及履行,避免合同纠纷,对于东道国/地区的合同法律制度,中国投资者应当重点关注以下方面。

一、合同有效要件

合同的有效要件是判断合同能否发生法律效力的依据。总结而言,合同有效要件包含以下方面:

当事人应具有缔约能力。订立合同的当事人应当具有一定的缔约能力,可以独立订立合同,并以自己的行为取得权利或承担义务。对于自然人的缔约能力,通常以年龄、精神状态为决定因素,判断其是否具有民事行为能力。对于法人,应当审查其是否依法成立,同时合同签字人是否为该法人的授权代理人。

合同不得违反法律。在大多数国家,合同不得违反法律,但在具体含义上有所不同。有些国家规定,合同的内容必须合法。而有些国家规定,不仅合同的内容应当合法,合同订立的目的也应合法。

当事人意思表示真实。对于欺诈、胁迫、重大误解等情形,合同无效或可撤销。

特殊规定。应注意东道国/地区法律是否对特定类型合同的生效要件进行特殊规定,例如是否需要经过政府相关部门的批准或登记才能生效。

二、法律规定的合同无效的情形

合同无效是指合同已成立但因欠缺法定有效要件,在法律上确定地当然自始不发生法律效力。合同如不具备上述合同生效要件,可能导致合同无效。例如,如果合同存在违反法律强制性规定、违反善良风俗或公共秩序、恶意串通损害第三人利益、显失公平等情况,合同无效。而在一些国家法律中,无民事行为能力人订立的合同为可撤销的合同。合同无效的具体情形应根据东道国/地区具体法律规定判断。

三、法律对合同登记和公证的强制性要求

一些国家会对合同登记、备案或公证提出强制性要求。以下几种合同可能存在法律上强制登记或公证的要求:

公司章程。一些大陆法系国家的法律中,规定公司的章程的制定和修改、股东大会的决议、股份的转让、公司资产变更等相关文件需要进行登记或公证。

不动产交易相关合同。很多国家规定,房屋买卖合同、抵押合同、租赁合同等不动产交易相关的合同均必须在有关部门登记。但登记对合同效力的影响不同。例如,德国规定,只有不动产交易完成登记,物权才发生变动。而法国规定,登记仅对不动产物权变更行为起到证明的作用,未经登记不影响不动产交易合同的效力,但不得对抗第三人。

专利许可合同。大多数国家的专利法都在不同程度上规定,专利许可合同应当进行登记,否则合同无效或不能对抗第三人。例如,美国规定,专利的

转让合同及许可合同必须经过登记,否则不得对抗善意第三人。

婚姻家庭关系的合同。一些国家规定,与婚姻、遗嘱、继承、收养相关的文件需要经过公证证明。

四、法律对合同语言的强制性要求等

境外投资所涉合同可能由多种语言版本,因此需要关注东道国/地区对合同语言的规定,如是否对合同语言有强制性要求,如果不同语言版本内容不一致如何进行解释。例如,在印度尼西亚,固定期限劳动合同必须采用书面形式订立,且必须采用印度尼西亚语和罗马字体书写。如果合同以双语起草(例如英语和印尼语),则在两种语言版本不一致的情况下,以印尼语版本为准[①]。在此类情况下,中国投资者签订合同时应注意审核不同语言版本之间的一致性,避免因语言问题造成合同解释上的被动局面。

五、合同的法律适用

境外投资,至少涉及两个国家(或地区),这决定了投资中的当事人可能位于不同国家/地区,有不同法律文件的存在,因此,需要在签订合同时考虑到合同适用法律的问题。

(一)意思自治原则

意思自治指合同当事人通过协商一致的方式,确定合同所适用的法律。在实践中,意思自治原则要被本应管辖合同法律中的强行法所制约,合同的双方协商的问题不可以违背国家的一些强制性规定。另外,有的国家要求当事人不得选择与合同毫无关系的国家,只允许在合同签订地、合同履行地、标的物所在地、当事人住所地、当事人国籍地中进行选择。

---

① 参见上海市商务委员会:《印度尼西亚劳动力市场风险分析及用工指南》,《中国机电经贸》2017 年第 6 期。

（二）最密切联系原则

最密切联系原则是指适用与合同具有最密切联系地方的法律。合同涉及的最密切联系因素主要包括：合同签订地、合同履行地、标的物所在地、当事人住所地等。

在确认东道国/地区就某一领域不存在法律适用方面的强制性规定后，投资者可以根据需要对适用法律进行约定，以达到对己有利或双方公平、便利的目的。

第十一节　公司法律制度

各国对于公司的设立、组织形式、公司治理方面的规定不尽相同。大多国家法律要求在当地国开展经营活动的，需向工商行政管理机关办理企业设立登记，并对公司设立的条件、程序有着详尽的规定。

一、公司的设立

对于投资者而言，公司设立是投资者实现投资的过程，而在公司设立过程中，投资者要对公司设立的方式、条件和程序等法律问题有相应的了解，结合该国法律下存在的公司类型、投资特点、责任承担能力等因素综合判断选择，确保公司满足投资目的并合法成立。各国在公司设立流程大体上是一致的，包括以下几个步骤：

确定公司设立的基本事项。公司设立的基本事项主要包括公司名称、注册地址、经营范围、注册资本、股东、董事及代表董事、监事等人员的任期等。

制定公司章程。公司章程由公司股东依据东道国/地区的相关法律自行制定的，规定公司组织与经营的最根本事项的文件，如经营范围、注册资本、组织机构、股东的权利和义务、利润分配、解散及清算的办法等。一些国家的法律中，列举了公司章程应当载明的事项,投资者在制定公司章程时应注意遵守。

申请公司注册。投资者向东道国/地区当地政府的公司主管部门提交法律规定的所需资料,经政府审核后完成公司注册,取得营业执照或登记证书等相应文件。

完成税务注册、银行账户申请、社会保险相关的后续登记、备案手续等。

二、公司的组织形式

(一)公司组织形式

各国对于公司组织形式的规定不尽相同,总结而言,公司组织形式主要分为有限责任公司和股份公司。各公司组织形式从不同程度上都对股东提供了有限责任的保护,即投资者对公司的责任不超出其对公司的出资额,但在公司组织形式各有特点,在设立公司之前应当对不同的公司形式有所了解,从而选择最适合的公司组织形式。对不同的公司组织形式,东道国/地区可能在如下方面进行限制性规定:

股东人数。东道国/地区可能存在对公司股东人数的最高或最低限制。

注册资本。有些国家对公司的最低注册资本进行了规定,且不同的公司组织形式,最低注册资本有所不同。

实缴资本。有些国家会对实缴资本的出资时间,以及实缴资本相对注册资本的比例进行限制。例如,越南规定,股东须在企业注册登记证书签发后的90天内缴纳全部出资额。

管理结构。不同的公司形式,公司管理结构有所不同,股东大会、董事会、监事会的人数、组成及权责不同。

(二)分公司

除了在东道国/地区设立公司,多数国家都允许外国投资者在本国设立分公司以开展业务。分公司不具有独立法人资格,其债权债务均由母公司承担。分公司可以从事咨询服务、生产或产品销售,可以经营实际业务,但其经营单位必须与母公司一致。分公司的形式适合希望在东道国/地区开拓业务但在东道国/地区经营活动有限的情况,也有中国投资者选择分两步进入东道国/地区市场,先设立分公司,了解市场情况,进而再设立公司。

(三)代表处

多数国家允许投资者采用代表处的形式开展业务。但一般而言,外国企业代表处不可以从事业务经营,只能从事信息收集、业务联络、产品推广、市场调研、技术交流等业务活动。代表处不具有独立法人资格,其债权债务均由母公司承担,不会产生公司所得税。

建立代表处是一种费用低廉,并且能够高效打入东道国/地区市场的途径。代表处可以通过市场研究深入了解当地市场,了解其他外国公司的经营情况,收集当地法律法规等重要信息。同时,代表处还可以初步寻找合作伙伴和顾客,并与之进行沟通交流。

(四)特殊规定

1. 行业特殊规定

不同国家的法律对一些特殊行业有着不同的公司组织形式要求,投资者要根据拟投资的行业在投资目标国是否存在特殊要求详细了解,对于法律有强制性规定的行业,必须按照法律要求办理。如果公司设立不满足法律规定的条件、程序,可能导致设立不成功、设立瑕疵、公司治理纠纷、股东利益被侵犯等风险。另外,还要考虑东道国/地区对于该行业的公司是否存在注册资本及实缴资本的要求,评估资金压力。

2. 外商投资特殊规定

一些国家可能对外商投资公司的组织形式进行特殊规定。例如,美国

"S"公司这一组织形式要求必须只有35名或以下的股东,且所有股东均为个人和美国居民,因此不适合外商投资。印度尼西亚公司法规定,外国投资者在印度尼西亚设立公司必须采用有限责任公司的形式,且对最低注册资本额以及最小投资额有一定要求。

三、公司治理

公司治理是指在一定的法律、法规和管理制度框架下,为了保证以股东为主体的利益相关者的利益,通过建立健全股东会、董事会、监事会和高级管理人员相互制衡的权力运行机制和责任分工机制,实现公司健康、持续、稳定发展的一整套制度安排。就其实质而言,公司治理是一种权力分配、权力制衡的"关系契约",它在公司经理、股东和其他利益相关者之间,对权利、责任和义务进行合理分配,从而提升公司的经营积极性。

对于不同的公司组织形式,公司治理架构及其权责有所不同。目前,世界上尚不存在统一的公司管理模式。一般而言,公司的治理机构包括股东大会、董事会、监事会。如果东道国/地区法律对股东大会、董事会、监事会的人数、选举方式、职责有强制性要求,则应当遵守,而对于任意性规定,则可以根据实际情况进行安排。

(一)公司治理模式

世界上的公司治理模式大体有以下两类:

公司设置股东大会及董事会,不设监事会,监事会的职责由董事会履行;

除股东大会、董事会外,设置职权独立的监事会。

(二)公司治理结构

1. 股东大会

不同国家的公司法对股东大会权限的界定不尽一致。一般而言,在一个股份有限公司中,股东大会是最高权力机构,但许多国家的公司法都对股东大会的权限进行了一定的制约。例如,许多国家的公司法都以不同的方式规定,将公司的运营和管理权限下放到了董事会或执行委员会手中,并在一定程度上制约股东大会对公司运营和管理的介入。

股东大会有权决定的事项主要有:

董事会成员的选聘和解聘;

修改公司章程;

公司注册资本金额的增减;

决定红利的分配;

对公司的合并或解散作出决定。

一般而言,股东大会的表决方式主要包括直接投票、累积投票等。具体在什么情形下采用哪一种投票模式,除公司法有明确的限定之外,通常是通过公司章程来确定的。

2. 董事会

董事会成员经由股东大会选举,负责决定并管理公司的经营。世界上大多数国家的公司法中都有关于董事会成员数量和任职期限的规定。董事会的主要工作不是公司的正常运作,而是对公司进行指导和监督,确保公司的顺利发展,使股东和利益相关方的合法权益得到保障。许多国家的公司法规定董事会对公司经营决策的权力。例如,《美国标准公司法》规定,除法律或公司章程另有规定外,公司的所有权力都由董事会行使或由董事会授权行使。《法国商事公司法》第98条规定,除法律明确赋予股东会议的权力外,董事会拥有在任何情况下以公司名义活动的最广泛的权力,这些权力应处于公司宗旨的范围内。

3. 监事会

不同国家对监事会的职权有不同的界定,但总的来说,监事会的责任包括如下的内容:

业务方面的监督；

财务方面的监督；

召集临时股东大会；

列席董事会；

以公司名义对董事进行诉讼。

中国企业如果不熟悉东道国/地区公司治理法律规则,在境外设立、管理公司的过程中照搬中国国内的公司治理模式,可能导致公司"出现水土不服",面临公司治理僵局、管理层内部分歧或者控制困难、影响投资项目顺利推进等方面的风险。为了最大限度地规避上述问题,中国投资者需及时熟悉和掌握东道国/地区公司治理相关法律的规定,必要时聘请专业律师对公司治理结构、权利分配、决策机制、法律责任进行合理设计与安排。与此同时,也要对境外公司的内部制度进行改进,对境外企业的职能部门和管理人员的责任和权力进行明确,让权力进行适当的配置和约束。

四、公司股权转让

(一)股权转让的定义

股权转让即股东将自己所持有的股份转让给他人的行为,是处分股权的一种方式,股权转让将引起公司变更。视转让对象的不同,可分为内部转让与外部转让。股权转让是公司股东的一项权利,但法律也会对此进行一定的限制。

(二)股权转让的限制

综合世界各国(或地区)的公司法规定,股权原则上可以自由转让,在一些特殊情况下,股权转让存在一定的限制。各国对于股权转让的限制方式各有不同,总结而言,对于股权转让,主要应当关注以下方面的限制:

1. 东道国/地区法律对于股权转让的限制

对于股东内部的股权转让,由于没有改变原有股东的构成,也不会损害股东之间原有的信任基础,因此,多数国家都会予以准许。在股权外部转让上,多数国家的法律均有一定的限制:

优先认购权。某些东道国/地区会规定,如果股东进行对外股权转让的,公司其他股东享有优先认购权。

向第三人转让股权必须征得其他股东或公司的同意。例如,日本法律规定,受到限制的股权在对外转让时,出让股东可以要求公司对第三人取得标的股权作出是否同意的决定。在收到上述申请后,公司必须召开股东大会,对该问题作出决议,但如果公司章程有其他不同规定的,以公司章程为准。

股权转让的形式。例如,德国法律规定,有限公司的转让股权合同必须经过公证,如果未依法履行公证程序,则股权转让行为不发生法律效力。

股权转让需要进行登记。例如,德国法律规定,公司股东对外转让股权需要向公司声明并登记。转让股权的股东在完成告知登记之前,原股东仍然是公司的合法股东,依旧享有表决权、利润分配权等股东权利。

2. 公司章程对于股权转让的限制

公司章程属于公司股东意思自治的范畴,与法律等外部限制不同,这种内部的自主限制,使得公司股东可以选择选择是否通过公司章程对股权转让设置限制。公司章程对股权转让的限制主要存在于以下几个方面:

对股权转让的程序性限制。但公司章程中可以对股权转让的程序规定更高、更严格的条件,比如要求股权转让必须经全体股东的三分之二以上同意或股权对外转让必须经过董事会同意等。

股权转让的价格。例如,将股东的股权转让价格限定在出资原值,或出资额加银行同期同档存款利息等。

股权转让的时间。例如,规定股东在一定时间内不能转让股权。

投资者在进行并购时,应注重研究东道国/地区关于公司股权转让的限制,以及目标公司的章程中关于股权转让的约定,有针对性地作出符合法律规定及公司内部约定的交易安排。

五、公司的解散和清算

在境外投资的退出阶段,应当关注东道国/地区关于公司解散和清算的规定。公司的解散和清算需要依据东道国/地区法律规定和本公司的公司章程进行。一般而言,包含以下程序:

公司作出解散决议。股东应先通过决议解散公司。一般除公司章程另有规定外,解散决议应当经一定比例的多数同意才能通过。

解散的登记。应当根据东道国/地区法律规定,向相应的政府部门或法院进行解散的登记,各国对解散登记的程序和所需资料有所不同。

进行清算。公司作出解散决议后,公司停止生产经营活动,确定清算人,根据东道国/地区规定的优先顺序进行通知债权人、通知相关股东、支付员工工资、支付公司债务、纳税、向公司股东分配剩余资产。

公司注销。清算结束登记后,向政府部门申请公司注销登记。如公司持有许可、证照,应根据东道国/地区法律,进行相应许可、证照的注销。

在实际操作中,根据东道国/地区法律、公司组织形式、所属行业、经营状况等情形的不同,公司解散程序会有很大的不同。在进行公司解散和清算时,中国投资者应当咨询当地法律、财务顾问机构的意见,避免解散程序不合法带来后续风险。与此同时,应该考虑项目的退出规划,设计一套合理的退出机制,并将其落实到协议中,保证能够及时、安全地退出受损的项目,将损失降到最低。

第十二节 知识产权法律制度

知识产权主要包括专利、商标、著作权等,因其无形性及法律保护的地域性特点而具有特殊的风险。境外投资涉及的知识产权风险既可能表现为违反东道国/地区参与制定的国际公约,以及各东道国/地区在知识产权的审查标准、程序和保护范围、权限等方面所制定的国内法律法规而侵犯他人知识产权,也包括因为东道国/地区的知识产权法律不健全而使对外投资者被侵权。中国投资者应当充分了解并遵守东道国/地区知识产权相关法律规定。

一、自有知识产权保护

中国投资者应当注意及时在东道国/地区进行商标和专利的查询和注册,避免自有的知识产权被他人抢注,或在不知情的情况下侵犯他人已获得法律保护的知识产权。在经营过程中,需要按照东道国/地区法律对知识产权进行系统的管理。涉及专利资产的,及时处理专利申请、确权和登记工作。对于商标,需要做好日常维护、续展工作。

二、境外并购中的知识产权问题

一些境外并购的主要目标是获取现金的技术、品牌等知识产权,因此目标公司的核心资产为其知识产权资产。在此类以知识产权为核心的境外并购中,应对目标公司的知识产权进行详细的尽职调查,主要了解知识产权的权属、效力状况、期限、是否存在质押或其他限制。

(一)知识产权的权属

权属问题上,一些国家会对知识产权权属问题进行规定,限制某些知识产权的转让,例如限制敏感技术对国外的转让,限制驰名商标的转让。因此,需要注意了解知识产权权属转让限制的规定。

(二)知识产权的效力

商标和专利必须符合有关的法律和法规,才能得到法律的保护。而在不同国家,获得知识产权的优先顺位也有所不同。有些国家采取"使用在先"的方式,也就是对某一商标,首先进行使用的人可获得知识产权。有的国家采取"注册在先"的方式,也就是先注册的人就能得到知识产权的保护。因此,需要了解知识产权是否有效地得到法律保护。

(三)知识产权的期限

一般而言,各国知识产权相关法律法规的规定,对知识产权的保护期限都有一定的限制,超出保护期限的知识产权无法得到法律的保护。一些知识产权的保护期限可以经申请予以延长。因此,投资者也需要注意目标公司所拥有的知识产权是否超过了保护期限,或保护期限是否能够满足投资者的需要。

第三章 境外投资项目潜在政策风险的识别及防范

▨ 内容提要

当前,企业进行境外投资的过程中面临十分复杂的国际环境,也将会遇到一些政策风险,为境外投资带来较大的不确定性,且具有影响范围大、损失十分严重等多方面特点。因此,非常有必要对这些政策法律风险进行分析。

本章主要在前一章节境外投资国别法律环境调研的基础上,探讨境外投资项目其他潜在政策风险的识别及防范,包括以下要点:

➤ 如何识别及防范政策变化风险

➤ 如何识别及防范政府违约风险

➤ 如何识别及防范征收风险

➤ 如何识别及防范进出口管制风险

➤ 如何识别及防范国家安全审查风险

➤ 如何识别及防范反腐败反欺诈风险

➤ 如何识别及防范反垄断风险

➤ 如何识别及防范长臂管辖风险

通过本部分内容,将迅速地了解上述政策法律风险的定义、分类,分析风险的产生原因,选择合适的应对策略。

第一节　如何识别及防范政策变化风险

一、政策变化风险的相关概念辨析

政策变化风险是指因国家宏观政策,如货币政策、财政政策、法律法规、行业政策、地区发展政策等的变化,给外国投资者造成经济损失的风险。由于东道国/地区政策的变动,导致境外投资项目的进展、收益情况处于不确定状态,是境外投资中所存在的一个较为重要的风险。

许可、环保、税收、汇兑等外商投资相关政策的频繁变动,往往会对境外投资企业的经营活动产生直接影响,甚至会对境外投资企业的利益造成损害。对于特许项目,当东道国/地区政府意图通过变更许可条件等手段对特许权协议进行提前终止,则可能导致整个投资项目的结束。

二、政策变化风险的表现

(一)政策变化导致法律修订

例如,蒙古国长期以来以其丰富的矿产资源吸引大量的境外投资者,蒙古国的矿产开发项目也是中蒙经贸合作的重点。蒙古国于1997年颁布了第一部矿业方面的法律——《蒙古国矿产法》,因其投资准入门槛较低,吸引了大批的境外投资者到蒙古国进行矿产项目的开发。2006年修订并生效的《蒙古国矿产资源法》和《战略矿名录议会决议》使得矿产资源勘查、开发、开采等许可费用大幅提高,导致矿产资源开发企业的经营费用上升。

又如,由于历史原因,南非共和国长期以来存在着种族隔离政策,致使南非社会矛盾尖锐。为了解决这一遗留问题,南非政府出台了黑人经济振兴法案(Black Economic Empowerment,简称"BEE")。要求必须以持股、管理、雇佣等方式安排黑人参与某些涉及政府投资的项目。这一法案使得在南非的境外投资项目受到了巨大影响。

（二）政策变化导致项目搁浅

中泰铁路项目曾因政策变化而一波三折。2013 年 10 月，中泰两国政府就该项目达成协议，并签署《中泰政府关于泰国铁路基础设施发展与泰国农产品交换的政府间合作项目的谅解备忘录》。但 2014 年 5 月，中泰铁路项目完全搁浅。后于 2014 年 12 月签署《中泰铁路合作谅解备忘录》，项目重新启动。2015 年 12 月，中泰铁路合作项目在曼谷举行启动仪式，但 2016 年 3 月，中泰双方对融资利率和总投资成本分担发生分歧，同时泰方宣布，仅将建设曼谷—呵叻段铁路，导致整个中泰铁路的建设里程缩短了近三分之二。中泰铁路项目从 2009 年双方开始接触至今，经历了泰国阿披实、英拉、巴育三任总理执政时期。在此期间，泰国政治不稳定导致了泰国政策频繁变动，三届政权变更，造成中泰高铁项目方案几经修改，耗费了巨大的人力、物力和财力。

三、政策变化风险的产生原因

立法、执法或司法的随意性，导致投资环境缺乏稳定性和持续性。

国家政府政权不稳引起本国对外投资政策发生变化。在一些政权不稳定的国家，执政党更换频繁。出于执政理念和利益的不一致，执政党政策会出现调整，这无疑会对投资者的经营环境产生重大影响。

有些国家会因本国的经济困难或出现特定的矛盾而进行法律或政策上的调整。例如，澳大利亚受矿业发展热潮影响，澳元汇率走高，通货膨胀率居高不下，导致农业、制造业、旅游业等其他行业在全球范围内的竞争力下降，因此澳大利亚出台政策，对煤炭和铁矿石公司征收 30% 的巨额利润税。

四、政策变化风险的防范措施

（一）正确评估东道国/地区政治、经济形势

企业应在投资前对投资所在国的经济发展状况、政局稳定情况进行综合评估。境外企业设立后，也应要求境外工作人员及时提供当地各种政策动向的情报，并由专人进行深入的研究、分析。既要对与项目有关的现有的法律制度和制度展开研究，还要密切注意其发展趋势，尤其是有关的立法草案或议案，也即对新的立法或政策一经采用会对项目的可行性和回报率产生什么样的影响进行预测。

（二）与当地协同发展

境外投资企业在自身发展的同时，也应为当地经济、社会发展作出一定的贡献。如果当地社会从境外投资者的经营活动中能够获得一定的经济增长、就业机会、社会发展，则投资者与东道国/地区之间产生矛盾的可能性会较小，东道国/地区外资政策变动的可能性也就越少。

（三）细化项目合同条款

就法律变更和/或政策变更，合同中应清楚地界定"法律变更"和/或"政策变更"的范围，并要清楚地约定"法律"具体包括哪些法律（例如，是否包括税法，是否包括不与项目直接相关但对其有影响的法律）、什么时间节点之前的法律等问题，并约定项目公司有权就法律变更造成的成本增加要求索赔或补偿。

同时，需要在交易文件中设置合理的争议解决条款，并约定东道国/地区放弃主权豁免，以保证一旦出现了法律变更的情况，境外投资者能够根据合

同,或者通过争议解决途径,向东道国/地区政府要求索赔或补偿,维护自身权益。

(四)合理利用第三方分担风险

对于因项目业主方而形成的损失,投资者可以通过保险公司,或通过与分包商、供货商签订背靠背条款的协议,避免独自承担风险。

第二节 如何识别及防范政府违约风险

一、政府违约风险的相关概念辨析

政府违约风险,是指东道国/地区政府单方面不履行或违反与投资者签订的投资协议,而给投资者带来的经济上的损失的风险。

中企在"一带一路"沿线国家和地区的投资大多是能源、基础设施建设等行业,往往涉及特许经营模式。此类特许经营协议是境外投资者得以在投资东道国/地区开展投资活动的依据与先决条件,但也往往面临东道国/地区政府违约的风险。东道国/地区政府一旦违约,投资者不仅自身会遭受损失,还可能无法履行在与分包人、融资方等签订的合同,承担违约责任。

二、政府违约风险的表现

政府违约行为有多种表现形式,包括东道国/地区政府取消或变更项目、直接违反合同或协议、取消环保或其他许可等方面。

(一)东道国/地区政府取消或变更项目

项目的取消或变更,通常发生在政府更迭的背景下。新政府上任后,可能会对前任政府的决定作出重大变更,例如,合同条款重新谈判或者项目需要议会的重新批准等。

(二)东道国/地区政府直接违反合同或协议

直接违反合同或协议,指根据东道国/地区政府与投资者签订的协议,东道国/地区政府的行为直接构成违约。例如,在特许经营协议下,政府部门以环境、安全或其他社会关切的问题为理由,拒绝履行合同约定的义务,或者变更经营期限、改变协议价格。无论以这些理由违约是否有依据,都会对企业的投资产生负面影响。

(三)东道国/地区政府取消环保或其他许可问题

此外,有关政府部门推迟颁发或撤销环境保护等方面的许可证,也将对公司造成一定的影响。由于环境和社会影响评价中存在无法预料的结果,从而造成建设许可证的延长和颁发,这将对项目的收益情况造成极大的冲击,且可能导致因工程建设延期而承担相应的责任。即使工程得到了许可,许可中也可能附加一些额外的条件,比如对工程开展的一些限制条件,这些都会对工程公司的利润产生一定的影响。

例如,2009 年 3 月,中缅两国政府签署《关于合作开发缅甸水电资源的框架协议》。而 2011 年 9 月 30 日,缅甸方突然以"人民意愿"为由,宣布暂时搁置密松水电项目。对搁置电站的原因,缅甸方称,该电站可能会"破坏密松的自然景观,破坏当地人民的生计,破坏民间资本栽培的橡胶种植园和庄稼,气候变化造成的大坝坍塌也会损害电站附近和下游的居民的生计"。由于项目暂停,中缅双方都受到了巨大的损失。中方前期已经投入 70 亿元人民币,停工后,投入资金的财务成本和人员维护费每年达 3 亿元人民币。同时,投资商还需要应对供应商、施工单位等有关合同方所提出的巨额违约索赔。

三、政府违约风险的防范措施

（一）提前了解政府违约风险发生的可能性

企业应当注重风险预测，加强防范政府违约风险。在投资之前，企业应当对该国的投资环境进行全面了解，调研与评估政府违约风险发生的可能性。

（二）善用合同条款

1. 明确政府违约的定义

投资者可以在特许经营协议对政府违约的定义进行明确的约定，并加以非有限列举，尽量涵盖最常见的情形。另外，需要在违约责任条款中明确规定政府违约的情形。这样一来，在发生政府违约的情况时，根据合同约定容易判定是否属于政府违约，投资者可以根据合同约定，追究政府的违约责任。

2. 稳定条款

稳定条款是指东道国/地区与境外投资者签订的、保证该投资协议不因该国法律或政策改变而使投资者受到不利影响的投资条款。尽管目前国际上对于稳定条款的法律效力仍然存在争议，但是稳定条款作为投资者保障自身权益的方式在实践中是行之有效的，其效力得到了多数仲裁庭的认可。投资者在订立稳定条款时，应当注意明确该稳定条款适用的范围，以及稳定条款的效力期限等。

3. 调整条款

调整条款是指当特定事件发生时，特许经营协议可以进行自动调整，当事人也可以在协商的基础上主动对合同内容进行调整，使协议重新达到相对平衡。在订立调整条款时，合同各方也应当明确调整条款的适用范围以及适用条件。通过运用稳定条款和调整条款，可以在法律层面上对东道国/地区政府起到约束作用，有效防范政府违约风险，减少境外投资者的经济损失。

4. 放弃主权豁免条款

对于东道国/地区政府部门参与的新项目,投资者应注意争取在签订的协议中明确约定,当地政府承认合同具有商业性质,同意放弃主权豁免。当时,应注意该等约定与东道国/地区的法律不产生冲突。

5. 争议解决条款

境外投资者应注意妥善选择争议解决方式和适用法律,在可行情况下,国际仲裁地尽量选择除东道国/地区之外的第三国,并尽量选择适用投资人较为熟悉且法治完善的第三国法律。

(三) 运用境外投资保险保障自身利益

一旦出现政府违约风险,境外投资保险可以进行一定的保险赔付,这样可以一定程度上减少投资者因政府违约所带来的损失。中信保和多边投资担保机构设有专门的政府违约险[①]。对中国企业来说,在不违反相关投保条件的情况下,应该积极进行投保,善用中信保和 MIGA 保障企业的境外利益。此外,境外投资保险机构发布的投资风险评估报告,也可以为防范政府违约风险起到参考的作用。

第三节　如何识别及防范征收风险

一、征收风险的相关概念辨析

征收风险,指东道国/地区政府对外国投资企业实行征用、没收或国有化行为的风险。根据国家对外国投资者财产权的干预方式不同,征收分为直接征收和间接征收。

---

① 参见中国出口信用保险公司:《海外投资保险简介》,见 http://www.sinosure.com.cn/ywjs/xmxcp/hwtzbx/hwtzbxjj/index.shtml,2020 年 11 月 18 日访问。

直接征收是指国家以直接夺取投资者财产权的方式对外国投资实行国有化,这种征收行为突出的是"直接"和"夺取"。一般表现方式为东道国/地区公开出台一项规定或法令,将外国投资者的财产权直接收归国有,因此也常被称为"国有化"。

间接征收则指由东道国/地区为保护本国公共利益而实施管制措施,虽然东道国/地区没有直接剥夺外国投资者的财产权,但造成外国投资者实质性地丧失对其财产的支配权,从而与直接征收具有相似的效果。东道国/地区中央、地方政府不公开宣布直接征用企业的有形财产,而是以种种措施阻碍外国投资者有效控制、使用和处置本企业的财产,使得外国投资者的股东权利受到限制等而构成事实上征用行为的风险①。

二、征收风险的表现

(一)实质干预企业的经营管理权

投资者对其企业享有管理权,这是投资者的基本权利,也是公司治理基本原则,并且是其获得利润的基础。如果东道国/地区政府对投资者设立的企业进行不合理的干预,则很可能构成间接征收。

(二)随意取消对投资者经营的许可或批准

在国际投资领域,东道国/地区为了保护国家安全、促进民族工业的发展,可能限制外国资本在某些领域的投资。外国投资者如果希望在这些领域进行投资,就必须取得东道国/地区的相关主管机关的批准或许可证。如果东道国/地区撤销批准或许可证,则相当于剥夺或侵犯了投资者对其投资的权利与期待,如果这种剥夺没有遵循正当程序,则可能会构成间接征收。

---

① 参见《国际投资国家风险是什么?》,中国贸易服务网,见 http://tradeinservices.mofcom. gov.cn/article/zhishi/xiangguanwd/201911/94816.html,2020 年 7 月 16 日访问。

（三）过度或任意征税

在国际上，一个国家有权对自己的领土上发生的一切活动实行税务管辖，并对征税的范围、种类、数额等作出规定。但是，这并不表示各国的税务权利是无限的。如果政府随意地或者是过多地对外国投资者进行征税，可能会构成间接征收的行为。

例如，2007年，在石油价格不断上涨的背景下，厄瓜多尔政府将石油超额所得税率从50%提升至99%。西班牙石油公司雷普索尔（Repsol）以厄瓜多尔政府进行间接征收为由诉至ICSID仲裁庭。在该案中，厄瓜多尔政府征收99%的石油税，几乎"剥夺"外国投资者的所有高于基准油价的额外收入[1]，对其造成了的巨大经济影响，这样高额的征税是间接征收的典型案例。

三、征收风险的产生原因

（一）东道国/地区发展方向转变

随着过去以经济增长为导向的发展战略对国家造成的不利影响逐渐凸显，环境保护、社会公益等非经济价值逐渐被国家所关注，为了促进和实现可持续发展，各国纷纷制定了相应的社会性的法规、政策。这些法规、政策虽然关注本国的经济和社会发展，却在某种程度上忽视了外国投资者的权益，从而被指控为间接征收措施。

（二）经济原因

在全球化进程中，某些发展中国家受到了外部势力的影响，处于相对不利的经济地位。有些发展中国家在引进国外资金时，采用了较为激进的方式，造

---

① 参见梁咏：《间接征收与中国海外投资利益保障——以厄瓜多尔征收99%石油特别收益金为视角》，《甘肃政法学院学报》2009年第5期。

成了大量的外资进入本国的市场,给本国的市场造成了很大的影响。当出现金融危机或者宏观经济出现问题的时候,为了顺利渡过危机时期,东道国/地区政府必须对其现有的经济战略进行调整,于是就会采用征收的方式,对国外资金进行掠夺和控制。

(三)东道国/地区与外国投资者之间的博弈

征收是东道国/地区政府迫使外国投资者让渡经济利益的手段。境外投资是在东道国/地区以及跨国企业之间,充分发挥自身的优势,来共同创造并共享利益的过程。只有在双方的利益分配处于平衡状态的时候,投资才可以正常、稳定地持续下去。假如东道国/地区对利益分配格局不满意,那么可能会采取征收的手段,以达成自身的目的。

四、征收的救济

(一)当地救济

在征收发生后,投资者可以在东道国/地区的法律、司法框架内主张权利,称为当地救济,主要包含以下几种方式。

1. 行政方式

征收行为一般由东道国/地区的政府部门作出决定并予以执行,由征收行为所产生的纠纷应属于东道国管辖范围内的行政性纠纷。投资者如果认为该等征收行为侵犯了其合法权益,可以根据东道国/地区行政法方面的规定,向有关政府部门提出请求,要求撤回、撤销行政决定等。

2. 仲裁方式

在征收行为前,如果投资者与东道国/地区政府就投资行为签订过协议,例如土地出让协议、特许经营协议等,则协议中一定包含争议解决条款,如果协议中约定争议提交仲裁,则可以依据这一仲裁条款,将征收问题在东道国/地区境内提起仲裁。仲裁的结果可以更好地得到东道国/地区的认同,仲裁的裁决在东道国/地区的执行方面障碍较小。

3. 司法方式

外国投资者如果认为东道国/地区政府的征收行为存在不合法或不合理性,可以依据东道国/地区相关法律向有管辖权的法院提起诉讼。法院根据双方的争议焦点,对东道国/地区政府的征收行为所产生的纠纷进行审理,作出判决。多国都有法律规定,外国投资者的投资争议,可以通过本国的司法途径进行解决。例如,2020年生效的越南投资法第14条规定:"于越南有关投资经营活动之纠纷可通过协商、调解解决。倘纠纷无法协商、调解时则依据本条第2、3及4款规定提交仲裁或法院解决。国内各名投资者、外资经济组织之间或国内投资者、外资经济组织与政府审权机关之间于越南领土上有关投资经营活动之纠纷可通过越南仲裁或越南法院解决,本条第3款规定之场合除外。"①

一般而言,当地救济的优势为判决的承认、执行较为顺畅,但缺点则是某些国家存在司法制度落后的问题或者存在保护主义倾向,不利于投资者获得公正的判决。

(二)投资国的外交保护

当一国家的公民或法人因另一国家的不当行为受到损害,该国家可采取外交措施或其他和平方式,要求作出不当行为的国家履行义务、承担责任,此为外交保护。投资者受到征收行为后可以请求外交保护。

在符合条件的情况下,对投资者实施外交保护,可以向东道国/地区施加一定的外交压力,敦促东道国/地区履行义务,对投资方的利益进行补偿。

---

① 中华人民共和国商务部:《2020年越南〈投资法〉》,见 http://hochiminh.mofcom.gov.cn/article/ddfg/tzzhch/202208/20220803338138.shtml,2023年4月27日访问。

（三）国际仲裁

国际仲裁的程序和结果可能更加公正,但也不是所有关于征收的争议都可以提起国际仲裁,国际仲裁也有一定的限制。

可仲裁事项的范围:中国早期缔结的双边投资协定中,投资者就征收问题提交国际仲裁的范围仅限于"与征收补偿额有关的争议"。因此,除非经东道国/地区政府另行同意,与公平公正待遇等其他条款有关的争议不能提交国际仲裁,征收行为是否发生及征收行为合法性相关的争议也可能无法提交国际仲裁。

仲裁机构:《华盛顿公约》规定了投资争议的仲裁程序和调解程序,并设立了国际投资争端解决中心(ICSID)。早期的中国和外国双边投资协定大多规定投资者向临时仲裁庭提交争议,在1993年中国加入《华盛顿公约》后,后续中国与外国签订双边投资协定通常约定投资者可以向 ICSID 仲裁庭提交争议。临时仲裁在程序上将适用仲裁地的法律,仲裁裁决可以在仲裁地法院申请撤销,仲裁裁决的执行依照《承认及执行外国仲裁裁决公约》(以下简称《纽约公约》)。对于 ICSID 仲裁裁决,任何国家法院均无权撤销,只能基于特定理由向 ICSID 特设的撤销委员会申请撤销,裁决的执行既可以依照《华盛顿公约》本身的规定,也可以依照《纽约公约》。

仲裁管辖权:《华盛顿公约》第25条规定,只有当仲裁双方均"书面同意"将争议提交 ICSID 仲裁时,ICSID 才对双方的争议享有管辖权。一国政府在其与外国投资者签订的投资合同中同意将投资争议提交 ICSID 仲裁的,构成该等"书面同意"。一国在其国内立法中,或与他国签署的双边或多边投资协定中,同意将投资争议提交 ICSID 通过仲裁解决,外国投资者随后提交仲裁申请即视为双方之间达成了该等"书面同意"。

仲裁前置义务:双边投资协定大多规定了在提交仲裁之前需要履行的前置义务。例如,磋商条款、"冷静期"条款。此外,有些双边投资协定还规定,投资者在提出国际仲裁之前,应先穷尽当地救济程序。除此之外,有的双边投资协定还规定,投资者向东道国/地区法院提起诉讼后,该所涉纠纷不得再次提请国际仲裁。因此,投资人在选择向东道国/地区法院提起诉讼时,必须考虑到这一因素,以免丧失提起国际仲裁的可能性。

仲裁时效要求:需特别注意双边投资协定中规定的提起仲裁的时效要求。例如,中国—韩国双边投资协定规定,如果从投资者首次知道或者应该知道其受到损失或损害之日起已经超过三年,则投资者不能将争议提交国际仲裁[①]。投资者需要提早安排,避免丧失时效。

关于国际仲裁的分析,详见本篇第四章"境外投资争议解决"。

五、征收风险的防范措施

(一)重视对征收风险的评估

在进行对外投资前(尤其是投资敏感国家和敏感行业之前),聘请专业律师或组建专业法律团队,从以下方面对征收相关风险进行综合评估:

东道国/地区相关法律规定和税收要求,是否可能含有征收或间接征收风险;

东道国/地区是否与我国签订双边投资协定,协议中是否存在保护不被征收、征收争议管辖、补偿方式与标准等方面的条款;

东道国/地区政治状况、社会风气、其他投资者在东道国/地区的经营情况等可以侧面反映征收风险的因素。

投资者进行投资时应尽量选择与我国签订了双边投资协定的东道国/地区。当中国与东道国/地区没有签署双边投资协定,或者双边投资协定的条款对于征收问题的约定内容较少,投资者应对投资路径、投资架构进行合理的规划,利用第三国与东道国/地区签订的双边投资协定,获得最大程度上的投资

---

① 《中华人民共和国政府和大韩民国政府关于促进和保护投资的协定》第9条第7款,2007年12月1日生效。

保护,从而在征收风险出现时,尽早地将征收所带来的损害降至最低。

(二)合理设置交易安排

在征收性风险较大的投资中,投资者应尽量争取推迟风险转移的时间,并在投资协议中明确投资项目的交割时间和风险转移时间。投资者可以为投资项目设定一段时间的"风险考察期",在此期间,特定的风险由被投资人承担。另外,因本地企业对东道国/地区的法律和政策有更深入了解,投资者可以通过与本地企业成立合资公司的方式进行投资,并在合资协议中约定征收风险分配事项,仅将投资项目的部分风险转移过来,从而避免出现以一己之力面对征收风险并独自解决征收补偿争议的问题。

(三)合理完善法律文件

政府征收条款。在征收条款中,可以详细界定政府征收的范围,并明确在构成政府征收的情形下,东道国/地区政府应给予及时、有效、充分的补偿。

合同终止条款。对于涉及与政府合作的合同,应注意限制东道国/地区政府部门单方终止合同的权利。同时可明确约定,东道国/地区政府部门单方终止合同的特定情形构成政府征收,从而保证投资者可以就政府终止合同的行为,寻求政府征收的法律救济。

稳定性条款。在一定程度上将合同签订时的经济、法律环境予以固定,从而保障投资者的预期利益。主要包括"冻结条款"和"均衡条款"两种。"冻结条款"是指合同中约定投资仅适用于合同签订时的法律,不适用于东道国/地区合同签订后新颁布的法律。"均衡条款"是指投资适用东道国/地区合同签订后新颁布的法律,但如果适用新法使得投资者遭受了损失,投资者有权获得一定的补偿。

争议解决条款。投资者应争取在与东道国/地区政府部门签订的投资协议中明确、详细地约定争议解决的途径,例如约定将争议提交 ICSID 仲裁。

第四节　如何识别及防范进出口管制风险

一、进出口管制的相关概念辨析

进出口管制,是指一国政府从国家的宏观经济利益、国内外政策需要以及为履行所缔结或加入国际条约的义务出发,为对本国的对外贸易活动实现有效的管理而颁布实行的各种制度以及所设立相应机构及其活动的总称。

进口限制政策旨在调节国际收支逆差,多出于保护本国生产和国内生产厂家的利益,改善本国的国际收支状况等经济目的。主要包括关税和非关税壁垒。非关税壁垒中,最常见的是进口配额制。

出口管制则分为出口价格管制、出口数量管制、出口质量管制、出口组织管制、出口外汇管制等。

在国际工程方面,很多承包工程项目的设备和材料是由承包企业自己所提供的,这也构成了承包企业的一个重要利润来源。涉及进出口问题的主要包括建筑材料、设备、生活物资和办公物资等。

(一)建筑材料

建筑材料作为施工项目中最重要的构成因素,在施工过程中经常会影响到施工项目的报价。通常来说,国际上的建设项目都是以项目所在地为基础的。但是,因为区域发展有所不同,有些建材是不能直接从东道国/地区购买到,只能通过进口的方式采购。

(二)设备

国际工程设备包括临时施工设备和永久设备。永久进口设备物资是构成工程永久性的设备物资,所有权归业主所有。临时进口设备物资不构成工程组成部分,只是承包商用于工程施工的设备物资,所有权归承包商。对于永久设备大多为工程项目的重要、关键设备,其选择需要慎重考虑价格、质量方面的因素,如果选用非东道国/地区本地的设备,将涉及设备进口的问题。此外,一些国家还对某些国家或者地区实施制裁,来自这些国家或地区的设备便无法正常入关。

二、进口管制的主要内容

(一)进口税费

在货物进口通关环节中,进口国(或地区)的海关不仅要征收关税,还可能征收其他税种,例如增值税、附加增值税、所得税、营业税等。在有些进口管制严格的国家,关税及其他税种的税费率较高。当然,一些国家对于某些工程的设备、材料进口进行一定的税收优惠,甚至免税。例如,柬埔寨规定,基础工程施工可以享受进口设备物资的免税政策,施工方可根据工程施工设计及建立工程所需设备材料的详细清单申请进口设备物资的免税批文。

(二)进口许可制度

有些国家规定,对进口的商品需要进行事先的申报,并进行相应的审批,因此在进口之前,还需要提交进口申请单,其中要对所进口的商品的品名、种类、货值、数量、品牌、型号、产地等信息进行详尽的说明,之后还需要在获得政府部门批准的进口许可后,才能开始货物运输流程。例如,科威特规定,科威特工商会会员在工商部领取进口许可证后可从事进口贸易业务。进口许可证须每年验核延期。进口机械设备及其零配件须领取一次性特种许可证,由工业总署先行审批。

(三)专项许可制度

一些国家可能规定,对于一些特定类型、性质的货物,在进口前还需要额外办理专项许可。

（四）价格审查

有些国家的海关或税收部门规定了工程设备、材料的最低价格方面的强制性的要求,如果报关价格比其所规定的最低价格低,则可能会被视为存在倾销的嫌疑,商品的进口很难得到批准,也有可能受到反倾销调查,或者被征收反倾销特别税。

（五）临时进口的特殊要求

在一些国家,临时进口需要提供一定的担保,例如保函、保证金等。

三、我国关于出口方面的相关规定

根据《中华人民共和国出口管制法》(以下简称《出口管制法》)第 2 条规定,适用《出口管制法》的管制物项可以分为两用物项、军品、核以及兜底性质的"其他与维护国家安全和利益、履行防扩散等国际义务相关的物项"几大类。其中,两用物项指既有民事用途,又有军事用途或者有助于提升军事潜力,特别是可以用于设计、开发、生产或者使用大规模杀伤性武器及其运载工具的货物、技术和服务;军品指用于军事目的的装备、专用生产设备以及其他相关货物、技术和服务;核指核材料、核设备、反应堆用非核材料以及相关技术和服务[1]。工程项目的设备、材料一般不涉及中国出口管制的问题。

四、进出口管制的防范措施

（一）谨慎评估进口限制风险

如果在进行项目的考察评价时,如果项目的东道国/地区对进口有一定的

---

[1]　《中华人民共和国出口管制法》,2020 年 12 月 1 日实施。

限制,那么对于要不要开发并进入这个国家的工程服务市场,一定要谨慎考虑。因为严格的进口管制政策通常是在东道国/地区面临经济发展、国际收支恶化等问题后不得不采取的措施。因此,进口限制问题可以构成项目东道国经济风险、政策风险评估的重要衡量指标。

(二)在投标报价中充分考虑进口限制因素

如果经过全面的研究,投资者判断这个市场还有发展潜力的,那么我们就应该在进行报价以及签订合约的时候,把进口的限制因素作为我们价格的考量因素,充分考虑各种税费、成本,并争取在合同中约定合理的调价公式,确保工程有一定的利润空间。假如是项目进行过程中东道国/地区的进口管制政策发生了变化,则可以认真研读合同条款,利用合同变更、法律调整、不可抗力等条款与业主方进行协商,主张调整相关价格。

(三)适当考虑当地采购

对一些当地可生产或者当地有经销网络能够购买到的材料,以及进口管制严格的货物,可以尽量在当地市场采购。这样可以在一定程度上节约成本,降低由进口管制带来的价格及到货时间上的不确定性。

(四)对货物进出口程序进行充分的准备

在开启货物进出口程序前,要考虑不同港口海关的监督尺度、通关效率并进行合理的选择。同时,要对货物的进口报关工作进行充分的准备。由于这是一项专业性很强的工作,需要在相对有限的时间里进行很多单证和材料的准备工作,因此可以委托熟悉类似业务的清关服务公司,提高通关效率,降低通关成本。

第五节　如何识别及防范国家安全审查风险

一、国家安全审查的相关概念辨析

国家安全审查指政府一般通过立法建立针对外国投资的法律体系,并设置专门机构负责审查活动,对可能威胁国家安全的外国投资采取限制性措施,以防止外国投资对本国安全造成不利影响。

关于"外国投资者"的定义,不同国家有不同的标准。在大多数国家中,外国投资者是指外国自然人和实体,东道国/地区本地设立的但受外国实体控制的企业也可能被视为"外国投资者"。近年来,外资安全审查制度越来越关注具有外国政府背景的国有企业。

二、国家安全审查的内容

(一) 审查范围

由于不同国家的具体情况,对外国投资的安全审查的范围设定也不尽相同。总体而言,每个国家都是按照自己对"国家安全"的理解,并根据自身经济发展的阶段和特点划定审查范围,大致可以分为以下几大类:

规定对特定行业类别的外国投资必须进行审查。

划定相应的投资额,对超过一定金额的外国投资进行审查。

以特定投资主体为标准。出于对政府背景的国有企业的担心,该类审查范围近年来被越来越多的国家所采用。

(二) 审查程序

总体来讲,各国都规定了国家安全审查的程序及时限。大部分国家审核周期不超过 60 天。鉴于多数国家的外商投资安全审核都是多个部门共同参与的,在兼顾各个部门按照自己的工作流程作出相应决策的同时,也要兼顾到各个部门之间相互协调、相互制约的问题。以美国为例,外国投资的安全审查时间为 45 天,在某些特定的条件下,还可以延期 15 天。俄罗斯将普通外国投资者的安全审查时间限定在三个月以内,在特定的条件下可以延期三个月。

三、美国国家安全审查制度

美国是全球吸引外国投资最多的国家之一,其国家安全审查制度经历了长时间的调整和修订,较为完善,具有一定的代表性。

(一)美国国家安全审查的主管机构

美国负责国家安全审查的主管机构为美国外国投资委员会(Committee on Foreign Investment in the United States,简称"CFIUS")。CFIUS 专门负责对外国人在美投资进行评估和审查,调查由外国人控制且可能对国家安全造成威胁的交易,并有权终止交易、允许或有条件地允许交易。CFIUS 由美国财政部主持工作,其成员还包括美国国务院、司法部、国土安全部、国防部、能源部等单位的负责人。

(二)美国国家安全审查的法律依据

美国外资并购安全审查的主要法律依据包括:

《1950 年国防生产法》,确立了一系列保障国家安全的物资和设施配置以及优先使用的机制。尽管《1950 年国防生产法》没有直接规定对外国投资的国家安全审查,但该法的第 721 节(Section 721)在此后的一段时间内经历多次的增补、修订和完善,成为美国国家安全审查法律制度的前提和基础之一。

1988 年的《埃克森—弗罗里奥修正案》(Exon-Florio Amendment),该法修订了《1950 年国防生产法》,增加了总统审查外国投资的权力,规定总统有权出于国家安全原因决定禁止或暂停一项交易。这一修正案被普遍视为美国国家安全审查制度正式诞生的标志。由此，CFIUS 被赋予了实际权力，CFIUS 有权对交易进行实质审查并为总统的最终决定提供建议。

《2007 年外国投资与国家安全法》，该法案修改了《1950 年国防生产法》并对《埃克森—弗罗里奥修正案》的一些条款进行取代，扩大了国家安全概念以及 CFIUS 的管辖范围，并增加了国会的监督职能。之后，CFIUS 每年度向总统和国会报告该年度的审查情况，并进行公示。

《2018 年外国投资风险审查现代化法案》(*The Foreign Investment Risk Review Modernization Act of* 2018，简称"FIRRMA")及其最终规则。该法案及其最终规则于 2020 年 2 月 13 日正式生效，对 CFIUS 的职权范围作出了重大修订和调整，使 CFIUS 外商投资审查的范围和力度有较大的扩大和加强。

(三) 美国国家安全审查的审查范围

2018 年颁布的 FIRRMA 扩大了 CFIUS 审查范围。目前，CFIUS 的审查范围包括：

可能导致美国公司被外国主体直接或间接控制的收购、投资或合作经营。

特定不动产交易：特定的不动产交易 (包括出售或租赁)将受到 CFIUS 的审查，若该等不动产坐落在美国航空基地或海军基地范围内、毗邻军事设施或国防安全设施，将受到外国监控。

外国投资者在美国企业中的权利变更，导致业务的控制权变更及交易受 CFIUS 监管。

其他投资：其他投资是指对美国非关联企业的非控制权投资，若该企业拥有、运营、制造、供应关键基础设施或为关键基础设施提供服务；生产、设计、测试、制造或开发关键技术；储存或收集美国公民个人敏感信息并且可能会对美国国家安全产生威胁。通过其他投资，外国投资者可以获得非关联美国业务的"重大非公开技术信息"；成为董事会成员或类似管理委员会的成员,拥有董事会观察权或提名董事的权利;通过表决权外的方式,参与涉及关键基础设施、关键技术或个人敏感信息的非关联美国业务的重大决策。

涉及"关键技术"(Critical Technology)、"关键基础设施"(Critical Infrastructure)或"敏感个人数据"(Sensitive Personal Data)三类美国企业或业务取其首字母后被统称为 TID U.S.Business。其中,"关键技术"涉及半导体生产、计算机生产、光学仪器和镜片生产、广播和无线通信设备生产、电池生产、生物技术和纳米技术研发等 27 个尖端科技领域。

(四)审查标准

对于 CFIUS 审查范围内的交易,CFIUS 主要从外国收购者是否有能力或意图进行剥削或造成损害、美国被投企业的性质是否会导致美国国家安全受损、威胁与脆弱性的结合对美国国家安全造成的后果这几个维度,评估该交易对国家安全可能产生的风险。

(五)美国国家安全审查的启动方式

启动美国国家安全审查的方式主要有三种:

自愿申报,交易的当事方主动向 CFIUS 提交相关材料进行申报,申请外国投资委员会对相关交易进行安全审查。

审查机构通知,即当某个交易存在威胁国家安全的可能性但该交易的当事方又没有主动申报时,CFIUS 将通知交易的当事方提交相关审查材料,以便 CFIUS 对相关的交易进行安全审查。

强制申报,FIRRMA 法案所规定的 CFIUS 最终实施细则中,要求某些必须在预计交割时间前至少 30 日强制申报,主要为涉及"关键技术"或外国政府获得"实质性利益"的交易。

对于"关键技术"的范围,FIRRMA 法案实施细则附录 B 列出了 27 个敏感行业。对于从事该等关键技术的生产、研发、设计、制造、组装业务的企业，其相关投资交易，需要进行美国的国家安全审查。

"实质性利益"，是指企业 25% 或以上的直接或间接表决权。如果一个外国政府持有交易当事人 49% 以上直接或间接表决权，则该交易人进行"实质性利益"的交易，需要受到美国的国家安全审查。

如果交易当事人没有按照 FIRRMA 法案规定的时限申请国家安全审查，将有可能受到高额的罚金，罚金的最高金额可能等同于拟交易的金额。

（六）美国国家安全审查的审查程序

整个审查程序包括审查（Review）、调查（Investigation）和总统裁决（Action by the President）这三个阶段，具体如下：

表 1-3-1 美国国家安全审查的审查程序

阶段	期限	内容
审查	45 天	在审核期间，若 CFIUS 认定此项交易并未危及美国的国家安全，CFIUS 将告知有关各方，不再进行调查，安全审查程序告一段落。
调查	45 天	如果交易对美国的国家利益构成了切实的威胁或交易受到外国政府控制或外国投资者可能会利用该交易来对美国的重要基础设施进行控制，而这种控制将对美国的国家安全构成威胁，则该交易将被进行调查。 调查结束后，CFIUS 可能会与交易当事人协商减轻影响的方法，或向总统建议暂停或禁止交易。CFIUS 的各成员单位均可以表达对该交易的观点，如成员单位有不同的意见，该不同意见将被写入报告，最终由总统作出决定。
总统裁决	15 天	只有在确凿的证据表明交易可能影响国家安全，并且无法通过现行其他法律有效保护国家安全的情况下，总统才能决定暂停或禁止此交易。

四、国家安全审查风险的表现形式

国家安全审查作为一种隐形的投资壁垒，本质上具有一定的政治性，反映了相关国家当局对外来资本的态度。近年来各国经济发展形势较为严峻,贸易保护主义重新抬头,国家安全审查或外资审批都出现了逐渐严格的趋势。安全审查机制审查标准、审查程序方面存在标准不明的问题,政府自由裁量权较大,由此会给投资者带来的风险,主要表现在以下方面:

当收购行为被认定存在严重危害国家安全时,东道国/地区可能要求收购者取消收购,或者转让相关的股权和资产,以解决收购对国家安全的威胁,导致投资目的无法达成。

国家安全审查的启动,可能会对投资人在其他国家的交易产生影响,引起连锁反应,为投资人增加了更多的障碍。

国家安全审查可能会拉长交易的时间,增加了交易的不确定性。过长的交易时间可能导致交易的财务数据、估值基础发生变化,以及参与交易谈判的人员发生变动,加之如果市场环境出现了变动,引起纠纷,甚至会造成交易失败。

交易因未通过国家安全审查的而被禁止的,会对投资者自身名誉以及形象产生影响,且后续境外投资也会因此受到阻碍。

五、国家安全审查风险的防范措施

(一)国家安全审查风险的事前准备

1. 对投资项目国家安全审查风险进行充分的尽职调查

投资者需要特别关注境外投资是否涉及政府合同、敏感资产、敏感信息等可能会影响东道国/地区国家安全的因素,充分评估与国家安全审查相关的风险。

2. 在设计交易架构时应充分考虑国家安全因素

由于国家体制差异等原因,东道国/地区政府可能更加关注中国投资者,尤其是中国国有企业投资行为的国家安全问题,给投资过程造成了较大的不确定性。

因此,中国国有企业可以考虑尽量通过市场化的企业进行并购或者在东道国/地区寻找合作伙伴共同开展并购活动,从而淡化国资属性。同时,合理选择并购项目,尽量将涉及敏感行业、技术的主业进行剥离,尽量避免受到东道国/地区的国家安全审查。

3. 做好本土化经营规划,做好投资并购公关工作

中国投资者在进行并购活动前,应事先筹划本土化经营方案,争取当地政府的支持与信赖。与此同时,在进行投资并购的过程中,要积极地与东道国/地区进行交流,解除其疑惑,并且积极将投资并购的信息进行公开,博得当地社会公众的认可。

4. 聘请专业的中介机构

聘请当地具有丰富经验的律师、财务顾问对并购活动进行专门的咨询。专业的中介机构通常对东道国/地区有关的法律更加了解,而且在处理类似的案件时也有更多的经验,可以提供专业的意见及风险预判,从而为公司减少法律风险。

(二) 国家安全审查风险的事中应对

1. 主动申报和沟通

根据世界各国的立法和实际情况,如果企业在收购过程中涉及一些敏感行业,那么企业可以主动提出国家安全审查。以此显示出对东道国/地区法律的充分尊重,以及配合审查的意向,有助于减少东道国/地区安全审查部门的顾虑。同时,企业自身也赢得了先机,有时间做好充分的准备,也可以避免前期在交易中投入过于巨大,而后期国家安全审查制度的限制导致前期投入成为沉没成本。

2. 熟悉法规,配合提供信息和资料

中资企业需要完整而准确地了解并购所涉及的东道国/地区的国家安全

审查制度,严格按照规定准备相关资料,推动审查的顺利进行和最终通过。

3. 通过减损协议达成最终投资目标

对于没有顺利通过国家安全审查的交易,投资者可以与东道国/地区签订减损协议,降低可能对国家安全造成的风险,从而获得东道国/地区对交易的放行。以美国为例,交易当事人可以与 CFIUS 协商,使其作出有条件地批准并购项目的决定。常见的减损协议包括特别安全协议、安全控制协议等。

(三)国家安全审查风险的事后救济

如果交易没有通过东道国/地区的国家安全审查的,那么投资者可以考虑通过行政申诉或者司法诉讼的途径进行救济,但改变结果的可能性比较有限。而且,诉讼程序的费用比较高,并且要花费大量的时间和精力,所以建议在企业确实受到了不公正待遇并且因此受到了较大的损失的时候,再考虑使用诉讼手段。

第六节 如何识别及防范反腐败反欺诈风险

一、反腐败反欺诈的相关概念辨析

对于腐败,《布莱克法律词典》解释为"(1)堕落、变态或者腐蚀,对廉洁、美德或者道德准则的毁损,特别是通过贿赂对公职人员职务的毁损。(2)实施意在给予某种与职责和他人权利不相符的好处的行为;利用委任的职务或公职为自己或他人获取与他人权利相悖的好处"。腐败是对公共权力的滥用以获取个人利益。腐败及相关犯罪会削弱公平竞争,损害公共机构的廉洁性和有效运作,对经济发展造成负面影响。

根据《布莱克法律词典》的解释,欺诈是指故意歪曲事实,诱使他人依赖于该事实而失去自己的有价财产或放弃某项法律权利。欺诈行为损害了受欺诈者的合法权益,扰乱了社会经济秩序,阻碍了国际商事行为的公平顺利进行。

二、反腐败反欺诈的合规体系综述

随着经济全球化的推进,国际性的反腐败反欺诈问题引起越来越多人的关注。近年来,中国涉外企业所面临的境外反腐败反欺诈执法风险也日益突出。目前,许多国际组织、国家已经建立了较为完善的反腐败反欺诈合规体系。主要包括以下几个方面。

(一)多边开发银行关于反腐败与反欺诈的规定

国际多边开发银行(Multilateral Development Bank,简称"MDB")主要包括以下几个机构:世界银行集团(World Bank Group,简称"世行""WBG")、非洲开发银行(African Development Bank)、亚洲开发银行(Asian Development Bank)、欧洲复兴开发银行(European Bank for Reconstruction and Development)、欧洲投资银行(European Investment Bank)、美洲开发银行(Inter-American Development Bank)。

多边开发银行关于反腐败与反欺诈的主要规定包括:

多边开发银行自行制定的一系列合规制度与政策:以世行为例,世行的合规政策主要包括 1996 年发布的《采购指导方针》和《咨询顾问指导方针》、2006 年发布的《反腐败指导方针》、2010 年生效的《诚信合规指南》、2011 年制定的《世界银行制裁指引》(*World Bank Sanctioning Guidelines*)、2016 年制定的《世界银行制裁程序》(*Bank Procedure:Sanctions Proceedings and Settlements in Bank Financed Projects*)。

世界银行集团、亚洲发展银行、非洲发展银行集团、欧洲投资银行、欧洲复兴开发银行、美洲开发银行集团签订的《防止和打击欺诈和腐败的统一框架》(*Uniform Framework for Preventing and Combating Fraud and Corruption*),及这一框架下的《国际金融组织调查原则及指引》(*International Financial Institutions Principles and Guidelines for Investigations*)、《制裁基本原则及指引》

(*General Principles and Guidelines for Sanctions*) 及《多边发展银行和解基本原则》(*MDB General Principles for Settlements*)。这一系列制度文件对应受制裁的行为、不当行为的调查程序、制裁程序、和解协议进行了统一性的、原则性的约定。

世界银行集团、亚洲发展银行、非洲发展银行集团、欧洲复兴开发银行、美洲开发银行集团于 2010 年共同签订的《互相执行制裁决定的协议》(*Agreement for Mutual Enforcement of Debarment Decisions*)。

各多边开发银行的合规制度并不完全相同,但归纳总结起来,主要针对企业和参与项目的个人的以下行为进行约束和制裁:腐败行为;欺诈行为;共谋行为;强迫行为;妨碍行为。

(二) 东道国/地区关于反腐败与反欺诈的规定

目前,世界各国均制定了有关反腐败与反欺诈的规定,投资者在开展投资及经营活动时应严格遵守。例如,巴西《反不当行政法》《反贪腐法》《诚信公司法》等法律规定,外国人向巴西公职人员行贿的,将被判处监禁。公司如果涉及腐败活动,其非法所得将被没收,并受到营业总额的一定比例的罚款。泰国《刑法典》规定,公司法人直接或通过代理人向政府公务人员提供财物或其他利益所得,以达到让公务人员执行或者不执行特定公务职责的目的,可判处代理人监禁或对公司实施罚款,或者两者并罚。

就国际工程项目而言,违反东道国/地区的公共采购法可能会被多边银行、各国政府和其他国际机构列入黑名单。如投资者违反东道国/地区法律规定或因违反了反腐败与反欺诈的有关规定,则可能被东道国/地区政府禁止参与公共采购的投标。

(三) 美国《海外反腐败法》

美国《海外反腐败法》(*Foreign Corruption Practices Act*,简称"FCPA"),主

要就美国公司对外国政府的贿赂行为予以规制,由会计账目条款和反贿赂条款组成,违反任一条款,均构成刑事犯罪。

1. 会计账目条款

会计账目条款要求相关企业:

对其资产交易和处置情况进行准确记录并留存相应的账目和财务报表;

设计和维持一个内部会计控制系统,以保证交易按照管理部门的要求进行,并保留必要的交易记录,以便准备财务报表、保证资产的可靠性。

此条款的主要目的为防止企业通过做假账的行为对腐败行为加以掩盖。

2. 反贿赂条款

反贿赂条款禁止相关企业向外国官员提供、支付、承诺支付或授权支付任何金钱、任何有价值的物项或好处。

该法律在全世界适用,执行力度大,处罚金额高,且美国当局曾以违反《海外反腐败法》为名针对中国企业境外投资进行执法。以下几类中国公司、与中国相关的公司及中国自然人将受到 FCPA 管辖:

由中国公司/公民在美国境内设立的公司;

由中国公司/公民设立、在美国直接发行股票上市的公司;

由中国公司/公民依照中国法律设立,但主要营业地在美国的公司;

以上这些公司中具有中国籍的管理人员、董事、职员或代理人;

受到美国母公司或自然人控制的中国公司及中国公司的员工;

不属于上述情况,但中国公民或中国公司的管理人员、董事、股东在美国境内从事任何有助于腐败的行为。

值得注意的是,美国通过所谓的“长臂管辖”,将其“境内”发生违反 FCPA 的行为,扩展到“一切利用美国金融系统、邮递服务、通讯手段或者任何州际商业手段或工具以促进对外国官员的行贿行为”。比如通过美国银行进行涉及腐败款项的转账,通过美国电信公司或网络服务商接收或发送任何与腐败行为相关的电话、短信、电子邮件等,都会违反 FCPA。因为美国是全球金融中心,美元在全球贸易中的广泛使用,所以中国公司在进行国际贸易时,经常需要通过美国的通信和财务平台来进行贸易,而这样的"连接点"就足以让美国政府具有 FCPA 管辖权,无论这家公司在美国有没有进行过任何业务,或者有没有在美国境内进行过任何形式的贿赂。

(四)中国反腐败与反欺诈法律体系

目前我国已逐步加强对各行业合规管理体系建设的要求与重视,针对企业合规管理体系建设出台了多项法规,包括《关于全面推进法治央企建设的意见》、《合规管理体系要求及使用指南》(GB/T35770-2022)、《中央企业违规经营投资责任追究实施办法(试行)》、《中央企业合规管理办法》等。

合规建设已成为中国企业健康发展的重要保障,面对日益复杂的外部环境与监管要求,企业应加强各业务领域的合规管理,确保合规经营。

三、世界银行关于反腐败与反欺诈的规定

世界银行由国际复兴开发银行(IBRD)、国际开发协会(IDA)、国际金融公司(IFC)、多边投资担保机构(MIGA)和国际投资争端解决中心(ICSID)五个机构组成,主要设立目的为通过向发展中国家提供中长期资金和智力支持,帮助发展中国家实现长期、稳定的经济增长。一直以来,世界银行积极资助共建"一带一路"国家(或地区)和其他发展中国家的项目,与中国企业紧密合作,为一些项目提供资金支持,但与此同时,世行要求项目参与者诚实守信,不得从事欺诈和腐败等行为,否则将受到制裁。

(一)世界银行制裁概述

世界银行长期以来颁布了一系列与其提供贷款的投资项目相关的采购规则以及违反相应规则的制裁制度,如《世界银行制裁指引》等。世界银行专门制定了一套适用于世行项目中违规行为的制裁规则,类似于司法程序,但是与

之又有不同,因为在这套制裁体系中世行享有绝对的主导权,有其独特性,因此不能完全用对法院、仲裁的传统观念来解读这套制裁体系。

世行在对违规行为进行制裁时,主要依据以下两个文件:

Bank Procedure:Sanctions Proceedings and Settlements in Bank Financed Projects(Sanctions Procedures,通常简称《世界银行制裁程序》),该规则主要对制裁流程进行了规定。

World Bank Sanctioning Guidelines(通常简称《世界银行制裁指引》),该规则主要对制裁的种类、制裁决定作出时考量的加重情节(Aggravating factor)和减轻情节(Mitigating factor)作了较为详细的规定。

受到制裁的企业有可能在一定期限内被禁止参与所有世界银行融资的项目,被制裁范围还将及于被制裁企业的关联企业,包括该企业的母公司、子公司、兄弟公司等,不论其是否直接参与被制裁的不当行为。

(二) 世界银行制裁的行为

根据世界银行2006年发布的《反腐败指导方针》,“应制裁行为”包括腐败、欺诈、共谋、胁迫和妨碍调查行为,具体的定义如下:

腐败行为(Corrupt Practices),是直接或间接地提供、给予、收受或索取有价值的物品,不正当地影响另一方的行为。主要表现为向政府或其公务人员提供贿赂,贿赂形式包括但不限于:回扣、融通费、有价服务等;对公务人员提供不符合合规规定的礼品、招待、旅行安排等;向项目所在国政府、政党、政治性组织或者公务人员等提供捐赠或赞助;违反现金支付的相关规定违规进行支付;通过第三方代理进行腐败行为,如支付高额佣金雇佣代理进行贿赂,或者知悉或应当知悉代理进行贿赂但未制止。

欺诈行为(Fraudulent Practices),是任何作为或不作为,包括失实陈述,即明知或不顾实情误导,或企图误导一方以获得财物或其他利益或者避免义务。结合行业实践,欺诈行为的表现方式往往包括:项目投标过程中对公司业绩经验、人员组成、设备情况及资质认证等进行虚假陈述,包括串用集团内其他公司的项目业绩、设备情况和成员简历等;投标文件中未如实披露第三方代理(如咨询顾问、投标代理、政府公关等)的聘用情况,未如实披露代理费、佣金约定和支付情况;未按招标文件要求真实、完整地披露受国际多边金融机构调查或制裁的情况;在项目实施中弄虚作假,牟取竞争中的优势;提交虚假的投标保函、履约保函或制造商授权等。

共谋行为(Coercive Practices),是双方或多方之间的安排,图谋达到不正当目的,包括不当地影响另一方的行为。常见情形包括但不限于:交易中未经正当的招投标程序,与他方(尤其是政府机构、第三方代理机构等)合谋签署合同,为公司或关联方谋求不正当利益;投标中与招标方或其他投标方合谋串标、围标、陪标,影响招投保活动的公平竞争;采购招标中提前向投标方透露保密信息,包括透露已收到招标文件的潜在投标方的名称和联系信息,或者违反程序要求或允许投标方修改投标文件等。

胁迫行为(Collusive Practices),直接地或间接地削弱或伤害、或威胁要削弱或伤害任何一方或其财产,不正当地影响一方的行为。常见情形包括但不限于:以暴力或者威胁业主或其员工的财产、人身安全的方式影响投标;采取其他不正当手段影响其他投标人的投标,如阻挠其他投标人使其错过投标截止期限等。

妨碍调查行为(Obstructive Practices),是指故意破坏、伪造、改变或隐瞒调查所需的证据材料或向调查官进行虚假陈述,以严重阻碍世行对腐败、欺诈、胁迫、串通行为指控的调查,和/或威胁、骚扰或胁迫任何一方使其不得透露与调查相关的所知信息或参与调查;企图严重妨碍世行行使世行审计或获取信息权利的行为。

需要强调的是,无论不当行为是否完成或达到其目的,世行均可以予以制裁。例如,在投标文件中存在虚假陈述问题的,即使后续未中标,也会受到制裁。

（三）世界银行的制裁对象

受世界银行制裁的对象范围非常广泛，并非只有"承接项目的人"才会受到制裁。参与世行所资助项目的投标人、承包商、供应商、分包商、顾问等方，均可成为世界银行制裁的对象。

（四）世界银行制裁体系的主管机构

1. 调查机构

一般来说，对企业或个人存在应予制裁行为的指控首先由廉政局（Integrity Vice Presidency，简称"INT"）负责调查。在调查完成后，如果廉政局认为有足够的证据证明被调查人存在不当行为的，廉政局将向资格暂停和除名官（Suspension and Debarment Officer，简称"SDO"）提交"指控声明及证据"。

2. 审理机构

（1）资格暂停与取消办公室及资格暂停和除名官

SDO 主要负责审核 INT 的提交调查结果和证据，作出暂时取消涉案主体参与世行项目资格的决定，并根据 INT 提交的指控和涉案主体的答辩作出第一级裁决。当有充足的证据表明被指控的个人或公司存在应制裁行为，SDO 将暂时地暂停该个人或公司获得世界银行资助项目合同的资格，并向其发出包括指控、证据和建议的制裁措施的"通知"。

（2）制裁委员会（the World Bank Group Sanctions Board）

若受制裁方对 SDO 作出的裁决有异议，案件将被移交由世行制裁委员会作出最终制裁决定。对于制裁委员会的决定，不能再进行上诉。

（五）世界银行的两级制裁程序

1. 第一级程序

INT 完成正式调查后，若认为有充足的证据证明该企业或个人存在应予制裁的行为,则将向 SDO 提交指控书及证据(Statement of Accusations and Evidence),启动制裁程序。同时,INT 可向 SDO 提交"暂停资格请求"(Request for Temporary Suspension)请求 SDO 暂时取消调查对象参与世行项目的资格。

SDO 将重点审查违规指控是否有充足的证据支持。如果证据充分,SDO 将向当事人发出制裁程序通知(Notice of Sanctions Proceedings),告知调查结果和拟施加的制裁措施。

当事人收到制裁程序通知后,可以向 SDO 申辩,SDO 审查后,将决定是否调整或终止拟实施的制裁措施。

就 SDO 的制裁,当事人有权向制裁委员会上诉。如果当事人在 90 天上诉期内未上诉,则 SDO 作出的制裁决定正式生效。

2. 第二级程序

当事人如对 SDO 拟实施的制裁措施提出上诉,则由第二级制裁机构制裁委员会(Sanctions Board)负责审查。

制裁委员会负责全面审核调查结果,听取当事人和 INT 两方的意见,并独立作出最终决定。

(六)世界银行的制裁措施

《世界银行制裁程序》和《世界银行制裁指引》都对世行拟采取的制裁措施类型进行了划分,主要包括以下几种:

谴责信(Letter of Reprimand),即向被制裁方发出公开的斥责信。

赔偿(Restitution),指受制裁方向资助方或其他主体进行经济性或其他性质的赔偿。

附条件的不禁止(Conditional Non-Debarment),指被制裁方若在规定时间内遵守某些补救、预防条件,如建立或改进全面的合规体系、实施合规计划、对雇员进行纪律处分或者赔偿损害,作为避免禁止参与世行项目的条件。

附解除条件的禁止(Debarment with Conditional Release),指被制裁方在规

定时间内被取消资格;但是当受制裁方在完成了最低期限的禁止期后,满足了采取改进措施、建立全面的合规体系、实施合规计划或者赔偿损害等特定条件,则可以从禁止期中解除。

禁止期(Debarment),受制裁方被宣布无限期或在规定的期限:禁止以融资或任何其他方式从世行融资合同中获利;禁止作为其他有资格取得世行融资项目的公司指定的承包商、顾问、制造商、供应商或服务提供商;禁止取得世行所作贷款的收益或以其他方式参与任何世行融资项目的筹备或实施。

世行会根据《世界银行制裁指引》中列明的加重情节或减轻情节对受制裁主体的违规行为进行衡量,在上述制裁类型中选择适用一种或多种措施对受制裁方进行处罚,世行的处罚决定可由多种类型的制裁组成。

(七) 世界银行制裁的连锁反应

1. 交叉制裁

2010 年 4 月 9 日,世界银行、亚洲发展银行、非洲发展银行、欧洲复兴开发银行、美洲开发银行签订了《互相执行制裁决定的协议》,根据该协议,由一家多边开发银行作出的制裁决定,在满足一定的条件下,将被其他任何一家多边开发银行交叉执行。

多边开发银行之间的交叉执行体系将大大扩大制裁的打击范围和威慑力度。即被一家多边开发银行处罚的企业和个人,将可能同时被其他多边开发银行限制或者取消参与其项目的资格。由此,制裁的适用范围进一步扩大。

2. 连带制裁

根据世界银行的制裁程序,制裁范围将及于被制裁主体的"附属公司",不论它们是否直接实施或参与了被制裁的不当行为。此处的附属公司包括被制裁主体的母公司、子公司、隶属于同一母公司的其他公司等。制裁对象的承继者和转让者也将受到世行所施加的制裁。

3. 对业务造成影响

一般而言,国际金融组织均有规定,对于受资助的项目,如果投标人在采购过程中从事了不当行为,则国际金融组织有权取消该投标人的中标资格。如果被禁止参与世行资助的项目,将导致企业失去一定的业务发展空间。

4. 对声誉造成影响

世界银行会在每一个案件结案后在网站上公布制裁情况,包括被制裁对象的身份、制裁事由、制裁措施和期限、是否达成和解等信息。企业一旦受到制裁,将面临严重的声誉损失。如果被制裁主体是一家上市公司,那么它还可能需要按照交易市场的规则披露案件情况,可能会对企业的股价、投资人的信心等造成不利影响。

（八）世界银行制裁的和解制度

2010 年,世界银行在《制裁程序》中引入了和解机制,由 INT 负责与当事人进行和解谈判、达成和解协议,由 SDO 对和解协议进行审核。

根据世行制裁规则,在制裁程序进行中的任何时间,包括 INT 调查、制裁程序启动(一级、二级),世行 INT 和受制裁方都可以积极主动地请求 SDO 暂停审理程序,而以协商和解的方式来处理。

一般来说,SDO 批准的初次暂停审理期限不会超过 60 天,经申请可以延迟至最长不超过 90 天。在制裁审理程序开始前或进行中的任何时间,和制裁委员会制裁决定作出前的任何时间,无论是否上述暂停审理是否被批准,INT 和受制裁方都可以提交一份双方共同签署的和解协议(Negotiated Resolution Agreement)供 SDO 审核,这将自动导致该和解协议所涉案件的审理程序的暂停。

（九）合规整改解禁程序

如果被制裁方所受到的制裁措施中包含"附条件不禁止"或"附解除条件

禁止"，则世行廉政合规官(Integrity Compliance Officer,简称"ICO")会向被制裁方发出"初步通知(Initial Notice)"，通知其需要满足的具体条件,例如建立合规体系、开展合规风险评估活动等。被制裁方需要按 ICO 的要求采取合规整改措施,满足所附条件。在合规整改期间,ICO 会对被制裁方进行监督,被制裁方定期向 ICO 报告整改情况,同时 ICO 亦有权对相关整改措施实施情况进行审计和检查。如有需要,ICO 可能会聘请独立的第三方机构作为监管人(Monitor),对被制裁方合规计划的实施进行监督、汇报。

当制裁所附"条件"达成后,被制裁方可以按照世行规定的程序,向 ICO 申请解除制裁。如果 ICO 经审核后认为符合解禁条件的,可以作出解除制裁的决定;如果 ICO 认为不符合条件的,会对制裁进行延期。

(十) 世界银行制裁案例

2020 年 10 月 28 日,世界银行发布公告,表示因赞比亚卢萨卡输电和配电修复项目中的欺诈行为,对中国电力工程有限公司(以下简称"中国电工")及其全资子公司中机中电设计研究院有限公司(以下简称"中电设计院")实施制裁①。

根据世界银行的声明②,制裁原因为:"根据本案事实,中电设计院为符合项目合同要求,未有披露利益冲突及提供带有'中国电工'公司名称的虚假文件,从事欺诈行为。中国电工作为中电设计院的控股公司,未能监督中电设计院的不当行为。"

制裁结果为,中电设计院受到 18 个月的附解除条件的禁止制裁,即在此期间不得参与世行融资项目。中国电工受到 18 个月的附条件的不禁止制裁,

---

① 中国电力工程有限公司:《中国电力工程有限公司关于世界银行公告的声明》,见 http://www.cneec.com.cn/xwzx/gsyw/202011/t20201102_255286.html,2020 年 11 月 19 日访问。

② 见 World Bank Group,World Bank Group Sanctions Two Chinese Engineering Companies for 18 months, https://www.worldbank.org/en/news/press－release/2020/10/28/world－bank－group－sanctions-two-chinese-engineering-companies-for-18-months,2023 年 4 月 30 日访问。

即在此期间可以有条件地参与世行融资项目。根据和解协议,如果上述两家公司合作并遵守世行的诚信合规指导方针,制裁期限将缩短。

(十一)世界银行的合规指南

2010 年世界银行集团颁布《诚信合规指南》,该指南在吸纳了被许多机构和组织认为是良好治理和反欺诈与腐败的良好实践的标准、原则和内容的基础上,为一套有效的合规体系罗列出十一项要素,包括明令禁止不当行为、合规职责明确、以风险评估为基础、详尽而明晰的内部合规政策、将业务伙伴纳入合规体系、内控制度、培训制度、奖惩激励机制、举报制度、补救措施及企业上下共同行动。世界银行《诚信合规指南》对于经常参与世行项目的企业建立其合规体系具有极其重要的参考意义。

四、反腐败与反欺诈风险的防范

(一)反腐败与反欺诈风险的事前预防

中国企业在与多边开发银行合作之前,应充分了解银行的合规制度及制裁措施,提前完善好企业内部的符合国际金融机构基本要求的合规体系,包括但不限于:

1. 参与项目前做好合规培训

我国企业参与的共建"一带一路"国家和地区项目中,有很多都是世界银行等国际金融组织资助的项目。一旦确认采购项目属于世界银行等国际金融组织资助,企业应该邀请相关专家,详细解读该国际金融组织的采购相关政策,对参与招投标的员工及时进行培训,注意避免易引发制裁的行为发生。

2. 谨防危险信号

世界银行 INT 根据经验总结与归纳,发布了 *Most Common Red Flags of*

Fraud and Corruption in Procurement,这份文件总结了十个极易引起 INT 注意的危险信号(Red Flags),即:

投标人的投诉;

多份合同价值低于采购限额;

异常投标模式;

看似虚高的代理费;

可疑的投标人;

报价最低的投标人未入选;

同一个承包商反复中标;

变更合同条款和价值;

多次变更合同订单;

工程、服务质量低劣。

企业在采购过程中应当极力避免上述情况的出现;如有特殊情况,也应当保存充分的合理证据以应对日后潜在调查。

3. 积极开展合规建设

中国投资者应尽快采取措施,根据多边开发银行、东道国/地区及中国的法律规定建立符合国际实践的合规体系,防患于未然,大幅降低企业合规风险,有效避免因国际金融组织制裁给企业造成大规模的经济、声誉和业绩等损失:

审查并梳理企业内部制度(如对投标文件编制和审核的内控管理体系),结合自身的业务模式识别合规风险;

对照《世界银行廉政合规指南》及其他多边开发银行的要求,起草符合企业自身业务模式的合规制度文件;

根据国际金融组织采购规则,制定专门针对参与国际金融组织项目的招投标制度,并在招投标制度中明确规定违规行为的种类、性质、表现形式,以及详细规定针对违规行为的处罚措施;

建立合规提升行动计划,严格将合规制度文件落实并定期形成书面报告;

定期组织培训,学习世界银行及多边开发银行的合规制度和最新公布的案件。

(二)反腐败与反欺诈风险的事中应对

当企业因从事违规行为而面临国际金融组织调查和制裁时,企业的应对策略对国际金融组织最终的制裁决定有着不容小觑的影响。

1. 积极与多边开发银行沟通,配合多边开发银行调查

在反腐败与反欺诈案件中,多边开发银行的调查部门一般只有在掌握较为充足证据的情况下,才会向被调查对象发函。所以企业在面对世行调查时,切记不要试图掩盖错误,因为试图掩盖错误、不配合调查的行为可能构成加重处罚的情节,反而弄巧成拙。企业收到函件后,应在函件中规定的时间内予以回复,表示出虚心承认错误的态度、积极配合调查、积极整改、严查严惩的决心。多边开发银行在作出最终制裁决定的时候,会将受制裁方积极配合的行为作为减轻情节的参考,往往受制裁方的积极配合会换来大幅度地减轻处罚。

2. 尽早引入专业第三方中介机构开展独立调查,指导和协助企业应对调查和制裁

大部分企业或个人在面对多边开发银行反腐败与反欺诈风险调查和制裁时,会由于缺乏应对经验,而出现应对不及时、沟通不顺畅的情况,甚至出现企图用新的错误去弥补、掩盖旧的错误。因此,当企业或个人受到多边开发银行调查时,为了保证案件取得最高效的处理效果,最好在第一时间联系具有相关案件处理经验的专业第三方机构(通常为律师事务所或咨询公司),以独立第三方的名义代表拟受制裁主体向多边开发银行申请开展独立调查,并监督拟受制裁主体在一定期限内进行全面整改,包括系统性合规培训、完善合规体系、处罚相关人员等。一旦第三方机构介入,将由第三方机构全权代表拟受制

裁主体,与多边开发银行进行沟通。第三方专业机构全权介入的好处在于:

专业的第三方中介机构通常在协助客户应对多边开发银行制裁方面有着非常丰富的经验,凭借其对多边开发银行相关制裁规则更深入的理解,能够协助和指导企业或个人在应对违规调查和制裁时起到事半功倍的效果。

保证调查和制裁过程的公平性和透明性。由专业机构以独立第三方的身份对案件事实和证据进行中立分析并向多边银行报告,对拟受制裁主体在配合调查制裁过程中的减轻情节进行衡量,更能增强多边开发银行对案件调查结果和整改效果的信任度,以此申请减轻对拟受制裁主体的处罚。

3. 采取补救措施

在专业第三方的指导和监督下,企业根据多边开发银行制裁规则中列明的减轻情节,开展一系列的自查自纠行为,包括在调查期间主动自愿退出参与国际金融组织项目、开展对违规事件的全面调查、对主要责任人员进行处罚、将此案件在全集团内部(包括关联公司)进行通报,完善公司内部治理,组织企业内部培训汲取此次教训、学习国际金融组织采购规则和制裁规则,修改和完善专门针对国际金融组织项目的招投标制度和诚信合规制度等。由独立第三方将上述自查自纠的过程和取得的成果,以报告的形式提交给多边开发银行,请求减轻处罚。

之后,企业可以推进与多边开发银行进行和解谈判,在谈判中全面展示企业配合调查的态度,以及所采取的整改措施,请求多边开发银行在一定程度上减轻制裁。

(三)反腐败与反欺诈风险的事后应对

被施加"附条件"制裁的企业,需要满足所附条件才能取得解禁。所附条件通常都会包括诚信合规制度、招投标制度的建立和完善、内部培训及考核等。受制裁主体需要聘请独立的第三方顾问协助满足上述条件,积极配合

ICO 对制裁执行的监督工作,并将履行情况定期报告给 ICO。若在制裁期内,ICO 对受制裁方的履行情况表示满意,则受制裁方可以向国际金融组织申请提前解除制裁。

同时,企业应及时将多边开发银行作出的制裁决定在集团内部进行通报,要求全部门切实执行制裁决定,尤其需要保证子公司和分公司充分了解制裁内容,避免因执行不力而导致制裁的加重或者制裁期限的延长。

第七节 如何识别及防范反垄断风险

一、反垄断的相关概念

垄断是指通过构筑一定的市场壁垒,削弱公平竞争,从而排他性地控制市场。大多数国家都会对垄断行为加以规制,从而保护本国市场的公平竞争、保护消费者利益。在跨国投资中,反垄断审查制度,既有着防止外国公司在本国市场形成垄断,又有保护本国弱小行业,防止外国投资者在本国的不正当竞争,保障正常经济发展的作用。通常而言,垄断行为主要包括三个主要方面:

垄断协议,是指具有竞争关系的经营者通过协商、决议或者合同等方式共同划分市场份额,通过操控价格、限制产量等方式排除、限制竞争。

滥用市场支配地位,是指具有市场支配地位的经营者不正当地利用其支配地位,达到排除和限制竞争目的的行为。例如,以不公平的高价销售商品,以不公平的低价购买商品,没有正当理由拒绝与交易相对人进行交易等。

经营者集中,指的是企业通过合并、收购或者合资等方式减少市场中的竞争主体,从而实现对市场垄断的一种行为。

反垄断法则是对国家对垄断行为进行调节的一系列法律制度的统称。对于一项并购交易,绝大多数国家的反垄断法均要求并购各方应在完成其交易前获得反垄断主管部门的审查同意,否则有可能面临严厉的处罚,甚至被禁止、撤销交易。"反垄断审查"通常是指"经营者集中审查"。"经营者集中"行为一旦达到反垄断法规定的审查门溢,就会触动"反垄断审查"。

二、反垄断审查制度的内容

当今世界已有超过 100 个国家(或地区)颁布了包含并购交易反垄断申报规定在内的反垄断法。在跨境并购中,由于经济活动的全球化,收购方和目标公司可能在多个国家及法域均有经营活动,因此交易也可能同时需要在不同国家进行反垄断审查,但对于中国企业的跨境并购而言,反垄断审查主要分为中国、并购目标国和第三方司法辖区三类。反垄断审查在不同的国家有不同的流程和方式,重点包括:

(一)反垄断审查的申报

反垄断审查的申报方式主要包括强制申报及自愿申报。

强制申报模式是大多数国家所采取的模式。在强制申报模式中,只要并购交易达到了申报的标准,则必须向反垄断主管部门进行申报,在获得批准后方可实施交易,否则可能会面临严厉的处罚。

有少数国家采取自愿申报制度,即交易方可自主选择是否提起反垄断审查申报,但主管部门有权主动开展评估,如果发现该交易可能严重限制竞争,则反垄断主管部门有权停止交易。

(二)反垄断审查的申报标准

如果交易达到了相关国家的反垄断法所规定的申报标准,则需要进行反垄断审查申报。通常而言,反垄断申报标准主要根据以下两个方面进行评估:交易构成了公司控制权的转移;交易方营业额/资产额/交易规模等指标达到了法定标准。

针对这两个标准的详细分析如下：

1. 公司控制权的转移

如果投资行为造成公司的股权或资产的控制权进行了转移，则可能需要进行反垄断申报。部分获得控制权也可能构成控制权转移。获得公司的重大经营或商业决策的否决权，或通过其他协议等方式对目标公司施加影响的，也可能构成控制权转移。

2. 交易方营业额/资产额/交易规模等指标达到了法定标准

在交易构成公司控制权转移的情况下，反垄断申报还需要判断交易方的营业额、资产额或者交易规模等指标是否达到法定标准。营业额、资产额或者交易规模等指标的高低划定了经营者集中申报的范围，实质上也就反映出反垄断审查的严格程度。

（三）反垄断审查的程序

在判断是否要进行反垄断申报的同时，还需要对所涉及国家的反垄断审查程序及获得批准的时间进行事先分析，合理安排交易。

实践中，在大部分采取强制申报方式的国家，反垄断审查主要分为两个步骤。第一步，反垄断主管部门对收购交易初步作出一个简单的判断，决定是否立案，进行下一步的正式审查。第二步，如果决定进行正式调查的，由交易方提交相关资料，反垄断主管部门对交易进行实质性的审查，判断交易构成垄断或者不正当竞争。

（四）反垄断审查的期限

各国法律关于审查期限的规定各有不同。在反垄断法比较成熟的国家或地区，程序及时限具有较高的可预测性，而在一些反垄断法施行时间较短的国家，则获得审批的时间有较大的不确定性。实际过程中，反垄断审查不一定能够在法律规定的期限内完成,需要投资者对时间方面进行充足的准备。

（五）反垄断审查的结果

反垄断审查的结果主要有:无条件批准交易、附条件批准交易和禁止交易。其中,附条件批准交易的条件可能包括交易方拆分、剥离资产/业务,转让股权或作出一定的承诺等。

三、美国反垄断审查制度

（一）美国反垄断审查制度的法律框架

美国的反垄断法律制度主要有如下几个方面:

1890 年颁布的《谢尔曼法》,这部法律奠定了美国反垄断法的基础,规定任何垄断或者企图垄断的行为,或合谋限制贸易活动的行为,都是违法的。

1914 年颁布的《克莱顿法案》,对反垄断审查的规定进行了细化,其中第 7 条禁止实际上减少竞争或引起垄断的交易。

1950 年颁布的《塞勒—凯弗维尔修正案》,规定购买其他公司的股票或资产的行为有可能导致大幅度削弱竞争或产生垄断,则这样的购买行为是被禁止的。

1976 年通过的《哈特—斯特科—罗迪诺反垄断改进法》,从交易性质和交易规模上规定了反垄断的强制申报要求。

《企业并购指南》,指美国于 1968 年开始颁布的一系列相关执法部门的行动指南,它不是由国会通过的法律,不具有强制性。

（二）美国反垄断审查的域外适用

长臂管辖赋予了美国反垄断审查的域外适用效力,即尽管并购活动不在美国境内进行,美国也不是交易方的管辖国,但只要该交易对美国市场的竞争具有实质性影响,美国就可以适用反垄断法进行规制。

(三)美国反垄断审查的主管部门

美国反垄断审查的主管部门为司法部反托拉斯局(The Department of Justice,简称"DOJ")和联邦贸易委员会(Federal Trade Commission,简称"FTC")。两个机构都可以采取禁止交易的行为,审查的程序和实体标准相同,但所审查的交易类型有所不同。申报需要向 DOJ 和 FTC 同时进行,之后两个部门会根据交易所涉的行业进行分配。

(四)美国反垄断审查的申报标准

根据美国 2020 年 1 月公布的最新标准,2020 年 2 月 27 日及此后交割而金额超过 9400 万美元的交易,均须向美国反垄断机构进行申报。对于 2020 年 2 月 27 日之前交割的交易,金额超过 9000 万美元必须申报。

(五)美国反垄断审查的程序

当公司完成申报所需的提交材料、缴纳费用等工作后,将进入 30 天的待命阶段,在此阶段,FTC 和 DOJ 将确定具体审查机关,并由负责审查的机关调查和审查该交易是否实质性危害市场竞争秩序,在此期间不可以进行交易。申报者可以请求待命期提前终止,如果审查机构予以批准,则可以实施交易。如果等待期结束而没有收到审查机关的通知或决定,则代表着交易自动通过了审查。

在等待期内,审查机构认为交易可能违反反垄断法的,会发布临时禁止交易的禁令或者展开"进一步信息要求"。之后审查机构再对补充的资料进行审查。如果审查机构认为需要禁止交易的,则后续由法院下发禁令。

四、欧盟反垄断审查制度

（一）欧盟反垄断审查制度的法律框架

欧洲反垄断法律由两个层面构成，第一是欧盟的竞争指引，第二是欧盟成员国各自制定的适用于本国的反垄断法律。

欧盟竞争指引是目前最具代表性的区域性反垄断法律制度，以1957年签署的《欧洲经济共同体条约》为基础，包含欧盟理事会和欧盟委员会发布的指引、条例、通告、裁决以及初审法院、欧洲法院的判决，效力高于其成员国各自的反垄断法。

（二）欧盟反垄断审查的域外适用

欧盟反垄断审查具有域外效力。对于欧盟域外的垄断或者限制竞争行为，行为人即使在欧盟域外，只要其垄断或限制竞争行为对欧盟成员国之间的贸易造成影响，则该交易同样受到欧盟反垄断法的规制。

（三）欧盟反垄断审查的主管部门

欧盟反垄断审查的主管机构为欧盟委员会，其职能是执行欧盟反垄断法规及政策、进行反垄断调查以及作出反垄断裁决。

（四）欧盟反垄断审查的申报标准

在欧盟范围内的发生的并购是否应进行反垄断审查，主要取决于以下两个标准：

"决定性影响"。所谓"决定性影响"是指完成交易后，收购方可以实质上影响、控制被收购方的重大商业决策，例如获得50%以上的表决权，或取得否决重要商业决定的权力等。

满足营业收入标准。如果并购当事方的营业额,包括并购当事方的全球营业额和欧盟区域的营业额满足一定的标准,则交易应向欧盟反垄断机构申报。

(五)欧盟反垄断审查的程序

1. 初步审查阶段

欧盟委员会收到申报后,将初步审查交易是否具有危害市场竞争的情况。初步审查结束后,欧盟委员会可能作出以下决定:

所申报交易不属于欧盟委员会管辖;

所申报交易属于欧盟委员会管辖,欧盟委员会批准交易,或附条件批准交易,无须进一步审查;

所申报交易属于欧盟委员会管辖,且交易可能对市场竞争产生负面影响,需进行深入调查。

2. 进一步审查阶段

进一步调查结束后,欧盟委员会可能作出以下决定:

欧盟委员会如果认为交易没有危害有效竞争,则会对交易予以批准;

欧盟委员会予以附条件地批准交易,所附条件可能包括要求交易方改变交易计划、对交易方在未来的经营过程中的特定经营行为进行限制等;

禁止企业交易。

(六)欧盟反垄断审查的标准

"严重妨碍竞争"标准是欧盟目前实施的反垄断审查标准。根据欧盟最新修订的 139/2004 号《并购控制条约》第 2 条第 3 款规定:"严重妨碍共同市场或其实质部分有效竞争的并购,特别是作为产生或加强市场支配地位的结果,应当被宣告为和共同市场不一致。"可见,欧盟在判断一项并购是否形成垄断时不是以市场占有率,而是以是否限制了竞争为主要依据。另外,欧盟委员会 2004 年发布《横向并购评估指南》用以指导反垄断执法机构,执法机构通常在综合考虑买方力量、市场进入、效率以及破产抗辩后,判断一项并购是否与共同体市场相一致[①]。

(七) 中国国有企业涉及的特殊问题

在欧洲进行投资的中国国有企业应当格外关注中国央企在反垄断审查中可能面临的特殊问题。根据欧盟委员会《合并管辖通知》(Consolidated Jurisdictional Notice)规定,如果国家或其他公共实体掌握某一家国有企业的经营决策权,以至达到可以"与其他国有企业发生协同"的程度,则这一国企与"其他国企"共同构成单一经济体,被视为一个经营者。

因此,如果欧盟委员会认为中国某国有企业不具有独立决策权,则其反垄断审查的对象将扩大为该中国国有企业所属的单一经济体。而且,即欧盟委员会在没有明确认定交易企业与其他国有企业构成单一经济体的情况下,也有可能在审理中假设其构成单一经济体。而我国央企普遍由国务院国资委持股,国务院国资委是否可影响央企的经营决策、各央企是否构成单一经济体,一直是尚不明确且受到重点关注的问题。

五、反垄断风险的表现形式

(一) 未依法进行申报的风险

如果拟进行的交易满足了反垄断审查的标准,则交易方必须进行反垄断申报,无论该交易对竞争产生的实际影响究竟是怎么样的。若未申报,则可能面临巨额罚金、撤销或者被处罚的风险。同时,投资者还应注意,一项并购可能不仅需要经过中国国内的反垄断审查,也可能需要向交易各方存在实际商

[①] 参见刘美蓉:《欧美企业并购反垄断审查制度对中国的启示》,《现代商业》2014 年第 17 期。

业运营的其他司法辖区进行反垄断申报。

（二）反垄断审查期限对于交易流程的影响

大部分国家反垄断法中的调查都需要经历一定的时间和特定流程,企业在调查程序中需要提交申报资料、与执法机构沟通等,将为交易带来额外的时间成本、工作成本。而审查期限的延长以及最终的审查结果,有可能导致交易存在较大的确定性。

（三）反垄断审查对于交易架构的影响

反垄断审查主要涉及三种后果:禁止、附条件批准或批准交易。其中附条件批准是一种修正,以消除交易对竞争的影响,主要包括资产剥离、业务剥离、终止排他性协议、技术许可等,基本会实质性地变更整个交易架构。而交易架构的修改意味着主要交易文件的修改及重新谈判,且需要完成内部审批流程。这增加了交易时间及成本。

（四）反垄断审查导致交易目的无法达成的风险

如果交易在市场集中度超过一定的合理区间,或涉及东道国/地区的敏感行业,那么交易可能无法通过反垄断审查,从而导致交易项目因此搁浅,无法达成交易目的。

（五）国务院国资委控制下的企业独立性认定风险

在中国的境外投资中,出于对中国国有企业独立性问题的顾虑,中国国有企业,尤其是央企,可能会受到严格的反垄断调查。如果投资企业与其他国有企业被认为共同构成单一经济体,那么市场份额和市场集中度的计算范围将大幅扩大,很容易达到"垄断"的标准。

六、反垄断风险的防范措施

（一）反垄断风险的事前预防

1. 与专业机构合作，充分做好风险评估

在境外并购前，企业可以聘请东道国/地区的律师事务所、会计师事务所，就反垄断审查方面的问题，听取专业咨询机构的意见。深入了解东道国/地区反垄断相关的法律法规和政策，以及东道国/地区反垄断审查部门对于某些特定事宜的观点及趋势，结合交易实际情况，充分论证项目的反垄断法律风险。

2. 合理设计交易架构

境外并购交易的双方利用细分业务、剥离资产，或者提高子公司独立性等方式来通过东道国/地区监管部门的反垄断审查是一种有效的做法。当中国企业的"国有"背景成为并购障碍时，完全可以采取与东道国/地区企业共同投资的方法降低政府干预，或是与东道国/地区企业共组新企业来弱化敏感身份。

在境外收购中，交易当事人之间采取分割、剥离资产等手段，以规避其构成垄断行为的风险，是企业进行跨国收购的一种行之有效的方法。在国有背景对中国公司的收购造成阻碍的情况下，中国公司可以与当地公司组建合资公司，弱化其国有背景。

3. 指定全球统一申报策略

投资人在法律顾问协助下，有序开展反垄断申报工作：初步判断该并购是否涉及反垄断申报，共涉及哪些法域；对所有管辖范围内的申请文件、信息及数据进行协调搜集，以防止出现重叠或发生冲突；准备反垄断影响分析方案及其他相应的资料，以供在各个国家/区域内进行申报之用；有计划地推动各法域的反垄断申报流程，确保如期顺利交割。

4. 在交易文件中对风险分配进行合理约定

在交易文件中，交易双方应当充分考虑反垄断审查方面的风险，并对风险

分配进行合理、明确的规定。应当明确约定反垄断审批报批过程中的牵头方，以及其相应的义务。配合方的责任与义务也应当进行明确的约定，并且明确未尽配合义务的违约责任。另外，考虑到反垄断主管部门可能提出附条件批准，交易合同中应当考虑到哪些反垄断主管部门提出的条件可以接受、哪些不能接受，不能接受后的处理方式。如果因为反垄断审查而导致交易取消的，卖方往往要求买方支付反向分手费，对于反向分手费的金额，买方应当予以慎重考虑。

（二）反垄断风险的事中应对

1. 重视申报前商谈

而实际上，在很多国家的跨国并购反垄断规制当中，都鼓励并购企业在申报前与反垄断审查机关进行商谈。申报前商谈可以让反垄断审查部门及早地对交易的大致信息和结构有所了解，提高其反垄断审查的效率，从而为交易节省一定的时间。在形势多变的国际市场中，节约的时间可以促进降低并购交易中的不确定性。

2. 根据救济措施灵活修改并购方案

为了并购交易能顺利通过反垄断审查，企业可以向反垄断审查部门提出一定救济措施，消除并购对竞争造成的不利影响，例如剥离部分业务、资产，为避免妨害竞争而作出价格承诺等。

3. 积极维护自身合法权益

中国企业受到反垄断调查的过程中，一是要严格按照《反垄断法》及其他反垄断法的规定，积极准备有关申报资料，配合调查；二是要注意反垄断审查部门在审查过程中有无不当之处。此外，还应密切留意反垄断审查部门的决策是否会对公司的权益产生影响，并注意搜集有关证据。如果反垄断审查部门作出不利决策时，可以考虑启动司法程序，对相关决策的合法性、合理性等提出质疑。

第八节　如何识别及防范长臂管辖风险

一、长臂管辖的定义

长臂管辖权(Long-Arm Jurisdiction)是美国民事诉讼中的一个概念,指地方法院将管辖权延伸至域外(指州外乃至国外)的被告。

长臂管辖是为了解决美国州与州之间侵权诉讼和民事诉讼中便利当事人诉讼的司法管辖规则,其产生带有明显的美国各州加入联邦政府时所保留的司法自治特色。在长臂管辖出现的初期,有它的合理性和方便管辖优点。

二、长臂管辖的适用原则

(一)最低限度联系

最低限度联系标准最早出现在 1945 年美国最高法院审理的国际鞋业公司诉华盛顿案(International Shoe V.Washington),美国最高法院认为,"最低限度联系"的适用取决于诉讼起因是否产生于该关联。若是诉讼起因产生于该最低关联,则该州法院具有属人管辖权;若诉讼起因不是直接产生于该关联,则需根据该联系是否是连续性、系统性和实质性进行再判断。

"最低限度关联"是否成立,主要取决于以下两个因素:

被告是否在法院地从事连续性的、系统的、实质的商业活动;

原告的诉因是否源自这些商业活动。

(二)有意接受原则

到 1980 年,在国际大众公司诉伍德森案(World-Wide Volkswagen Corp v. Woodson)中,联邦最高法院采用了"有意接受"的标准对"最低限度联系"进行认定,即如果被告有意利用法院地的商业条件或其他条件以达成自己的利益或参加法院地某些活动,则该法院地对被告有管辖权。这一"有意接受"原则更加突出了被告行为的目的性和可预测性。

三、长臂管辖的立法

为了保护本州居民的利益和对本州居民利益能最大限度地起到保护作用,美国很多州都依据"国际鞋业公司诉华盛顿案"确定的原则扩张了对非本州居民管辖的立法。长臂管辖从解决州与州之间居民的民商事纠纷扩张到联邦层面的立法,从而给诉讼带来了选择管辖法院来实现诉讼利益最大化的可能性。

(一)伊利诺伊州

美国最早的长臂管辖权立法法内容是出现在 1955 年伊利诺伊州 Illinois Compiled Statutes(ILCS)第 735 ILCS 5/2-209 中,该法规定了对州外居民和州外行为的管辖权。

(二)纽约州

纽约州在长臂管辖方面的立法:纽约州的民事诉讼法第 301/302 条规定,纽约州法律对州外居民有司法管辖权。后来的两个案例扩展了纽约州的长臂管辖。

在 2006 年 6 月,Deutsche Bank Securities,Inc.v.Montana Board of Investments 案中确立了州外实体使用在纽约设立的彭博社财务数据系统,可以使得纽约法院对案件具有管辖权。

2012 年 11 月,在 Licci v.Lebanese Canadian Bank,SAL 案中确立,非美国银行使用代理账户代埋非美国客户进行支付交易可构成对人的司法管辖权。

(三)北卡罗纳州

1971 年 6 月,北卡罗纳州颁布实施的 *North Carolina General Statutes*

Chapter 1. Civil Procedure § 1 – 75. 4. Personal jurisdiction , grounds for generally 将长臂管辖纳入该州民事诉讼程序内。

（四）《统一州际和国际诉讼法》

《统一州际和国际诉讼法》是美国统一州法委员会于 1963 年制定的一项长臂管辖的标准示范文件。

四、长臂管辖的发展趋势

总结美国行使"长臂管辖权"的实践，其适用范围不断扩大，适用方式不断翻新。

首先，美国"长臂管辖权"的适用范围从美国的州际问题，发展到国际案件。到目前，与美国有"最低联系"的一方，即使其身处美国境外，美国的法院仍可对其行使司法管辖权。

其次，美国"长臂管辖权"从司法管辖权延伸到了立法管辖权，其目的在于保证美国法律得到全面、一致的应用，防止美国人以在国外建立分支机构等形式来规避美国法，防止外籍人士所受的约束低于美国人，防止国际法规对美国不利。

最后，美国"长臂管辖权"还扩展到了执法层面。美国的相关政府部门，对域外的行为，也可能拥有执法的权利，例如出口管制、经济制裁、知识产权等方面。

五、长臂管辖的表现

阿尔斯通公司总部位于法国，从事设计、建造和提供与世界各地的发电设施、电网和铁路运输系统有关的服务。

2014 年 12 月 22 日，美国司法部对阿尔斯通提起诉讼，指控该公司违反了《反海外腐败法》的内部控制和记账规定。与此同时，阿尔斯通与美国司法部达成认罪协议,同意支付 77229 万美元的刑事罚款。2015 年 11 月 25 日,法院对阿尔斯通作出判决,责令其缴纳上述罚款,以及强制评估费 800 美元①。

时任阿尔斯通高管皮耶鲁齐则于 2013 年 4 月在美国纽约肯尼迪机场下飞机时被警察逮捕,其后被指控涉嫌商业贿赂,直到 2018 年 9 月才被美国监狱释放。

而与此同时,阿尔斯通的电力业务 2015 年 11 月 2 日被行业内的主要竞争对手——美国通用电气公司收购。皮耶鲁齐指出,美国适用《反海外腐败法》近 40 年里,非美国企业付出的“罚金”占到处罚总额的 67%。美国“动用复杂而严密的法律武器对那些不遵守规则的公司提起刑事诉讼。世界上任何国家都没有这样的武器库,它使美国公司更加方便地削弱、打击,甚至收购它们的主要竞争对手”②。

对于此案,中国外交部发言人陆慷于 2019 年 5 月 23 日在例行记者会上评论:“事实上,绝大多数国家都对法国阿尔斯通公司的前车之鉴记忆犹新,对美国政府动用国家力量打压他国企业、干扰市场运行、阻挠他国互利合作的行径始终保持着高度警惕。”③

六、长臂管辖对中国境外投资的影响

(一)合规性风险

在境外投资过程中,合规就要求企业的制度、行为、经营活动不仅需要符合中国的法律法规,也要符合东道国/地区的法律法规要求。中国公司应当遵守的法律法规包括:东道国/地区的法律法规,东道国/地区的政策,政府的命

---

① 参见付小双:《从法国阿尔斯通公司行贿案看美国域外管辖制度》,《中国检察官》2020 年第 12 期。

② [法]弗雷德里克·皮耶鲁齐、马修·阿伦:《美国陷阱》,中信出版社 2019 年版。

③ 外交部外国记者新闻中心:《2019 年 5 月 23 日外交部发言人陆慷主持例行记者会》,见 http://ipc.fmprc.gov.cn/chn/fyrth/t1665967.htm,2020 年 11 月 20 日访问。

令,东道国/地区政府批准的国际条约、公约,东道国/地区与中国政府共同签署的双边协定等。这些法规基本是公开的,投资人可以充分研读、遵守相关法律。此外,因美国"长臂管辖"使得美国对一些损害或可能损害美国利益的行动都具有管辖权,那么投资者的行为不止要遵守交易双方所属两国法律,还要考虑是否会与美国法律相冲突,给中国公司带来了一个新的合规风险,对投资行为也施加了更多的限制。

（二）制裁风险

美国实行"长臂管辖"的一个重要手段就是进行制裁。现在,大约有数十个中国公司正被美国财政部列为制裁对象,大约70%的是因为与朝鲜、伊朗有贸易往来,而这两个国家是美国主要制裁目标。

美国的"实体清单"制度是其最主要的出口控制工具之一。企业、单位、个人如果参与了与美国国家安全或外交政策利益相悖的活动,可能会被美国商务部产业与安全局列入"实体清单"。

被列入"实体清单"后,中国实体需要获得美国商务部颁发的许可证才能进行美国原产品、技术或上述"外国产品"的"出口行为",还有可能面临罚款、罚金、负责人被处以罚金/监禁等行政或刑事处罚。被列入"实体清单"的中国企业将受到美国更为严格的监控,对那些对美国设备、零部件、软件和技术有更大依赖性的公司也会产生负面影响。

七、长臂管辖的防范措施

（一）确保企业在对外投资过程中尽量不涉及美国"黑名单"国家

美国对一些国家实施了经济制裁,对被美国列入"黑名单"的国家,将被实施贸易管制。如果未经美国政府额外允许或授权的情况下,与被美国列入"黑名单"的国家进行贸易,则很可能受到美国长臂管辖制裁。因此,中国企业应避免在未经美国政府额外允许或授权的情况下,与被美国列入"黑名单"的国家进行直接或间接的商品、金融服务或技术进出口、或者进行投资活动。

(二) 诉讼反制

诉讼反制的手段,是指受美国长臂管辖影响的一方,不在美国法庭上应诉,而在自己国家的法庭上提起相似的案件。中国企业有权根据《中华人民共和国民事诉讼法》《中华人民共和国涉外民事关系法律适用法》等法律,自主选择受管辖的法院,并有权在中国提起诉讼。于此,企业可以通过诉讼反制的手段,合理避免"长臂管辖"所产生的负面后果。

第四章　境外投资争议解决

▟▟ 内容提要

境外投资由于存在较高的风险,因此可能导致巨大的损失,也会导致各种投资争议。通过各类争议解决方式,投资者可以维护合法权益,争取降低损失。

本章主要讨论境外投资争议解决,包括以下要点:

➤境外投资争议解决方式

➤法院判决和仲裁裁决的承认与执行

➤中国与境外的司法协助

通过学习、阅读本部分内容,将迅速地了解境外投资争议解决的方式、法院判决和仲裁裁决的承认与执行及其他司法协助相关的规定,指导项目人员对境外投资争议解决进行知识储备。

第一节　境外投资争议解决方式

一、境外投资争议解决相关概念辨析

国际投资争议,简言之是指国际投资活动过程中所产生的、与投资活动密切相关的、各主体之间因国际投资活动而发生的争议。

不同主体在各类投资活动中的地位和作用不同,产生的争议也有所不同。

从投资主体的角度,境外投资争议可以分为以下几种类型①。

(一) 投资者与投资东道国/地区个人之间的争端

个人既包括自然人,也包括法人。这类争端主来源于商业活动,一般与投资东道国/地区的国家行为无关,所以这类争端中几乎没有政治因素,主要由争端当事方自行通过法律途径解决,具体手段包括诉诸东道国/地区国内法院或国际商事仲裁等。

(二) 投资者与投资东道国/地区政府之间的争端

这类争端主要源于非商业风险,即商业活动以外的不可控因素所产生的风险。在实践中,导致投资争端的非商业风险,主要源于投资东道国/地区的国家行为,包括东道国/地区采取的征收与国有化、政府违约、限制外汇转移等措施。因此,这类争端具有较多的政治因素,其解决途径包括法律途径和政治途径。

(三) 投资者母国与投资东道国/地区政府之间的争端

这类争端也源于非商业风险,其解决途径包括法律途径和政治途径。法律途径主要是国家之间的诉讼或仲裁。

二、境外投资争议解决方式

境外投资争议的解决途径主要包括政治途径和法律途径。实践中,境外投资争议解决方式主要包括协商,调解、斡旋与调停,外交保护,当地救济,外国法院诉讼与国际仲裁等。

(一) 协商(Negotiation)

协商,是指在争议发生后,由争议双方当事人本着自愿的原则直接沟通,

---

① 参见张磊:《海外投资的争端解决途径与中国的应对》,《探索与争鸣》2017年第8期。

进行协商,最后确定双方都能够接受的解决方式,从而解决争议。

作为争议解决的常用方式,协商的优势在于:

程序简单,双方不需要遵守复杂的程序规则;

谈判自由,无须第三方协助或监督;

保密性强。

而协商的弊端在于:

时间上没有限制,双方可能在协商过程中耗费较多时间;

协商没有外界的监督,会导致弱势的一方作出更多妥协,不利于实现公平原则;

在国际背景下,语言障碍和文化差异可能增加协商的困难;

和解协议是不具有强制性的,协商的结果是由双方自愿履行的,如果其中一方不履行,那么就需要进行新的谈判,或者寻找其他的解决方法。

(二) 调解、斡旋与调停(Conciliation/Good Offices /Mediation)

调解,指将争议提交当事方信任或指定的机构,由该机构就争议对双方当事人进行居中调解,并根据公平和互谅的原则向双方当事人提出适当的解决方法,从而解决争议。在双方经协商未能解决争议,但矛盾不至于诉至法院或仲裁的情况下,调解无疑是最适当的选择,原因如下:

第三方的介入有助于在争端中提供一个中立客观的观点,虽然提出的建议不具有约束力与强制性,但第三方能尽可能站在公平的角度说服双方;

调解方式对抗性较小,能够减轻双方当事人的心理压力,有利于维护友好合作的关系。

与调解类似的争议解决方式还有斡旋与调停。斡旋是指第三国或者国际组织促成争议双方直接谈判,从而促成和平地解决争端。调停是指第三国直接参与争议方的谈判,以调停者的身份,提出一些可以作为谈判依据的条件,并调和、折中争端各方相反的主张和要求,缓和双方的敌对情绪,使争端双方达成一致。

（三）外交保护（Diplomatic Protection）

外交保护是指一国针对另一国的国际不法行为给属于本国国民的自然人或法人造成的损害，采取外交行动和其他和平解决手段，以促使该国履行责任。外交保护的根据是国家的属人管辖权，是国家的主权行为。

（四）当地救济（Local Remedies）

当地救济，即以东道国/地区法律规定的救济途径解决境外投资争议。这既适用于外国投资者与东道国/地区个人之间的投资争议，也适用于外国投资者与东道国/地区政府之间的投资争议。

（五）外国法院诉讼（Litigation）

如果双方当事人就确定管辖地的问题达成一致，争端可转由外国法院管辖，包括投资者母国、第三国法院。

（六）国际仲裁（International Arbitration）

国际仲裁是指争议当事人将争议提交仲裁机构审理，由仲裁机构作出对争议各方均有约束力的仲裁裁决。其程序由双方当事人自由选择、由中立的第三方主持，依法进行裁决，裁决结果是终局性的，这有利于争端的公正解决，是目前解决投资争端最重要的方法之一。

三、国际仲裁

国际仲裁是国际投资争议解决的重要方式，常见的国际仲裁机构包括：国际投资争端解决中心（简称"ICSID"）、国际商会（简称"ICC"）、伦敦国际仲裁院（简称"LCIA"）、联合国国际贸易法委员会（简称"UNCITRAL"）、常设仲裁法院（简称"PCA"）等。

境外投资所涉及的仲裁主要有两种,一是国际投资仲裁,二是国际商事仲裁。国际投资仲裁是在特定的国际条约框架下,为解决外国投资者和东道国/地区间的投资争议而设立的一种仲裁制度。而国际商事仲裁则解决自然人、法人及其他组织在商业活动中产生的,带有一定的涉外因素的争议。国际投资仲裁是由国际商事仲裁发展而来的。两者之间的最大差别是所解决的争议类型的不同。

下文将分别对国际投资仲裁和国际商事仲裁进行介绍。

(一)国际投资仲裁

近几十年来,随着国际投资争议的增加,出现了许多处理国际投资仲裁的专门机构,如国际投资争端解决中心(ICSID)、北美自由贸易协定仲裁机构(NAFTA)、能源宪章条约仲裁机构(ECT)等。

其中,ICSID 是依据 1966 年 10 月生效的《关于解决各国和其他国家国民之间投资争端的公约》(*Convention on the Settlement of Investment Disputes Between States and Nationals of Other States*,又称《华盛顿公约》)而建立的世界上第一个国际投资仲裁机构,也是目前全球唯一一个专门处理外国投资者与东道国/地区政府间投资争端的国际性仲裁机构。下文将着重介绍 ICSID 的争议解决机制。

1. ICSID 管辖权

ICSID 在处理国际投资纠纷时,其管辖权是排他性的。一旦 ICSID 对一项争端实行了仲裁管辖,则排除了其他任何形式的争议解决手段的适用。在当前国际投资争议中,ICSID 的管辖权极为重要。如果案件成功通过了 ICSID 管辖权审查,很大程度上意味着投资者的胜利。

根据《华盛顿公约》,ICSID 对争端的管辖,必须具备以下几个条件:

(1)主体资格

提交 ICSID 仲裁的必须是公约的缔约国国民,另一方是其他缔约国(或缔约国指派到中心的该国任何组成部分或机构）。

（2）主观条件

《华盛顿公约》第 26 条规定，除非另有规定，双方同意根据本公约交付仲裁，应视为同意排除任何其他补救办法而交付上述仲裁。缔约国可以要求用适当的各种行政或司法补救办法，作为其同意根据本公约交付仲裁的一个条件。由此可见，ICSID 受理争议，以双方书面同意接受管辖为要件，且该同意一般不可撤销。

（3）客体条件

争议必须直接产生于投资且是法律争议，才能够向 ICSID 提起仲裁。但是，《华盛顿公约》对"投资"和"法律争议"这两个概念均没有明确的定义。

《华盛顿公约》对"投资"的定义未作相应规定，主要是为了避免将 ICSID 的管辖权限制在"投资"的定义范围之内。对"投资"一词的定义，应在当事人之间签订的《投资协议》中予以明确，并由仲裁法庭据此予以解释。

ICSID 所处理的投资纠纷属于法律纠纷，这也是 ICSID 与普通国际商业仲裁不同之处。究竟是不是一种法律上的纠纷，则要由仲裁员的裁量权来确定。

2. ICSID 仲裁的法律适用

《华盛顿公约》第 42 条规定：法庭应依照双方可能同意的法律规则判定一项争端。如无此种协议，法庭应适用争端一方的缔约国的法律（包括其关于冲突法的规则）以及可能适用的国际法规则；法庭不得借口法律无明文规定或含义不清而暂不作出裁决；第一款和第二款的规定不得损害法庭在双方同意时对争端作出公平和善意的决定的权利。

依据该条规定，ICSID 仲裁所适用的法律，首先由当事人自主协商选择，当事双方未选择法律时，适用争端当事国的法律。

3. ICSID 仲裁的基本程序

表 1-4-1　ICSID 仲裁的基本程序

序号	事项	主要内容
Step 1	ICSID 管辖的确定	启动 ICSID 仲裁,首先需要解决主体身份资格问题,确保 IC-SID 具有管辖权。
Step 2	仲裁申请及审核登记	当事人进行 ICSID 仲裁,应当提交英文(或法文、西班牙文)的书面申请,申请应当具明申请日期并由申请人或其授权代表签署。 ICSID 秘书长在收到仲裁申请后,根据仲裁申请所述内容,一般在 3 周内就 ICSID 对于争端是否具有管辖权作出审核。只要仲裁申请符合《华盛顿公约》第 25 条规定的情形,就应当进行仲裁申请登记。 仲裁申请通过审核后,ICSID 秘书长向各方当事人发送仲裁申请登记通知,并将案件的基本情况发布在 ICSID 官方网站。
Step 3	首次开庭	除非各方当事人另有约定,仲裁庭组成后 60 日内仲裁庭会组织各方当事人召开首次会议,以确认各方当事人就仲裁所适用的仲裁规则、仲裁语言、仲裁地点和仲裁日程等程序性事项达成的协议或单独意见。
Step 4	书面程序	书面程序由应当在仲裁庭规定的时限内提交的以下辩诉状组成:申请人的诉状;另一方的反诉状;此外如果各方当事人同意或者仲裁庭认为必要的;申请人的答复书;另一方的答辩状。
Step 5	口头程序	口头程序包括听证会和程序会议。听证会一般会对仲裁案件的各个方面进行审理,也可能会处理单独事项,例如管辖权、赔偿责任和赔偿金等事项。 程序会议指在听证会之前,通过电话会议的方式对听证会的时间分配、程序、证人传唤、翻译需求等进行沟通协商。如果各方当事人无法达成一致,则由仲裁庭决定。
Step 6(1)	仲裁裁决	通常情况下,仲裁庭在经过听证会审议并确认对各方当事人没有进一步的问题之后,仲裁程序即告终止。仲裁裁决书一般在程序终止后的 120 日内作出,特殊情况下可延长 60 日。 ICSID 对于一个仲裁案件只会作出一个仲裁裁决(award),且为一裁终局,不得上诉。
Step 6(2)	和解和仲裁程序终止	在仲裁裁决作出之前,如果双方当事人达成和解,均可向仲裁庭书面提出终止程序,仲裁庭应根据其书面请求,以仲裁庭命令的形式,注明或指令仲裁程序终止。
Step 7	仲裁裁决的承认与执行	ICSID 仲裁裁决在 ICSID 缔约国能够得到承认和执行,但是在缔约国执行 ICSID 的仲裁裁决,主要受到两方面的影响: 国家主权豁免的情形,可能涉及公约保留事项; 涉及缔约国的国内法程序与规定。

4. 仲裁裁决的撤销

仲裁裁决撤销是对仲裁公正的一种重要的监督机制,它的作用在于确保仲裁裁决的正确,防止不正确的裁决被强制执行。由于 ICSID 仲裁裁决为一裁终局,不受缔约国国内法院的审查,也不存在上诉机制。当事方如果认为裁决不公,可以向专门委员会申请撤销,撤销的理由包括:

仲裁庭的组成存在不当;

仲裁庭明显超越了其权限;

仲裁庭的成员存在腐败行为;

存在严重偏离基本程序规则的情形;

裁决未说明其依据的理由。

由此可见,ICSID 仲裁裁决撤销的依据均为程序方面的瑕疵。经专门委员会审查确实存在上述程序性问题的裁决,可能被全部撤销或部分撤销。

5. ICSID 国际投资仲裁的优点与缺陷

在境外投资的争议解决机制中,ICSID 国际投资仲裁在以下几个方面具有较大的优势:

通过非政治性途径来解决问题,有助于缓解国家间的政治分歧和矛盾;

当事人有权自主决定是否向 ICSID 提起仲裁,及仲裁中适用法律;

在裁决效力上,ICSID 仲裁裁决具有终局性,必须得到缔约国的遵守、承认与执行;

ICSID 仲裁庭采取相对中立的态度,公平、合理地解决投资争端,一定程度上平衡了投资者与东道国/地区之间的利益。

同时,ICSID 争端解决机制也存在以下的限制:

时间上具有不确定性。在 ICSID 仲裁中,从申请人提交仲裁申请到仲裁庭作出裁决,所花费的时间是不同的,有些情况下可能要花上六七年以上,有些情况下只需要一两年。

仲裁员以国际公法领域的教授居多,仲裁员总数也相对较少,当事人在选择仲裁员的范围有限。

ICSID 仲裁的仲裁撤销机制仅针对重大程序错误。

（二）国际商事仲裁

国际商事仲裁主要解决的是平等主体之间的争端，其范围主要包括买卖合同纠纷、运输合同纠纷、海事纠纷等商事纠纷。目前，世界上规模较大，较为常用的国际商事常设仲裁机构包括：国际商会仲裁院（the International Chamber of Commerce International Court of Arbitration，简称"ICC"）、美国仲裁协会（American Arbitration Association，简称"AAA"）、伦敦国际仲裁院（London Court of International Arbitration，简称"LCIA"）、中国国际经济贸易仲裁委员会（ China International Economic and Trade Arbitration Commission， 简 称 "CIETAC"）等。

下文以国际商会仲裁院为例，并对国际商事仲裁机构的选择进行介绍。

1. 国际商会仲裁院

国际商会仲裁院（以下简称"ICC"）是国际商会（International Chamber of Commerce）下设机构，成立于1923年，是国际商事仲裁领域最具经验也最负盛名的机构之一。ICC总部位于法国巴黎，办公室遍及全球。目前，ICC在亚洲的新加坡、中国香港和上海设有办公室。

ICC的主要职责为管理根据ICC仲裁规则进行的仲裁，包括：

确定仲裁地点；

仲裁员确认、任命和替换，对仲裁员回避申请作出决定；

对仲裁程序进行监督，确保仲裁的合法性、时效性；

审核并批准仲裁裁决书；

设定、管理以及在必要时调整仲裁费用。

ICC受理案件的范围非常宽泛，基本上没有限制，包括但不限于贸易合同、知识产权、合资、公司股权转让、工程项目等，只要双方有合法、有效的仲裁协议,约定将争议交由 ICC 仲裁庭进行仲裁,ICC 仲裁庭就可以受理争议。

ICC 仲裁的基本程序如下:

表 1-4-2 ICC 仲裁的基本程序

序号	事项	主要内容
Step 1	启动仲裁	当事人向 ICC 仲裁院秘书处提交仲裁申请书,以启动仲裁。秘书处收到申请书的日期即为仲裁开始的日期①。
Step 2	仲裁员选任	仲裁庭由一名独任仲裁员或由三名仲裁员组成。仲裁员可以根据当事人的提名选任,如果不能就提名达成一致而由仲裁院任命的,仲裁员将考虑国际商会国家委员会或小组的建议,也可以直接任命②。
Step 3	案件移交	仲裁庭组成且缴纳预付金后,秘书处将案卷转交仲裁庭。
Step 4	审理范围书和程序时间表	收到秘书处转来的案卷后,仲裁庭拟定审理范围书,然后由当事人和仲裁庭签署,在仲裁庭收到案卷后 30 天内提交仲裁院。当事人拒绝参与拟定或签署的,审理范围书应交仲裁院批准。③
Step 5	开庭	在任一当事人要求开庭时,或者当事人虽未要求但仲裁庭自行决定开庭审理时,案件应当进行开庭审理。案件决定开庭审理的,仲裁庭应当以适当方式通知当事人在其确定的时间和地点出席开庭。开庭方式可以是现场开庭,也可以是视频会议、电话等方式。
Step 6	案件裁决	在就裁决书中所需认定的事项进行最后一次开庭之后,或在当事人经授权就该等事项最后一次提交文件之后,仲裁庭应当尽快宣布对于裁决中所需裁定事项的程序终结。此后,除了仲裁庭要求或授权之外,当事人不得再提交任何材料、意见或证据④。 仲裁庭必须作出终局裁决的期限为六个月。

2. 国际商事仲裁机构的选择

不同的仲裁机构之间最大的差异一般存在于其仲裁规则。许多仲裁机构在其规则中部分吸纳了《联合国国际贸易法委员会仲裁规则》的精神,但对于

---

① 国际商会:《仲裁规则》第 4 条,2021 年 1 月 1 日生效。
② 国际商会:《仲裁规则》第 13 条,2021 年 1 月 1 日生效。
③ 国际商会:《仲裁规则》第 23 条,2021 年 1 月 1 日生效。
④ 国际商会:《仲裁规则》第 27 条,2021 年 1 月 1 日生效。

时限、证据、裁决的审查等具体程序细节仍然有着很大差异。在案件审理程序，举证质证规则，仲裁院范围及任命，仲裁地、仲裁语言选择程序方面，不同仲裁机构有不同的规定。一些仲裁院对仲裁庭的裁决进行形式及实体方面的审核。以保持同类裁决的一致性，而有一些仲裁机构则更加倾向于尊重仲裁庭的自主性和独立性，很少干涉仲裁庭裁决的实体方面内容。不同仲裁机构的收费方式和标准有所不同，一般而言，亚太地区新兴的仲裁机构收费相对较低，特别是中国内地的仲裁机构。当事人除了关注仲裁机构的一般规则的区别外，也应关注仲裁机构是否指定有符合案件需求的特殊规则，如快速仲裁、紧急仲裁、选择性复裁等。

四、诉讼和仲裁的对比与选择

（一）国际仲裁与诉讼的区别

1. 审理机构的性质

国际商事仲裁机构是民间组织。而法院则是国家的司法机构，代表国家行使审判权。

2. 管辖权的来源

仲裁机构对案件的管辖权来自双方自愿订立的仲裁协议和协议约定的仲裁事项，仲裁庭不得对当事人约定范围以外的事项进行仲裁。

法院对案件的管辖主要分为法定管辖和协议管辖。在法定管辖范围内，法院可以审判法定范围内的任何事项，无须当事人的协议。在协议管辖中，当事人协议选择管辖法院的权利要受到许多限制，大多数国家都有条件地承认当事人选择管辖法院的权利，例如协议选择的法院只限于与合同有联系的第一审法院、协议管辖只限于非专属管辖的案件等。[①]

---

① 参见王斌、王红:《国际商事仲裁与诉讼的异同比较》,《知识经济》2011 年第 7 期。

3. 审理的程序和效力

在仲裁中,当事人可以选择仲裁程序规则,仲裁庭要按照当事人选择或同意的仲裁程序规则进行仲裁。仲裁实行一裁终局制,仲裁庭一旦作出仲裁裁决,即对双方当事人均有约束力。在诉讼中,当事人不能选择程序法,法院只能按照法院所在地国的程序法审理案件。诉讼一般为二审终审制,有些国家甚至实行三审终审制。若当事人对一审法院的判决不服,可以在法定的期限内向上级法院上诉,只有上级法院的判决或被上级法院驳回上诉的判决,才发生效力。①

4. 保密性

除特殊情形外,多数国家的诉讼原则上实行公开审理,法院的判决、裁定也会在公开渠道公布。而仲裁更注重保护当事人的商业秘密,一般实行不公开审理。因此如双方当事人较为关注保密问题,则更适宜选择仲裁。

(二)国际仲裁与诉讼的选择

比较来看,诉讼与仲裁各有特点,并没有绝对优劣之分。当事人可以根据合同中关于争议解决的约定,结合案件的具体情况选择争议解决方式。

1. 仲裁的选择

仲裁因其灵活、自治、保密和易于实施等优点,在国际纠纷的解决中得到了广泛的应用,广为人们所接受。当交易涉及来自不同国家的当事人时,各方可能会提出不同的争议解决规则和期望,在仲裁程序中各方通常在程序、适用法律上有自主选择的余地。仲裁通常由当事人一致选定仲裁机构和仲裁员来进行裁决,仲裁地选择在中立的第三国,有利于得到公平公正的裁决。当事人有以下方面需求时,适宜采用仲裁的方式解决争议:

(1)当事人对案件判决的效率要求较高

在当事人希望短时间内解决争议,避免投入更多时间成本的情况下,则采

---

① 参见王斌、王红:《国际商事仲裁与诉讼的异同比较》,《知识经济》2011 年第 7 期。

用仲裁的方法是比较有利的。仲裁的受理和审理程序较为简单,采取一裁终局制。而诉讼一般为二审终审制,从起诉到法院判决生效,通常耗时较长。

（2）案件对专业性要求较高

因为在国际仲裁中,经常会涉及一些专业的法律、经济、贸易和技术性问题,比如知识产权、建设工程等。在仲裁机构中当事人可以选择在所涉行业中拥有丰富的经验、较为权威的专家作为仲裁员。有利于达成公平、具有权威性的仲裁裁决结果。在诉讼过程中,法官往往精通法律方面的专业知识,但是对争议所涉及的专业知识并不一定了解,这就可能会导致在事实认定上存在缺陷。

（3）当事人对保密性要求较高

在当事人有商业秘密或声誉、商誉保护方面的考量时,可能会倾向于选择仲裁。仲裁的裁决不予公开,其保密性可以防止负面信息的传播,防止争议中的合同违约等情况对当事人个人的名誉和企业的信誉造成负面影响,同时还能防止企业商业秘密外泄,保护企业的核心竞争能力。

（4）当事人倾向于维护双方友好合作关系

在仲裁中,当事人的对抗性相对较弱,仲裁结果对双方的关系造成的损害较小,这也有利于未来的业务往来。而在诉讼中,由于诉讼程序的严格,氛围严肃,使当事人的对抗意识更强。

2. 诉讼的选择

在如下情况下,选择诉讼可能更为合适:

（1）争议存在多方当事人,或者争议因相关联的多份合同引起

因为仲裁的管辖权来源于仲裁协议,非经当事人各方以及第三方均同意的情况下,仲裁庭无权追加第三人。而在争议发生后,各方往往很难就此问题达成一致。因此,如果一个争议牵涉到多方,而多方之间又没有一个统一的仲裁协议,那么相关的争议就可能需要通过不同的仲裁程序。在这种情况下,向法院提起诉讼,进行合并审理,更为有利于将整个事实审理清楚。

（2）案件主要事实不存在实质性争议

一些国家的法庭，在对基本事实没有实质争议的情况下，为了节省当事人的时间、成本，也为了节省国内的司法资源，往往不需要开庭就能作出简易的判决。而仲裁法庭很少作出即席判决。因此，案件事实不存在太大的争议时，可以通过起诉来获得一个快速的判决，节省时间及费用。

第二节　法院判决和仲裁裁决的承认与执行

一、法院判决的承认与执行

外国判决的承认和执行，指的是外国法院作出的判决，得到被申请国的法院的承认和执行，从而在被申请国发生域外效力。

《中华人民共和国民事诉讼法》（以下简称《民事诉讼法》）第289条规定："人民法院对申请或者请求承认和执行的外国法院作出的发生法律效力的判决、裁定，依照中华人民共和国缔结或者参加的国际条约，或者按照互惠原则进行审查后，认为不违反中华人民共和国法律的基本原则或者国家主权、安全、社会公共利益的，裁定承认其效力，需要执行的，发出执行令，依照本法的有关规定执行。违反中华人民共和国法律的基本原则或者国家主权、安全、社会公共利益的，不予承认和执行。"

依据上述规定，在不违反我国法律基本原则或者国家主权、安全、社会公共利益的前提下，中国法院和外国法院可以相互进行法院判决的承认与执行的依据主要有三种，若不存在以下依据，原则上不能要求提供司法协助：

中华人民共和国缔结或者参加的国际条约。

与我国缔结有关司法协助双边条约。

互惠原则。互惠即相互之间给予对等的优惠待遇。如果某一国家协助我国进行一定的司法行为，作为对等的互惠，我国也应当协助该国进行相对等的司法行为。

（一）国际条约

《选择法院协议公约》(*Convention on Choice of Court Agreements*) 于 2005 年 6 月 30 日通过,于 2015 年 10 月 1 日生效,是第一个全球性的承认与执行的判决公约。2017 年 9 月 12 日,中国驻荷兰大使吴恳代表中国政府签署了《选择法院协议公约》,但中国尚未批准该公约。下文将简要介绍《选择法院协议公约》的主要内容。

1.《选择法院协议公约》中判决承认与执行的条件

（1）依协议管辖权作出判决

根据《选择法院协议公约》第 8 条第 1 款规定:"排他性选择法院协议指定的缔约国法院作出的判决,应当根据本章规定在其他缔约国得到承认与执行。拒绝承认或者执行仅可基于本公约规定的理由。"因此,判决获得承认与执行的首要条件是存在一份排他性的法院管辖协议。

（2）有效及可执行判决

根据《选择法院协议公约》第 8 条第 3 款规定,"判决只有在原审国已经生效才应当得到承认,并且只有在原审国是可以执行的才应当得到执行"。因此,判决得到承认的前提为该判决在原审国是有效的。判决得到执行的前提为该判决在原审国是可执行的。

2. 被请求国法院的审查权

被请求国法院对当事人提出的承认与执行外国判决的申请进行审查是国家主权原则的必然要求。通常而言,被请求国法院的审查分为实质审查或形式审查两种类型。实质审查是指对申请承认和执行的判决,被请求国法院根据本国法律,从法律和事实两个部分进行审查,只要认为该判决在认定事实或适用法律方面不适当,就不予承认和执行。形式审查是指被请求国法院不对请求承认与执行的判决进行认定事实和适用法律方面的审查,而仅就该判决是否符合本国法律规定的承认和执行外国法院判决的条件进行审查①。

（1）禁止被请求法院对判决作实质性审查

《选择法院协议公约》第 8 条第 2 款规定："在不影响为适用本章规定所必要的审查的前提下,不得对原审法院所作判决的实质问题进行审查。"因此,原判决国法院对案件实质性问题的认定,无论是事实问题还是法律问题,都不得作为被请求法院的审查对象。

（2）对协议管辖权依据的审查

《选择法院协议公约》第 8 条第 2 款规定："被请求法院应当受原审法院确立其管辖权所基于的事实认定的约束,除非该判决是缺席作出的。"

3. 被请求国拒绝承认与执行的依据

《选择法院协议公约》第 9 条规定了被请求国可以拒绝承认与执行的情形,但这些理由并不是穷尽性的。主要有以下几点:

依据被选择法院国法律有关协议无效;

依据被请求国法律,一方当事人不具有签订该协议的能力;

送达程序存在缺陷;

该判决是通过在程序事项上的欺诈而获得的;

承认或者执行将会与被请求国的公共政策明显相悖,诉讼程序不符合被请求国程序公正基本原则的情形;

判决与被请求国就相同当事人间的争议作出的判决不一致;

该判决与第三国先前就相同当事人间相同诉因作出的判决不一致,且该在先判决满足在被请求国获得承认的必要条件。

（二）双边条约

目前,世界上大部分国家通过缔结双边司法互助条约的方式对承认与执

---

① 参见魏娟:《论海牙〈协议选择法院公约〉之外国判决承认与执行》,《大众商务月刊》2010 年第 6 期。

行外国法院判决的相关制度进行规定。中国与其他国家签订的双边民事司法协助条约中,除了中国与韩国、新加坡、泰国所签订的双边条约以外,其他的条约均对法院判决的承认与执行进行了约定。对法院判决的承认与执行约定的主要内容包括承认与执行的程序、承认与执行的效力、拒绝承认与执行的情形等。我国通过双边协定承认与执行外国判决的情形极为有限,而在大部分案件中,法院都必须依据过去的案件来确定事实上的互惠关系,才能决定是否承认与执行外国判决。

1. 双边条约对外国法院判决的界定

在不同的双边协定中,民事判决的定义和范围可能存在差异。例如,一些双边协定中规定的民事判决包括民商事和婚姻、家庭、劳动法的内容,而一些双边协定则不包括以上内容。例如,在《中华人民共和国和秘鲁共和国关于民事和商事司法协助的条约》和《中华人民共和国和突尼斯共和国关于民事和商事司法协助的条约》中规定,下列裁判文书不得请求承认和执行:遗嘱或者继承;破产、清算或者类似程序;关于社会保障的裁判文书;保全措施或者临时措施,但涉及生活费的裁判文书除外;其他不涉及民事或商事的法院裁判文书。

2. 承认执行申请的提出主体

根据我国订立的双边民商事司法协助条约,当事人可以直接向被请求方的主管法院申请判决的承认和执行,或者由缔约一方法院按照司法联系途径向对方法院提出判决的承认和执行。

3. 被请求国法院的审查范围

在我国与其他国家签订的涉及判决承认与执行的民商事双边司法协助条约中,均约定为对请求国送交的判决进行形式审查,不作实质性审查。

(三)互惠原则

1. 互惠原则的含义

互惠原则,是指本国承认外国法院判决,必须以外国在同等条件下也承认本国法院判决为先决要件。互惠原则包含两方面的含义①：

外国拒绝承认和执行本国法院判决的，本国也拒绝承认该外国法院的判决；

本国承认和执行外国法院判决的条件与外国承认和执行本国法院判决的条件必须相对等。外国承认和执行本国法院判决的条件与本国承认和执行外国法院判决的条件相比较，如果在同样的情况下外国承认和执行本国法院判决的条件与本国法律规定的条件相一致或更宽松，则本国就承认和执行该外国法院判决；否则，本国将拒绝承认和执行该外国法院判决。

2. 中国关于互惠原则的规定

中国法院在审查事实互惠关系时，要求外国法院必须先行给予过互惠待遇。以加拿大与美国为例，我国都是在加拿大与美国法院承认了我国的判决之后，我国才根据互惠原则相应的承认与执行加拿大与美国法院的判决。由此可见，在中国，互惠关系具有一定的顺序，即我国需要他国先对我国判决予以承认与执行，才会产生并认定我国与他国之间具有互惠关系。曾经最高人民法院在"五味晃案"中予以批复，复函中的含义即为上文的我国承认互惠关系具有顺序，需要他国对我国先予以承认我国才会对其认定互惠关系②。

实践中，中国法院适用互惠原则较为谨慎，如果一国与中国没有缔结司法协助相关的双边条约，则该国家的法院所作出的判决在我国被承认和执行的可能性较小。

（四）中国关于外国判决承认与执行的法律规定

目前，外国判决在中国承认与执行的相关规定集中在《民事诉讼法》及其

---

① 参见杜涛：《互惠原则与外国法院判决的承认与执行》，《环球法律评论》2007 年第 29 期。

② 《最高人民法院关于我国人民法院应否承认和执行日本国法院具有债权债务内容裁判的复函》（〔1995〕民他字第 17 号），1995 年 6 月 26 日。

司法解释中。主要包含以下几个方面的问题：

1. 申请主体

承认和执行外国法院判决的申请必须是由案件的当事人直接向中国有管辖权的中级人民法院提出或由外国法院向中国法院提出相关协助执行的委托①。

2. 承认与执行的条件

外国法院作出的判决、裁定在中国得到承认和执行，应当满足以下条件②：

外国法院作出的判决、裁定应是终局性的判决、裁定。

该国已与我国缔结或者参加了有关承认和执行外国法院判决、裁定的国际条约，或者该国已与我国就承认和执行外国法院判决、裁定建立了互惠关系。但当事人向人民法院申请承认外国法院作出的发生法律效力的离婚判决除外③。

该外国法院判决、裁定不违反我国法律的基本原则或者国家主权、安全、社会公共利益。

3. 管辖法院

受理承认和执行外国法院判决、裁定案件的管辖法院为我国有管辖权的中级人民法院。

4. 提交资料

向人民法院申请承认和执行外国法院作出的发生法律效力的判决、裁定，应当提交申请书，并附外国法院作出的发生法律效力的判决、裁定正本或者经证明无误的副本以及中文译本。外国法院判决、裁定为缺席判决、裁定的，申

---

① 《中华人民共和国民事诉讼法（2021年修订）》第288条，2021年12月24日颁布。

② 《中华人民共和国民事诉讼法（2021年修订）》第289条，2021年12月24日颁布。

③ 《最高人民法院关于适用〈中华人民共和国民事诉讼法〉的解释》第542条，2022年4月1日颁布。

请人应当同时提交该外国法院已经合法传唤的证明文件,但判决、裁定已经对此予以明确说明的除外。中华人民共和国缔结或者参加的国际条约对提交文件有规定的,按照规定办理①。

5. 执行程序

当事人应首先向中国有管辖权的法院申请承认外国法院作出的发生法律效力的判决、裁定,人民法院经审查,裁定承认后,再根据《民事诉讼法》规定的执行程序予以执行。当事人仅申请承认而未同时申请执行的,人民法院仅对应否承认进行审查并作出裁定②。

承认和执行外国法院作出的发生法律效力的判决、裁定或者外国仲裁裁决的案件,人民法院组成合议庭进行审查。人民法院应当将申请书送达被申请人。被申请人可以陈述意见。人民法院经审查作出的裁定,一经送达即发生法律效力③。承认和执行申请被裁定驳回的,当事人可以向人民法院起诉④。

(五) 法院判决承认与执行的典型案例

1. 中国判决在美国的承认与执行

1994 年 2 月 24 日,湖北葛洲坝三联公司(以下简称"三联公司")与卓诚公司(罗宾逊公司的亚洲代理经销商)在中国宜昌签订了买卖合同,购买罗宾逊公司 R-44 直升机一架,加上在中国的安装和试飞费,总计 29.3 万美元。1994 年 3 月 22 日,该 R-44 直升机进行首次载客就坠毁于重庆丰都境内的长

① 《最高人民法院关于适用〈中华人民共和国民事诉讼法〉的解释》第 541 条,2022 年 4 月 1 日颁布。

② 《最高人民法院关于适用〈中华人民共和国民事诉讼法〉的解释》第 544 条,2022 年 4 月 1 日颁布。

③ 《最高人民法院关于适用〈中华人民共和国民事诉讼法〉的解释》第 546 条,2022 年 4 月 1 日颁布。

④ 《最高人民法院关于适用〈中华人民共和国民事诉讼法〉的解释》第 542 条,2022 年 4 月 1 日颁布。

江主航道上,导致机上 3 名游客遇难身亡。此后,三联公司开始通过司法途径追究罗宾逊公司损害赔偿责任。2004 年,就湖北葛洲坝三联公司和湖北平湖公司诉美国罗宾逊直升机公司产品责任损害一案,湖北省高级人民法院作出第(2001)鄂民四初字第 1 号判决,判决罗宾逊公司赔偿 2000 多万元人民币及相应利息。2006 年 3 月 24 日,三联公司和平湖公司依据《统一外国金钱判决识别法》,向美国加州法院申请执行中国法院判决。美国加州法院于 2009 年 7 月 22 日裁决,承认和执行第(2001)鄂民四初字第 1 号民事判书。随后,罗宾逊公司向美国第九巡回上诉法院提起上诉。2011 年 3 月 29 日,美国第九巡回上诉法院裁定驳回上诉,维持原判,意即承认和执行中国法院的生效判决。2011 年 6 月,罗宾逊公司按照中国法院的判决,支付了各项赔偿金。

三联公司诉罗宾逊公司案开创了美国承认和执行了中国法院的判决的先河,由于美国是判例法国家,因此这一案件对于中国法院的生效判决在美国的承认和执行有着重要的指导作用。

2. 美国判决在中国的承认与执行

2017 年 6 月 30 日,就刘某某申请承认和执行美国加州洛杉矶县高等法院第 EC062608 号判决事宜,湖北省武汉市中级人民法院作出"(2015)鄂武汉中民商外初字第 00026 号"裁定,裁定承认和执行该美国加州洛杉矶县高等法院的判决。武汉市中级人民法院裁决书中指出:"因美国同我国之间并未缔结也未共同参加相互承认和执行民事判决的国际条约,申请人的申请是否予以支持应依据互惠关系原则进行审查。经审查,申请人提交的证据已证实美国有承认和执行我国法院民事判决的先例存在,可以认定双方之间存在相互承认和执行民事判决的互惠关系。"案例所提及的"先例"即是三联公司诉罗宾逊公司案。这是中国法院首次对美国法院的商事判决进行承认和执行。

二、仲裁裁决的承认与执行

《民事诉讼法》第290条规定:"国外仲裁机构的裁决,需要中华人民共和国人民法院承认和执行的,应当由当事人直接向被执行人住所地或者其财产所在地的中级人民法院申请,人民法院应当依照中华人民共和国缔结或者参加的国际条约,或者按照互惠原则办理。"由此可见,中国对于外国仲裁裁决的承认与执行,也是基于国际条约或互惠原则。

(一)《纽约公约》

1958年,联合国国际商事仲裁会议审议并通过了《承认和执行国际仲裁裁决公约》。《纽约公约》的宗旨是促进仲裁裁决得到跨国的承认与执行,从而促进国际商事纠纷的解决。目前,《纽约公约》是有关外国仲裁裁决承认及执行最有影响力的国际公约。

截至2020年10月28日,《纽约公约》共有166个缔约国。中国于1986年加入《纽约公约》,在加入时作出了互惠保留与商事保留声明。具体而言[1]:

根据中国加入该公约时所作的互惠保留声明,中国只在互惠的基础上对在另一缔约国领土内作出的仲裁裁决的承认和执行适用公约。

根据中国加入该公约时所作的商事保留声明,中国只对根据中华人民共和国法律认定的属于契约性和非契约性商事法律关系所引起的争议适用该公约。具体是指由于合同、侵权或者根据有关法律规定而产生的经济上的权利义务关系,例如货物买卖、财产租赁、工程承包、加工承揽、技术转让、合资经营、合作经营、勘探开发自然资源、保险、信贷、劳务、代理、咨询服务和海上、民用航空、铁路、公路的客货运输以及产品责任、环境污染、海上事故和所有权争议等,但不包括外国投资者与东道国/地区政府之间的争端。

---

[1] 《最高人民法院关于执行我国加入的〈承认及执行外国仲裁裁决公约〉的通知》第1、2条,1987年4月10日。

1. 外国仲裁裁决的认定标准

一国法院在处理当事人提出的承认与执行仲裁裁决的请求时,首先要界定该仲裁裁决的国籍,即对法院地而言是国内裁决或是外国裁决。

《纽约公约》第1条规定:"仲裁裁决,因自然人或法人间之争议而产生且在申请承认及执行地所在国以外之国家领土内作成者,其承认及执行适用本公约。本公约对于仲裁裁决经申请承认及执行地所在国认为非内国裁决者,亦适用之。"由此可见,《纽约公约》对外国仲裁裁决的认定,采用以地域标准为主,以"非内国裁决"标准为辅的标准。

地域标准,指在被请求承认和执行的缔约国本国领土之外的外国领土上作出的仲裁裁决,即为外国裁决;

"非内国裁决"标准,即根据被申请国家的法律,不能视为本国裁决的仲裁裁决,也是外国裁决。

2. 承认和执行外国仲裁裁决的程序

《纽约公约》第3条规定:"各缔约国应该承认仲裁裁决具有拘束力。并且依照需其承认或执行地方的程序规则予以执行。对承认或执行本公约所适用的仲裁裁决,不应该比对承认或执行本国的仲裁裁决规定实际上更苛刻的条件或更高的费用。"根据该条规定,《纽约公约》没有严格规定承认和执行外国仲裁的程序,由该国根据本国的实际情况对程序进行规定。因此,当事人在考虑申请强制执行时,应对执行地国的有关程序规则进行必要研究。

3. 拒绝承认和执行外国商事仲裁裁决的情形

各国司法机关都会根据法律对仲裁裁决承认或执行的申请进行相应审查,判断该仲裁裁决是否符合承认或执行的标准。实践上,各国一般都会规定拒绝承认和执行外国仲裁裁决的理由,但各国规定有所不同。因此,《纽约公约》在拒绝承认和执行外国商事仲裁裁决的情形作出了较为客观的统一规定。

《纽约公约》第5条第1款规定:反对执行裁决的当事人假如能够证明如下理由,则法院可以拒绝执行该裁决:

仲裁协议由无行为能力之人作出，或根据所适用法律系属无效；

被执行一方的当事人没有得到适当通知或因其他原因，没有申辩的机会；

仲裁事项超越仲裁协议的范围；

仲裁员的组成或仲裁程序与仲裁协议不一致；

仲裁裁决尚不具有约束力，或裁决被裁决作出地国有权机关撤销。

同时，裁决执行国法院还可依职权主动审查，若法院认为存在以下情形，也可依职权拒绝承认或执行该外国裁决：

依法院地法，该争议事项是不可以仲裁解决的；

承认和执行该裁决违反法院地国的公共政策。

根据《纽约公约》第5条，如果一项裁决出现了该条所述情况，承认及执行地国"可以"而不是"必须"拒绝承认和执行，意思是执行国在审查过程中发现此类情况可以拒绝执行，但仍可自主选择予以执行。这赋予了缔约国一定的自由裁量权，有利于促成裁决的执行。

（二）《华盛顿公约》

《华盛顿公约》建立的ICSID国际投资仲裁机制中也包括ICSID仲裁裁决的承认与执行机制。《华盛顿公约》规定了争端当事国和缔约国承认与执行ICSID裁决义务的方式，这样有力地保障了ICSID裁决的约束力和可执行性。ICSID仲裁裁决可以根据《华盛顿公约》相关规则申请承认和执行。

1. ICSID仲裁裁决强制执行性

《华盛顿公约》第54条第1款规定："每一缔约国应承认依照本公约作出的裁决具有约束力，并在其领土内履行该裁决所加的财政义务，正如该裁决是该国法院的最后判决一样。具有联邦宪法的缔约国可以在联邦法院或通过该法院执行裁决，并可规定联邦法院应把该裁决视为组成联邦的某一邦的法院作出的最后判决。"

这一条款是《华盛顿公约》最有意义、最具创新的条款。《华盛顿公约》中关于承认与执行仲裁裁决的机制,其核心是 ICSID 仲裁法庭的裁定必须被缔约国视为是该国法院的终局判决。相对于《纽约公约》规定在一些情形下执行国法院有权拒绝仲裁裁决的承认和执行,《华盛顿公约》直接规定各缔约国有义务对 ICSID 的仲裁裁决予以承认和执行,这将有利于提高执行的效率,并为执行提供更大的保证。

2. ICSID 仲裁裁决承认与执行的程序

《华盛顿公约》第 54 条第 2 款规定:"要求在一缔约国领土内予以承认或执行的一方,应向该缔约国为此目的而指定的主管法院或其他机构提供经秘书长核证无误的该裁决的副本一份。每一缔约国应将为此目的而指定的主管法院或其他机构以及随后关于此项指定的任何变动通知秘书长。"

《华盛顿公约》第 55 条规定:"裁决的执行应受要求在其领土内执行的国家关于执行判决的现行法律的管辖。"

上述条文规定,作为请求执行的一方主体,应向有关法院提交由秘书长签名的仲裁裁决的副本,除此以外无须履行任何其他程序和手续。对于承认和执行仲裁裁决,主管法院或其他主管机构不具有审查权力。这一方法简便、具有更高的可操作性。

3. ICSID 仲裁裁决承认与执行的豁免

主权豁免原则是指国家的行为及财产不受其他国家的管辖。每一国家均享有主权豁免,主权豁免包含管辖豁免及执行豁免。执行豁免是指未经该主权国家同意的情况下,另一国家的法院不得对该主权国家的财产采取任何执行措施。

缔约国的执行豁免是 ICSID 仲裁裁决得到顺利执行的一个最大的阻碍。

4. 违反《华盛顿公约》相关规定的后果

《华盛顿公约》第 27 条第 1 款的规定,在涉及争端的缔约国未遵守裁决的情况下,ICSID 缔约国可以向其争端的另一方的国民提供外交保护或提出国际要求。

按照《华盛顿公约》规定,争端一方违反《华盛顿公约》相关规定,另一方可以通过以下两种方式进行解决:

依据《华盛顿公约》第 27 条,由缔约国进行外交保护;

依据《华盛顿公约》第 64 条,由争端的一方将争端提交国际法院。

《华盛顿公约》这两条关于法律后果的规定在一定程度上保障了裁决的可执行力。

(三)中国关于外国仲裁裁决承认与执行的规定

在我国,执行外国仲裁裁决的主要法律依据是《民事诉讼法》和相关司法解释及批复。

2021 年 12 月 24 日修订的《民事诉讼法》第 290 条规定:"国外仲裁机构的裁决,需要中华人民共和国人民法院承认和执行的,应当由当事人直接向被执行人住所地或者其财产所在地的中级人民法院申请,人民法院应当依照中华人民共和国缔结或者参加的国际条约,或者按照互惠原则办理。"

1. 中国法律对外国仲裁的定义

根据我国《民事诉讼法》第 290 条的规定,任何由外国仲裁机构作出的裁决,都属于我国法律中所述的"国外仲裁机构的裁决",需要由中国法院进行承认与执行的程序。

2. 仲裁裁决承认与执行的管辖

1987 年 4 月 10 日最高人民法院发布的《最高人民法院关于执行我国加入的〈承认及执行外国仲裁裁决公约〉的通知》第 3 条规定:根据《1958 年纽约公约》第 4 条规定,申请我国法院承认和执行在另一缔约国领土内作出的仲裁裁决,是由仲裁裁决的一方当事人提出的。对于当事人的申请应由我国下列地点的中级人民法院受理:

(1)被执行人为自然人的,为其户籍所在地或者居所地;

(2)被执行人为法人的,为其主要办事机构所在地;

（3）被执行人在我国无住所、居所或者主要办事机构，但有财产在我国境内的，为其财产所在地。

结合以上的法律规定，可以看出，申请承认与执行外国仲裁裁决的案件，只能由被执行人的住所地或其财产所在地的中级人民法院管辖。并且，在管辖法院的选择方面存在一定的顺序，如果被执行人是自然人，则应当先向其户籍所在地或居住地的中级人民法院提出申请。如果是法人，则应当向其工作单位所在地的中级人民法院提出申请。如果被执行人在我国没有住所、居所，也没有主要的工作机构，则可以向被执行财产所在地的中级人民法院提出申请。

3. 仲裁裁决承认与执行的时效

申请仲裁裁决承认与执行是一项请求权，该权利的行使有期限限制。如果申请人未在中国法律法规规定的期限内提起，一旦超过申请执行时效，则请求权不再受中国法律保护。

根据《民事诉讼法》第246条规定，申请执行的期间为两年。申请执行时效的中止、中断，适用法律有关诉讼时效中止、中断的规定。因此，根据现行有效的法律规定，申请承认和执行外国仲裁裁决的期限为两年，自法律文书规定履行期间的最后一日起计算。实务中，申请人应当注意把握申请的时效期间，以免丧失请求仲裁裁决承认与执行的权利。

4. 仲裁裁决承认与执行的申请程序

根据最高人民法院《关于适用〈中华人民共和国民事诉讼法〉的解释》第544条，需要向中国法院申请执仲裁裁决，须首先得到中国法院的承认。承认与执行既可以同时申请也可以分开申请，但当事人仅申请承认而未同时申请执行的，人民法院仅对应否承认进行审查并作出裁定。

仲裁裁决承认与执行的程序如图1-4-1所示①：

---

① 《最高人民法院关于人民法院处理与涉外仲裁及外国仲裁事项有关问题的通知》，2008年12月16日。

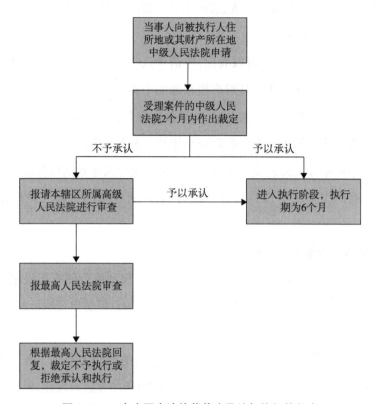

图 1-4-1　在中国申请仲裁裁决承认与执行的程序

5. 中国法律关于拒绝承认和执行外国仲裁裁决情形的规定

《最高人民法院关于执行我国加入的〈承认及执行外国仲裁裁决公约〉的通知》第 4 条规定："我国有管辖权的人民法院接到一方当事人的申请后,应对申请承认及执行的仲裁裁决进行审查,如果认为不具有《1958 年纽约公约》第 5 条第一、二两项所列的情形,应当裁定承认其效力,并且依照民事诉讼法(试行)规定的程序执行;如果认定具有第 5 条第二项所列的情形之一的,或者根据被执行人提供的证据证明具有第 5 条第一项所列的情形之一的,应当裁定驳回申请,拒绝承认及执行。"因此,我国关于拒绝承认和执行外国仲裁裁决情形的规定与《纽约公约》一致。

第三节 中国与境外的司法协助

国际司法协助是指主权国家司法机关应他方请求,代为实施或者协助实施特定司法行为的活动。它是主权国家开展司法合作,解决互涉法律问题的最基本形式,其主要依据是国内法律规定、国际双边或多边条约约定和国家之间的互惠原则。国际司法协助有广义和狭义之分。广义的国际司法协助包括民事司法协助、刑事司法协助、引渡、诉讼移管、被判刑人移管和犯罪资产的返还与分享等。狭义的国际司法协助包括民事司法协助和刑事司法协助[①]。下文主要对民事司法协助进行讨论。

国际民事司法协助的范围包括四方面的内容,即域外送达诉讼文书、域外调查取证、承认和执行外国法院的判决、承认和执行外国仲裁机构的裁决。

目前,中国民事司法协助的主要法律依据是中国的法律法规、中国签订的国际公约及双边司法协助条约等规定。

一、中国的法律法规关于民事司法协助的规定

中国关于民事司法协助的规定主要体现在以下文件中:

2022 年 1 月 1 日起施行的《中华人民共和国民事诉讼法》,第 283 条至第 290 条;

2022 年 4 月 10 日起施行的《最高人民法院关于适用〈中华人民共和国民事诉讼法〉的解释》,第 520 条至第 549 条;

2015 年 6 月 16 日由最高人民法院发布的《最高人民法院关于人民法院为"一带一路"建设提供司法服务和保障的若干意见》。

其中,《最高人民法院关于人民法院为"一带一路"建设提供司法服务和

---

① 参见王晓鑫:《浅谈中国国际司法协助工作的历史与发展》,《中国司法》2011 年第 9 期。

保障的若干意见》反映了中国在民事司法协助的新趋势,提出"要在沿线一些国家尚未与我国缔结司法协助协定的情况下,根据国际司法合作交流意向、对方国家承诺将给予我国司法互惠等情况,可以考虑由我国法院先行给予对方国家当事人司法协助,积极促成形成互惠关系,积极倡导并逐步扩大国际司法协助范围"。值得注意的是,该意见第 6 条提出:"尚未与我国缔结司法协助协定的情况下,根据国际司法合作交流意向、对方国家承诺将给予我国司法互惠等情况,可以考虑由我国法院先行给予对方国家当事人司法协助,积极促成形成互惠关系。"从上述意见可以看出,依靠有限的双边条约和法律互惠关系存在一定的局限性,为了响应"一带一路"倡议,为国际经贸往来提供保障,中国法院可以"先行"给予对方司法协助,以积极促进互惠关系的形成。

二、中国加入的国际公约

(一)域外送达相关国际公约

域外送达,是指一个国家的法院按照国际条约或本国法律或互惠原则,向居住在国外的诉讼当事人或其他诉讼参与人送交司法文书的行为。

我国于 1991 年批准加入了 1965 年海牙《关于向国内送达民事或商事司法文书和司法外文书的公约》(以下简称《海牙送达公约》)。《海牙送达公约》的缔约国之间进行文书送达,可以适用该公约的规定。该公约的主要内容如下:

1. 中央机关送达

《海牙送达公约》第 2 条至第 7 条规定了"中央机关"(Central Authority)的送达方式。根据公约第 2 条的规定,每一缔约国均应当指定一个中央机关,负责在缔约国之间相关司法文书的转递工作。

2. 可替代送达方式

除中央机关送达程序外,《海牙送达公约》还提出了若干替代送达方式:

领事或外交送达、邮寄送达、司法官员或主管人员送达等。在文书接收国不反对该送达方式的情况下,公约允许缔约国采用其中一种替代方式进行送达。但公约的许多缔约国对部分或全部替代送达方式提出了保留。

(1)领事或外交送达

外交代表或领事送达即指一国法院将委托该国驻有关国家的外交代表或领事代为送达司法文书。《海牙送达公约》第9条规定:"每一缔约国有权利用领事途径将文书送交另一缔约国为此目的指定的机关,以便送达。如有特别情况需要,每一缔约国可为同一目的使用外交途径。"

(2)邮寄送达

邮寄送达指一国法院通过邮局直接将司法文书或司法外文书邮寄给国外的诉讼当事人或其他诉讼参与人。如果《海牙送达公约》缔约国没有对第10条第1款规定的邮寄送达方式提出保留,则可以认为该国允许通过邮寄方式送达。若受送达人所在国允许邮寄送达的,可以邮寄送达。

3. 民事双边司法协定的适用

《海牙送达公约》第11条的规定:"本公约不妨碍两个或更多缔约国达成协议,允许采用上述各条所规定的递送方式以外的途径,特别是通过其各自机关直接联系的途径,以便送达司法文书。"

根据1992年3月4日颁布的《最高人民法院、外交部、司法部关于执行〈关于向国外送达民事或商事司法文书和司法外文书公约〉有关程序的通知》规定,如果中国与其他国家或地区签订了双边或多边民商事司法互助协定,则该互助协定将优先适用。

而2020年12月29日颁布的《最高人民法院关于依据国际公约和双边司法协助条约办理民商事案件司法文书送达和调查取证司法协助请求的规定》第1条规定:"人民法院应当根据便捷、高效的原则确定依据海牙送达公约、海牙取证公约,或者双边民事司法协助条约,对外提出民商事案件司法文书送达和调查取证请求。"因此,不再严格区分《海牙送达公约》与双边司法协助条约的优先适用顺序。

4. 中国对于《海牙送达公约》的保留

1991 年 3 月 2 日《全国人民代表大会常务委员会关于批准加入〈关于向国外送达民事或商事司法文书和司法外文书公约〉的决定》（以下简称《决定》）第 3 条规定："反对采用公约第十条所规定的方式在中华人民共和国境内进行送达。"而根据《民事诉讼法》第 284 条规定："请求和提供司法协助，应当依照中华人民共和国缔结或者参加的国际条约所规定的途径进行……除前款规定的情况外，未经中华人民共和国主管机关准许，任何外国机关或者个人不得在中华人民共和国领域内送达文书、调查取证。"因此，中国对《海牙送达公约》邮寄送达、司法官员或主管人员送达方式进行了保留。

（二）域外取证相关国际公约

域外取证指的是，在跨国民商事诉讼活动中，为了获取可以用于该诉讼程序的证据或者证据信息，由当事人及其律师，或者由诉讼所在国法院指定的人员或该国外交、领事人员，按照当事人所在国的国内法或者相关条约的规定，在国外或外国法域调查、搜寻与获取与诉讼有关的证据，或者由诉讼所在地的法院请求国外或外法域的法院协助调查与获取证据的行为。

1970 年，《关于从国外调取民事或商事证据的公约》（以下简称《取证公约》）签订，中国于 1997 年批准加入了《取证公约》。《取证公约》规定了司法协助在某些情况下就有强制性，根据《取证公约》，缔约国可以请求另一缔约国的相关主管机构调取证据，并对协助取证的流程进行了规定。

1.《取证公约》中的取证方式

（1）间接取证方式

《取证公约》的第一章对请求书取证方式进行了规定，主要内容为缔约国应当各自指定一个中央机关负责请求书的接受与传递。在一国收到另一国的请求书后，经审查无异议的，对于其请求予以执行。

（2）直接取证方式

①外交及领事取证

外交取证和领事取证是指一国的法院通过该国派驻他国的外交人员或领事人员在其驻在国直接调取证据。根据《取证公约》，满足一定条件的情况下，外交人员或领事人员可以在驻在国，对本国公民、驻在国或者第三国公民调取证据。

关于外交和领事取证，《取证公约》第15条规定："在民事或商事案件中，每一缔约国的外交官员或领事代表在另一缔约国境内其执行职务的区域内，可以向他所代表的国家的国民在不采取强制措施的情况下调取证据，以协助在其代表的国家的法院中进行的诉讼。"按照该条规定，外交与领事人员仅限于在其执行职务的区域范围，对其本国的公民取证。

《取证公约》第16条规定，在获得驻在国的许可，并遵守该许可中所规定条件的情况下，外交与领事人员也可以对驻在国或者第三国的公民调取证据。

②特派员取证

《取证公约》第17条规定，在获得另一缔约国的许可，并遵守该许可中所规定条件的情况下，特派员可以在该缔约国的境内调取证据。

2. 民事双边司法协定的适用

《取证公约》第32条规定："在不影响本公约第二十九条和第三十一条规定的前提下，本公约不影响缔约国已经或即将成为当事国的包含本公约事项的其他公约的适用。"而《最高人民法院关于依据国际公约和双边司法协助条约办理民商事案件司法文书送达和调查取证司法协助请求的规定》第1条规定："人民法院应当根据便捷、高效的原则确定依据海牙送达公约、海牙取证公约，或者双边民事司法协助条约，对外提出民商事案件司法文书送达和调查取证请求。"因此，在两个国家之间签署了双边司法协助协定的情况下，也可根据双边司法协助条约进行域外取证，《取证公约》与双边司法协助条约并没有优先适用的顺序。

3. 中国对于《取证公约》的保留

根据《全国人民代表大会常务委员会关于我国加入〈关于从国外调取民事或商事证据的公约〉的决定》，中国对《取证公约》除第 15 条之外的第二章其他条款进行了保留。

三、双边司法协助条约

（一）中国缔结双边民事司法协助条约的情况

截至 2020 年 3 月，中国已与 37 个国家或地区签署了与民商事司法协助有关的双边协定或条约，其中包括法国、意大利、俄罗斯、新加坡、韩国等国家[①]。

（二）双边民事司法协助条约的主要内容

目前我国双边民事司法协助条约的总体框架分为基本原则、司法协助的范围、适用的主体、法律适用、诉讼程序、司法合作、其他事项等几个章节。从具体条款的规定来看，主要包括司法保护、当事人、民事案件的范围、诉讼费用减免和法律援助、司法协助范围、联系途径、适用法律、费用、司法协助的拒绝、请求书的形式和内容、请求的执行、证人（被害人）鉴定人的出庭和保护、补偿、文字、送达文书、调查取证、法院裁决和仲裁裁决的承认和执行和其他规定（如交换情报、认证免除、文件的效力、户籍文件及其他文件的送交、物品的出境和金钱的汇出、争议解决以及最后条款如批准生效的方式、条约有效期与终止等内容）。

我国和各个条约的缔约国之间相互关系的远近程度有差别，实际需要有差别，历史文化传统也有差别，所以各个条约间的具体内容也有差别。如果东道国和中国之间有双边民事法律互助协定，则投资者应认真学习该协定，以便更好地运用该协定来保护自己的合法利益。

---

① 外交部：《民商事司法协助条约》，见 http://www.moj.gov.cn/pub/sfbgw/flfggz/flfggzflty/fltymsssfxzty/index.html，2023 年 5 月 12 日访问。

第二篇

境外基础设施投资PPP项目
全流程风险及防控

第一章 境外基础设施投资 PPP 项目概述

▨ 内容提要

本章主要围绕"境外基础设施投资 PPP 项目概述"展开，考虑到境外基础设施项目中，PPP 类型的模式越来越得到广泛运用，并且具有区别于传统发包模式的相当明显的特征，本篇主要以 PPP 项目作为示例，对 PPP 项目定义、特征、适用范围、主要参与主体、主要模式、涉及法律关系以及风险防范进行介绍。

> 境外基础设施投资 PPP 项目的定义

> 境外基础设施投资 PPP 项目的特征

> 境外基础设施投资 PPP 项目的适用范围

> 境外基础设施投资 PPP 项目的主要参与主体

> 境外基础设施投资 PPP 项目的主要模式介绍

> 境外基础设施投资 PPP 项目的合同关系

通过阅读、学习本章内容，将会对境外基础设施投资 PPP 项目的基本信息、运作流程有初步的掌握，在境外经营承揽工作中可以快速掌握、准确识别跟踪项目的类型及基本情况。

基础设施（Infrastructure）亦称公共设施、公共建设，是为国家、地区或城市提供服务的基础建设体或系统,其包括使经济运作的设施与服务,也包括为社会生产和居民生活提供公共服务的物质工程设施。基础设施不仅包括交通(如公路、铁路、机场、港口)、电网、通信(电话及网络)、供水等公共基础设施,亦包括教育、科技、医疗卫生及体育等社会性基础设施。

我国工程承包商凭借多年的项目实践积累,以其丰富的项目经验、全球领先的施工技术手段以及成本控制优势,使得其承揽的诸多重大基础设施项目成为中国"一带一路"倡议上的璀璨明珠。

按照基础设施项目实施模式的不同,境外基础设施投资项目模式可以分为传统的发包、承包模式和 PPP 模式(Public-Private Partnership)。由于广泛采用 PPP 模式以及特殊的项目操作方式,本章将对 PPP 模式进行专门介绍。

第一节　境外基础设施投资 PPP 项目的定义

一、PPP 模式的一般概念和特点

PPP 广义上可理解为政府部门或政府所拥有的实体(即"公共部门",Public Sector)与私营部门(Private Sector)就各类公共基础设施项目进行合作的一种模式。这种合作模式最早可以追溯到两千多年前的罗马帝国时期,伴随着罗马地区的公路交通系统的快速发展,邮政网络及其附属设施也得以完善,这些设施往往采用公私合作的方式建造。

PPP 模式下各类项目主要的共同特点是风险的分担,以及公共部门与私营企业之间长期关系的创新性发展,使私人资本来承担政府部分基础设施的建设、运营,从而化解政府财政压力与基础设施建设落后的矛盾。

此外,对于财政预算有限的政府,采用 PPP 模式进行工程建造往往比常规的通过征税或发大量的债券募集资金更为经济、合理和高效。在 PPP 项目中政府的出资方式、时间与出资额度往往会事先确定并且一般不会变更,因此公共部门可以更好地制定预算、掌控财政支出。采用 PPP 模式也可以显著地降低政府的财政负担,并有助于引入私营企业更先进的建造技术、更高的运行维护水平。

二、国际上基础设施投资 PPP 项目的定义

(一)国际货币基金组织(International Monetary Fund,IMF)

国际货币基金组织(IMF)对 PPP 的定义:PPP 是一种由私营部门提供原本由政府提供的基础设施资产和服务的模式。

(二)世界银行(World Bank Group,WBG)

世界银行(WBG)对 PPP 的定义:PPP 是政府利用私营部门的资源和专门知识采购和实施公共基础设施和/或服务的一种模式。

(三)亚洲开发银行(Asian Development Bank,ADB)

亚洲开发银行(ADB)对 PPP 的定义:PPP 是政府(国家、州、省或地方)和私营部门之间的合同模式。通过 PPP 模式,政府和私营部门的技能、资产和/或财政资源能够以互补的方式分配,从而分担风险和回报,力求为人们提供最佳的服务和价值。

(四)联合国欧洲经济委员会(United Nations Economic Commission for Europe,UNEC)

联合国欧洲经济委员会(UNEC)对 PPP 的定义:PPP 是指政府采用创新方法与私营部门签订合同,私营部门将其资本和能力用于按时交付项目和编制预算,而政府则需要向公众提供这些项目的服务,从而使公众受益,并促进

经济发展,提高生活质量。

(五)欧盟委员会(European Commission)

在欧盟委员会这一层面,并未定义 PPP。一般而言,PPP 是指政府与商界之间的一种合作形式,旨在保障基础设施的投资、建设、翻新、管理、维护或服务的提供。

(六)欧洲 PPP 专家中心(European PPP Expert Centre,EPEC)

欧洲 PPP 专家中心(EPEC)对 PPP 的定义:PPP 通常是指一种提供公共资产及相关服务的长期合同模式,(私营部门)基于公共资产和/或相关服务的完成度取得款项。

(七)英国财政部(HM Treasury)

英国财政部对 PPP 的定义:PPP 是指由私营部门设计、建造、融资和运营基础设施项目的长期合同。

(八)美国 PPP 委员会(The National Council for Public-Private Partnerships,NCPPP)

美国 PPP 委员会(NCPPP)对 PPP 的定义:PPP 是指公共或政府机构与私营公司之间形成的一种合同模式,其中可包括私营公司参与各种与公共设施或服务的开发、融资、所有权和/或运营有关的活动。在这种合作关系中,公、私资源汇集,责任分工,合作方的成果得以相互辅助。

(九)加拿大 PPP 委员会(The Canadian Council for Public-Private Partnerships,CCPPP)

加拿大 PPP 委员会(CCPPP)对 PPP 的定义:PPP 是指政府和私营部门

之间的合作投资,这种投资建立在各方的专门知识之上,通过适当地分配资源、风险和回报,从而最好地满足已明确界定的公共需求。

(十)澳大利亚(National PPP Guidelines)

澳大利亚(National PPP Guidelines)对 PPP 的定义:PPP 是指政府和私营部门为生产资产和/或提供服务而建立的更广泛的合同关系。这项政策仅涵盖购买力平价。其他类型的采购也包括在其他政府指导方针中。与侧重于设计和建造的其他基础设施交付方法相比,PPP 通常比较复杂,因为其合同期很长,涉及长期义务以及私营部门和政府之间的风险分担和回报分配。

(十一)印度

印度财政部经济事务司对 PPP 的定义:PPP 是指公共部门实体(担保机构)与私营部门实体(持有私营伙伴51%及以上股权的法律实体)之间的合作关系。该合作关系根据商业条款,在特定时间内(特许期间内),建造和/或管理基于公共目的的基础设施。私营部门通过透明、公开的采购制度产生。

(十二)南非

南非财政部对 PPP 的定义:PPP 是指政府和私营部门之间的合同,私营部门在项目的设计、融资、建设和运营方面承担大量的资金、技术和作业风险。

第二节　境外基础设施投资 PPP 项目的特征

境外基础设施投资 PPP 项目,通过政府与社会资本方的各种合作模式,使政府在合作期间由从原本的公共产品和/或服务的主要提供者的角色,转变为协作者的角色,同时,也为社会资本方通过投资参与公共部门项目获得收益提供了机会。

在这一过程中,政府与社会资本方和SPV之间会签署投资协议、特许经营权协议等,共同设立负责实施项目的项目公司(Special Purpose Vehicle,SPV),金融机构为SPV提供外部融资,SPV分别与供应商、承包商、运营商等签署相应的项目相关合同。

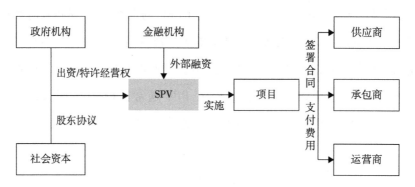

图 2-1-1 PPP 项目的具体模式特征

一、境外基础设施投资 PPP 项目的运作方式

按照运作方式划分,境外基础设施投资 PPP 项目大致包括三种:

服务外包类。即政府把需要运营或管理的公共设施(存量公共设施)委托给项目公司,由项目公司负责向公众提供服务,根据委托的内容,政府与项目公司之间会签订委托运营及维护(Operations & Maintenance,O&M)合同或委托管理(Management)合同。

永久私有化类。是指项目公司永久拥有 PPP 项目资产的所有权,并且负责建设和运营。

特许经营类。介于前面两个类型之间,是指政府将公共资产的特许经营权(包括建设权)或者存量资产的所有权授予项目公司,并由项目公司在合同约定时间届满后将所有权和使用权交回政府或特定的机构。

根据项目公司是否参与建设以及是否拥有所有权,特许经营权类又可以分为 BLT(Build-Lease-Transfer)、BTO(Build-Transfer-Operate)、BOT/BOOT

（Build-Operate-Transfer ／ Build-Own-Operate-Transfer）、TOT（Transfer-Operate-Transfer）、ROT（Rehabilitate-Operate-Transfer）。如图 2-1-2 所示：

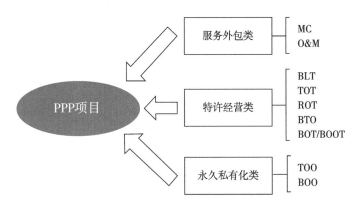

图 2-1-2　PPP 项目的运作方式

二、境外基础设施投资 PPP 项目的资金来源

社会资本通常会以项目公司的形式参与境外基础设施投资 PPP 项目,项目公司的资金主要有两个来源:一是公司本身的资本金,主要包括项目注册资本金、项目资本金等;二是债务性资金,主要包括银行贷款、股东借款等。项目公司股东为了降低投资风险,通常更愿意以股东借款形式而非项目资本金形式投入项目公司,并且此种操作往往也能产生“小投资挑动大资金”的收益放大效果,但东道国/地区法律、融资机构往往会对社会资本的资本金比例有一定要求。此外,在债务类资金项下也可以考虑通过发放债券、资本证券化的方式来募集资金。

三、境外基础设施投资 PPP 项目的主要阶段

境外基础设施投资 PPP 项目的周期包括识别、准备、采购、执行和移交 5 个阶段。具体介绍见图 2-1-3。

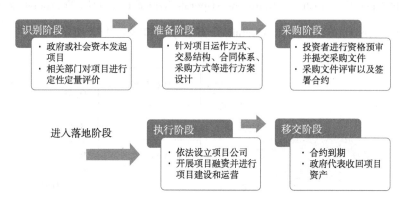

图 2-1-3　PPP 项目的阶段介绍

第三节　境外基础设施投资 PPP
项目的适用范围

由于 PPP 模式能够发挥社会投资人在提供公共产品和服务上的价值和作用,充分调动社会资源、拓宽融资渠道、实现资源的合理配置等,PPP 模式在许多发达国家有着广泛的适用领域。

例如,在法国,75%人口的供水系统通过 PPP 模式完成的,并形成了 Lyonnaise des Eaux(里昂水务公司)和 Veolia Environment(威望迪公司)两家世界级水务"巨头"。在美国,在环境卫生、供水、废水处理、公共急救、医院、公园和其他公共场所管理、公路管理等公共服务领域普遍采用了政府购买服务或者特许经营的运作模式,一些地方政府甚至将消防、监狱等市政机构也委托给社会资本方运营管理。在英国,学校、医院、市政建设、司法公共安全、交通、垃圾和污水处理的公共服务领域普遍采用了 PFI(Private Finance Initiative)的运作模式,甚至在诸如空中加油机的采购、海岸防务、空中交通管制等国防领域中的事项也允许社会资本方参与。

PPP 模式在境外投资基础项目中的适用范围非常广泛,涵盖了大部分的公共基础设施项目,相关政府部门对于 PPP 模式适用范围的限制,通常是以"负面清单"的方式进行的,未列明在清单范围内的公共基础设施项目均可实施。笔者从不同的角度梳理和归纳了如下几种境外基础设施 PPP 项目的适用范围:

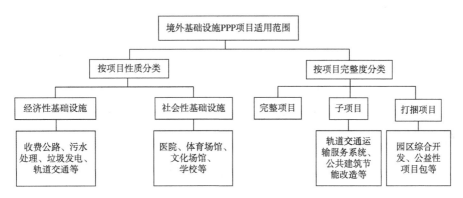

图 2-1-4　境外基础设施 PPP 项目的适用范围

第四节　境外基础设施投资 PPP 项目的主要参与主体

境外基础设施投资 PPP 项目的参与方通常包括东道国/地区政府方、社会资本方、项目公司、融资方、总承包方、分包方、供应方、运营方、保险公司以及其他参与方等。

一、东道国/地区政府

根据东道国/地区法律法规、项目运作模式、社会资本方参与程度的不同,东道国/地区政府在项目中所承担的具体职责也存在差异。但总的来讲,在基础设施投资项目中,东道国/地区政府存在两种身份:

作为公共事务的管理者,政府是基础设施投资项目的监管主体。政府负有向社会公众提供优质且价格公允的公共产品和/或服务的义务,同时承担着项目立项、规划、采购、监管等行政管理职能,完成项目招标前的合法合规手续,完成项目整个周期的监督管理,有些国家规定某些 PPP 项目可能还需要当地法院批准后方可招标。政府方在行使行政监管职能时与社会资本方/项目公司之间系行政法律关系。

作为公共产品和/或服务的购买者(或者购买者的代理人),政府是投资协议、特许经营合同的一方民事主体。在项目实施过程中,通常政府与社会资本方之间签署项目投资协议,与项目公司之间签署特许经营协议,基于上述协议,政府与社会资本方、项目公司之间形成平等民事主体关系。在项目实施期间,政府方往往需承担政策、法律变化以及部分不可抗力带来的风险;在项目特许期届满时,政府还具有无偿收回该项目的权利。

二、社会资本方

社会资本方是指与东道国/地区政府方签署境外基础设施投资项目合同的社会投资人。根据东道国/地区的外商投资相关法律法规的不同,社会资本方一般包括东道国的私营企业、国有企业以及外国企业等。

社会资本方是境外基础设施投资项目的实际投资人,往往对境外基础设施投资项目的建设、运营起主导作用。通常社会资本方与政府一方会就项目风险约定相应的分担规则,社会资本方承担的风险范围侧重于项目的商业风险,而政策、法律变化以及部分不可抗力带来的风险往往由政府方承担。一般情况下,中标社会资本方可以直接作为建设—运营主体实施境外 PPP 项目,但更多时候社会资本方不会直接作为境外投资基础设施项目的实施主体,而是针对该项目在东道国/地区成立特殊目的公司(项目公司),由该公司负责项目的具体运作与实施。

三、项目公司

项目公司是项目的执行主体,依据东道国/地区法律法规设立的自主经营、自负盈亏的独立法人实体。项目公司既可完全由社会投资人设立,也可以由社会投资人与政府方共同设立。值得注意的是,东道国/地区的法律法规可能对政府方在项目公司的持股比例、管理权限有具体规定,社会投资人在跟踪项目阶段应对此予以了解。

项目公司处于项目运作的中心位置,负责项目的融资、工程发包、工程验收、项目运营以及偿还融资本息等。同时,项目公司是签订相关合同文件的中心,包括特许经营合同、施工总承包合同、采购合同、融资合同、运维合同(若有)、保险合同等均围绕项目公司签署并实施。

四、融资机构

境外基础设施投资项目通常规模较大,所需建设资金数额较多,一般先由社会投资人、政府方缴纳一定比例的资本金,项目公司获取资本金后,再通过资本金以及收费权担保等方式撬动银行等金融机构发放债务性资金,完成全部项目建设资金筹备工作。资本金比例一般为项目总投资的 20%—30%,剩余 70%—80% 的项目资本金往往需要项目公司通过贷款筹集,但需注意资本金的比例需满足所在国家/地区的最低标准,还需考虑满足银行或财团对项目资本金的最低比例要求。

常见的融资机构有银行、国际多边金融机构(如世界银行、非洲开发银行、欧洲国际复兴银行、美洲开发银行、亚洲开发银行等)、出口信贷机构以及信托公司等非银行金融机构。通常根据 PPP 项目规模不同,可能需要一家银行或多家银行组成的银团共同提供贷款,以满足项目建设需求。融资方式除贷款外,也包含发行债券、资产证券化等。值得注意的是,若银行或财团对项目资本金的比例要求越高,则可能反映出对项目运营收入的担忧,这也可作为社会投资人判断项目是否可行的重要参考因素之一。

五、总承包商和分包商

项目公司作为项目建设单位,会选择具备施工资质、业绩要求的承包单位作为基础设施投资项目施工方,因此,总承包单位也是境外基础设施投资项目的众多参与主体之一,尤其一些大型建筑企业集团,参与境外基础设施投资项目的目的往往是获得相应的施工任务,其在作为社会投资人参与项目实施过程中,除了关注项目投资层面的商务测算、财务指标外,还比较关注能否依法合规地获取相应的施工任务,以及获取什么样边界条件的施工任务,从而做好施工层面的商务、财务指标测算。

总承包商获取施工任务后,为了高效推进项目建设,往往还会考虑将相关工程分包出去,分包商在总承包商的统一管理和协调下开展相关工作。需注意总承包商分包行为并不能减少总承包商的责任。此外,分包行为还必须在东道国/地区法律规则以及业主合同要求下实施。

六、专业运营商

境外基础设施投资项目建设完成后进入运营期,根据不同类型、不同特点的项目运营内容、所需资质等方面要求,项目公司可选择自行负责项目运营事宜,也可将部分运维事务委托第三方专业运营商实施。通常而言,对于一些项目公司不承担需求风险或仅承担有限需求风险的项目,项目公司倾向于将较多的运维事务委托给具有相应资质的第三方运营商负责,而对于存在较大需求风险的项目,项目公司倾向于自行负责具体运维工作或将除核心运维事务以外的部分委托给第三方运营商负责。无论是否委托第三方运营商负责相关运维事务,项目公司就运维事务向政府方承担相关责任。

此外,在涉及运营环节的境外基础设施投资项目中,社会投资人主导的项目公司的运营能力在很大程度上决定了项目最终投资效益水平,而实践中往往很多社会投资人不具备专业运营能力。因此,有时会在招投标环节选择与专业运营商组建联合体共同参与项目投标,有时也会将项目部分或全部的运维事务通过招标等方式交由专业运营商负责。

七、其他参与方

除上述参与方之外,开展境外基础设施投资项目还可能涉及供应商、监理工程师、保险公司,以及必须要借助的投资、法律、技术、财务、保险代理等方面的第三方专业技术力量。

第五节　境外基础设施投资 PPP 项目的主要模式介绍

一、BOT 模式

BOT(Build-Operate-Transfer,建设—运营—移交) 模式,是指项目公司需要负责某基础设施项目的建设,在一定期间内拥有该项目的特许经营权,在该期间届满后将该项目移交政府。一般来讲,首先是由有意向的项目发起人参与投标,获得政府对某项目的特许经营权,然后该发起人组建项目公司,开始着手融资、建设、运营事宜。项目公司可以将一定期限的基础设施特许经营权进行质押以获得项目建设资金,在项目建成投入使用后通过项目收益、政府优惠等收回建设资金并获得合理利润。当然,由于经营权有期限限制,不能完全保证项目公司在该期限内能获得收益。因此,项目公司一般会要求政府保证其最低收益率,若在特许期内项目收益未达到最低收益标准,则政府应给予特别补偿。

BOT 模式显然是私人部门和公共部门合作共赢的典范,在充分发挥市场主导作用的同时,又可通过政府合理干预监督公共项目高质量完成、保障项目收费不违背其社会福利的属性。一个典型的 BOT 项目的参与方主要包括政

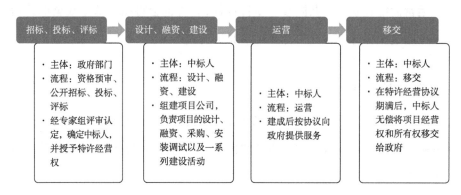

图 2-1-5　BOT 项目流程图

府、社会投资人、项目公司、银行或财团以及项目 EPC 承包方和运营公司。其中,政府在 BOT 项目中是总体控制方的角色,从立项、运行模式(是否采用 BOT 模式)、谈判、实施过程中都处于相对优势的控制地位;社会投资人通过参与政府或政府委托机构的公开招标、邀请招标、竞争性谈判、竞争性磋商获得特许经营权,在整体项目中以其投入资金为限承担有限责任。社会投资人与政府是一体的,原则上来讲政府应当与其共担风险和责任,但如前所述,由于政府处于优势地位,社会投资人往往需要承担更大的风险,这种情况在发展中国家尤为普遍;社会投资人在确定获得特许经营权后即组建项目公司,项目公司是项目的具体执行方,因而是项目的核心,需要负责从项目融资、建设、验收、运营到最终收益后还款等所有相关事务;银行或财团是为项目公司提供贷款的贷款方,虽然银行或财团通常是项目的最大资金来源,但多数情况下无法提供项目公司所需的全部资金,因此项目公司往往还需要通过其他途径进行融资;EPC 承包方受项目公司的委托,负责项目的设计、采购、施工,运营公司则受项目公司委托负责项目的具体运营。

　　BOT 模式下项目的运作流程主要包括立项、采购、谈判、履约四个阶段,由于特许经营期较长,一个 BOT 项目从立项到特许经营期届满可能会历时几十年。在上述四个阶段中,立项和采购阶段看似是由政府或政府委托的招标人负责,与企业关联不大,但其实企业可以根据政府公开的新建和改建项目清单为企业制订未来的发展计划,对于政府发布的采购公告更应当密切关注,避免采购期结束而错失机会。在采购阶段,标书的制作耗时长久,标书也是决定企业能否成为项目公司的关键,企业应当按照采购人的要求填写,并在充分研究评估的基础上确定报价方案,当对特定事项有疑问时,应当积极向采购人询问沟通。在谈判阶段,根据不同国家的采购流程的不同,这一阶段可能涉及的企业不止一家,谈判内容也直接关系着社会投资人的收益。谈判包括技术和商务两块,谈判的核心是《特许经营合同》,因为它对政府和项目公司的权利义务、风险收益都作了详细约定;在签订《特许经营合同》后即进入履约阶段,这一阶段主要依靠项目公司推进,项目公司需要承担项目建设、运营、维护等大量工作,项目公司的投入资金的回收和合理利润的实现也取决于此阶段。在大量实际案例中,履约阶段的项目建设期出现不可预见的干扰因素的概率最大,因此项目建设期或是项目风险最大的阶段。

二、TOT 模式

TOT(Transfer-Operate-Transfer,转让—经营—转让)模式,这种模式与 BOT 和 BT 模式完全不同,它不需要项目公司负责项目建设,本质上是项目公司直接向政府购买某个已经建设完成、投入使用的公共产品或服务在一定期限内的全部或部分产权或经营权。而政府之所以愿意出售一般基于两个原因,一是政府需要获得资金来新建其他项目,二是政府希望通过企业对该项目运营的再开发和改善,提高该项目的运营效率,在特许期结束政府收回该项目时,运营负担得以减轻。

三、TBT 模式

TBT(Transfer-Build-Transfer,转让—建设—转让)模式,是一种以 BOT 模式为主、以 TOT 模式为辅,糅合而成的创新模式,其底层逻辑是政府负有义务

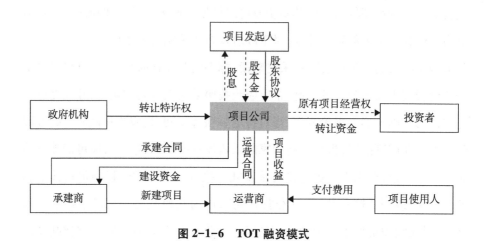

图 2-1-6　TOT 融资模式

出让某一项目在特定期间的特许经营权,而受让的项目公司负有义务完成政府制定的新项目的建设,从而实现政府在不需要融资的情况下建成新项目的目的。

　　具体来讲,首先参照 TOT 模式,政府将已经建成、投入使用的公共产品或服务(存量项目)在一定期间内的特许经营权转让给社会投资人。该转让本质上是代替了政府对新建项目的直接出资,因而在很多情况下这种转让是无偿的。紧接着参照 BOT 模式,由社会投资人组建项目公司,建设政府指定的新建项目,并且在新建项目建成后拥有一定期间的特许经营权。对于项目公司在经营新建项目期间的收益,政府可以要求一定比例的分成。最后,依据第一步的 TOT 协议和第二步的 BOT 协议中各自约定的特许期,在特许期结束后,项目公司相继把存量项目和新建项目的经营权等所有权益返还给政府。

第六节　境外基础设施投资 PPP 项目的合同关系

　　正如前文所述,境外 PPP 模式基础设施项目实施的常见模式有多种,包

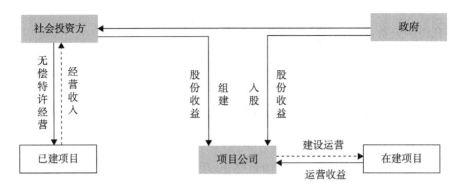

图 2-1-7 TBT 模式结构图

括 BOT、TOT、TBT 等,不论是在国际市场还是国内市场上,最为典型的仍然是以 BOT 模式进行投资建设基础设施 PPP 项目。

以 BOT 模式为例,所涉及的主要法律关系包括特许经营关系、保险法律关系、投资法律关系、承包及运营法律关系等,其简要交易关系及法律关系如图 2-1-8 所示:

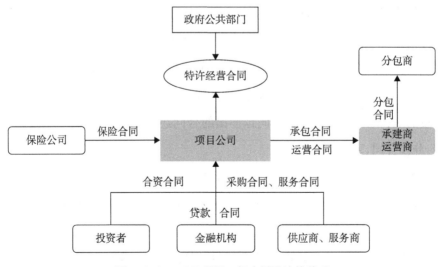

图 2-1-8 BOT 项目一般交易及法律关系

可以看出境外基础设施投资 PPP 项目参与方诸多,基础法律关系复杂,涉及一系列的合同,这些合同形成 PPP 项目的基本合同体系,不同合同之间存在衔接关系,甚至是相互交叉包含关系。

投资协议。投资协议系政府方与社会资本方签署,内容主要涵盖双方权利义务、项目投资规划、资金筹措、项目公司组建等重要事项。

PPP 项目合同。PPP 项目合同由政府方与项目公司签署,系 PPP 系列合同的核心内容,项目公司是建设—运营—移交的主体单位,PPP 项目合同对项目建设、项目运营、项目考核、项目终止、项目移交、双方风险分担等作出具体规定。也有的政府会将投资协议与 PPP 项目合同合并,社会投资人中标后即与政府方签署,待项目公司成立后,由项目公司承继合同的权利与义务。

股东协议与公司章程。股东协议与公司章程由项目公司股东签署,股东通常包含政府与社会投资人,主要对项目公司出资节点及比例、经营范围、公司治理结构、公司分红规则等作出约定。

融资合同。融资合同由项目公司与银行等融资机构签署,除资本金外,其余资金需由项目公司以融资方式筹集,为确保融资合同顺利签署,可能还会衍生出特许经营权质押合同、股东担保合同等从协议。

施工总承包合同。对建筑企业而言,在参与制定 PPP 项目目标战略时,往往是将获取短期施工利润作为主要目的之一。因此施工合同至关重要,总承包合同系由项目公司与总承包方签署(通常系社会投资人),作为工程项目建设的执行依据。由总承包合同延伸出的合同还可能涉及勘察合同、设计合同、分包合同、采购合同等。

委托运营合同。项目公司可以自行进行运营,当然也可以交由专业第三方运营公司进行运营,并由项目公司与第三方运营商签署委托运营合同。

保险合同。境外基础设施投资 PPP 项目一般规模大、投资金额大、运作周期长,影响因素多。我国企业在参与境外 PPP 项目时,对于分配给社会投资人承担的较高风险事项,要考虑通过保险的方式将风险予以转嫁,避免巨大的投入损失。

其他合同。除上述合同外,还可能涉及咨询合同、股权转让协议等。

第二章 境外基础设施投资 PPP 项目跟踪阶段

▨ 内容提要

本章主要围绕"境外基础设施投资 PPP 项目跟踪阶段"展开,为是否参与境外基础设施投资项目的投标采购做决策参考,主要关注问题如下:

➤ 境外基础设施投资 PPP 项目的法律尽职调查

➤ 境外基础设施投资 PPP 项目的主管部门

➤ 境外基础设施投资 PPP 项目的主要采购方式

➤ 境外基础设施投资 PPP 项目的合规性评价

➤ 境外基础设施投资 PPP 项目的征地拆迁工作

➤ 境外基础设施投资 PPP 项目的投融资工作

➤ 境外基础设施投资 PPP 项目的汇率风险

➤ 境外基础设施投资 PPP 项目的税收安排

➤ 境外基础设施投资 PPP 项目的公司治理结构

➤ 境外基础设施投资 PPP 项目的回报机制

➤ 境外基础设施投资 PPP 项目的绩效考核体系

➤ 境外基础设施投资 PPP 项目的调整机制

> 依法合规获取施工任务筹划

> 境外基础设施投资 PPP 项目的退出机制

> 境外基础设施投资 PPP 项目的风险分担机制

> 其他重要边界条件

> 境外基础设施投资 PPP 项目的争议解决机制

通过本部分内容的学习,将迅速地了解在境外基础设施投资 PPP 项目跟踪阶段投资者所需开展和部署的工作,包括基础设施投资项目法律政策尽职调查以及其他重要关注内容,将帮助投资人进一步了解所跟踪项目的合法合规性以及项目本身所列重要边界条件,为投资人做好商务财务指标测算以及风险评估工作,制作企业内部可行性论证报告,帮助企业科学决策是否参与项目投标采购提供依据。

境外基础设施投资 PPP 项目因其规模大、投资金额大、周期长的特点,也自然伴随着投资风险大、风险因素多的难点。对投资者而言,在决定是否参与项目前,应当对项目的合法合规性作出评价,对项目实施涉及的风险因素做好评估,对项目的投融资方案做好筹划,对项目主要边界条件做好商务、财务指标测算。而做好这些工作的重要基础之一就是要完成项目前期尽职调查,在本书第一篇第二章共性尽职调查清单的基础上,本章节,笔者对境外基础设施投资 PPP 项目的个性问题尽职调查作补充介绍,目的是为投资者在项目跟踪阶段充分分析评估项目各项指标、风险因素等提供素材,为后期是否参与投标项目提供决策依据。

第一节　境外基础设施投资 PPP 项目的
法律尽职调查

中国出口信用保险公司发布的 2022 年《国家风险分析报告》认为,预计未来全球国家风险呈现五大趋势：一是大国竞争继续演进，多极化发展趋势难改；二是美欧经济复苏困难重重，发展中国家压力加大；三是全球债务问题依然突出，治理体系变革加快；四是产业链供应链安全担忧持续，布局调整或将加速；五是气候问题面临反复，国际合作仍存挑战。

因此，在境外基础设施投资过程中，最基础也最重要的工作之一就是做好基础设施投资项目法律尽职调查，充分了解拟投资国家的主权信用风险、政治风险、经济风险、商业风险、法律风险、财税风险以及拟投资项目基本情况等内容。

一、境外基础设施项目国别法律环境专项调查

在国别法律环境调研阶段，投资者可以借助公共平台资源检索收集资料，如通过商务部《对外投资合作国别（地区）指南》，可以检索掌握项目所在国/地区的基础法律规定，以安哥拉为例，指南内容包含国家概况、经济概况、经贸合作、投资环境、法规政策、在安哥拉开展投资合作的手续、中资企业在安哥拉开展经贸合作应注意的问题、中资企业在安哥拉如何建立和谐关系、中资企业/人员在安哥拉如何寻求帮助、在安哥拉应对新冠疫情等内容。其中更是讲述了所在国家/地区的投资准入制度、建设工程制度以及与之相关的劳工、环保等法律法规，其他国别指南内容也基本涵盖上述方面。我国企业在实施境外基础设施投资时要充分借助政府部门、民间机构的公共资源检索平台以及驻地人员在当地的资源，并参考本指引的归纳要点，对所涉项目进行尽职调查。特别专业的事项或风险较高的事项往往还需要聘请外部专业机构协助实施具体尽调工作。我们结合以往的项目经验，在本书第一部分共性问题的基础上，补充梳理如下境外法律尽职调查中应当关注的要点，谨供参考。

表 2-2-1　PPP 项目法律尽职调查表

（一）外商投资行业准入法律制度	1. 东道国/地区外商投资行业准入等法律制度
	2. 东道国/地区外商投资主管部门及职责
	3. 东道国/地区外国投资者的资格要求、投资方式和投资额认定的规定
	4. 东道国/地区外商投资企业当地股东最低持股比例要求的规定
	5. 东道国/地区外商投资企业的最低注册资本要求的规定
	6. 东道国/地区外商投资企业设立的审批要求及流程,包括外国投资证书(如有)的申请文件、审批机关、审批程序、有效期、转让性等规定
	7. 东道国/地区外商投资企业的优惠待遇(是否实行国民待遇、东道国/地区对外商投资的优惠政策、中国企业的特殊待遇等)
	8. 东道国/地区外商投资企业征收及国有化的风险概述
（二）PPP 项目相关规定	1. 东道国/地区 PPP 法律体系尽职调查,如 PPP 适用的法律、政府部门参与 PPP 项目的规定、可采用的 PPP 模式、政府方资金的安排
	2. 东道国/地区 PPP 项目立项、审批、听证的规定,包括审批的主体、审批的流程及相应时间、审批出具的文件等
	3. 东道国/地区 PPP 项目政府方主管机构、实施主体的规定
	4. 东道国/地区 PPP 项目社会资本采购的流程规定,包括采购实施的主体、采购的审批要求、采购的过程环节等
	5. 东道国/地区 PPP 项目的主要边界条款
	6. 东道国/地区 PPP 项目中设计、施工承包商选定程序的相关规定
	7. 东道国/地区 PPP 项目的补贴及激励规定,包括补贴及激励的类型、申请的条件、审批机构、审批程序以及审批出具的文件等
	8. 东道国/地区当地州及联邦政府/中央政府,以及 PPP 项目政府方提前解除或终止 PPP 项目法定情形及其对应救济措施
	9. 东道国/地区 PPP 项目社会资本退出机制的规定
（三）融资和担保相关法律制度	1. 东道国/地区 PPP 项目可采用的融资方式的规定,包括融资的主体、融资的方式、融资的条件等
	2. 东道国/地区公司向境外金融机构以及境外公司融资借款(包括股东借款)的限制、申请和审批程序
	3. 东道国/地区可采用的担保方式的规定,包括担保的类型、担保的生效条件、担保的登记机关、担保的解除等

续表

（四）工程建设法律制度	1. 东道国/地区工程建设行业的准入规定,包括外资准入的条件、工程设计施工的资质以及相应的项目规模、相应资质的申请及审批程序等
	2. 东道国/地区工程建设过程中的许可、审批及相应的程序,包括开工许可、工程设备及材料进出口许可及相应关税担保制度、竣工验收等
	3. 东道国/地区【项目类型】投资、建设（EPC 或设计与施工）、运营相关立法介绍
	4. 东道国/地区【项目类型】监管制度介绍（包括外商在东道国/地区【项目类型】是否存在准入限制及其限制条件内容,可能涉及哪些审批、许可和资质、行业标准、主要监管部门以及监管依据等）
	5. 东道国/地区【项目类型】修建、运营制度介绍,列举东道国/地区主要【项目类型】建设企业和运营企业
	6. 东道国/地区基础设施建设发展规划及政策导向、行业规定
	7. 投资人具备资质可以直接获得项目施工还是须项目公司另行招标确定
（五）土地法律制度	1. 东道国/地区整体的土地制度介绍（国有制度或私有制度、土地规划、土地用途）
	2. 东道国/地区土地取得的规定,包括取得土地的权利类型、取得的程序及期限、各类权利的期限、土地取得的审批主管部门等
	3. 东道国/地区土地各项权利的登记规定,包括登记的主管机关、登记的效力、登记的取消等
	4. 东道国/地区土地征收制度、征收程序和补偿标准
	5. 外国投资者及当地外商投资企业获得土地所有权或使用权的相关法律规定、政策
（六）税收法律制度	1. 东道国/地区主要税种介绍（税率、适用对象等）
	2. 税收的管辖、征收和稽核机构、税收征收程序
	3. 东道国/地区与中国是否签署过适用于本项目的其他避免双重征税协定和税收优惠协定,以及前述协定的具体实施情况
	4. 外商投资企业以及外国投资者是否存在特定的税收优惠政策、财政补贴政策,包括哪些优惠以及审批程序如何

续表

（七）劳动法律制度	1. 东道国/地区工会地位和作用
	2. 劳动合同的种类,各类劳动合同的适用范围
	3. 是否存在劳动集体合同以及其核心内容
	4. 工作条件/职工劳动保护法律要求和最低法定薪酬、最低法定福利待遇要求
	5. 劳动者劳动时间、休假及法定节假日如何规定
	6. 劳动合同解除/雇佣终止（包括大规模裁员）及赔偿的规定
	7. 工程项目实施中对于东道国/地区当地劳工雇佣的人数规定
	8. 工作签证办理以及取得外国劳工许可有何条件
	9. 外籍劳工(包括施工人员、技术人员、高级管理人员)的工作许可审批机构、时限、数量限制
	10. 外籍劳工在公司中的人数比例是否有限制
（八）环境法律制度	1. 东道国/地区环境保护方面的主要法律法规
	2. 东道国/地区项目立项、建设、运营过程中所涉的环境保护方面的许可和审批,以及相应许可和审批的主管机关和取得及审批程序、周期和相应费用
（九）外汇法律制度	1. 东道国/地区是否为外汇管制国家以及外汇管制总体情况
	2. 外汇汇入的限制、申请条件和审批机关、程序
	3. 资金汇出的限制、申请条件和审批机关、程序(包括投资者利润的汇出及外国劳动者报酬的汇出)
	4. 东道国/地区当地美元的汇兑条件及限制
（十）保险	1. 东道国/地区对 PPP 项目的设计、施工及运营的保险的强制性规定,包括保险的险种、投保人、被保险人及受益人的要求、保险机构的要求、投保的期限等
	2. 除强制性规定以外,从有利于项目本身的角度,对于 PPP 项目的保险东道国/地区是否有其他特殊的规定或者优惠政策

（十一）一般合同法律制度	1. 合同的生效要件及有效合同的法律认定条件
	2. 法律规定的合同无效的情形
	3. 法律对建设工程类合同是否有特殊规定
	4. 法律对合同登记和公证的强制性要求
	5. 法律对合同语言的强制性要求
（十二）一般公司法律制度	1. 公司设立及登记法律规定
	2. 公司章程法律规定
	3. 公司内部治理结构（股东会、董事会、监事会、高级管理人员）法律规定
	4. 公司股权转让法律规定
	5. 公司股东退出、公司解散清算的法律规定
（十三）法律管辖及争议解决	1. 东道国/地区法律体系的构成概述
	2. 东道国/地区法律颁布程序、公布地点以及法律解释的有权机关
	3. 东道国/地区司法审判制度设置及司法审判流程
	4. 东道国/地区争议解决的主要途径和法律适用
	5. 如何申请承认并执行外国判决、仲裁裁决的程序
	6. 东道国/地区法院判决或仲裁的强制执行管辖原则和程序
	7. 东道国/地区政府放弃主权豁免的条件
（十四）合作伙伴（如有）的主体资格	1. 公司主体资格证明文件
	2. 公司现行有效之章程及章程修正案
	3. 公司全部分支机构的名单及主体资格证明文件
	4. 董监高情况及公司组织机构图及各部门职能介绍
（十五）合作伙伴（如有）的设立及历史沿革	1. 公司成立及历次变更时的政府主管部门或类似机构出具的批文、批准证书、批复或备案文件
	2. 公司成立以及历次注册资本变动所需的资产评估报告，包括评估结果的核准、备案文件

（十六）合作伙伴（如有）股东的基本情况	1. 公司自然人股东、实际控股人的背景情况介绍
	2. 公司股东的主体资格文件
	3. 股东除本公司外，其他的对外投资或担任高管的情况
	4. 股权权利限制情况
	5. 公司股东之间或股东与其他方签署的涉及股东权利行使事项的文件
	6. 公司股东所持公司股权是否存在委托持股或代持股，是否存在关联关系、一致行动等相关情况
	7. 公司及股东对外签署的潜在投资协议情况
（十七）合作伙伴（如有）组织机构及规范运作	1. 公司组织机构图及各部门职能介绍
	2. 董监高情况
（十八）合作伙伴（如有）对外股权投资	1. 公司所有的对外投资企业的股权结构图和清单
	2. 公司签署或拟签署的任何合资、合作等其他对外投资的文件
（十九）合作伙伴（如有）业务情况	1. 公司就其开展业务所取得的资质、批准、通知、许可、备案、证书等有关法律文件
	2. 公司与供应商、客户、投资人等第三方订立的长期协议及独家排他协议
	3. 公司签订的所有包含不竞争/限制竞争条款、控制权变更条款的协议，以及其他以公司为合同一方的可能限制其未来经营活动的协议
	4. 技术合作协议
（二十）关联方及关联交易	1. 公司的关联方清单及关联关系说明
	2. 公司与主要关联方之间关联交易
	3. 如公司为关联方提供任何形式的贷款，请说明并提供相关文件
	4. 如公司为关联方提供任何形式的担保，请说明（担保的形式，担保的主债权内容等），并提供相关担保文件
	5. 与公司存在同业竞争的关联企业名称、竞争领域（包括客户对象及市场差别）及产品、该等竞争的性质以及该等竞争对公司的客观影响

续表

（二十一）合作伙伴（如有）主要财产	1. 公司土地、房屋所有权清单及该等土地、房屋所有权的权利证书
	2. 公司有关租赁的土地、建筑物的相关文件
	3. 如公司存在自建但未建设完成或暂未取得权属证书的在建工程，并说明在建工程的情况并请提供相关文件
	4. 公司目前拥有的固定资产的清单、知识产权清单及相应权属证明文件
	5. 财产权利限制情况
（二十二）合作伙伴（如有）的重大债权债务	1. 公司/股东所有正在履行中的金融机构借款合同及借款偿还情况说明
	2. 公司/股东向其他公司企业的借贷合同，借款偿还情况、余额说明
	3. 公司/股东为其他公司提供担保的情况及对外担保合同
（二十三）劳动人事	1. 公司所有职工清单
	2. 是否存在任何劳动争议或被行政机关处罚的情况
（二十四）合作伙伴（如有）的环境保护、产品质量及技术等标准	1. 公司所处行业适用的环境保护行业标准或制度清单及文件，以及相关的公司制度
	2. 公司所需取得的环境保护资质、许可、备案文件，以及公司取得情况，并提供相关资料
	3. 公司自设立之日起如存在违反有关环境保护等方面的规定而遭受处罚的情况
（二十五）诉讼、仲裁或行政处罚	1. 公司、股东目前如存在尚未了结的诉讼/仲裁案件，请说明其在案件中的地位、对方当事人、争议事由及管辖机构，请提供与案件有关的文件
	2. 公司、股东任何财产存在任何行政机关、司法机关的查封、冻结及其他强制执行的措施或程序，并提供以下文件：裁定书，查封、扣押、冻结通知书，协助执行通知书，执行通知书等
	3. 公司自设立以来是否存在行政处罚或刑事处罚

第二节　境外基础设施投资 PPP 项目的主管部门

实践中，各国一般均针对境外基础设施投资 PPP 项目设置主管部门，主管部门通常自身或是授权其他机构作为项目运作主体单位，通过招标等方式选择社会投资人具体实施项目，确定 PPP 项目的主管部门及其职能也是投资者跟踪项目的起点和首要了解的内容。就 PPP 项目而言，可能涉及的主管部门介绍如下：

一、PPP 委员会

该机构一般由东道国/地区政府机构组建,其成员一般包括财政部、交通部、水电部、环境保护部、公共企业部、国家规划委员会、东道国/地区国家银行等政府公共方。PPP 委员会负责项目的重大决策和管理,包括标前对项目实施模型及结构的审批,确定项目的风险分担机制,进行物有所值测试、项目协议的重大修订以及政府支持及优惠措施等。

二、PPP 总局

该机构一般系政府部门设立,具体开发 PPP 项目,其职能包含提供指导与技术协助、进行监管评估、对内报告 PPP 委员会、对外与公众联系沟通,是代表政府方深度参与 PPP 项目的部门。此外,PPP 总局还承担着选聘项目交易顾问、指导项目管理小组工作等职能,并负责制定立项、可研、物有所值判断、项目协议文本和政府支持以及优惠的文件或指引。

三、项目管理小组

该机构由具体的 PPP 项目授予方成立,其成员包含财务、技术和法律专业人士,承担着项目的可行性研究、监督项目实施以及与利益关联方进行联系的职能。项目管理小组应在 PPP 总局的领导下就具体项目的招标文件和项目协议进行起草拟定,并向 PPP 总局报告项目实际履行情况。

示例:巴西具有完整的 PPP 项目专项立法,在其境内实施 PPP 项目,会受到多个 PPP 管理机构监管,巴西出口与投资促进局(APEX)及其地方机构可以为有意投资巴西的外国企业提供信息服务。巴西地方政府为吸引投资建立投资促进机构,如阿克雷州发展局(ANAC)、阿拉戈斯州经济发展中心、阿马帕州发展局(ADAP)、亚马孙州促进局(AFEAM)、巴伊亚州贸易与投资促进局、联邦区政府发展与外贸局、圣埃斯皮里图州发展局(ADERES)、戈亚斯州促进局(GOIASFOMENTO)、伯南布哥州经济发展局(ADIPER)、南里奥格兰德州促进局(AGN)、米纳斯吉拉斯州工业发展局(INDI)、里约热内卢工业发展局、罗赖马州促进局(AFERR)、圣卡塔琳娜州促进局和巴拉那州促进局(AFPR)。如在米纳斯吉拉斯州,基础设施和流动性办公室(SEINFRA)是米纳斯吉拉斯州公共行政的一部分,它负责管理、执行、控制、评估和规范与基础设施相关的行动,即交通、公路、铁路、机场和水路部门及其相关特许权和公私伙伴关系,以及规划和监督州土木工程和建设的执行。SEINFRA 与米纳斯吉拉斯州建筑和道路办公室(DER/MG)相连。它们共享人力和财政资源,共同监督特许经营人提供的服务。运输监管委员会有责任在与米纳斯吉拉斯州基础设施相关的特许权协议中担任监管机构。这包括所有与交通基础设施相关的特许经营协议和 PPP 协议,但集体运输除外。米纳斯吉拉斯州国家建筑和道路办公室是一个国家专制机构,由米纳斯吉拉斯州政府管理,并与 SEINFRA 相连。它负责监督位于米纳斯吉拉斯州的道路,制定技术规则,授权使用邻近的道路,检查城市间的乘客运输,规划道路工程,并保持道路的运营和安全。

　　企业在跟踪 PPP 项目时,需首先确定 PPP 项目的主管部门,了解它们的职能及定位,关注该部门发布的所跟踪项目的立项、可研、环保、听证等项目进展程序以及相关信息的收集,并锁定项目的实施机构以及签约、履约主体,就项目存在的疑问及时与主管部门、实施机构进行沟通澄清。

第三节　境外基础设施投资 PPP 项目的主要采购方式

一、招标

　　招标(Public Bidding)是最基本、最常用的选择社会投资人的方式,主要适用于采购需求中核心边界条件和技术经济参数明确完整、符合国家法律法规及政府采购政策,且采购过程中不作更改的项目。

二、竞争性对话

适用于东道国/地区政府认为不宜采取公开招标的复杂项目。一是客观上无法明确达到其需求或目的的技术手段;二是客观上无法明确项目的法律界定和/或财务经济指标安排。东道国/地区政府会向潜在参与者明确其需求,各参与者再与东道国/地区政府就满足需求的实施方案进行磋商,确定最终合作方实施项目。

三、投资人项目建议

社会投资人可就某项目提交项目建议书,若东道国/地区政府认为该项目具备可行性,则政府有关部门在提交项目建议书的社会投资人的帮助下进行可行性研究,完成项目立项、可研等合规手续后开始竞标。提出项目建议书的投资者有权参与投标,需注意社会投资人虽参与竞标,但是否中标存在不确定性,考虑到前期项目建议书所产生的费用,社会投资人前期应与当地政府有关部门签订合作协议,明确未中标情况下的合理补偿方式,通常可由实际中标人给予合理补偿。

四、议标

国际 PPP 项目采购以招标及竞争性方式为主要采购方式,但也存在通过议标获取项目的例外情况,如在独立电厂等一些特殊行业,议标则是更为灵活的获取项目的方式。通常东道国/地区政府会通过发出意向书邀约,社会投资人在规定的时间内履行完内部决策程序后,同意并与政府方接触、谈判、签署合同协议,实现项目的获取及合作。

五、瑞士挑战模式

1. 瑞士挑战模式的概念

瑞士挑战模式(Swiss Challenge Model,SCM),是一种私人投资者主动进行提案的项目开发模式,在这种模式下,私人投资者将项目建议书提供给政府。一旦项目获得通过,政府将会征集其他候选人的议案来与最初的发起人的议案进行比较,从中选择最优的方案。

在大多数的公共采购项目中,政府往往会被要求对项目进行初步设计来决定项目的实施模式。但在一些情况下,政府没有所需的经验,会采用"瑞士挑战模式"。瑞士挑战模式为政府的公共采购提供了一种新的方式以允许私人开发商来主动提供项目建议书(Unsolicited Projects Proposals)给政府。瑞士挑战模式可以促进私人开发商以创新性的方法和技术识别新的开发项目。

尽管没有官方的依据,但是有观点认为该模式之所以被称为"瑞士挑战模式"是因为"中立主义"是瑞士在二战中所采取的国家政策,而瑞士挑战模式要依靠在各个项目候选人之中的中立无偏见的选择。因此,在很多情况下,在采用瑞士挑战方式实施的项目中,最初的提案提交人未必会是最后实施的中标人。

2. 瑞士挑战模式的运作方式

通常而言,瑞士挑战模式的运作方式如下所示:

(1)开发人会首先就意向开发或运营的项目提交给政府一个项目建议书(Unsolicited Projects Proposal)。

(2)政府方接收该项目建议书,然后将提交该项目建议书的开发人确定为"项目候选人"。根据项目建议书的内容以及根据提议的项目需求修改的建议,政府方会邀请第三方投标人投标,来寻找项目候选人之外的更好的项目实施人。

(3)政府方会比较挑战方候选人的方案与报价,并与最初提案递交人的方案进行比较,确认是否有挑战方提供了更好的方案(判断的标准基于对创新性、资源利用有效性、财政可行性、各构成部分的品质、时间长度、科技性等各方面的考量)。

(4)确定最终的项目实施人。在大多数情况下,项目的最初提案人会拥有优先权(Right to First Refusal),即如果项目最初提案人愿意按照后来挑战方的方案来修改自身方案的话,项目还是会首先给最初提案人,否则,该项目会授予最优方案的挑战方。如果项目被授予给挑战方,政府项目在授予之后还需要向最初的提案人补偿其支出的费用。

3. 使用瑞士挑战模式的国家/地区

瑞士挑战模式是一种政府采购的可行方式,并且在包括印度、韩国、菲律宾、智利、阿根廷、印度尼西亚、南非、斯里兰卡和巴基斯坦等地的各个政府层级广泛应用。

4. 瑞士挑战模式的优势

(1)创新性的方案,瑞士挑战模式的一个突出优点在于可以让政府发现未知的基础设施需求并以创新的方式来满足社会需要。

(2)调动私人方的积极性,提升政府的技术实力,瑞士挑战模式加强了私人方的参与程度,并且可以有效地利用私人参与方的项目经验和技术经验来为政府项目提供协作。

5. 瑞士挑战模式的不足

尽管瑞士挑战模式允许政府采用创新性的方式来推动项目,但是该模式也遭到了一些批评。其中,最突出的是瑞士挑战模式可能存在不公平或不透明的投标程序。另外,由于最初的方案提交人准备提案的时间较为充裕且没有时间限制,而后来参与挑战的人的提案时间就受到了较大的限制,这就导致了后来挑战方的参与人与最初参与人相比处于劣势地位。

同时,在最初候选人并不是最终中标人时,如何确定补偿最初候选人的标准和金额也是需要讨论的问题。

6. 结论

瑞士挑战模式对于传统的项目采购模式来说是一个很好的替代选项,但是目前尚未成为主流。目前而言,瑞士挑战模式有越来越广泛得以应用的趋势,很多政府在特别设立的瑞士挑战模式指引下开始探索这种招标和项目运作模式。

而从项目发起人的角度,开发人如果可以善于利用东道国/地区的瑞士挑战制度,借助中国企业的项目经验和技术创新水平,充分准备相关提案,就可以在国际竞争中占据优势地位,抓住项目机会抢占先机。

六、其他方式

除上述方式外,根据东道国/地区的法律法规,通常还存在其他获取项目的路径方式。但通常"以公开招标为原则,其他方式为补充"仍系境外基础设施投资项目的主要获取原则,目的是更加公平和优质地选择社会投资人,顺利推进项目的实施。

第四节 境外基础设施投资 PPP 项目的合规性评价

一、项目招标前合规性评价

1. 是否属于政府采购项目

境外基础设施投资 PPP 项目往往是将应由东道国/地区政府方提供的公共服务交由社会投资人来实施,换言之,项目是否本应由政府方出资采购实施、是否适用政府采购的法律框架是社会投资人需要核实的因素。如果项目本就不属于政府出资的范畴,则企业应当高度重视,需综合评估将其作为 PPP 项目实施的合规性。

2. 是否属于东道国/地区 PPP 项目的实施范围

境外基础设施项目是否以 PPP 模式实施,往往在东道国/地区的法律法规中有规定。因此,我国企业需了解掌握东道国/地区 PPP 相关法律法规,知晓 PPP 项目的实施范围或不能以 PPP 模式实施项目的负面清单,尤其是对于有些捆绑项目或非 PPP 模式转为 PPP 模式实施的项目,企业要高度重视,避免非 PPP 项目包装为 PPP 项目实施而引起合规风险。

3. 东道国/地区 PPP 项目实施的合法合规审批手续

在参与国内基础设施 PPP 项目时,在前期跟踪至决定投标前,企业需要对项目的审批手续进行合规性调查,如在我国,在参加 PPP 项目前,需对项目是否完成立项、可研、物有所值评价、财政承受能力论证、项目实施方案以及是否纳入国家发展改革委、财政部 PPP 项目管理库等情况进行评价。进行合规性评价对于企业作出是否参与项目的商务决策起到非常重要的作用,若项目审批手续不完善、不合规,即使中标并开始实施,也可能面临着因不合规而随时被叫停的风险。因此,企业在境外跟踪投资项目时,应结合本指引前述国别法律环境调研,进一步锁定项目主管部门以及合规审批程序要求,通过关注政府公共信息以及与主管部门的沟通,进一步掌握项目合规审批进展情况。通常,项目立项可研、环保许可以及公众听证程序等都是合法合规性手续的重要环节,涉及政府财政支出责任的,还需重点关注东道国/地区政府财政支出程序,有的国家会设立专项基金,以支持当地 PPP 项目实施。

示例:在巴西米纳斯吉拉斯州实施投资项目,政府有关部门在发布招标文件前,需要相关委员会先行批准对本项目特许权的条件和程序,以及完成对项目的可行性研究、环境许可,超过一定金额的项目,还需履行公共听证程序,最后经联邦审计法院批准后,发布招标文件。其中环境许可有三种类型,每一种都涉及基础设施项目的一个阶段,初步环境许可证在项目的初步阶段颁发,批准其位置和设计,证明其环境可行性,并确定下一阶段必须遵守的基本要求。所有大型基础设施项目在申请初步许可证时,必须准备两份文件,环境影响研究报告和环境影响研究报告。这些文件会列出基础设施项目中存在的主要环境风险。第二种许可证是安装许可证,根据之前批准的计划、方案和项目建立的规范进行项目安装,包括开始所有环境控制措施的义务。该许可证的获得取决于基础环境项目的准备工作,该项目由一系列技术文件组成,证明初步许可证的所有要求都得到了尊重。第三种许可证被称为运营许可证,它授权项目开始运营。

4. 查询项目是否存在违规线索

在正式投标前,企业还可以在相关法院搜索涉及拟参与项目的司法和行政索赔,查询行政主管单位对涉及参与项目的投诉与举报,发现任何质疑投标过程及其内容的合法合规性的线索,以便企业作出更完善、准确的合规性评价。

二、投标合规手续

政府和社会投资人合作的基础设施投资项目多为非公共部门为主导进行投资—建设—运营的项目,对社会投资人的资信实力、财务能力等要求较高,不管是资格预审还是资格后审,是否具备投标人资格以及如何通过联合体合作的方式获取投标资格(如在不具有单独投标资格的情况下),这些都是我们关注的要点。以选取资格预审为例,招标人往往会通过资格预审进一步排除不具备资格的潜在投标人,以保持招标的高效性和竞争性。近些年,有些企业若为了通过资格预审而提交不真实文件、作出不合理陈述,则可能产生合规风险,当前我国企业在"走出去"过程中遇到的合规风险示例也很多,具体影响及后果以当地国家法律法规、国际金融机构规则(若项目使用国际金融机构贷款)等规定为准。因此,资格预审的内容应当作为企业的关注重点,资格预审文件一般会包含项目授权及实施机构、采购需求、社会投资人资格要求、联合体限制(如有)等主要内容。其中社会投资人资格主要包括资质、业绩、人员、设备、财务状况、资信实力、项目管理能力等主要内容。投资人提交的资格预审申请书通常包含资格预审申请函,法人代表身份证明,授权书,投资人基本情况,财务报表,业绩,投资人受到的诉讼、仲裁和被国际金融机构制裁情况,以及其他材料等。政府可能会同咨询机构以及由财务、技术和法务等组成的评委会进行评审。

对于基础设施投资 PPP 项目,评委会一般重点关注以下要点:一是投标人是否具有在本国/地区参与基础设施投资项目的资格要求;二是投资人过往实施过的基础设施投资项目成功经验;三是基于本项目的规模,投标人的资信实力,财务状况,融资能力及方案,资源整合能力,现代企业管理能力等情况;四是对基础设施投资项目的质量、安全把控验收及管理能力、技术能力、运营能力等。

第五节　境外基础设施投资 PPP 项目的征地拆迁工作

一、征地拆迁工作的风险

征地拆迁往往是境外基础设施投资项目在实施过程中绕不开的核心问题之一。征地拆迁工作的风险处置不当不仅会影响项目建设工期,拖延整个项目的实施进度,还会导致项目实施成本增大,在没有额外补偿规则的前提下,对社会投资人而言影响巨大,甚至可能会导致整个项目不再具有经济可行性。如一个征拆费用 3 亿美元、建设期 3 年的项目,由于与征拆方就补偿问题无法达成一致,导致征拆费用上涨至 4 亿美元、建设期增加至 5 年,在此背景下,如果政府方没有额外补偿措施,我们看看社会投资人会受到哪些影响?

一是项目公司直接承担的成本相较于先前测算上涨了 1 亿美元,此 1 亿美元可能需要社会投资人再投入或项目公司追加融资解决,面对项目总成本上涨、总收益不变的情况,社会投资人收益骤降;二是建设期由 3 年增加至 5

年,一般情况下,社会投资人作为总承包方按照既定 3 年的建设计划投入人员、设备、资金等实施项目,而建设周期的增加可能致使项目投入成本上涨;三是建设期由 3 年增加至 5 年将拖后运营期,拉长整个项目周期,银行贷款等债务性资金成本上涨。由此可见,征地拆迁工作对于项目能否按计划顺利实施影响巨大,应作为社会投资人项目跟踪阶段重点关注的风险因素予以考量。

二、我国企业应当如何做

在项目跟踪阶段,我国企业既要做好对东道国/地区关于征地拆迁相关规则的了解和掌握,核实项目拟使用土地现状,也要明确征地拆迁工作带来的工期影响、成本上涨等风险分担规则,以合理保障企业利益。具体工作要点提示如下:

1. 要核实掌握土地征收的范围

通常东道国/地区会在相关法律法规中明确土地征收的目的或类型,原则上土地征收应在公共利益需求的限度之内。如《巴西宪法》第 5 条第 24 条规定,征收制度由两种类型的征收组成:(i)公用事业征收;(ii)社会利益征收。其中公用事业征用由 1941 年第 3.365 号法令规定,可以出于几个原因使用,如国家安全、公共服务的开发和保护以及公共建筑的建设。

2. 要核实掌握土地征收的程序

土地征收涉及相关土地权利人合法权益的保护乃至涉及社会公共利益,通常被征收者有权提出异议且可就征收事宜提起相关的审查程序。如在巴西,征收程序总是从征收法令(DUP)开始,该法令只能由有行政权力的首长(直辖市、州或联邦)发布。特许经营者必须在生效之日起 9 个月内向监管机构提交领域范围的谴责和赔偿管理程序,以供批准。在完成程序中描述的所有行动后,特许经营者必须向监管机构提交一份报告。

3. 要计算土地征收的补偿金额

土地征收要向土地权利人支付征地补偿,通常包括被征收时土地的公允价值及土地权利人因此遭受的经济损失等。在巴西,即使已经发布征收法令,仍有必要与土地所有人就赔偿金额达成协议,如果双方不能达成这样的协议,那么就有必要启动司法程序,法官将在其中决定赔偿价值。需要注意的是,法官无法核实案件中是否存在公用事业要求,他可以单独界定赔偿价值。

4. 要核实项目拟使用地现状问题

要关注项目用地是否达到交付条件,尤其是项目征地拆迁手续是否齐备、征地拆迁工作是否已经启动、征地拆迁工作是否存在遗留问题等。

5. 要对征地拆迁风险作出合理安排

要关注具体征地拆迁工作的负责主体、征地补偿费用是否存在敞口风险。在巴西,只有公共行政部门有权宣布土地的公共用途。但在 PPP 和特许权项目中,政府可将与土地所有人协商、办理征收手续、赔偿土地所有人的义务分配给特许公司。有的项目中由政府方负责征地拆迁工作,但要求征地拆迁费用据实结算计入项目成本,此种情形下由于费用存在敞口,通常会导致社会资本方在成本控制方面处于被动地位。社会资本方为合理控制成本一般会要求征地拆迁费用采取包干制的模式,此种情形下需注意合理评估包干价,并明确超出包干价之外的费用由政府方承担。如巴西某项目特许合同中关于征地拆迁的表述为"如果特许人延迟征地和延迟征用地役权,特许经营者无须因此承担任何责任。根据特许协议相关规定,只要特许经营实际进度——财务时间计划表的实施受到影响,就会导致合同发生经济——财务平衡重组"。特许协议通过以上约定,将征地拆迁工作带来的影响合理地分配给政府单位。

第六节 境外基础设施投资 PPP 项目的
投融资工作

一、境外基础设施投资 PPP 项目的投融资责任

政府引入社会投资人的主要目的之一就是缓解政府财政压力,因此社会投资人的投融资能力是其最为看重的因素之一,以 PPP 项目为例,项目总投资动辄近百亿,非一方主体能单独完成,这就需要我们厘清 PPP 项目实施模式下各方的投融资义务。政府招标文件中通常会将项目所需资金分为项目资本金以及债务性资金,项目资本金通常为总投资的 20%—30%,这部分资金一般是由社会投资人自有资金出资,辅以少量的政府出资(如有)。债务性资金通常是总投资的 70%—80%,这部分资金的融资责任主体为项目公司,通常项目公司可利用项目资产、收费权等权益进行担保以向银行等金融机构筹措借款。当然,为了确保项目资金的顺利筹集,政府通常希望将社会投资人作为债务性资金的补充融资主体,若项目公司无法完成所需债务性融资时,政府希望社会投资人通过提供股东借款、增信担保、追加投资等方式补足缺口,这些加重社会投资人投资责任及风险的要求需引起企业充分的关注及警惕,并需重新充分对项目进行风险评估及商务财务指标测算。

二、境外基础设施投资 PPP 项目的投融资方式

1. 自有资金出资

自有资金是与债务性资金相对应的一个概念,主要是指企业在生产经营活动中经常持有的、可以自行支配且不需要偿还的资金,主要来源于股东的投资及税后利润。鉴于境外基础设施投资项目具有投资金额大、对社会投资人资信实力要求高等特点,一般东道国/地区政府会在招标文件等项目文

件中明确项目资本金、项目公司注册资本金部分应当以社会投资人自有资金进行出资,项目其他所需资金允许通过向银行等金融机构贷款的方式完成出资。

2. 债务性融资

一是银行贷款。银行贷款在债权融资中的运用较为广泛,其具有融资快、成本低、资金来源稳定的优点,但其监管也比较严格。对于具有长期稳定收入的大型基础设施项目,比如高速公路、桥梁、地铁、城市供水及污水处理厂等项目,该种融资模式受到社会投资人和银行等金融机构的青睐。通常由项目公司作为贷款主体,以项目特许经营权、项目公司所持有的动产及不动产等项目资产进行质押或抵押担保,以此作为还款来源,对于一些项目回报能力较差的或银行等金融机构认为风险较大的项目,往往还需要项目公司股东提供增信或担保措施。此外,对于项目投资规模大、债务性融资金额大的项目,作为贷款方的银行更倾向于采取多家银行组成银团的形式参与,以尽量分散风险及压力。所谓的银团贷款是指获准经营信贷业务的多家银行或其他金融机构组成银团,基于相同的贷款条件,采用同一贷款协议,向同一借款人提供的贷款或其他授信。对于采用银行贷款或银团贷款方式进行融资的项目,企业应当关注所贷款项的提取条件、贷款资金用途、项目出现不利情形时贷款人享有的介入权等权利内容,避免轻易触发违约风险。同时,若涉及国际金融机构融资的项目,还需做好对相关国际金融机构规则的学习和了解,避免引发合规风险。二是发行债券。作为债权融资主要方式之一的债券发行具有资金成本较低、经营控制权有保证的优点,但同时也存在融资风险相对较高、限制性条款多、融资金额有限的缺点。实践中比较常见的境外发债方式包括"境内主体直接发债+评级机构评级""境内母公司为境外发行人提供跨境担保+评级机构评级""境内外银行提供担保/备用信用证发行""维持良好协议+股权回购协议+评级机构评级"等,在选择具体的发债方式时,需要综合考虑可获得的债券评级、发行成本等因素。

3. 权益性融资

项目除可进行债务性融资外,还可进行权益性融资,最常见的权益性融资为股权融资,如前文所述,在项目公司债务性融资出现困难时,项目建设往往会陷入僵局,政府则希望社会投资人站出来承担这部分融资义务。而社会投资人基于财务报表、商务财务指标以及风险考量,通常不希望通过再投资、股东担保等方式来解决项目公司融资问题。为避免项目陷入僵局迟迟不能解决,导致项目彻底失败,社会投资人在基于各种利弊问题的充分考量后往往还需要解决融资问题,最常见的解决途径之一就是引入新的财务投资人,也即通过股权转让、增资扩股等方式引入财务投资人以满足项目融资需求,在此情况下,尽量争取政府更多的投入、风险分担及优惠政策。

三、我国企业参与境外基础设施投资 PPP 项目的融资建议

1. 项目融资可行性考量要作为项目投标的前置条件

如前所述,通常境外基础设施投资 PPP 项目实施的大部分资金需要项目公司融资贷款解决,一旦无法完成项目融资,则项目存在运行失败的风险,因此应在项目跟踪阶段就与银行等金融机构或非金融机构沟通,根据项目运行模式、资本金比例、收费权等重要内容探讨分析项目融资的可行性。企业也可以将银行关于项目的融资分析意见在合适的谈判节点反馈给业主,以更好地改进项目边界条件,顺利实施项目。此外,有的项目业主在招标之初就要求社会投资人提交银行等金融机构愿意为项目提供融资的意向函,可见融资问题关系项目成败,是业主与社会投资人应共同关注的重要问题。我国企业在决定参与项目投标之前应就项目可融资性进行整体筹划,积极对接相关机构,预防中标后无法按投标设定条件实现融资进而引发更大的损失。

2. 分析项目融资的担保举措

银行等金融机构基于自身的风险控制规范,在决定提供项目公司融资贷

款前,往往需要一定的担保措施,我国企业在融资之初,需要梳理分析项目公司的融资担保举措可行性,通常能为项目公司提供债务性融资的担保措施有:一是项目公司本身财产进行担保,如项目公司的收费权、项目公司名下资产(如土地抵押等);二是股东担保,如股东信用担保、股东将持有项目公司的股权进行质押担保等。我国企业在与金融机构沟通时,应尽量说服其同意使用项目公司本身资产、权益进行担保,而不必须要求股东担保,以尽量控制社会投资人风险的扩大。

3. 与政府方沟通为项目融资而实施的各种举措的可行性

一是为防止社会投资人将项目公司权益资产用于其他用途,政府方往往对涉及项目权益的处置要求须事先获批同意,因此,社会投资人需沟通协商政府方同意社会资本、项目公司可将项目有关权益、资产为本项目进行担保融资并在协议中明确;二是银行准予向项目公司放贷的金额取决于银行对资本金投入、项目资产、收费权的评估,也即有可能银行放贷的资本金要求与项目最初设计不一致,一旦银行要求提高资本金比例,则可考虑与政府方沟通提高政府的资本金比例,或在财务测算可行的前提下,社会投资人同政府同比例提升资本金,预防此风险仅由社会投资人承担;三是与政府方沟通,即在特定情形下,同意项目公司可通过增资扩股等方式引入新的财务投资人,增加资本金在总投资中的比例,减少债务性资金额度,以便更容易获取金融机构的贷款,并更好地保障引入财务投资人的合规性。

4. 组建联合体,搭建结构化融资路径

在满足东道国/地区法律法规的前提下,建筑企业在参与项目初期,可联合一家基金公司、信托公司等组建联合体共同参与项目,获取项目后,自身除出资一部分资本金外,其余资本金通过基金公司、信托公司等进行募集,减轻企业的资金压力。由于基金公司等作为联合体成员方参与了项目,也充分保障了项目实施的合规性。

第七节　境外基础设施投资 PPP 项目的汇率风险

境外基础设施投资 PPP 项目具有投资金额大、项目周期长、存在资金跨境流动等特点,加之各国的汇率管理体制不同,存在汇兑方面的限制,因此企业在走出去过程中往往会面临形式各样的汇率波动风险。境外基础设施项目外汇风险主要体现在两个层面:一是汇兑限制风险。有的国家外汇市场开放程度较低,货币无法与外国货币自由兑换,或限制将外汇转移至东道国/地区之外。二是汇率波动风险。比如在境外进行投资时遇到东道国/地区的本币相对投资母国货币升值,在境外利润汇回时遇到东道国/地区的本币相对投资母国货币贬值等,均可能导致投资者遭受损失。

针对汇兑限制风险,企业可以考虑投保中信保的相关保险,其境外投资保险业务中有"汇兑限制"这一保险业务,针对的内容为:东道国阻碍、限制投资者换汇自由,或抬高换汇成本,以及阻止货币汇出该国。承保业务的保险期限不超过 20 年,赔偿比例最高不超过 95%。

针对汇率波动风险,一是在项目合同中增加汇率风险分摊条款,即当汇率波动超过某一特定幅度时,超过部分的差额由双方合理分担;二是在项目合同中增加保值条款,即无论外汇市场汇率如何波动,双方按照合同约定的汇率执行;三是资本金出资及债务性融资尽量争取采用当地货币;四是合理策划项目采购(包括但不限于设备物资采购、项目分包等)的币种支付比例,将有关汇率风险向当地设备物资供应商、分包商、委托运营方转嫁;五是充分利用结算方式中的融资便利,比如在向东道国/地区采购时通过出口押汇、票据贴现、保付代理等方式来减少汇率波动风险造成的损失;六是根据国际汇率波动情况择机汇回利润。

第八节 境外基础设施投资 PPP
项目的税收安排

世界各国的财税法律制度各不相同,我国企业"走出去"面临的税务风险日益受到重视。良好的税务规划有利于企业节省开支、提升利润率,而"走出去"过程中,若对当地的税务制度不尽了解,则不能进行有效的成本测算、财务指标测算,造成合同税负预估不足、投资模型搭建不合理、双边协定没掌握、税收优惠缺乏保障措施等风险,且税务管理制度又体现了各国强制性行政法律关系,无法有效避免。因此企业在"走出去"过程中,应加强对当地税务制度的尽调,做好税务成本预估与测算,在此基础上,进行合理的税务筹划,做到合法节税,增加项目效益。

以巴西为例,巴西税负高、税法复杂,在巴西投资税负普遍高于其他国别。按行政划分可以分为联邦税、州税和市税三级。而这其中联邦政府、州政府、市政府之间以及州与州、市与市政府之间税务政策繁杂,存在税收利益冲突,这也可能引发企业无法从税收优惠政策中获得太多益处。我国企业在巴西投资项目,要谨慎对待各级政府给予的优惠政策,切实了解优惠政策的合法性及税务优惠的比例,在进行税务规划时建议咨询专业的税务机构,以降低风险。

综上,我国企业在"走出去"开展境外投资活动时,要做到第一,进行完善的财税尽调。在项目跟踪阶段就要对所在国家和地区进行完善的财税调研,与当地税务主管机构进行沟通、求证,必要时,建议咨询熟悉当地税务制度的专业税务人士,进一步了解所在国的税制环境和实际操作标准尺度。如果是长期深耕的市场,还建议培养熟悉当地财税制度的专业人才,将税务方案作为可研报告、经济可行性报告的重要组成部分,切实做好风险防范。通常税务尽职调查的内容包含:一是纳税主体,通常可以核实东道国在外国子分公司、外国项目公司、中外合资公司等不同形式下的税务差异点;二是主要税种及税收政策,通常主要税种有企业所得税、预提税、关税和个人所得税等;三是税收管理,包括纳税期间、税收申报、税金缴纳;四是税收政策关于收入和成本的认定规则;五是税务处罚政策;六是双边税收协定;七是其他重要关注事项。

第二,借助我国驻外机构、我国企业的优秀经验。一是要多咨询我国驻东道国的大使馆、经商处及国家税务总局外派的税务官。他们对东道国的财税政策、财税改革、双边税收协定、中资企业在当地发展的注意事项十分有经验,可以为中资企业提供方向性、政策性的指导,如根据我国与东道国是否有税收双边协定获得税负减免,或是通过与东道国有税收双边协定的中间国搭建结构化融资方案。二是要学习中资企业之前的投资经验教训,无论行业内外,尤其是行业内单位在东道国的项目经验与教训,通过已有经验更加完善自身的税务成本测算、税收风险防控,同时避免触及已出现过的同类型风险。

第三,查询当地法院关于外国投资人税务风险的判例。根据行业特点、投资模式,通过当地公共资源查询法院关于外国投资人的税务风险判例,将判例中反映出来的税务风险,结合企业实际情况做好风险防控和管理,避免再次发生同类型的风险。

第四,全面评估税务成本。在境外基础设施投资项目中,投资人不仅有一种身份,除了作为投资人入股成立项目公司,缴纳的各项税费外,还往往存在工程总承包身份,对上签署总承包合同,对下签署分包、采购等合同,同样会产生不同的税负,在基础设施投资项目还可能涉及更复杂的投资模型。因此,作为"走出去"的中资企业,应充分评估各种模型下的税收种类、税率、计税依据等相关法律法规。甚至构建逆向思维,通过不同模型搭建下的税收优惠的差别,使之既适合参与项目又利于合法节约税收成本,提升创效能力和风险防控水平。

第九节　境外基础设施投资 PPP 项目的公司治理结构

通常境外基础设施投资项目中,往往需要组建项目公司作为项目建设—运营的主体,项目跟踪阶段,企业应在对东道国/地区法律环境尽职调查环节,对公司法进行尽调研究。重点关注公司组织形式、一人股东特殊规则,股东会议事规则,董事会议事规则,监事会议事规则,股东有限责任的例外限制,外国人股东的特殊规定,公司的分红制度,股东股权转让制度,公司合并、分立及解散等方面的规定。股东之间需根据上述公司法规则通过股东协议、公司章程的约定实现对项目公司的管理控制。通常,抓住项目公司的治理结构,可从股东会、董事会、监事会、总经理以及财务负责人的人选方面实现控制。

一、股东会

股东的表决权体现了股东对公司的控制力,实践中对公司章程表决权的设置更是股东的必争之地。一是在我国企业为大股东的前提下,要核实当地法律法规关于股东会治理结构的规定,在同股同权的前提下,基于法律规定,我国企业是否可在公司章程约定可控制的议事表决规则,从而在公司章程中作出合理的安排,以实现对股东会的控制权。如我国公司法规定股东会议事规则由公司章程规定,但公司增减资、修改公司章程、合并分立、修改经营范围等需经持三分之二以上表决权股东同意,需注意该三分之二系强制性规定。因此,若企业为大股东,尤其是持股比例超过三分之二,则按照建议、按照公司法约定以实现对股东会的控制权。二是若我国企业为小股东的情况下,通常公司法允许同股不同权,若建筑企业能约定以较少股权比例实现较大的表决权,从而对项目公司的管理产生重要影响,便能更好维护建筑企业的权益。而站在大股东的角度考虑,一般不会同意上述同股不同权的提议,则建筑企业需考虑在某些重大重要事项上,增加一票否决权,以便对自己有重大影响的决策实现一定程度上的控制,从而维护自身权益。

二、董事会

股东通过提名董事实现对董事会的控制,关于董事会的议事规则,应抓住提名董事的数量以及通过事项表决比例两个核心因素。通过董事会实现对公司的合理管理,进而维护企业利益。例如,在我国企业提名董事数量占多数情况下,在符合当地法律规定的前提下,董事会议事规则应尽量争取约定为超过二分之一董事表决才通过;在我国企业提名董事占少数的情况下,根据企业提名董事数量,约定符合我国企业利益的董事会议事表决规则。如果我国企业提名董事数量非常少,可就企业特别关注、对企业利益有重大影响的事项享有一票否决权。监事会的人员及议事规则同样需如此设置。

三、公司组织架构设置

通常项目公司的主要功能是对项目进行建设—运营工作,期满移交,为满足上述功能,需针对性设置必要的专业部门。要想做好项目建设管理,一般而言,需要有懂财务、懂设计、懂工程、懂法务的专业团队;想要做好项目运营管理工作,一般而言需要懂财务、懂法务、懂运营的专业团队,再加之考虑到 PPP 项目的投融资核心要素,项目公司应有包含投融资业务部、财务部、法务部、工管部、设计部、运营管理部、综合事务部以及其他需要设立的部门。

四、僵局解决机制

现代公司运营的决策和管理均实行多数表决制度,但如果项目公司的各方股东(一般除政府外)持股比例相近或各方股东派任的董事人数基本相当,又出现全部或部分事项均需各方一致同意方可通过的情况时,为防止各方意见出现分歧,导致股东会、董事会无法作出有效决议,影响项目公司的正常经营,可以事先在协议或章程中,根据东道国/地区公司法的规定,对公司僵局的破解作出合理约定。若双方的意见迟迟无法达成一致,则意味着双方继续合作的合意基础可能不复存在,因此僵局处理的最终方案通常系某一方退出。站在于己方有利的角度,可通过事先约定己方享有收购对方部分或全部股权权利,以达到令对方退出项目公司或无法阻止股东会、董事会形成一致决议的目的。建议最好将此仅约定为己方特有权利,也是预防己方自身股份被对方强制收购或防止对方故意触发公司僵局以达到退出项目公司的目的。在境外基础设施投资项目中,还应当注意项目公司股权变动可能需事先征得东道国政府/地区或相关主管部门的同意,因此,若设置的僵局解决机制存在致使股权变动的可能性,建议最好在投资协议中明示且政府方同意。

五、其他需要关注的事项

一是政府方通常会关注的事项,需注意在基础设施投资项目背景下,政府方通常会对影响公共利益、公共安全的事项享有一票否决权,社会投资人应尽量通过程度等细化约定限制一票否决权的表决范围。二是关于委派高级管理人员,社会资本可从总经理、财务负责人等人员的提名作为关注重点。

第十节　境外基础设施投资 PPP
项目的回报机制

在 PPP 模式下,基础设施投资项目的回报来源主要有政府付费、使用者付费和可行性缺口补助三种方式,具体采用何种回报机制通常与项目运作模式、项目盈利能力、项目融资方案等密切相关。不同回报机制的具体内容如表 2-2-2 所示:

表 2-2-2　境外基础设施投资项目的回报机制

回报机制	内容要求
政府付费	在该种回报机制之下,政府作为公共产品或服务的直接购买者,主要分为可用性付费、使用量付费和绩效付费三类,其付费的依据相应地包括相关基础设施或服务的可用性、使用量或质量等,主要集中在市政污水处理、垃圾焚烧发电、水源净化,或市政道路等不具备收益性的项目。
使用者付费	在该种回报机制之下,最终消费用户作为相关公共产品或服务的直接购买者,项目公司直接从最终消费用户处获取费用。该种付费机制适用于可经营系数较高、项目收益较好、直接向最终用户提供服务的基础设施和公用事业项目等纯经营性项目,如市政供水、城市管道燃气、车流量较大的高速公路等。
可行性缺口补助	该种回报机制主要适用于使用者付费难以满足社会资本或项目公司的合理回报的准经营性项目,除了使用者付费外,还需要政府以财政补贴、股本投入、优惠贷款和其他优惠政策的形式,给予社会资本方或项目公司一定的经济补助,以保障社会资本/项目公司获得合理回报。如医院、学校、文化及体育场馆、保障房等。

项目回报机制的实质是社会资本方与政府方关于项目实施风险的划分,当预期项目未来运营收益较好时,一般采用使用者付费模式;当预期项目未来运营收益一般时,通常采用使用者付费与可行性缺口补助相结合模式,避免由社会资本方承担过多的风险;当预期项目未来运营收益不乐观时,通常采用政府付费模式,政府方承担项目收入的风险。

在项目跟踪过程中,应注意结合项目回报机制做好项目收益的风险防范,具体可以参考如下做法:

一、采用政府付费模式

需要区分政府付费的依据,是可用性还是使用量。对于以可用性作为政府付费依据的项目,东道国政府/地区政府方通常会对这种可用性作出明确的量化标准,此时,作为社会投资人应认真梳理政府方的各种量化考核标准及要求,对于过高的考核标准及要求要及时沟通,避免出现"确保""必须"等硬性表述,最好使用"力争""尽最大努力"等词汇;对于以使用量作为政府付费依据的项目,应在有关协议中明确最低使用量,当实际使用量低于确定的最低使用量时,明确政府方应当按照最低使用量付费,即政府方要对最低使用量进行兜底,避免出现实际使用量不足导致难以实现预期收益的情况,通常在电站类PPP项目中会作此类安排。此外,此种模式下要关注政府付费的来源及其保障措施。

二、采用使用者付费模式

此种模式下项目需求风险均由社会投资人承担,社会投资人的收益取决于项目的需求。对于竞争性高速公路等类似项目,通常社会投资人应要求政府方作出排他性承诺,即政府方在特定期限、特定范围内不再另行新建、扩建、改建竞争性项目。由于境外基础设施投资 PPP 项目往往涉及公共利益,相关收费规则一旦确定便几乎难以改变,在项目跟踪阶段,还应关注项目的收费标准、调价机制是否明确,政府方是否要分享项目的超额利润,政府方审批竞争性项目时的补偿机制等。比如在巴西,如果政府方新建了竞争性项目并对社会投资人运营收益产生重大影响,社会投资人可以基于先前协议约定要求进行财政经济再平衡。

三、采用可行性缺口补助的付费模式

此种模式通常是作为使用者付费机制的保障措施出现的,在项目跟踪阶段应关注可行性缺口补助的触发机制、来源、支付方式、支付保障措施等。

第十一节 境外基础设施投资 PPP 项目的
绩效考核体系

境外基础设施投资 PPP 项目中,政府方为监管和考核社会投资人、项目公司提供公共服务的质量和效率,在明确运营标准后,还会建立绩效考核体系。绩效考核体系主要包括绩效考核标准的设定、绩效考核过程的检测以及未达到设定目标的后果等几个方面。

一、绩效考核监测工作方案

一是绩效考核的内容。绩效考核是对基础设施投资项目进行的综合评价体系,通常包含项目建设产品的质量;项目建设的组织及管理情况等;项目的资金使用、项目管理、运维效益、服务效果、公众满意度等;项目设施状况、安全生产等;项目移交情况;其他需要设置的考核内容。二是绩效考核监测的主体。即可以是政府方自行实施考核,通常需要组织政府有关部门、行业专家和普通公众成立工作组进行联合考核,政府也可委托第三方专业评价机构来实施考核。三是绩效考核监测的方法。绩效考核监测的方法包括但不限于有现场考查、人员访谈、问卷调查、专家评议等。四是绩效考核监测的频率。绩效监测考核一般包括常规考核、临时考核两种方式,考核周期一般与付费周期相衔接。五是绩效考核程序,常规程序为成立考核小组—搜集项目实施文件资料—进行现场检查、人员访谈—进行评议编制绩效考核年度报告。

二、绩效考核不达标的后果

政府付费和可行性缺口补助项目,绩效考核结果一般与政府付费或缺口补助的金额和比例相挂钩。

使用者付费项目,绩效考核结果往往与价格调整及优惠政策的落地挂钩,从而促使项目公司通过提升服务的质量、效率以吸引更多的客户,通过提升管理效能以降低运营成本。

不管是政府付费、可行性缺口补助或是使用者付费的项目,在绩效考核严重不合格或连续多次考核不合格的情况下,政府方会要求社会投资人限期整改,还可能对整改未完成或未达标的项目启动提前终止程序。

三、绩效考核法律风险防范

社会投资人应高度重视绩效考核全流程管理,一是需关注绩效考核指标的设定,绩效考核指标应基于东道国/地区法律法规、行业技术规范以及特许经营协议约定、项目实际特点等进行设定,要充分考虑到指标设定的客观性、合理性。社会投资人要根据考核指标以及项目投标方案搭建合理模型,确认考核指标高度实现的可行性,一般而言对于考评权重比,可控事项应当高于不可控事项。二是要合理协商约定绩效考核的频率、频次,要充分实现考核目的,还要考虑尽量减少绩效考核工作对项目公司运营的影响。三是绩效考核指标的设定往往在项目前期确定,而随着项目建设、运营的实施,尤其是对于东道国/地区尚不成熟的项目,可以考虑随着项目实施的深入,不断调整考核指标的设定,但是不得加重社会投资人的义务,或是若加重社会投资人义务,政府方应给予相应补偿。四是设置绩效考核整改机制,如发现问题后,若社会投资人能在限定时间整改完成,而该事项又未造成不良影响的,可不予扣分,可行性缺口补助也不会受到影响。五是要争取设置绩效考核的激励机制,以更好地实现社会投资人的效益。

第十二节　境外基础设施投资 PPP
项目的调整机制

由于境外基础设施投资项目的长期性,原特许经营协议等文件确定的权利和义务在项目实施过程中可能因各种突发因素而发生相应的调整。因此,在 PPP 项目跟踪阶段就应当关注该项目是否有启动再谈判的合法合规性基础,以及双方是否有启动再谈判的合意。实践中,触发再谈判的常见条件主要包括法律政策的变更、情势变更、不可抗力、公共利益等。在 PPP 项目跟踪阶段,我国企业往往根据东道国/地区政府发布的信息和己方掌握的信息搭建财务投融资模式、财务测算模型、收费模型等,但项目实施过程中存在诸多的变量因素,虽然这些变量因素大都是社会投资人应承担的商业风险,但也有些是不可归咎于社会投资人的原因和不可预料的重大变量因素,如果不对此进行合理调整,极可能导致项目实施不合规,或产生超出双方预期的重大显失公平后果。因此,有必要引入再谈判机制,以平衡双方利益,确保项目依法合规地实施。再谈判机制应当重点关注:

第一,掌握东道国/地区的法律法规关于再谈判事项的限定范围。如前文所述,再谈判的基础必须建立在东道国/地区法律法规允许范围内,如果被东道国/地区的法律法规明确禁止,那么即使双方在合同中对再谈判达成一致约定,再谈判的前提也不复存在。在印度,允许再谈判的范围相对较窄,仅允许因法律变革和超出社会资本方控制范围的不可抗力事件而导致的变更。在南非,则对任何有关金钱价值、持续性以及对私人方的技术、运营和财政风险转移的任何变更,都必须获得财政部的批准。因此,我国企业在项目投标前期搭建模型进行测算时,对于后期难以预测的变量要控制在法律法规允许的再谈判范围内,否则该变量带来的风险可能将完全由社会投资人自行承担。而且,如果没有有效的风险转嫁或防控措施,将导致难以估量的损失。

第二,关注再谈判事项能否在合同中达成合意。意思自治是世界各国普遍认可的民商事领域的基本原则之一,合同各方达成的合意也是各方享有权利、履行义务的基础。能否启动再谈判机制,应当对照合同的具体条款判断,对于合同文件中明确约定不得进行谈判或变动的内容,以及社会投资人本应承担的商业风险则不属于再谈判的范围。例如,在巴西,特许经营合同中往往会约定经济金融再平衡条款,当出现再平衡条款约定的事项时,就能启动并执行条款规定,通过变更合同效力、变更关税价值、变更合同义务、变更日程、将财产从特许账户转移给特许人、进行经济补偿、政府承担相应费用等方式或其组合方式实现再平衡。

我国企业应当高度重视境外基础设施投资 PPP 项目再谈判机制的建立,

以防止出现不可预期的因素致使自身利益遭受难以弥补的损失。此外,更值得注意的是,再谈判机制的实质是保障项目实施的依法合规,避免不应当由社会投资人承担的风险致使双方利益失衡的补偿机制,而不是社会投资人实现更高利润的手段。因此,我国企业在项目前期的投融资、财务指标测算模型搭建环节,应当力求严谨和准确,力争将未来变量风险降低到最低,避免无法启动再谈判机制导致社会投资人承担过大损失的风险。

第十三节　依法合规获取施工任务筹划

大型建筑施工企业在参与境外基础设施投资 PPP 项目时的重要目的之一在于获取项目的施工任务,对以建筑业作为主业的大型建筑施工企业而言,在境外基础设施项目中如何合理筹划获取项目施工任务就显得非常重要。因此,在项目跟踪阶段要做好当地相关法律法规的尽职调查,尤其是要关注以下内容:

第一,施工企业作为项目总承包人的资格审查要求有哪些? 比如是仅具备建筑施工相关资质即可,还是需要具备相应的投融资能力、业绩等。同时,还要关注在我国具备相关建筑施工资质时是否可以在当地进行施工等。比如在巴西,对于外国工程公司,CONFEA(工程和农业经济学联邦委员会)第 209/1972 号决议规定,外国工程公司只有与巴西工程公司组成联合体才能参与特定建筑项目的施工。此外,外国工程公司还必须取得在巴西运营的临时授权,在巴西工程公司提交下列文件时一并提交给 CREA(工程和农业经济学地区委员会):巴西公司向 CREA 注册的复印件;外国公司规章制度或章程的复印件;双方订立的对建筑工程项目和双方的责任进行约定的联营体协议;拟参与该建筑工程项目的外国公司的工程专业人员名单;拟参与该建筑工程项目的巴西公司的工程专业人员名单。所有拟参与该建筑工程项目的外国专业人员必须依据上述程序在 CREA 进行登记,且上述有关外国公司在巴西运营的授权的有效期仅持续到该建筑工程项目结束之时。

第二,施工企业作为联合体成员参与项目采购程序时,在施工层面能否直接获取施工任务还是需要经过竞争性程序后方可参与项目施工。比如在巴西,PPP 项目中标的公司必须设立特殊目的公司(SPE)来管理该项目,且中标的公司可以作为股东投资设立该 SPE,在保障公平竞争市场秩序的前提下,同时 SPE 的股东可以作为该 PPP 项目的 EPC 承包商,负责项目施工,无须经过特定的招投标程序。

第十四节　境外基础设施投资 PPP 项目的退出机制

一、股权转让

股权转让指社会投资人通过股权转让的方式将持有目标公司的股权对外进行转让,但股权转让通常受到东道国/地区的法律法规的限制,尤其是受到项目招标人对股权安排的限制,以 PPP 项目为例,建筑企业往往以获取施工任务为主要目的之一,而项目运营期限较长,建筑企业往往在项目建设期结束后,即可能产生退出项目的想法,而政府方一般想锁定社会投资人贯穿整个建设—运营期。在这里我们有必要探讨一下"离岸股权交易"这种间接退出模式,如前所述,有些企业投资者在实施境外投资时,一般会在一些监管宽松、税负较轻的地区,如开曼群岛、百慕达等地设立一家控股公司,使用这家离岸公司对外进行投资,投资者持股离岸公司间接控制境外投资企业股权。在投资者想要退出在境外市场时,不必出让持有东道国/地区境内的项目公司股权,这样就规避了东道国/地区主管部门、基础设施监管部门的审批,只要将所持有的该离岸公司的股权出售给其他投资者即可。

二、招标方回购

在对外基础设施投资过程中,有期满移交退出的情形,还有建设期满招标人进行股份回购的情形,这些都是社会投资人股权正常退出的情况。在这里我们更需要强调的是,考虑到基础设施投资 PPP 项目规模大、周期长,过程可变因素多,对于项目实施过程中遇到的严重影响投资人利益的情况,要给予充分考虑,在不能协商一致时,要保障社会投资人有退出的权利。尤其涉及不可抗力、法律法规变化、招标人违约等情况下,建议约定招标人的回购机制,以便于实现社会资本更加灵活的退出。

三、公司清算

一般情况下,公司清算存在两种途径:一是破产清算,主要系指企业经营不善导致无法偿还到期债务,公司已无法正常经营,被依法宣告破产,由法院依照相关法律法规组建清算组进行清算;二是公司解散清算,主要系指根据公司章程约定、股东一致决议等解散公司,进而进入清算程序。

对于境外基础设施投资项目而言,项目公司系为项目而特殊设立的公司,通常,在项目运营期结束移交政府后,项目公司即解散清算。这里需注意清算解散后,项目公司财产(包含当年还未分配的利润)的分配原则是按照股权比例分配还是完全交由社会投资人,提示项目实施主体单位应当在投标测算阶段即规划明确。通常特许经营项目需要及时维护,定期大修,因此移交前是否需要对特许经营项目进行大修,可能会影响到社会投资人的投资收益,提示投资人和项目实施单位要考虑此因素带来的影响,确保自身利益。

第十五节　境外基础设施投资 PPP 项目的
风险分担机制

一、境外基础设施投资 PPP 项目中风险承担的原则

在实践中最常用的风险分配方式主要有两种,分别以对风险的控制能力、

风险控制成本为参照标准:

第一,由风险最有力控制方承担。由于项目整体过程中会出现各种各样的风险,而各方对不同风险的控制力是不同的,譬如 BOT 项目公司自然对项目的建设运营能实施最有力的控制,因此应当承担建设运营的风险,而政府则对法律变更至少可以做到尽早知晓并采取合理的应对措施,对项目审批事项更具有控制力,因此应当承担法律变更、项目审批等风险,而对于诸如自然灾害等不可抗力事件引发的风险,则通常由各方共同承担。

第二,由控制风险成本最低一方承担。这种方式主要是从项目整体的风险管理成本的角度出发,当项目各环节的风险控制成本都是最低时,自然项目整体的风险管理成本也得以降低。

第三,承担风险的应该是能够将该风险合理转移的一方,以促使该方积极通过购买保险等途径来降低风险损失。

第四,承担风险的应该是对控制该风险有更大的经济利益或动机的一方。在风险承担和分配的过程中,应当保持各方所承担的风险与其所得到的回报相适应,鼓励各方积极主动地承担相应风险。

第五,如果风险最终发生,承担风险的一方不应将由此产生的费用和损失转移给合同相对方。

总体而言,无论是采用何种风险分配方式,都应当遵循一方承担的风险的程度与该方所得回报相适应的原则,也即风险收益相适配的原则,如此既有利于项目谈判和实施的顺利进行,也能保证项目收益的公平分配,最终实现项目各方积极主动地承担相应风险的良好循环。

二、境外基础设施投资 PPP 项目中不同层级的风险分类及相应的应对措施

根据项目实践,以 BOT 项目为例,项目进行过程中可能出现的风险可能来自政治、金融、财务、市场、决策、社会、法律等多个方面,总体上可以将这些

风险归结为国家、市场、项目三个层级。以下主要是在参考了中国国际工程咨询协会编写的《国际工程承包实施指南》的基础上,对每个层级的具体风险形式及相应的应对措施进行归纳。

（一）国家层级的风险

此处的国家是指项目东道国/地区。在前文中对 BOT 模式下各方主体的介绍中可知,政府一方对项目整体具有控制权,在项目中占据优势地位,因此 PPP 项目中国家层级的风险应当是风险评估的重要部分。具体而言,国家层级的风险包括:

1. 风险描述

（1）法律政策的差异与变动

对东道国/地区法律政策的了解是境外项目开展的必要前提。不同国家的立法侧重点不同,譬如在环境保护问题上,一些国家法律对此有十分严格的规定和严厉的处罚措施,若不遵守,企业甚至面临灭顶之灾的风险。但相较于法律政策的差异,法律政策的变动是更大的风险点,可能会使合同履行条件发生根本变更,甚至使项目被迫终止。尤其是在国际形势日趋复杂多变的当下,一些国家针对外来企业的政策不可谓友好,甚至是恶意打压,包括不合理的征收要求、不公平的进出口配额分配等,因此企业决策时务必时刻关注国际形势,判断项目能否在相对稳定的法律政策大前提下推进完成。

（2）国家机关的有效运行

项目实施势必需要经过一系列审批和许可,东道国/地区的相关机关是否高效率运行,能否及时处理审批等事务的申请,直接关系到项目的进展。而当项目公司的权利受到不合理的侵害时,东道国/地区的司法机关能否做到公正司法、严格执法,这是保障项目公司安全的关键。另外,东道国/地区的官员腐败问题是否严重,也会直接影响项目成本。

（3）社会稳定与文化差异

社会基本稳定是一切经济活动开展的前提,政府的频繁变换或政党之间的激烈交手必然严重影响项目的推进。另外,对东道国/地区的文化有一定了解也是十分必要的,尤其在宗教信仰、种族偏见等方面很容易引起较大矛盾,从而影响项目进展。

2. 应对措施

第一,做好项目可行性研究,包括项目是否符合当地发展规划、东道国或地区整体社会稳定性、营商环境、腐败系数以及项目实施所需材料、技术、人员、设备等硬性条件能否解决等各方面、各维度的研究。

第二,了解当地审批、许可申请等流程,提前准备好相关材料。对于没有当地实务经验的外国企业来说,公开的法律法规政策等书面文件可能是了解东道国或地区的审批、许可流程的唯一途径,然而实际的流程很可能完全不同。因此,寻找一个信誉较好的当地企业合作,应是较好的选择。同时在不违背反腐败原则的前提下,和当地的政府官员、政府代理人、权威人士保持良好关系,也可以起到很大的帮助作用。

第三,尽可能在《特许经营合同》中预先排除风险,可以在《特许经营合同》中设定因法律政策变化而要求延期和额外支付的条款、政局动荡下的合同终止或延期条款、反腐败条款以及有针对性的争议解决条款等。

第四,对于法律规定或合同约定都无法规避的风险,则可以考虑保险(例如政治风险保险、征用风险保险等),同时积极向世界银行集团、亚洲开发银行等国际金融组织寻求救济。

（二）市场层级的风险

1. 风险描述

市场一方面是指东道国/地区的宏观市场,包括市场需求、市场竞争、通货膨胀、汇率波动等,另一方面还包括具体项目实施中涉及的人力资源、设备资源获取的难易程度、当地合作伙伴、分包商的信用等。

2. 应对措施

宏观市场的风险原则上应当一同包括在项目可行性研究中,其中,对于汇率波动的应对,可以考虑采用当地货币支付和外国货币支付均可选择的双重货币协议,或选择用期货交易来避免汇率问题,或要求政府以授予土地开发权等资源交换的方式支付,或直接在《特许经营权合同》中规定汇率风险的补偿条款;在人力资源、设备资源的获取方面,可以寻求当地合作伙伴的意见和帮助,另外,项目公司内部人员中也应当配备熟悉、精通当地语言的员工;在当地合作伙伴、分包商信用风险方面,尽职调查是十分必要的,从财务、技术、公司管理、与当地政府的关系等多角度展开考察。同时,与合作伙伴的合作协议、与分包商的分包合同也应做到权利义务明确清晰,尤其注意争议解决条款、财务标准方面的约定,最后,合同的翻译也应当尽量保证各版本之间意思一致。在展开合作期间,虽然需要合作伙伴的帮助,但切忌过度依赖,在项目关键位置还是应当安排可以信任的内部人员。

(三) 项目层级的风险

1. 风险描述

相较于国家层级和市场层级的风险,项目层级的风险发生的概率更大,可以说每个项目或多或少都会在项目建设、运行中出现一些问题。比较常见的包括由于计量方法错误或定价不当导致的成本超支,由于不符合当地设计惯例而导致的设计变更,由于当地合作伙伴技术或设备落后导致的低生产率,由于疏于安全管理导致的施工或运行阶段的现场安全事故,由于不当质量控制导致的项目质量缺陷,由于不当的项目管理导致的项目运行低效,由于缺乏知识产权保护意识导致的知识产权侵权及商业机密泄露等。

2. 应对措施

原则上,项目层级的风险都可以通过合同约定预先确定风险责任的承担主体,譬如成本超支的偿付或补偿条款、设计建筑范围条款、环境保护的适用法律或标准条款、保密条款、限制技术转让条款等。但风险事故的发生对项目各方都是不利的,因此应当尽可能避免。具体而言,为了避免成本超支,应当预先制订清晰、准确的计划,尽量使工程量精确,同时可以与供应商签订固定价格或预先确定价格协议合同来使工程量清单定价固定;为了避免设计变更,应当在设计前进行项目现场考察,同时尽可能采用设计加施工的承包模式,这样可以减少设计和施工环节的摩擦;为了避免项目的低效运行,应当加强对当地合作伙伴的监督,必要时聘请专业的项目管理团队,整体统筹、协调项目实施;为了避免现场安全事故,应当制定完备的安全制度并贯彻实施,同时要求合作伙伴同样严格遵循;为了避免知识产权等商业秘密泄露,应当在企业内部设立完善的保密制度,对员工进行知识产权保护的日常培训,同时要求合作伙伴的员工也要严格遵守。对于有些难以控制的或有风险,社会投资人往往可通过向政府方、保险公司以及其他第三方转嫁,维护企业自身利益。

第十六节 其他重要边界条件

一、境外基础设施投资 PPP 项目的政府支持

境外基础设施投资项目具有投资金额大等特点,为了提高具体项目对社会资本方和融资方的吸引力,有的东道国/地区政府会通过直接付款、作出政府担保承诺等方式表明政府对该项目的支持。融资事项是境外基础设施投资项目成败的一个非常关键因素,为了使项目更容易得到融资,有的东道国/地区可能考虑要求为融资机构在项目资产上设置担保,同时在终止项目后赔偿的整体架构中给予融资机构更多的利益倾斜。具体而言:

政府财政支持。从项目实践来看,政府财政支持主要有以下几种形式:直接付款(主要包括可用性付款、现金补贴、注册资本及项目资本金拨款、最低

使用量保证、收益保证、保底包销、容量费用以及购买保证),此类支持形式需注意在当地的合法合规性,有的国家有形成政府隐形债务的情况会导致项目合规性存疑;实物出资;提供付款保函、担保或有约束力的安慰函,鉴于不同国家对于其效力的认定不同,此类担保或函件需关注其有效性;以及就项目授予方履行项目协议项下义务提供担保。此外,政府方还可能提出具体项目的特别税收优惠。

担保的安排。一般而言,政府方允许社会资本方为项目融资的目的,就其所拥有的项目资产(包括但不限于动产、不动产或收入等)设定抵押、质押等担保措施,类似条款往往也会体现在相关投资协议之中,但一般会要求在实施之前取得政府方的书面同意;同时,在不影响项目正常实施、取得政府方书面同意的情形下,社会资本方股东可能会就其持有的项目公司股权设定相关担保措施。

项目终止的赔偿。项目投资协议等文件中通常还会约定不同情形下项目终止后的赔偿措施,一般包括已实施工程的公允价值、未偿还债务、已发生费用和损失等(包括合理利润损失)。

二、其他

结合项目实际情况,企业在进行商务财务测算、风险评估时需要掌握的重要信息,一般均作为重要边界条件。

第十七节　境外基础设施投资 PPP 项目的
争议解决机制

在境外基础设施投资 PPP 项目中,政府方通常具有行政主体和民事主体双重身份,因此双方签署 PPP 项目合同的性质是属于行政合同还是民事合同,不同的国家对此有不同的定性。多数国家均将 PPP 项目合同定性为民事合同,并规定双方可以约定以国际商事仲裁作为争议解决的途径。也有少数国家将 PPP 项目合同定性为行政合同,如法国在 2004 年 6 月 17 日制定并出台的第一部 PPP 模式公私合作合同行政法规中,明确指出 PPP 项目合同属于典型的行政合同。目前,在行政合同中能否自由约定国际商事仲裁尚未有定论,往往存在一定障碍。因此,在签署 PPP 项目合同时,需要考虑如下限制因素:一是若 PPP 项目合同作为行政合同,在该国法律体系下能否自由约定国际商事仲裁;二是若 PPP 项目合同可以约定国际商事仲裁且该国也是《纽约公约》签约国,应当进一步核实该国在加入《纽约公约》时是否仅限定于商事仲裁而否定直接承认国际仲裁对行政合同的效力及执行力。

由于 PPP 项目实施周期长,其间产生争议的可能性大,我国企业除了需要考虑上述争议解决机制之外,还应当尽量避免在东道国/地区进行诉讼或仲裁,一般建议选择我国或第三国进行国际仲裁。我国企业选择仲裁机构时,应当主要关注以下要点:

避免在项目所在国或者业主所在国仲裁或诉讼,争取选择我国国际经济贸易仲裁委员会或第三国仲裁机构仲裁;

明确约定仲裁机构和仲裁规则;

明确规定仲裁裁决是终局的,对双方均有约束力;

约定仲裁语言(尽量选择中文或者英文)、仲裁地、开庭地以及仲裁费用的分担办法等;

尽量争取选择我们更为熟悉的仲裁机构;

尽量在合同中约定更有利于我方的管辖法律。查明东道国是否已经加入《纽约公约》,以防有利于承包商的仲裁裁决无法执行。如果东道国未加入《纽约公约》,应当查明东道国是否加入了有关执行外国仲裁裁决的双边、多边或区域性条约,用以确定选择仲裁地;

考虑仲裁或诉讼之前的争议解决前置程序,以促使双方在仲裁或诉讼前及时解决争议,减少双方的讼累。

第三章　境外基础设施投资 PPP 项目 特许经营采购阶段

▨ 内容提要

本章主要围绕"境外基础设施投资 PPP 项目特许经营采购阶段"展开，从 PPP 项目招标人角度，对境外基础设施项目采购阶段的内容进行了介绍，以便 PPP 项目投标人掌握 PPP 项目的招标流程，以此来了解和控制 PPP 项目前期风险。为此，就以下内容进行了展开：

➢ 联合体合作

➢ 境外基础设施投资 PPP 项目合同法律审核要点

➢ 境外基础设施投资 PPP 项目股东协议及公司章程法律审核要点

通过学习本部分内容，将迅速地了解境外基础设施项目特许经营采购阶段联合体合作以及重要合同的谈判与审核关注要点。

第一节　联合体合作

建筑企业在经过本篇第二章所述内容的研判后，基本对基础设施投资项目有了基础的了解和掌握，在通过技术和商务、财务研究测算的前提下，建筑企业即可着手本企业是否参与项目的可行性研究报告。招标人发布招标文件后，建筑企业还需考虑的是，是自己单独投标还是联合国内企业或是国外企业组建联合体进行投标,在实践中,我国企业选择与当地的社会资本方组建联营体/联合体一同进行投标并实施项目的案例并不少见。在联合国外企业时,尤其是有些国家对本国企业作为联合体牵头人有特殊要求的情况下,如何把控联合体合作的风险,做好联合体合作方的尽职调查和风险评估工作就显得尤为重要。

对联合体合作伙伴尽职调查操作要求

在采购阶段,我国企业需要对潜在的联合体合作方进行调查了解,通常从资信实力、经营业绩、资金财务状况、融资能力、管理团队、技术能力、投资偏好、运营能力、项目诉求以及与企业组建联合体的互补因素等方面进行全面深入调查,分析研判其加入联合体投标、实施项目的综合能力。

(一)对当地联合体的尽职调查信息收集

联合体合作方基本情况、实际控制人、内部组织架构、公司章程、出资验资文件、营业执照、资质证件;

联合体合作方财务报表、审计报告、资产、知识产权、对外担保及投资情况、债权债务情况;

联合体合作方的主要产品资料;

管理团队、技术人员及社保缴纳情况;

会议纪要、工作总结;

相关行业经验、业绩等文件;

重大诉讼、被国际金融组织制裁或行政处罚等情况;

其他相关资料。

(二)对当地联合体成员尽职调查的主要关注点

1. 企业基本情况

企业登记注册、历次股权变动、主营业务及产品、组织机构及所属子分公司、资质、管理层、荣誉等。

2. 投融资能力

主要资产、是否存在虚增或产权不明的资产、资产运营情况、公司债权债务、资产负债率情况;股东实缴资本、资本公积等的合规性;营业收入、成本、非正常损益、税收、利润、现金流量等运营情况;担保情况、授信额度及使用情况、债券及股票融资可行性等。

3. 人员、管理情况

董监高背景、管理团队、技术团队、营销团队、管理模式等。

4. 行业、市场情况

行业政策、主营业务、市场需求、竞争格局、竞争对手、市场占有率、优劣势分析等。

5. 业绩、经验、技能和优势

从事相关行业、项目的过往业绩(签约主体、履约进展)、客户评价、优秀经验总结、企业参与联合体优势分析。

6. 对企业产生重大影响的诉讼、制裁或行政处罚情况

企业重大诉讼、被制裁、行政处罚可能导致企业融资等能力受影响,尽调方需通过访谈、与相关机构沟通、通过公共检索平台检索等方式查询了解企业诉讼、被制裁以及行政处罚情况。

7. 发挥联合体优势的能力

选择联合体合作伙伴,往往伴随着的最核心目的是实现强强联合的效果,如看重其融资能力、看重其某一重要材料的供应能力、看重其业绩和管理经验等,要对联合体成员发挥在联合体中最核心的功能进行分析评价。

8. 风险提示

联合体对招标人承担连带责任,联合体的整体属性可能引发外部连带责任风险,尤其是外部企业作为联合体牵头人时,其外部连带风险可能性更加大。企业在进行外部联合体合作,尤其是在与外国企业合作时,须做好联合体

授权范围、对外行为范围的严格控制。一是要进一步评估引入外部联合体、同意外部企业作为牵头方参与本项目的必要性，并在调查分析的基础上进一步评估其资信实力、履约能力，确保后续合作效果良好。二是因联合体对外承担连带责任，需签订责权利清晰的联合体协议，明确各方权利义务，尤其重要的是须考虑如何对外部企业对外代表联合体进行活动的权利加以控制，并制定相应的风险防控预案，约定具体可操作的违约赔偿措施。三是考虑联合体成员间接洽到递交标书有一个比较长的过程，也即外部联合体成员是否最终作为投标人参与项目投标未确定，企业应当限制外部企业对投标报价等核心内容的知悉范围、知悉时间，进一步做好对外部企业的保密管理，并制定外部企业退出后不会继续参与项目的排他性措施。

第二节　境外基础设施投资 PPP 项目合同法律审核要点

社会投资人中标境外基础设施投资 PPP 项目后，项目公司往往还未成立，政府方为尽快锁定中标社会投资人投融资安排、项目公司组建义务以及履约保函等事项，通常会同社会投资人先行签署投资协议，待项目公司成立后，再与项目公司签署 PPP 项目合同，也有的政府会直接与中标社会投资人签署 PPP 项目合同，待项目公司成立后，由项目公司承继合同的权利与义务，但承继模式需防范社会投资人与项目公司之间的权利义务混同的风险。本节从社会投资人的视角，论述 PPP 项目实施过程中政府方、社会投资人以及项目公司的权利义务的关注要点。

一、基础规定

一是关注合同主体，主要为项目签约主体信息是否准确、是否取得相关授权文件、签约主体在东道国/地区法律框架下的主体资格。二是关注项目背景,主要为项目背景描述内容是否完整准确、项目采购流程是否完善、项目是否完成合规手续等。三是关注合同的定义条款,该条款的主要目的是对合同中多次出现的词语的含义进行统一,避免后续合同各方对词语的含义的理解产生争议,此处需重点关注相关用语的定义是否符合通常理解,如建设期、运营期、法律变更、可行性缺口补助或政府补贴、关联公司、特许资产、融资、合同生效日、运营日、移交日、不可抗力、控制权等词语的界定是否合理。四是关注解释条款,解释条款的设定旨在为避免不同条款因解释不同而引起争议,该部分需关注如何对合同条款进行解释、解释规则是否合理等。五是关注合同文件构成条款,合同文件构成条款是锁定合同正文及附件范围,该部分需关注合同文件构成是否全面、是否存在对我方不利的遗漏、合同文件之间解释的优先顺序等。

二、关于项目合作模式的关注要点

一是需关注项目实施的基本模式描述,需与政府立项可研、实施方案审批的实施模式相一致。二是需关注合作期限,特许经营期需在东道国/地区法律允许的范围内,并最好将建设期与收费期分别描述。三是需关注合作内容,需在东道国/地区基础设施投资 PPP 项目实施范围内,合作内容需清晰明确。四是项目前期是否有遗留问题或有哪些工作成果交由项目公司享有。

三、项目范围

项目范围的主要作用在于明确在合作各方约定的合作期限内政府方与项目公司之间的主要合作内容,根据项目实施模式和具体情况的不同,合作范围可能包括设计、投资、建设、运营、维护某个基础设施项目或提供某项社会公共服务等。通常而言,合作范围应该是具有排他性的,即在项目合作期限内政府方不会就该项目项下的部分或全部内容与任何第三方进行合作。社会投资人主要关注投资标的物的范围、提供工程建设以及运营服务的内容,尤其是基础设施投资 PPP 项目标的内容与范围通常为公共基础设施、公共服务类项目，若签约项目不在上述范围内，社会投资人应高度关注东道国/地区 PPP 相关法律规定的项目范围，确保项目本身依法合规。此外，还需关注是否含有排他性条款。

四、特许经营期条款的关注要点

特许经营期条款系项目合作的期限范围，社会投资人要重点关注以下事项：

第一，项目建设期与运营期的设置。根据不同的东道国/地区的法律规定及习惯，主要分为合并设置和单独设置两种方式。合并设置方式下的特许经营期包含建设—运营整个期间，运营期的长短与项目实际竣工时间挂钩，项目实际竣工时间延长可能会缩短运营期限，当然项目实际竣工日期提前，则会提前进入运营期，运营期也将获得相应延长。单独设置方式下建设期与运营期并非一个整体，在该种方式下分别设置固定的建设期、运营期，相对来说，在该种方式下社会投资人的风险更为可控。

第二，特许经营期是否在东道国/地区特许经营项目法定期限内。不同国家关于特许经营期的规定不尽相同，但一般都会规定一个最低期限和最高期限，比如，在巴西，PPP 合同的期限最低不得低于 5 年，最高不得高于 35 年，包括任何可能存在的延长情况。如果项目特许经营期超出法律规定的期限则可能会因不合法而导致项目难以实现预期目的。最高期限通常还会涉及特许经营期延长与补偿的问题，即在出现特殊情形需要延长项目特许经营期，但又受到东道国/地区法律规定的限制，导致可延长的特许经营期不能弥补社会投资人损失的时候，如何对社会投资人进行补偿是社会投资人应当关注的事项。

第三，项目建设期。这里主要需要关注建设期的起算点是否合理、是否存在闭门工期等情形。在一些国家/地区的项目中，项目合同中将建设期的起算点界定在合同生效之日，由于在合同生效之日通常不具备工程实施的条件，那么就容易压缩社会投资人的建设期,导致项目实质性工期较短。同时,有的合同虽然将建设期界定在合同生效之日,但是将建设期划分为施工准备期和建设期两个阶段,给予分别计算。对于建设期的起算时间,社会投资人应争取以发放开工许可证之日作为建设期起算点,而非合同生效之日。实践中,对于一些政治形象工程等政府方有特殊需求的项目,项目合同中可能会要求设置闭门工期,即合同中并不关注建设期的起算时间节点,而是设置一个必须完工的日期,投资人应当避免签订这种约定的合同,若确因各种原因需要签订的,应当充分评估闭门工期对于建设成本等方面的影响,并在成本测算时予以充分考虑。

第四,项目运营期。在建设期与运营期分别设置的情况下,要关注运营期的起算点,尤其是特许经营项目,如高速公路,社会投资人应争取将起算点设定在具备收费条件、收费许可证办理完成之日。同时,还要关注项目是整体运营还是存在多个可分别独立运营的子项目,对于存在多个可分别独立运营子项目的情况,要注意设置不同的运营期起算点。

第五,项目实施周期的延长。通常情况下,发生特定情形时,会允许延长特许经营期限,以增加项目公司的收益期。根据项目实践来看,政府和项目公司商定可以进行延期的事由通常是:在项目合作期限内,发生不应由项目公司承担且导致项目公司因此遭受损失的风险时,项目公司可以要求延长项目合作期限,但此延长要求应当在法律许可的范围之内。此外,还要关注 PPP 项目特许经营期延长的程序,从合同的角度应当关注特许经营期延长审批的主管机构、可以延长的最长期限、延长需要提交的资料,并注意明确政府方负责延长申请及落地事宜、延长未达到社会投资人预期时的补偿规则等。

五、声明与承诺条款的关注要点

声明与承诺条款通常是投资项目合同的重要组成部分,该条款一般包括政府方的声明与承诺、社会投资人的声明与承诺以及项目公司的声明与承诺等内容。

第一,关于政府方的声明与承诺条款。通常情况下,需要政府方承诺的前提为如果没有政府方的承诺,则会导致项目实施效率降低、增加项目成本或导致项目失败,并且拟承诺事项系政府有能力或有义务控制和承担。针对政府方的声明与承诺条款应当重点关注以下事项:一是项目的合法合规性,需明确政府方在招标前已履行完毕所有合规手续,确保项目依法合规的义务;二是涉及政府财政支出责任的,需明确政府已经履行或后续保证履行财务支付相应手续的义务,确保后续政府付费及时足额到位;三是项目的配套支持义务,需明确政府方对于所实施项目的配套支持义务,尤其是对于所实施项目需要政府方配套实施方可进行运营的特定项目,如电力项目等需要外接线路接入方可运营,如污水/垃圾处理厂等应当要求政府方承诺提供配套的管道并提供特定的垃圾/污水量以保障项目的运营;四是对社会投资人的相应协助义务,政府方对于应由项目公司、施工总包方办理的合规手续有提供必要协助的义务,尤其是对于项目公司无法自行获取或由政府方负责更为便利和更有效率的手续,甚至可协商直接规定由政府方负责办理并提供合法有效的文件,但需注意的是审批责任应当符合东道国/地区相关法律法规的有关规定。

第二,关于社会投资人以及项目公司的声明与承诺。社会投资人、项目公司的声明与承诺要关注以下事项:一是要求社会投资人对项目公司提供担保、提供股东借款等扩大社会投资人风险的情况。由于项目公司通常是专门为特定项目而设立,其成立以后履约能力通常较弱,有的东道国/地区的项目合同中要求社会投资人对项目公司的义务提供担保或股东借款等,有的会直接体现担保、股东借款等字眼,有的则通过明确社会投资人要确保项目公司完成融资、确保项目资金链不断裂、确保特定期限内完成工程建设等表述来隐含地表达出需要社会投资人提供担保或负责融资的义务,社会投资人要尤为关注上述条款。二是社会投资人资信实力情况描述(主要包括投融资能力、诉讼情况等)的准确性。通常会要求社会投资人针对自身的投融资能力、诉讼情况等资信实力情况进行承诺,这里需要注意的是在签订之前一定要核实相关承诺是否属实,避免因对自身相关情况不了解而构成虚假承诺。三是要关注是否存在让社会投资人声明放弃因发包人提供信息不准确而索赔的权利等情形,如在巴西,有的特许经营合同约定"即使特许人提供了不正确或不充分的信息,抑或其他机构或渠道给予了不正确的信息,特许经营者也不得以此为借口,要求豁免履行合同义务或要求特许人给予赔偿。特许经营者有义务通过开展调查来核实获取信息的准确性和恰当性,但招标文件、合同和附件明确规定的其他特殊情况可例外"。

六、政府方主要监管限度的关注要点

在境外基础设施投资 PPP 项目中政府方对项目的权利主要体现在监管层面,而非直接对项目进行实质性的经营管理,因此,在相关合同文件中要重点关注以下事项:

第一,需重点关注政府方对项目公司的介入程度,最好是监督而非实质性管理,对于涉及政府参股的项目,政府方对项目公司的权利也应当限定为仅在其股东权限范围内履责,预防政府过度干预项目公司的经营自主权进而影响社会投资人利益。比如,在建设施工阶段,政府可能不会考虑到 PPP 项目的特殊性,仍想按照传统施工模式对项目进行监管,过度干预不仅会影响项目公司的管理效率,更重要的是会导致项目公司应承担的管理风险在政府方过度监管下失衡。

第二,政府方对项目的监管可以通过定期或不定期地获取项目施工进度资料、参与施工项目的试验或测试、对项目进行建设期绩效考核等方式实现。涉及建设期绩效考核的,需关注考核指标的设置是否合理、是否超出社会投资人预期,避免考核指标设置过高导致难以实现相关考核要求而造成项目收益减少或出现其他不利影响。

第三,政府方介入权应当在一定限度内。通常而言,只有在涉及对公共利益、公共安全有重大影响的事项时,政府方才可以行使介入权。此处应当注意政府方可行使介入权的事项范围、行使之前的通知义务、行使介入权对项目造成影响的补偿措施等。

七、项目投融资事项基本的关注要点

融资条款一般散见于合同的不同条款之中,项目公司实施项目的资金来源于项目公司资本金及债务性资金。重点关注以下事项:

第一,项目资金投入安排。主要关注项目总投资,项目资本金的数额、比例,项目公司组建的时间节点以及政府方出资数额及时间,社会投资人出资数额及时间,项目实际运行的投资计划、实施节奏等事项,并据此整体调整社会投资人、项目公司的资本金、债务性资金投入节奏。

第二,项目资产处置限制。项目债务性资金通常占据项目实施所需资金的绝大部分,占据总投资 70%—80% 的比例,融资主体为项目公司,而作为因项目而成立的特殊目的公司,往往成立时间不长,想要获得银行等金融机构的贷款,需要采取担保措施。通常项目公司想以项目资产或有关权益(如高速公路项目收费权,具体为运营期政府有效月补贴、通行费、特殊收入以及在合同框架范围内应付给特许经营者的违约赔偿金)或社会投资人以其所持有的项目公司股权为担保向金融机构申请融资。但政府方担心社会投资人、项目公司处置项目公司股权、项目相关资产及权益会影响项目实施,往往会对社会投资人、项目公司处置以上资产进行限制。社会投资人、项目公司在签署项目合同时,应与政府方充分沟通,打消政府方上述顾虑,使其同意为运作项目而进行股权质押、资产质押或抵押以及收费权质押等担保措施。但政府方同意的前提是上述措施不会对投资项目和特许经营合同标的服务的正常、连续运行造成不良影响。

第三,银行等金融机构在进行放款时,通常会评估项目资产、权益抵押的价值,若银行认为抵押资产价值不足以覆盖放款价值,则有可能拒绝放款或要求提高资本金比例,社会投资人应与政府方提前沟通,在协议中对此情况作提前约定。

第四,政府方对融资合同的干预。在某些东道国/地区,政府方可能会对项目公司与金融机构之间的合同进行监管或加入特定要求。如巴西有的业主会要求"特许经营者应以合同形式来明确规定和确保,一旦违反融资人和特许经营者之间签署的任何合同义务时,融资人有义务立即告知特许人,该违约行为有可能导致执行保函或对融资合同进行干涉"。

第五,关注融资方的介入权。融资方债权的实现与项目的顺利实施有着密切关系,通常而言,融资方不愿看到项目出现提前终止等情形,融资方为防范项目出现上述风险,一般会要求在合同条款或合作各方另行签订的介入协议中明确当项目公司发生特定的、无法在约定期限内补救的违约事件时,其享有自行或委托第三方在项目提前终止前对项目进行补救的权利。

第六,关注再融资。为了充分调动项目公司的融资积极性,同时使得项目公司的融资更具有灵活性,有的PPP项目合同还会明确再融资条款。

第七,关注社会投资人股东是否存在提供股东借款、担保措施等义务。重点关注相关表述是否实质上构成融资担保义务、进行债务性融资时有哪些限制性要求、再融资的程序及要求是否合理等。

第八,需关注融资敞口设置,如是否可通过引入财务投资人等方式作为项目融资途径。

八、项目用地的关注要点

境外基础设施投资PPP项目实施非常关键的一环是项目用地问题,项目合同中一般会专门就项目用地进行规定,通常涉及项目用地的取得、项目用地有关费用的承担主体以及土地使用的权利及其限制等内容。

境外基础设施投资PPP项目在项目用地环节,一般均涉及征地拆迁工作,社会投资人在审核用地条款时,一是要关注项目用地征地拆迁工作的实施主体,鉴于由东道国/地区政府与当地相关权利主体沟通会更为顺畅且有效,最好约定由政府方负责开展征地拆迁工作。但是,政府方为减轻自身责任和风险,通常会将相关工作交由社会投资人实施,此种做法会加大社会投资人的风险。比如,在巴西,一般只有政府部门才有权宣布土地因公用事业而被征收。但是,在 PPP 和特许经营项目中,政府往往授权特许经营权获得者与土地所有者进行谈判,启动征收程序,并对土地所有者进行赔偿。二是要关注东道国/地区法律法规对征地拆迁的开展流程、时限及要求的规定,避免因征拆工作而影响项目实施。比如,在巴西,征收程序通常以征收令开始,从行政长官公布征收令之日起,相关政府机构即有权进入该土地。但是,需要与土地所有者就赔偿金达成协议。如果双方无法达成此类协议,则有必要启动司法程序,由法官决定赔偿金额。因此对当地的流程及完成相关工作的时限不了解或没有充分的预估,就可能因征拆影响项目实施。三是要关注征地拆迁费用的承担主体,若是由项目公司承担,该费用是否为政府包干使用,征拆过程中超过部分又应如何承担。四是要关注因征地拆迁造成工期延误的处理规则及补偿措施。五是要关注项目用地在东道国/地区的土地性质、项目涉及土地的现状、项目实施期间土地使用权的登记主体以及土地处置的权限及限制等。

此外,关于项目用地提供方式,需关注项目取得土地的方式、项目合作期间土地权利归属、是否可以用项目用地权利进行抵押融资、项目用地取得是否需要另行付费、费用计取是否设定包干价格、项目期满土地权属是否需要变更以及如何变更等。关于项目用地涉及的环境许可审批条款需关注由谁负责报审报批、需履行哪些程序、履行相关程序的期限、逾期未完成相关程序的处理规则等。

九、股权处置的限制

在境外基础设施投资 PPP 项目中,虽然通常由项目公司负责项目的建设—运营—移交工作,但项目的实施还是主要依靠社会投资人的资信、资金、融资和技术能力。任何可能的项目公司股权结构变化,尤其是导致社会投资人不再控股项目公司的情况,均可能导致不合适的主体成为项目的投资人,进而导致项目无法按照社会投资人与政府方最初的商定有效运行,引发项目风险。因此,政府方往往会对项目公司股权结构变化加以限制,如明确特许经营期内,社会投资人股权不得进行处置,除非得到政府方的批准。

而作为社会投资人,则不希望其自由处分项目公司股权的权利遭到限制,因为通过股权转让可以实现其灵活退出项目的目的,对于以获得短期施工利益为主要战略目的的建筑企业尤为如此;而且可以通过股权变动引入新的投资人,保持资本运作的灵活性。由此可见,双方在股权变动方面的利益是存在分歧的,因此,我们需要探讨一个双方接受的平衡机制,仅在合理的范围内限制社会投资人不当的股权变更,具体建议如下:

第一,根据融资目的不同,不同程度放宽融资限制。若社会投资人处置股权系为项目进行融资从而解决项目资金问题,则在不失去社会投资人控制权的情况下,准许其行为;若社会投资人想通过股权转让行为实现退出,则应设置股权锁定期,股权锁定期内,不允许社会投资人转让股权退出,除非获得政府方批准,股权锁定期外,则允许社会投资人通过股权转让实现退出,通常股权锁定期可考虑为建设期加一定年限的运营期。如巴西某项目招标文件要求"转让项目公司股权且不涉及控制权变更时,不需要业主审批,但需在完成转让股权后 15 天内通知业主;导致项目公司控制权变更的股权转让,需要提前报业主审批并取得同意"。

第二,对于引入新投资人的资格设置门槛条件。政府方可对新引入的社会投资人设置一定的准入门槛,如新引入的社会投资人需承继原投资人关于本项目的全部义务,并具有履行义务所需的资格、实力等要求。在某些特定项目中,若某些政府方对某些主体有禁入的要求,则可直接在合同中约定禁止向这些主体进行股权转让。

十、投资回报的关注要点

第一,需关注项目回报机制。在存在政府方付费、可行性缺口补助的项目中,因涉及政府财政支出责任,社会投资人需关注政府财政支出的规则,尤其是合规程序以及金额限制等因素;在存在使用者付费的项目中,企业要关注使用者数量的调查评估及模型预测,并考虑已有和或有的竞争性项目的影响,如高速公路收费项目需注意车型以及不同车型下的收费标准等;关于竞争性条款需关注政府方作出的排他性承诺是否合理、是否设置前提条件、是否能够产生预期的排他性效果、出现竞争性项目时的补偿规则及措施是否合理等。

第二,需关注政府方与社会投资人作为项目公司股东的分红规则,如政府方是否参与分红、分红的具体规则,再如政府方原则上在社会投资人收回投资及回报前不享有分红,仅在特殊情况下有超额分红等。

第三,需关注项目期满,项目公司清算后的剩余财产分配规则。

第四,需关注在符合东道国/地区法律法规下,政府方对于社会投资人的"兜底"条款,如高速公路项目,是否有最低车流量兜底设置等。

此外,还需关注征地拆迁费突破限额、项目超概算、优惠补贴未能落实等情况下的补偿方式、经济再平衡机制,如涉及延长特许经营期限的,还建议核实延长的具体审批要求,以及未实现延长时的其他替代补偿方式。

十一、违约责任的关注要点

第一,需关注政府方、社会投资人违约责任设置的整体合理性、对等性。

第二,关于社会投资人违约事项,需关注违约后果与违约行为的相当性,如涉及追究违约金的条款,需关注违约金数额是否与违约行为造成的实际损失相当,是否设置有整体违约金上限封口条款,如涉及招标人有权解除合同的条款,最好加入前置条件,如"限期整改、拒不完成整改""且致使合同目的不能实现"等。

第三,关于政府方违约事项,政府方违约关系到社会投资人的合同解除权利的行使,需关注项目合法合规手续存疑、政府付费延迟超过一定金额或期限以及政府未按约定节奏征收、征用并提供给社会投资人等事项。

第四,关于合同提前终止及补偿机制。回购的补偿机制需根据触发回购行为的原因综合考量,如政府方违约、政治不可抗力下的补偿应考量社会投资人的整体投入、正常履约下的可得利益以及提前终止可能造成的损失(如对总包商、供应商、融资方的违约等);对于因社会投资人的违约行为而触发的提前终止,回购则为政府方的选择权利,而非强制义务,若政府方选择回购,则回购补偿应综合考虑社会投资人的全部投入、社会投资人违约给政府造成的损失(包含政府方另行选择社会投资人的花费)等;若为自然不可抗力,则根据风险分担情况综合考虑回购补偿规则。

此外,在境外基础设施投资 PPP 项目合同中一般还会对政府方回购补偿的支付方式、支付时间和支付程序进行约定。根据项目的具体情况,支付方式既可能是一次性全额支付,也可能是分期付款,社会投资人应当尽量争取一次性全额支付,及早收回相关款项。

十二、不可抗力的关注要点

第一,要关注不可抗力事项的范围,是否包含所有我方不能预见、不能避免、不能克服的情况,如孟加拉国一段时间内经常存在罢工情况,一旦发生罢工,会给社会投资人带来重大损失,若社会投资人想要援引不可抗力条款以减少损失、获得补偿,可能会被对方以该国罢工行为的可预见性进行抗辩。因此在不可抗力的设置上,还要根据东道国/地区的特殊情况综合考量,尽量明确。

第二,要关注不可抗力的后果,通常不可抗力、法律法规变化带来的风险应由政府方承担,或与社会投资人合理分担,在合同条款设置上,应力争将上述风险约定由政府方承担,并明确具体的承担方式。

十三、社会投资人退出的关注要点

第一,要关注社会投资人的退出方式,如可约定通过期满解散退出、股权转让退出、政府方回购退出、资产证券化退出等,以与孟加拉国国有企业合作实施电力项目为例,针对特定情形的孟方国有企业违约事件,我国投资人可要求其国有企业对我国投资人的股权进行回购。

第二,要关注退出时的回报问题,如期满清算后财产分配、触发政府回购的条件及价格等内容,确保社会投资人退出时的利益。

第三,要关注社会投资人股权转让的限制,比如股权锁定期的限制、项目公司控制权变更或受让人的限制。社会投资人应争取政府方不在协议中对社会投资人的全面或部分退出提出苛刻要求。此外,社会投资人也可从项目股权架构的风险、可融资性等方面考虑,从而对政府方的股权转让行为进行限制。针对可能出现的政府方部分或全面退出的情形,明确我国投资人可结合自身是否有长期持有的诉求,行使优先购买权或跟售权等权利。但同时也要做好应对政府方优先购买权、拖售权①等权利的准备。

十四、争议解决条款的关注要点

争议解决条款的关注要点请参考本书第二篇第二章有关内容。

十五、其他需要关注的内容

1. 政府方股东不履行出资义务的救济

为了督促股东各方按时足额出资,促进项目顺利实施,实践中合资公司股

---

① 跟售权条款的权利要求多来自小股东。它是指在大股东出让股权时(或者是出让控股权时),小股东有权按照大股东出让的比例,等比例要求出让自身的股权,从而在某种程度上达到与大股东"同进同出"的目的,可以视为对大股东转让股权的限制。与随售权条款的权利要求多来自小股东相对应,拖售权条款的权利要求一般来自大股东,常常被视为对大股东有利的条款。它意味着在大股东出让股权时,有权"强拉"着小股东将其股份一并卖出。

东各方会在协议中约定针对一方股东不履行或不完全履行出资义务的救济措施,除了明确守约方股东有权向违约方股东追究违约责任外,还可能会对违约方股东的权利作出限制,这些限制通常体现在表决权、分红权等方面,有的项目中还会包含守约方股东有权代为出资并稀释违约方股权的内容。对于东道国/地区政府参股的境外基础设施投资 PPP 项目,若东道国/地区政府不按照约定出资,社会投资人能否实现上述救济权利还需视具体情况而定。

对于东道国/地区法律对其政府方持股比例作出强制性要求的情形,则社会投资人很难通过"稀释"股权的约定来实现救济。比如,在迪拜,外国投资人不被允许持有多数股份,如果认购 51% 股权的迪拜水电局出资违约,社会投资人即使替迪拜水电局出资,也只能构成对水电局的借款进而收取利息,无法达到稀释的目的。又比如,在非洲某国政府贷款项目,项目融资方要求项目公司必须由东道国/地区政府控股,则社会投资人代为出资、稀释股权也受到一定程度的限制。

鉴于此,我国企业需探索其他救济途径,比如对于政府财政能力不足,可能出现出资违约情形的,可以要求第三方提供担保进行保障,如政府出资或政府方为国有公司,则可考虑将融资关闭的条件设置为政府提供主权担保,约定政府方未出资的违约责任,以及社会投资人的免责条款。此外,关于主权豁免问题,需核实相关政府方股东是否享有主权豁免,东道国/地区法律是否允许通过约定合法放弃主权豁免,确保社会投资人的各项救济措施得以实现。

2. 投资保护协定的潜在影响

我国企业应充分利用双边或多边投资保护协定来加强境外投资风险的防范。除了社会投资人外,还需进一步研判项目公司是否能构成保护协定下的"投资人",以更加宽泛地利用好投资保护协定下的有利条款。如荷兰与孟加拉国的双边投资保护协定,就将境外投资人扩展至缔约国的国民直接或间接控制的法人,从而实现以 ICSID 仲裁作为项目公司与孟加拉国投资争端的解决机制。因此,我国投资者应当重点关注以下事项:一是进一步核实双边或多边投资协定中是否具有将项目公司视为投资人所在国公司的相关约定,若没有的,可以考虑通过设置出资路径,从与东道国/地区有类似约定的国家/地区进行出资;二是当如下约定在东道国/地区有效的情况下,可考虑在与政府方有关的协议中作出将项目公司视为投资人所在国公司的约定。

第三节　境外基础设施投资 PPP 项目股东协议及公司章程法律审核要点

股东协议系由项目公司各方股东共同签署,规定项目公司的设立、分红、决策、解散等事项。公司章程系公司运行的基本制度,对公司、股东、董事、监事、高管具有约束力。股东协议与公司章程虽然签署时间、内容方面有所差异,但关注要点有较大的重合,我们将其一并梳理,以供参考。

一、关于出资比例及时间节点

明确股东出资比例及时间节点系各方最重要的义务之一,因此要关注各股东协商一致确定的出资比例及时间节点,并明确未按时出资的违约责任。还应当关注出资比例及时间节点与项目实施节奏之间的关系,股东出资要服务于项目的开发节奏和建设进度,以及放贷金融机构对项目出资到位的要求。需提示的是,在东道国/地区公司法规定股东实缴出资的前提下,股东通常需按照当地法律规定于公司成立后一定期限完成出资缴纳。境外基础设施投资 PPP 项目公司除资本金外,还需获得债务性资金以确保项目顺利实施,因此还要关注是否存在社会资本方股东的担保、股东借款等责任,具体请见本篇第二章、第三章有关内容。

二、关于项目的分红规则

在境外基础设施投资 PPP 项目中,通常股东以其从项目公司获取的收益作为主要回报来源,因此项目公司的分红规则,一定要基于社会投资人参与投资项目的财务商务测算指标进行制定,要关注分红规则能否实现社会资本的投资回报,要以有利于社会投资人获取回报的原则设置分红规则。基础设施投资项目常见分红规则有以下两种:一是政府方与社会投资人按照股权比例进行利润分配;二是在社会投资人投资回报完成前,限制政府方股东分红,超额利润由政府方与社会资本按照商定原则分配。

此外,需注意,股东不能从目标公司获取固定收益。实践中为保障社会投资人可以获得固定投资收益,吸引社会投资人参与,招标方或外部合作方可能会提出社会投资人投入资本金后可以从项目公司获取固定收益的内容,也即无论项目公司盈亏,股东均可从项目公司获取固定分红。但是这一约定违背了公司法的利润分配规则,在项目公司没有充足利润或是亏损的情况下是无法实现条款约定的获取固定收益的目的,若强行操作,则可能有涉嫌抽逃出资的风险,还可能导致被认定为股东财产与项目公司财产混同,引发股东对项目公司债务承担连带责任的风险。因此,公司进行分红的前提必须是当年有可分配利润,可分配利润是公司财年经营收入扣除所发生的成本,按照法律规定缴纳税款、弥补年度亏损、提取公积金后剩余的利润。对于股东投入项目公司资本金想实现保本付息目的的,可以通过约定在项目公司当年有利润时优先分配给社会投资人,在达到社会投资人预期固定收益金额时,若还有剩余利润再分配至合作方股东;若项目公司没有利润或利润无法满足社会投资人预期收益金额,则由合作方股东给予补足,或者社会投资人可直接约定合作方应每年按时给予社会投资人预期的固定收益。需注意,在对合作方设定支付义务之前需对其资信实力进行尽调,并采取必要的风险防控措施(如要求其提供担保等),确保其有能力履约。

三、关于股东会、董事会议事规则

关于股东会、董事会议事规则,需充分考虑社会投资人所占股权比例、项目特点等事宜,详细参考本篇第二章公司治理结构一节。

四、公司解散规则

公司解散的原因有很多,如营业期限届满或者公司章程规定的其他解散事由出现、股东会决议解散、因合并分立解散、因违法违规被要求解散等。对于公司解散规则,一是要考虑东道国/地区公司法的法定解散事由。二是要考虑若项目提前终止,则项目公司也没有继续存在的必要,建议此种情况下约定社会投资人既有选择解散项目公司的权利,也有选择收购政府方股权以保留当地企业的权利。

此外,项目公司解散清算后涉及的财产分配与社会资本投资收益相关,社会投资人应高度关注财产分配规则,并平衡好股东、债权人、公司员工的利益。如对当地员工的安置要结合当地劳工法、工会组织的影响施行,确保不引发群体性事件。

第四章　境外基础设施投资 PPP 项目的运维、移交及其法律风险

⫶⫶ 内容提要

本章主要围绕"境外基础设施投资 PPP 项目的运维、移交及其法律风险"展开，由于 PPP 项目在基础设施项目中具有明显的运营和移交界线，具备典型性，因此本部分以 PPP 项目为讨论对象，主要包括以下三个部分内容：

➤ 境外基础设施投资 PPP 项目运营前准备及运营模式选择

➤ 境外基础设施投资 PPP 项目运营管理及风险防范

➤ 境外基础设施投资 PPP 项目移交程序及其风险防范

通过阅读、学习本部分内容，将迅速地了解境外基础设施投资 PPP 项目在施工阶段完成后的后续工作，指导项目人员了解项目运营及移交阶段各项风险并完成项目运营及移交阶段的各项工作。

境外基础设施项目由于涉及工程量大、金额较高、技术复杂，经常采用 PPP 模式进行项目融资和承建，其目的是将部分政府公共部门的社会责任让渡给社会投资人，由政府公共部门与社会投资人建立起"利益共享、风险共担、全程合作"的共同合作关系。

从项目实施全流程来看，项目的设计、建设、施工、竣工等环节，所形成

的仅仅是一项可以提供公共服务的载体。而要检验项目建设的阶段性成果、检验政府公共部门与社会投资人的合作效果、检验该基础设施项目是否达到高质量公共服务产品的目标,其关键在于境外基础设施 PPP 项目的运营,这是 PPP 项目公私合作的核心要义,也是实施基础设施项目的最初目的。

第一节　境外基础设施投资 PPP 项目
运营前准备及运营模式选择

一、境外基础设施投资 PPP 项目运营前准备及运营条件

在项目建设工程竣工验收后,项目才能顺利进入运营阶段。要保障运营阶段的顺利进行,首先应当保障建设工程完工且验收合格;其次应该保障获取运营所需要的全部条件,并以此为基准点进入运营阶段。

因此,在项目运营前,各方应当将前一阶段各项工作的类型、状态、成果、待解决问题等进行系统的梳理,确保在前一阶段中的各方权利、义务、责任等已经充分履行。

(一) 运营开始前的准备工作

不论是建设施工阶段还是运营维护阶段,各方的权利义务均主要体现在合同约定之中。实践中,在项目建设阶段到项目运营阶段的过程中,常见的关于各方权利义务的约定为"项目验收竣工合格后,乙方应书面报告甲方,经甲方同意后项目进入试运营期,若在试运营 45 天后设备达到设计标准和试运营目标,项目开始正式进入商业运营期"。参照此类规定,可以将项目运营前准备工作划分为如下几个部分:

表 2-4-1　境外基础设施项目运营前准备工作

基础合同文件 梳理归档	对建设施工阶段的重要合同文件进行梳理归档,以备后续查阅。重要文件包括特许经营协议、出资人协议、项目公司章程、施工合同、分包合同、物资采购合同、设备采购合同、融资合同、担保合同、各类保险合同、工程保函等。
项目竣工验收 文件准备	根据合同约定的竣工验收程序准备工程验收资料、安排工程验收流程,并对验收工作做好记录,争取顺利完成工程竣工验收。
合同争议事项 梳理	对建设工程施工阶段的施工合同项下的合同变更、索赔等材料进行统计梳理,形成明细台账,并对签证、证据文件等进行整理,以便开展后续争议解决工作。
项目结算文件 准备	按照工程造价的要求对整个建设工程从筹建开始到项目竣工交付为止的全部建设费用进行财务决算,同时与分包单位、供应商等单位就分包、供应合同项下的履行情况进行结算工作。
项目试运营及 正式运营申请	按照合同要求准备项目试运营申请,由项目公司出具正式的试运营证书,并在试运营合格结束后及时安排正式商业运营工作。

（二）运营起点的确定

境外基础设施投资 PPP 项目通常分为建设期、运营期,很多合同约定项目建设期结束后,即进入运营期,但实际建设期结束往往还未达到运营标准。因此,在协议中明确正式运营开始日期至关重要,根据项目行业特点及实际情况,以下起算日可作为参考:

对于要求取得特别运营许可证书的基础设施项目,运营开始日则可为取得运营许可之日,也即可以进入收费之日。

对于包含多个子项目的项目,各方可以根据子项目的独立性来锁定不同的运营开始日,其中:

若各子项目可独立运营,则可分别确定各子项目的运营起始日;

若各子项目整体关联性较强,需整体验收合格后方可达到运营条件,则整体验收并具备运营条件之日为运营起始日。但若项目存在可行性缺口补助,可协商在每个独立子项目完工后,即可获得一定的补助,以减轻建设期资金压力。

二、境外基础设施投资 PPP 项目运营主体及运营模式选择

从整体 PPP 项目的开发流程来看,运营在其中占有重要地位。在本篇第一章中介绍了 PPP 项目的不同运作模式,其中建设—运营—移交(BOT)、建设—拥有—运营(BOO)、转让—运营—移交(TOT)模式,均存在"运营"的内容。但具体采用何种运作方式,需要根据项目的具体付费机制、投资收益水平、风险分配基本框架、融资需求、改扩建需求和期满处置等因素进行确定。

在以 PPP 模式实施的基础设施项目中,应坚持"利益共享、风险共担、全程合作"的开发原则,该原则要求社会投资人和政府方应当将风险进行合理分担。基于此,境外基础设施投资 PPP 项目运营的过程就是结合社会投资人的优势,将项目付费和绩效挂钩,激励社会投资人充分发挥作用,使项目运营的商业风险由社会投资人和政府方共同分担;同时,在运营过程中,还要求充分利用社会投资人的管理经验和管理能力,提高基础设施项目整个运营周期内的项目效益。

根据基础设施项目运营主体的确定方式,可以将基础设施项目运营方划分为以下三种:

表 2-4-2　境外基础设施项目的参与运营方

参与运营方	内容
建设方即运营方	投标联合体中的建设方具有运营资质和运营经验的,并且招标文件中并未禁止该种安排,可根据《特许经营合同》成为运营方。在项目进入运营期后,建设方同时也作为运营方。
建设方和运营方联合投标	政府在招标文件中要求投标人中须包含具备运营资质和能力的运营方,因建设方不符合该项要求而寻求运营方共同组成联合体参与投标。
中标后选择运营方	项目公司成立后通过公开合法途径重新确定具有运营经验和资质的运营单位。

选择运营方的方式,一方面需要遵循招标文件的具体要求,另一方面则需要考虑项目本身的性质。就项目本身性质而言,如果项目运营内容具有高度专业性,譬如机场、铁路的运营,运营方的资质、技术、经验是首要考量因素,而非价格比较,这种情况下通过直接选定的方式较为合适;相反,如果项目运营的专业性要求不高,则可以通过竞标的方式,筛选出满足资质且报价低者作为运营方。运营方可以以项目委托运营商或项目共同出资人的身份参与项目运营。就招标文件具体要求而言,在不同的招标条件要求下,投标人自然需要采取不同的策略并确定不同的运营参与主体。

第二节　境外基础设施投资 PPP 项目
运营管理及风险防范

一、境外基础设施投资 PPP 项目运营的原则及运营范围

(一) 运营原则

由于境外基础设施投资项目提供的公共产品或服务的对象一般都是社会公众,势必涉及社会公共利益,所以在运营方制定项目运营方案及进行项目运营时,应当遵循以下原则:

1. 确保项目运营安全稳定

安全是项目运营的首要考虑因素,必须确保项目运营不存在对社会公众造成人身或财产损害的风险。其次,要确保项目运营能够持续稳定的为社会大众提供产品或服务。

2. 提高运营的效率和质量

在保证运营安全稳定的基础上,高效率、高质量运营也应是项目运营的原则和追求的目标。高效运营即力求以最小的成本获得最高的效能。对于基础设施项目运营来说,提高效率的方式包括发挥群众监督的力量,畅通作为

项目使用者的社会公众对于产品或服务的意见和建议的沟通渠道,从而有的放矢地提高项目运营效率;另外,合理简化运营决策的流程也能提高运营效率。

3. 平衡公共利益及企业利益

基础设施项目的根本目的是提供社会福利、保障社会公共利益,但项目的建设运营又不可避免地需要通过给予社会资本方一定商业利益的形式实现,因此项目运营必须平衡好公共利益和企业利益。必须明确社会公共利益的优先地位,防止社会资本方的逐利性导致公众负担较高费用的情况;其次,基于商业可行性原则,可以通过政府补贴等方式照顾社会资本方的利益。

(二) 运营范围

对于境外基础设施投资项目,建设阶段的工作范围与运营阶段的工作范围并不一致,最终由运营方负责运营的项目设施范围应在合同中约定。

一般而言,根据合作模式的不同,由运营方负责运营的范围可包括新建项目竣工验收合格后所形成的资产、在项目合作期限内新投资建设所形成的资产以及由政府公共部门移交给运营方的原有资产。

对于运营方而言,其所需要进行运营管理的工作范围大小将直接决定未来进行管理的风险分担和效益,因此,在与政府公共部门签订运营阶段合同时,应当注意合同当中对运营范围的描述。

在确定运营范围的基础之上,运营方需要进一步关注其在运营阶段所需要进行的各方面投入,也即运营阶段所包含的运营内容。运营内容的确定与项目的性质关系密切,常见的运营内容包括如下:

表 2-4-3　不同基础设施项目的运营内容

项目类型	运营范围
一般基础设施项目	运营的内容通常包括运营和维护保养。对于配置经营性资源的项目或有经营性收入的项目,运营的内容还包括经营。
公共服务类基础设施项目	大多数教育和医疗卫生等公共服务类项目,通常核心公共服务内容会在项目竣工验收合格后由相应的教育和卫生行政等职能管理部门接管运营,则社会资本运营方负责运营的内容仅为维护保养、物业管理服务及其他辅助和非核心公共服务内容(如后勤保障、卫生管理等)。
片区开发类项目	运营的内容包括产业发展服务和配套设施服务两大类。其中产业发展服务,即约定由社会资本方负责制定产业发展规划、开展产业战略研究、园区宣传推广和品牌建设并招商引资;配套设施相关的服务,包括道路清扫、道路养护、绿化养护、垃圾清运以及防汛、防火、防洪、交通、安防、照明、广告、排水和污水等设施的维护。

二、境外基础设施投资 PPP 项目运营标准及运营期绩效考核

为保障项目运营的效果,合同中一般会在专用条件或附件中就运营的效果设定完整的运营标准和绩效考核体系,明确运营服务的义务和监督。

(一)运营标准约定

对于不同的基础设施项目,合同中约定的运营标准不尽相同。实践中,政府方与运营方在合同中约定的运营标准通常被划分为一般标准和特殊标准,一般标准常见约定方式如下:运营方对项目进行运营管理、养护、维修、重置等工作内容及质量标准应当符合法律规定及主管部门要求,且不得低于国家标准。运营方应对项目设施的状况及性能建立定期检修保养制度,对各项设施的运营维护资料进行收集、整理和归档,并按照甲方要求提交相关资料。运营方应确保项目各种设备、设施等处于良好的技术和安全状态,能够达到服务的标准目标,确保项目具有安全、舒适、经济的使用功能等。特殊标准则通常需根据项目的具体情况进行确定,不能一概而论。此外,合同中还通常会对标准变更作出约定,对于因法律变更等原因导致的服务标准提高通常会要求运营

方遵照执行,但会明确此种情形下导致运营方成本增加时的补偿规则。

虽然不同类型的境外基础设施项目约定的运营标准有所不同,且针对不同的特定项目会设置不同的特殊标准,但是在项目具体运营时,其本质仍然体现为基础设施项目的普遍服务和持续服务义务。

综合来看,对于直接关系公共利益的基础设施项目,如供水、供气和供热等项目,运营方在提供运营服务时,首先,应当履行符合法定的普遍服务标准的义务,这是对普遍服务标准的要求;其次,合同中还会约定,运营方因检修等原因需要暂停服务时,应取得政府方的书面同意后方可暂停运营;最后,对于一些特定的基础设施项目,如供水、排水等项目,运营方应当确保项目能履行法定的持续服务义务。

(二)运营绩效考核体系约定

在明确运营标准后,还需要建立绩效考核体系,合同双方通常会签订绩效考核协议,明确项目运营的绩效考核标准、绩效监测方法以及未达到绩效考核的处罚。为评估社会资本方提供公共产品和公共服务的质量和效率,项目合同通常会根据项目所处行业的特点、项目的性质、项目的预期目标和回报机制等因素设置明确的绩效考核标准,并在绩效考核标准的基础之上明确绩效监测方法和绩效考核不合格的处罚方案。

第三节 境外基础设施投资 PPP 项目移交程序及其风险防范

境外基础设施投资 PPP 项目的移交是指在项目合同期限届满或者合同提前终止时,项目公司将项目的所有设施设备等的所有权及项目经营权交付给政府或者政府指定的其他机构。项目移交程序中的关键环节主要包括移交准备、项目评估、资产交割、绩效评价,同时根据不同项目的性质和特征也可能涉及其他程序步骤。

第一,在项目移交准备阶段,主要是由政府方的项目移交工作小组与项目公司确定项目移交的各项事宜,通常来讲,项目合同中应当对项目移交进行明确约定,双方只需按照合同约定具体执行即可。应当明确的事项包括:一是项目合同期限是否届满。合同期限届满后的移交与合同提前终止情况下的移交,在后续项目评估标准、绩效考核标准以及补偿方式上都会有较大区别。二是移交的内容。不同项目的移交内容有所不同,但一般均会包括项目设施、设备、零部件等所有与项目相关的动产或不动产以及土地使用权等项目所涉权利,此外,通常还包括项目实施人员、项目运营维护所涉技术和技术信息、所有项目相关的图纸、文件和资料等。三是补偿方式。政府是否需要向项目公司支付补偿,需要根据具体的合作内容和模式由双方在合同中确定,尤其是在一些盈利预期较好的特许经营项目中,双方会约定在特许经营期满后项目公司无偿向政府移交项目。当然,无偿的前提通常都是特许经营期限届满,因为这决定了项目公司能否回本并获益,当因政府方原因导致合同提前终止时,无偿移交显然对项目公司不公平。对于有偿移交,则需要在合同中约定移交的补偿形式、补偿金额,并且也应当考虑合同提前终止情况下的处置方式。四是移交的条件和标准。主要包括两个方面:一方面是项目运营状态的标准,即项目是否达到了技术、环境等特定标准且能保持在特定期限内的持续正常运行;另一方面是项目权利标准,项目设施设备等动产、不动产以及土地使用权等权利是否设有抵押担保等权利负担。尤其是在合同提前终止情况下,项目贷款很有可能尚未清偿完成且以项目资产作为抵押担保,这无疑会使项目移交程序更加复杂。

第二,项目评估主要是用来作为确定补偿时的参考依据,主要包括两大块内容:对项目资产的价值评估及对项目运行状况进行测试评估。由于专业性程度较高,通常需要委托给具有相应资质的专业评估机构完成。项目评估事项通常也会在项目合同中进行约定,确定委托的评估机构、评估范围、评估方式等内容。

在对项目运行状况进行测试评估后,若发现项目运行未达到约定的标准,则政府方有权要求项目公司采取修理等补救措施,直至达到项目移交的标准要求。

第三,项目资产交割是指项目公司应当配合政府方完成项目所涉动产、不动产、土地使用权、知识产权等所有资产的所有权或管理权的转移变更手续。其中比较关键的是对移交时项目未完成合同的转让以及对项目所涉技术转让的处理等内容。

第四,境外基础设施投资项目一般会存在投资体量大、公益属性强的特点,为了保障社会公众的利益和政府的公信力,在项目移交完成后,行业主管部门、项目实施机构将会会同财政及有关部门对项目进行绩效评价。

境外基础设施投资 PPP 项目移交后绩效评价内容分为以下两大部分:一是对项目公司的移交工作整体情况进行评价,主要指标包括:设施设备可用性、档案与制度完善性、移交工作合规性等;二是对项目全周期运营管理及运营质量进行评价,主要指标包括经济效益(产出、成本、收益)、社会效益、环境影响、项目可持续性等。评价结果可作为政府方开展项目管理工作的决策参考依据。

绩效评价主体通过综合分析、意见征询等方式,形成客观、全面的绩效评价结果,绩效评价工作最终应落实到结果的应用,表现为:项目公司/社会资本的移交工作的评价结果主要与社会资本提交的移交维修保函相挂钩,评价结果中属于社会资本责任的,实施机构有权兑取移交维修保函;项目全周期运营管理及运营质量的评价结果主要用于总结基础设施项目运作经验以及存在的问题,为后续同类基础设施项目提供借鉴。

第五章 境外基础设施投资 PPP 项目实施典型案例分析

▮▮ 内容提要

本章主要围绕"境外基础设施投资 PPP 项目实施典型案例分析"展开,以中国某承包商在中东某国实施的一项公路项目为例,结合前文内容,主要从以下四个方面展开分析:

➤ 中东某高速公路项目背景及招标

➤ 本项目面临的主要风险及其成因

➤ 本项目风险的管理与控制

➤ 项目合同管理对项目风险控制的重要性

通过阅读、学习本部分内容,将迅速地了解在境外实施高速公路项目所需要完成的全流程工作以及各流程中所面临的系统性风险和非系统性风险,并能够采取有针对性的措施进行事前预防、事中应对、事后解决,指导项目人员顺利开展工作。

第一节 中东某高速公路项目背景及招标

一、项目概况及招标

(一)项目概况

表 2-5-1 中东某高速公路项目概况

中东某高速	
项目东道国情况	地处中东,投资环境良好
项目内容	某高速公路项目(包括三座立交桥、两条隧道)的投融资、设计、施工和运营维护
项目投资	总投资额 8 亿美元,其中 EPC 合同总成本约 6.5 亿美元
项目运行模式	BOT 模式,特许经营期 25 年(包含建设期 4 年)

(二)项目招标

本项目由所在国财政部和交通部组织招标,流程如下:

表 2-5-2 项目招标评标流程

招标步骤	评标工作	
Step 1	1.1 资格预审	1.2 投标保函评审
Step 2	2.1 技术标评审	2.2 商务标评审
	2.3 技术标 & 商务标综合质量评审	2.4 综合技术标 & 商务标计算调整中标价
Step 3	3.1 计算综合标价	3.2 确定最终标价

二、项目实施模式及过程安排

根据招标文件及后续安排,项目实施模式结构图如下:

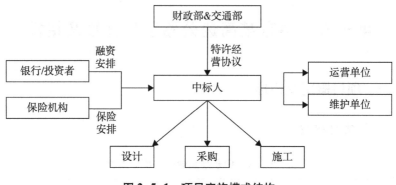

图 2-5-1　项目实施模式结构

（一）《特许经营协议》

本项目采用 BOT 实施模式,在确定中标人后,业主将在 30 天内与中标人签署《特许经营协议》。

《特许经营协议》中约定只有当中标人在协议签署后 12 个月内完成以下工作,《特许经营协议》才生效:完成融资闭合;完成通车区域(第一标段)的详细设计;提交相应的保险保单;提供建设期履约保函;获得开工所需的所有许可。

当中标人提前完成上述事项时,则盈余的时间可以加入 25 年特许经营期限中,相反,当中标人未能在 12 个月完成上述事项,但项目业主仍允许其继续参与时,则超出的时间用 25 年特许经营期限抵扣。

（二）融资方案

项目标书规定项目融资可选择浮动利率和固定利率;浮动利率贷款年限最长 6 年;长期贷款必须使用固定利率贷款;货币可以选择当地币、美元、欧元三种。

A 公司在综合对比多家银行融资条件后,确定资本金比例 15%、贷款比例 85%,拟采用当地币和美元组合贷款,选择建设期贷款、过桥贷款、长期贷款进行融资,融资综合利率不超过 5%。

(三)《履约保函》

表 2-5-3 项目履约保函

保函对应工程阶段	保函内容	保函期限
建设期保函	施工履约	4 年
运营其保函	前期运营	2 年,项目建设完工至运营期的前 2 年
	运营维护	13 年,运营开始后的 2—15 年
	最终运营	6 年

(四)项目收益

本项目的投资收益来源为政府的建设期补贴和运营期的固定支付款项。其中建设期补贴的金额约 4 亿美元,分两次发放,第一次是部分路段开放时,发放 40%,第二次是全部路段开放时,发放另外 60%;运营期的固定支付款项为每季度 800 万美元。

因此,如果项目提前完工,则 A 公司可以获得更多期次的运营期政府固定支付款项,有助于资金的提前收回。反之,若因自身违约导致建设期延长,A 公司除需承担相应的违约责任外,预期投资收益也可能无法顺利实现。

第二节 本项目面临的主要风险及其成因

一、项目风险因素初步识别

从项目的不同阶段入手,对不同阶段项目所涉及的风险进行识别,并初步梳理出在项目五个阶段中所存在的 26 项风险因素,具体如下:

表 2-5-4 项目风险因素初步识别

项目阶段	风险因素	风险识别
项目前期	预期收益风险	政府付费和使用者付费的成效方面都有一定的风险,尤其是使用者付费机制下,定价过高或过低都能导致收益不如预期。
	银行融资风险	一是融资难;二是多方融资导致融资方案复杂;三是融资方多会要求提供担保。
	政府工作效率不高风险	东道国/政府的工作效率直接影响项目各项审批流程办理的耗时。
	资产评估不准确风险	第三方资产评估机构即使具备了相应资质和能力,但评估情况仍可能会有很大的不准确性。
	对项目书研究不足风险	对项目书研究不足可能会影响对报价、实施运营等方面的准确把握。
	投标过程风险	投标过程不规范,可能引发合规等风险。
项目建设	设计风险	设计是施工的基础,直接关系到项目施工安全和质量。
	新技术风险	采用新技术可能会导致成本的增加。
	工程质量风险	质量是项目运营收益的关键和项目移交的重要评估事项。
	安全事故风险	建设施工和运营维护中都可能出现人员伤亡安全事故和财产损失事故。
	环境保护风险	不同国家和地区对环境保护的要求不同,但总体朝着高要求发展。项目若达不到东道国/地区环境要求,可能会面临巨大的环境责任。
	成本超支风险	经济形势不佳、项目成本管控不好情况均可能导致项目成本超支。
	管理决策风险	项目管理涉及各方利益,项目决策须充分考虑评估各方因素,避免引发决策失误风险。
	监理风险	监理的专业能力、职业道德、职业素养等方面的不足,都可能会引发项目质量和安全风险。
	完工风险	由于各种原因导致的无法按期完工。
项目运营	运营维护超支风险	项目运营若缺少精细化管理,可能导致项目的成本增高。
	产品价格变化风险	产品定价过高或过低,都会直接影响使用需求量。
	运营管理体制风险	各方对运营模式、管理思路的差异会引发相关风险。

续表

项目阶段	风险因素	风险识别
项目移交	未达到投资收益风险	未满足项目移交条件或未满足移交标准造成难以实现预期收益的风险。
系统性风险	政治稳定性风险	国际政治环境变换、东道国/地区政府更迭频繁。
	政府信用风险	项目东道国/地区政府可能出现不按时或不履行支付项目费用的违约行为。
	税收调整风险	项目东道国/地区的财政政策调整引发的项目风险。
	利率风险	利率波动导致的融资成本增加,造成投资收益下降。
	通货膨胀风险	通货膨胀导致项目各项成本增加。
	政策风险	项目东道国/地区以及投资方所属国/地区关于该类项目的政策变化。
	不可抗力风险	各种自然灾害、战争等不能预见、不可避免且不能克服的风险。

二、项目核心风险因素的最终判断

根据本篇前文针对境外基础设施投资 PPP 项目全流程风险因素的梳理分析,结合本项目的实际情况,识别、评估出本项目的核心风险因素,作为后续重点防控的方向。具体如下:

表 2-5-5 本项目核心风险因素最终识别

风险类别	风险描述	风险等级
政治风险	项目东道国地处中东地区,跟伊斯兰运动组织冲突较多,且本项目与主要的冲突地区相近。	中
	项目东道国和我国外交关系良好,但项目周期较长,未来两国关系走向具有不确定性。	中
法律风险	项目实施过程中需要各项许可、批准,未按项目东道国法律规定完成许可批准手续,面临着严重的法律后果。	中
	当地实行属地税法和属人税法相结合的征税制度,税务种类繁多,程序复杂,存在较高税务合规风险。	中

风险类别	风险描述	风险等级
技术风险	项目业主不提供项目实施相关的部分图纸,投标人设计失误的风险增加。	高
	项目部分地段地质条件复杂,施工难度增加。	高
报价风险	投标期间工程量表(BOQ)需要投标人进行提取,BOQ 若不准确将直接影响投标报价的竞争力。	高
	工程询价的不准确性导致报价不准确。	高
	设计参数配置不恰当直接导致项目报价不准确。	高
融资风险	项目东道国的宏观经济情况影响着金融机构提供的融资利率。	高
	制定合理可行的融资策略需要结合贷款年限、贷款货币等各种情况优化组合,难度较大。	高
物价波动	部分建筑材料可能存在价格波动。	中
汇率风险	虽然项目业主针对汇率风险提供了相应的对冲机制,但仍需要设置灵活的调价机制,以避免汇率风险。	中
环保风险	项目东道国对环境保护要求极为严格,相关标准设置较高。	中
征地风险	项目征地全部由政府负责,但政府是分阶段将土地移交给中标人。	中
批准和许可风险	政府延迟或拒绝颁发开展该项目的有关许可。	低
施工风险	投标期间,业主提供的地勘资料不充足,对后续设计、造价、投标报价、项目实施造成不利影响。	
	项目施工过程中涉及较多与第三方的协调交涉,若协调不顺利,项目工期存在风险。	
	项目施工地毗邻居民区及医院等,对施工过程中的噪音、扬尘等控制要求较高。	
	施工地表情况复杂,对施工的干扰较大。	
运营风险	项目运营周期较长,运营过程中发生的意外事故可能性较大。	中
市场风险	由于政府固定付费,本项目无常规市场风险。	低

第三节　本项目风险的管理与控制

中国某大型承包商公司("A 公司")通过招投标程序获得本项目。A 公司针对该项目的风险控制,构建了较为完善的风险管理组织体系。具体而言,领导层面:A公司总部的管理层和项目当地子公司的管理层共同组成了董事会,总体监督控制项目风险;风险决策机构层面:成立融合了法律、技术、融资、报价四个风险关键点的投标管理委员会,四个风险点各自成为管理委员会的子委员会,其中技术委员会又再细分为设计、施工、运营风险委员会。各子委员会均由该领域的从业人员、专家学者等组成,具备高度专业水平。虽然各子委员会之间负责的风险防控领域不同,但相互资料信息共享,且定期开展共享交流会,确保各方面的风险分析尽量全面、完善,为风险管理提供了组织保障。

　　针对前文分析识别出的政治风险、法律风险、技术风险、报价风险、融资风险、施工风险、运营风险等,A公司采取的风险规避和控制措施如下:

表 2-5-6　A 公司风险应对策略

风险类别	应对策略
政治风险	购买恐怖主义相关保险; 加强恐怖主义的预防和演练,避免人员前往冲突风险较高地区。
法律风险	聘请了专业律师,结合项目东道国法律法规,制定税务合规策略; 做好税务筹划,为项目利润输送回本国准备好合法途径。
技术风险	组织设计顾问及设计公司对标书要求进行交叉分析,相互校核,确保对项目标书的准确理解与把握; 聘请多方机构和专业人士对项目地质情况进行了详细评估。
报价风险	针对人机物料、分包、保险、保函、设计费等进行全面询价;对重要设备、材料及分包进行重点询价;对当地采购和国外进口、当地采购和租赁、自营或分包进行询价比选,综合考虑后作出最终决策。
融资风险	专业融资咨询顾问和当地子公司管理人员一起深入分析,确保对项目融资要求理解无误。
物价波动 汇率波动	提出对冲机制,以当地实际情况为基础,设置灵活的调价机制,将物价和汇率问题考虑到调价机制中,最大程度降低物价和汇率风险。
施工风险	组织地质学家,并联系设计院对地质资料进行深入研究; 就施工对周围环境产生的干扰问题,聘请专业外部公关人员提前和第三方协调;加强内部管理,提高施工技术,尽量减少施工产生的对外界的干扰。
运营风险	通过合同条款、购买保险、优化设备、提升运营管理水平等手段,对运营事故风险进行转嫁或控制。
环保风险	项目采购阶段及时聘请有关顾问识别、评估相关环保风险。

第四节　项目合同管理对项目
风险控制的重要性

通过分析上述案例可知,境外基础设施投资 PPP 项目中风险繁多且成因复杂,需要从金融、法律、技术等多方面全方位考察,制定相宜的风险管理和应对策略。而从法律角度出发,项目风险控制的有效途径之一就是加强项目合同管理。在本项目中,项目合同文本主要包括《特许经营协议》《EPC 合同》《材料供应合同》《运营服务合同》《融资合同》《保险合同》等,对于上述各类法律文件及合同,A 公司均安排专人负责归纳存档,并且项目公司还建立了严格的合同管理制度,为项目顺利履约提供了坚实保障。下文将以 A 公司的合同管理要点进行介绍,对于拟计划投资境外基础设施项目的中国企业而言,可资借鉴。

第一,对于拟合作的材料供应商等第三方单位,由项目公司作为合同主体,根据项目所在国法律法规要求以及特许经营合同约定,或通过公开招标,或通过竞争性谈判等方式选择确定。

第二,对于拟确定的合作候选人,由项目公司结合自身合作需求,与之进行充分谈判磋商,分配各方的权责利和风险。

第三,对于拟签署的合同,严格按照合同管理制度组织相关部门进行内部评审。

第四,重视对方授权代表的书面授权情况,对于授权期限已过、未获授权或超出授权范围的,在对方授权手续完善前,合同不予签署。

第五,重视履约,项目实施过程中多次组织相关合同的交底与学习,树立守约意识。同时,针对合同相对方的违约事件,及时固定相关证据,并根据违约程度决定是否追究合同相对方的违约责任;针对己方违约事项,在未发酵前,及时责令相关归口部门纠正,防止被合同相对方追究违约责任。

第三篇

境外收购项目全流程风险及其防范

第一章　境外收购基本介绍

内容提要

本章的主要内容为"境外并购基本介绍",主要包括以下三部分内容:

➤ 境外并购的基本概念

➤ 境外并购的特点

➤ 我国跨境并购发展趋势

境外并购作为境外投资的重要方式之一,是从事境外投资业务的人员必须掌握及熟知的交易方式及手段,通过学习、阅读本部分内容,可以迅速了解境外并购项目的基本概念及其特点,为掌握后续境外并购项目全流程实务知识打下基础。

第一节　境外并购的基本概念

境外并购,包括兼并与收购(Merger and Acquisition),具体如下:

兼并(Merger),是指境内投资者(或通过其直接投资设立的境外企业)在国(境)外合并其他境外独立企业的行为。兼并共有两种不同表现形式:将原两家公司合并为一家新公司,原两家公司不复存在;原有的两家公司中有一家公司存续,其中一家公司并入存续的公司中。

收购(Acquisition),是指境内投资者(或通过其直接投资设立的境外企业)在国(境)外用现金或者有价证券等方式购买境外实体企业(包括项目)的股票或者资产,以获得对该企业(或项目)的全部资产或者某项资产的所有权,或对该企业的控制权。

在广义的并购定义下,大型的合资(Joint Venture)、资产剥离①(Spin-off)、公司业务重组②(Reorganization)、上市公司私募③(Private Investment in Public Equity,简称"PIPE")等都放入到并购的范畴中。

第二节　境外并购的特点

一、交易结构复杂

在跨境并购项目中,由于涉及不同国家和地区法律监管、税务政策、社会文化背景差异,跨境收购项目需要考虑到法律监管与限制、税务成本规划、收购后处置与交易灵活性等,在收购前期,并购方往往需要审慎设计境外并购的交易架构,例如搭建特殊目的公司来达到降低交易成本、税务优化、时间效益最大化、投资权益保障、风险隔离等商业目的。基于前述交易目的的考量,跨境并购的交易流程往往涉及多重复杂考量因素,导致整个境外并购交易相较于国内并购交易更加复杂难懂。

---

① 资产剥离是指企业将原企业中部分资产、负债从原有的企业账目中分离出去的行为。

② 业务重组是指对被改组企业的业务进行划分,从而决定哪一部分业务进入上市公司业务的行为。

③ PIPE 是私募基金、共同基金或者其他的合格投资者以市场价格的一定折价率购买上市公司股份以扩大公司资本的一种投资方式。PIPE 主要分为传统型和结构型两种形式。传统型PIPE 由发行人以设定价格向 PIPE 投资人发行优先股或普通股来扩大资本。而结构型 PIPE 则是发行可转债(转换股份可以是普通股也可以是优先股)。

二、交易不确定因素大

一般来说,跨境并购项目中,能从一开始内部立项走到最后交易完成交割的成功概率并不高。跨境交易性质决定了在跨境交易全流程中,其收购标的技术、收购标的资产、估值、法律政策、财税制度、政府审批、第三方许可、竞争对手、股东批准、重大事项变更、交割、过渡期稳定性、不可抗力事件等,均可能影响交易的完成。这也导致了在诸多因素影响下,一个项目的完成时间也存在极大的不确定性。

三、交易潜在风险大

在跨境并购中,除了系统性风险,如政治风险、制裁风险、环保风险、当地社会风险、合规腐败风险等,还有非系统性风险,如商务风险、财税风险、技术风险和法律风险等。前述所说风险,在确定投资并购前应当予以关注、评估,尤其是并购投资风险高的地区。例如,从政治角度看,当被收购标的在未与中国建交的国家或者地区时,其投资风险较高;从法律角度看,当被收购标的在被国家或国际金融组织制裁的地区时,其投资风险较高;从财税角度看,当交易发生在没有双方税收协定或互惠政策的国家时,其投资风险较高。

四、交易利益相关方多

在跨境并购交易中,并购方需要考虑卖方、员工、东道国政府、现有合作伙伴、第三方债权人、当地社区、工会、劳工、管理层、证券交易监管机构(如有)等各方的反应及态度,需要经历一系列复杂的交易及审核程序,在此过程中,跨境并购买方需要与不同的利益主体、审批监管部门、各方中介机构以及其他与本项目相关的第三方进行接触、沟通、商讨、谈判,在履行法律法规规定的程序以及遵循审慎交易原则等基础上,尽力促成跨境并购项目的顺利交割。

五、对参与人员要求高

境外并购因涉及不同法域,涉外因素多,技术化程度高,对参与人员提出较高要求。因涉外因素多,语言系最基本的要求,除此之外,只有把握好涉外所涉及的规定、知识、国际惯例、交易技巧、社交礼仪等各类问题,才能提高跨境交易成功概率,据此,这对境外并购的参与人员提出了较高的素质要求。举例来说,交易条款的设置需要对未来交易的走向及潜在争议进行风险预判与防范,从准据法及争议解决方式来看,交易所涉基础合同准据法一般适用目标公司所在国法律,因法院判决在其他国家存在承认与执行较难的问题,争议解决方式一般倾向于国际仲裁方式。

六、交易程序操作难度大

例如,交易文件签署后,交易各方需要根据交易文件的要求一层一层落实,以便顺利完成交割,但往往从协议签署之日直至交割完成的这一过程,其操作要求比较复杂。境外并购金额一般较高,高额资金支付往往带来复杂的外汇、汇率等问题,如何在交易交割当天支付巨额资金对价,需要提前准备与配合,如何将人民币兑换成外币、是否考虑锁定汇率、巨额资金如何汇出、如何进行支付等,均需提前谋划。

第三节　我国跨境并购发展趋势

在经济全球化进程不断加快的背景下,加快境外投资与布局是当今世界经济发展大势所趋,而中国企业"走出去"参加跨境并购的数量逐渐激增。根据商务部、国家统计局、国家外汇局公布的《2021 年度中国对外直接投资统计公报》,中国在 2021 年对外直接投资净额为 1788.2 亿美元,占全球份额的10.5%,是世界第二对外投资大国。自 2003 年对外直接投资年度统计数据发布以来,我国对外直接投资流量已经连续稳居全球前三,对世界经济的贡献日益突出。2021 年,我国对外投资并购总体规模企稳回升,企业共实施对外投资并购项目 505 起,涉及 59 个国家(地区),实际交易总额 318.3 亿美元。其中,直接投资① 203.5 亿美元,占并购总额的 63.9%,占当年中国对外直接投资总额的 11.4%;境外融资 114.8 亿美元,占并购总额的 36.1%。

具体分析,中国企业跨境并购的特点如下:

从并购方式上看,股权收购在中国企业境外并购中占据较大比例。并购方和被并购方都非常关注目标企业能否带来投资价值和持续收益,股权收购模式成为跨境并购交易的主要选择手段。根据商务部、国家统计局、国家外汇局公布的《2021 年度中国对外直接投资统计公报》,2021 年,新增股权 531.5 亿美元,比上年减少 15.7%,占流量总额的 29.7%。

从并购行业划分来看,中国企业境外并购的结构持续优化,已从原来产能过剩的能源、化工、矿产等领域扩大至或转化为新能源、互联网、信息技术、生物医药、高端制造、交通运输、品牌酒店等新兴领域,侧面反映了中国企业境外并购的目的在变化,即从"寻找资源"为目的,逐渐调整为侧重于先进技术和管理经验、品牌以及跨国市场份额。根据商务部、国家统计局、国家外汇局公布的《2021 年度中国对外直接投资统计公报》,2021 年,中国企业对外投资并购涉及电/热/气/水的生产和供应业、制造业、采矿业等 17 个大类行业。

从目前已完成的并购交易来看,境外并购的主力部队仍是国有企业与上市公司,充足的资金实力、良好的经营基础、开阔的国际视野是其特有优势。基于全球布局的政策与战略考量,国有企业在境外投资的资产仍属于国有资产,这些资产是有利于提高国有企业的全球竞争力的优质战略性资产或重要资源。根据商务部、国家统计局、国家外汇局公布的《2021 年度中国对外直接投资统计公报》,中央企业和单位在 2021 年对外非金融类直接投资流量

---

① 指境内投资者或其境外企业收购项目的款项来源于境内投资者的自有资金、境内银行贷款(不包括境内投资者担保的境外贷款)。

642.9 亿美元,占非金融类流量的 42.3%,比上年增长 30.7%。地方企业 877.3 亿美元,比上年增长 3.4%,占 57.7%。广东、浙江、上海、江苏、北京、山东、福建、安徽、河北、天津列地方对外直接投资流量前十,合计 738.4 亿美元,占地方对外直接投资流量的 84.2%。

从并购目标区域来看,在当今世界主要经济体的国家范围内,均有中国企业的境外并购,根据商务部、国家统计局、国家外汇局公布的《2021 年度中国对外直接投资统计公报》,中国企业在 2021 年里的对外投资并购分布在全球 59 个国家(地区),以并购金额排序,中国香港、开曼群岛、智利、巴西、百慕大群岛、印度尼西亚、美国、西班牙、新加坡、德国位列前十。2021 年,中国企业对共建"一带一路"沿线国家和地区的投资并购规模显著扩大,并购金额高达 62.3 亿美元,较上年增长 97.8%,占并购总额的 19.6%,涉及实施并购项目 92 起,其中印度尼西亚、新加坡、越南、哈萨克斯坦、阿拉伯联合酋长国、埃及、土耳其吸引中国企业并购投资均超 3 亿美元。

第二章　境外并购项目类型
介绍及优劣分析

⫻ 内容提要

本章主要围绕"境外并购项目类型介绍及优劣分析"展开,主要包括以下三个部分内容:

> ➤ 资产收购与股权收购
> ➤ 现金对价收购与股份对价收购
> ➤ 资产收购和股权收购类型对比分析

通过阅读本部分内容,将迅速了解境外并购项目的类型,指导项目人员熟悉境外并购的几种主要方式,同时通过对比并购方式的优劣势,帮助项目人员选择最有利的境外并购模式。

根据不同的标准,境外投资的模式可以分为新设投资和并购方式;根据收购对象不同,可以分为资产收购和股权收购;根据收购对价不同,可以分为现金对价收购与股份对价收购。

第一节　资产收购与股权收购

按照境外投资收购对象的不同,可以将收购分为资产收购与股权收购。

一、资产收购

资产收购是指并购方根据自身的需求,对目标公司的部分或者全部资产进行收购。

资产收购的优势主要体现在以下几点:一是整合境内外战略发展资源,寻找优质资源以实现对资源/资产的排他性占有,实现境外市场布局与拓宽,增强该资源领域的国际竞争力。二是着眼于被并购方的先进技术、设备、不动产等资产的占有。一方面,并购方可快速实现本地化、规模化的生产与销售,便于将国内产品快速打入境外当地市场。另一方面,并购方获得被并购方的某项专利技术,能够在该领域的先进技术上取得突破,实现产品研发、生产与销售的质的飞跃。三是从现实角度考虑,对于一些资产权属和负债状况复杂的企业,资产收购可以避免收购不需要的资产或负债,剥离企业现有及潜在的债务及风险。但需要提示的是,资产收购的税负种类较多,其相比股权收购模式可能存在较高的税负风险。

二、股权收购

中国企业在进入另一个国家的市场时,都会面临一个严重的问题,即该国的市场格局已经成型,或存在一定关税/非关税壁垒,难以占据预期的市场份额。而股权收购,便可以有效地帮助并购方轻松地获得当地企业的市场地位。

股权收购作为境外并购中最常见的一种方式,是指通过购买目标公司的股权以实现对目标公司的控制或参股,目标公司仍然存续,成为并购方的子公司或者参股公司。通过股权收购,并购方实现对目标公司财务报表的合并,获取被并购方品牌、技术、人才、销售渠道、供应链资源等,绕开跨境贸易和服务壁垒,最快实现对境外市场的占有。收购完成后,并购方成为目标公司的股东,目标公司的原股东从并购方收取交易对价。

股权收购根据收购对象不同,一般可以分为两大类:非上市公司股权收购和上市公司股权收购;非上市公司股权收购,是指收购没有上市的有限公司、股份公司或其他形式公司的股权;上市公司股权收购,由于各证券交易所对上市公司股权收购均有不同的规定,收购流程与手续复杂程度更高,需要聘用专业的外部顾问对上市公司的收购进度、方式、合规性进行分析研究。此外,根据目标公司董事会对并购方的态度,上市公司收购又可以分为恶意收购和友好收购两种类型。

选择并购方式时,不仅需要考虑并购交易双方的意愿,还应当考虑政治风险等系统性风险、政府审批难度、价格成本与税务负担、合作方的优先购买权、尽职调查结果、交易结构搭建、融资与担保策略、交割时的外汇及汇率等各方面的因素。

第二节　现金对价收购与股份对价收购

根据并购方支付对价的方式不同,境外收购又可以分为现金收购与股份收购。

一、现金收购

现金收购,是指以现金的形式支付收购价款,作为取得目标公司的股权或资产所有权的对价。另外,通过交付票据的形式支付收购价款,也属于现金收购的一种方式。

(一)从并购方角度而言

若并购方资金准备充足,以现金支付的最大优势在于速度快,现金支付方式一般属于被收购者偏爱的方式,若收购项目存在其他竞购者,并购方拥有充足的资金使其他竞购者无法获取充分的时间筹措资金,并购方将优先与目标公司达成收购合意,促成收购快速完成。另外,对于排斥敌意收购的目标公司,并购方一般偏好现金收购,使其无充分时间采取反并购措施。但是,跨境并购交易金额较大的情况下,一次性筹措资金对于一般并购方来说,难度较大且风险较高,需要经过充分准备与反复论证的过程。

(二)从卖方角度而言

现金收购通常是被并购方最容易接受的一种支付方式,一方面,卖方可在短时间内一次性变现,不必承担变动风险,交割程序简便易操作。另一方面,接受现金对价方式须一次性缴纳税费,且通常情况下,不享受税费优惠政策,但卖方一般要求将现金交易的税费成本转嫁给并购方承担。

二、股票收购(发行股份购买资产)

股权对价收购,也称发行股份购买资产,一般系并购方为上市公司的情况,是指并购方向目标公司的股东发行并购方自己的股票以交换目标公司的部分或全部资产。

若并购方无大量现金,一般采用增发股票的形式收购,将增发的股份作为购买标的资产的支付对价。此种方式有利于通过增发股份将优质资产注入上市公司,增强上市公司的持续盈利能力,同时减少并购方资金压力;对于卖方及其股东而言,长期持有具有持续盈利能力的优质上市公司的股份,未来仍有增值溢价的空间。

第三节　资产收购和股权收购类型对比分析

资产收购和股权收购是最常见的两类收购模式,主要的差异见表3-2-1:

表 3-2-1 资产收购和股权收购类型对比分析

	资产收购	股权收购
收购对象	目标公司特定资产,不包含目标公司股权,目标公司仍为卖方独立所有。	目标公司股权(收购现有股权或者认购新增股票),目标公司股东及股权变更。
交易主体	并购方交易对手为目标公司(卖方),双方签订《资产购买协议》。	并购方交易对手为目标公司现有股东;并购方与目标公司现有股东签署《股权转让协议》或《股份认购协议》。
负债承继	收购标的为目标公司全部或部分资产,不包括未收购资产及其负债。	收购标的为目标公司股权(股份),间接承受目标公司资产与负债。
尽职调查	一般仅涉及对方交易资产,不涉及除交易资产以外的事项。	对目标公司所涉的股权、资产、财务、人员、负债、诉讼与仲裁等情况进行全方位尽调。
资产转让流程	识别、列举转让资产清单(包含依附于资产的负债);进行资产评估;办理资产/债务转让变更手续(例如内部决策手续、登记、备案、通知或第三方同意等)。	需查明目标公司资产和债务;进行目标公司股权验资与评估;股权变更手续(例如内部决策手续、工商变更、交易所备案/审批、发布公告等),但不涉及单项资产/债务的转让变更手续。
股东批准	根据《公司法》《公司章程》规定,确认是否需要目标公司股东(会)决议。	根据《公司法》《公司章程》规定,确认是否需要股东(会)决议,一般情况下,需要经过股东(会)决议。
董事会批准	一般需要,但实际情况以《公司章程》规定为准。	一般需要,但实际情况以《公司章程》规定为准。
政府审批	根据涉及的国家和行业,确认需要履行的审批程序。	根据涉及的国家和行业,确认需要履行的审批程序。
重大合同影响	如果购买目标公司的单项资产或权益涉及对外合同的效力及履行,则需要根据合同约定取得相对方同意。	一般情况下,不影响目标公司项下的合同权益。但如果相关合同对目标公司股东变更情况有规定,需提前获得相对方同意的,则需按规定履行。
目标公司债务承担	资产收购完成后,除被收购资产以外的负债由目标公司承担。	股权收购完成后,并购方最终承担目标公司债务的风险。

	资产收购	股权收购
税务责任	税务风险一般属于出售资产的卖方。资产收购的整体税务成本相较于股权收购更高。通常需要缴纳资本利得税、契税、流转税、印花税等。	税务风险属于目标公司。并购方可以在交易文本中设置赔偿条款,要求卖方就历史税务风险导致的损失进行赔偿。股权转让的整体税务成本较低。通常只需要缴纳资本利得税、印花税。
员工问题	一般不涉及员工转移,员工的劳动关系仍在目标公司(卖方)名下。若涉及员工,则需转移员工的劳动关系、福利待遇。	一般情况下,员工的劳动关系、福利制度仍归属于目标公司,除非并购交易双方及员工另行协商剥离。

第三章　境外并购全流程简介

▟▟ 内容提要

本章主要围绕"境外并购全流程介绍"展开,主要包括以下两个部分内容:

➢ 境外并购全流程介绍

➢ 境外并购全流程风险要点提示

通过阅读本部分内容,将迅速了解境外并购项目的全流程,以及存在的主要风险及防范要点,指导项目人员熟悉整个并购项目全局,厘清整个并购项目架构以及每一阶段风险防控要点。

一般来说,境外并购的全流程可主要分为前期计划、组建收购团队、前期意向性谈判、签署保密协议及意向协议、尽职调查、投标与报价、谈判、内部决议、签署正式收购交易文件、过渡期履约与监督(包括但不限于政府审批、第三方同意)、披露(如有)、交割先决条件审查、交割(包括但不限于交易价款支付、公司公章营业执照移交等)、价款调整及索赔、业务等领域的整合及运营。

第一节　境外并购全流程介绍

以下对一般境外收购所涉的流程进行简要梳理与介绍,需要提示的是,该流程步骤仅为一般情况下操作流程,并非境外收购必经流程,具体项目在实际操作中应当根据实际情况具体予以考虑。

步骤一:在前期计划阶段,并购方需要定位与筛选目标资产或目标公司。根据并购方市场战略规划,在并购方具有境外收购计划安排前提下,并购方内部可组建团队,长期跟踪、分析一些潜在的项目机会,筛选适合的收购标的。但在此之前,并购方应当明确自身战略考量因素,制定符合收购资产或标的公司情况的要求与标准。

步骤二:签署保密协议,并购方第一轮初步尽职调查。并购交易双方签署保密协议后,由卖方提供初步资料供并购方进行初步评估判断。

步骤三:确定并购交易双方潜在合作意向,若潜在收购标的符合并购方收购要求,并购方内部团队应制定内部方案,上报并购方内审会审批。

步骤四:组建专业团队。境外投资项目的复杂性决定了并购方必须配备全方位的专业人才,专业团队的配备包括但不限于业务、商务、技术、法律、财务、高管人员等,针对不同收购标的所在地的不同及收购业务领域的不同,仍需增加其他专业的人才。在此基础上,并购方内部团队往往需聘请专业外部顾问,包括但不限于投行、会计师事务所、律师事务所、技术服务公司、公关公司等。在项目交易前期,出于内部及双方约定的保密义务,交易团队会对项目设立代号,用于对内与对外沟通。

步骤五:并购交易双方竞价谈判。根据第一轮尽调结果进行第一轮报价和谈判,卖方选择部分潜在并购方进行第二轮谈判。

步骤六:并购交易双方签署前期交易文件。双方就前期谈判达成的方案签署具有或者不具有约束力的前期交易文件,例如,意向书、备忘录、合作协议、合作项目清单文件等。

步骤七:卖方开放资料室,并购方进行第二轮详细尽职调查。卖方向并购方提供详细资料,并购方做第二轮详细尽职调查。一般情况下,并购方将聘请专业中介机构对卖方及交易标的的情况进行尽职调查,尽职调查的领域一般包括法律、财务及技术与业务。通过专业的中介机构调查,全面排查交易标的、交易对手、交易环境的情况,揭示调查结果与风险是否对交易产生重大实质影响,以便更好地评估交易、控制风险。

步骤八:签署正式交易文件。第二轮尽职调查完成后,卖方选择几家潜在并购方进入谈判程序,并购方再次报价,进入卖方报价范围的并购方将进行核心交易条款的再次谈判,双方达成一致后,签署交易协议,以便明确约定交易双方的权利、义务、责任和风险的分担。对于并购方来说,文本的设置中,收购标的存在的风险越在前面的环节中得到解决或降低,对潜在并购方越有利,而随着交易进程的推进,风险及风险控制手段越往后放,则对潜在并购方越不利,但该风险并非绝对,并购方收购团队需要根据项目实际情况及双方谈判地位的优劣势来灵活把控项目的进度。

步骤九:完成相关审批与准予程序。签署交易协议后,积极推进和获取相关部门审批,等待主管部门审批、第三方同意或放弃优先购买权等先决条件满足,进行项目交割。

步骤十:交割与整合。根据协议约定程序与方式,在交割前,并购方应当注意行使并购交易文件下的权利,确认卖方是否履行交易文件的义务及陈述保证条款,是否满足交割前提条件,在满足的情况下,并购方支付对应价款,并购交易双方及相关方完成相应的交割手续。与此同时,并购方应当注意目标资产及目标公司的运营及价值增减,若存在增减,则可能需要调整交易价款,存在相应的亏损或侵害的,应及时进行索赔。在此过程中,提前与项目运营团队沟通及交接,事先做好项目交接、运营安排、人力资源计划、风险预警等工作。

第二节　境外并购全流程风险要点提示

表 3-3-1　境外并购全流程风险要点提示

流程	卖方	并购方
前期交易目标及对手筛选	审查交易对手风险,了解交易对手资信、财务与业务能力、战略定位、交易确定性等	宏观与微观调查。分析宏观系统性风险包括国别调查、政治风险、经济风险、业务风险等;分析微观风险,评估自身战略、融资、业务,跟踪与研判卖方资信、业务情况、市场定位等
保密协议签署	希望获得以下权利: "不得买卖股权条款(Standstill Clause)"①,一般适用于上市公司 "不绕过条款(Non-Circumvent Clause)"② "不与他人合作条款(No-teaming Clause)"③	希望获得如下权利: 锁定交易 并购方宽松的要求与义务 拥有独家谈判权
意向性文件签署	保持交易开放性与灵活性 更倾向于不锁定谈判,不锁定交易 控制与放缓交易进程	希望获得独家谈判权 更期待确定合作共识以便逐步推进交易
尽职调查	控制尽调时间、信息披露范围	希望卖方披露信息多且完整,尽调时间可较长

---

① "Standstill Clause",即不得买卖股权条款:特别是上市公司收购项目,卖方要求买方在签署保密协议或者讨论潜在交易后的一段时间,不得在公开市场上收购目标公司股份,因为信息接收方可能通过保密信息获取了其他人无法获知的公司股价敏感信息。

② "Non-circumvent Clause",即不绕过条款:该条款一般是与中介公司签署的,因有些中介公司在得知部分项目信息后,就开始到处寻找潜在买方,为了确保中介机构不得再绕过信息披露方去找任何第三方寻求所述项目的合作机会,信息披露方一般要求保密协议中加入"不绕过条款"。

③ "No-teaming Clause",即不与他人合作条款:就是信息披露方预防信息接收方与其他方联合起来寻求交易,从而降低竞争力或者出现自己不愿意合作的买方。

续表

流程	卖方	并购方
交易文件谈判、起草与签署	卖方陈述与保证义务和范围进行限制,同时限制交易义务内容,如勤勉尽责例外条款(Fiduciary Out Clause)、反向分手费条款(Reverse Breakup fees Clause)等	希望获得卖方陈述与保证,希望获得增加交易权,保护交易安全与利益,如排他性谈判条款(No-shop Covenant Clause)、分手费条款(Breakup fees Clause)、尽调责任例外条款(DD out)等
交易过渡期安排	保证交易完成的确定性 保证获得最高额款项 配合办理交割转移手续	保证交易完成的确定性 保证交易出现问题时的退出可能性 熟悉业务并逐步参与目标资产或目标公司部分经营活动
审批手续、披露手续	依照法律法规规定履行	依照法律法规规定履行
交易交割	确保交易顺利完成 获得对价款项	确保交易顺利完成 获得目标资产或目标公司
交易整合	过渡期盈利支付 过渡期配合义务或授权技术使用配合整合	过渡期亏损或索赔的支付与抵销 提前谋划整合方案,提前准备整合项目,积极按照整合方案落实经营
交易诉讼(如有)	遵守信赖责任(Fiduciary Duty) 尽可能减少损失	保护交易安全 尽可能减少自身损失

第四章　境外收购前战略考量阶段

⫽ 内容提要

从本章节开始，我们将对境外收购所涉每一阶段内容进行详细分析与论述，列明每一阶段可能涉及的相关法律风险及应对思路。本章主要围绕"境外收购前战略考量阶段"展开，主要包括以下两个部分内容：

➢ 收购目标设定的考量因素

➢ 收购标的筛选标准

通过学习、阅读本部分内容，将迅速了解筛选收购标的标准以及在境外并购项目中并购方开展收购前如何确定收购目标，协助并购方梳理及确定收购的目标和战略。

第一节　收购目标设定的考量因素

一、并购方自身收购目标与战略考虑因素

并购方开展收购的第一步就是需要对自身的综合实力、发展战略进行全面细致评估。厘清并购方的发展战略以及通过并购可实现的发展目标，为并购方确定并购方向、制定并购策略提供清晰的指引。

不同的并购方进行跨境收并购有不同的战略考虑,一般情况下战略考虑因素包括:

(一)境外自然资源因素

虽然中国自然资源丰富,但我国进入了工业化的高速发展时期,工业发展需要大量的自然资源,导致自然资源的消耗量持续增长,原材料缺口扩大。在中国资源缺口扩大及经济发展转型的情况下,向自然资源丰富的国家或地区进行投资与布局成为中国境外投资的主要考虑因素之一。与此同时,为了防止国际原料市场供应需求波动导致价格变化带来的负面影响,将生产地直接迁至原材料产地也是中国企业境外投资的主要考虑因素。

在建筑工程领域,我国拥有庞大的建筑队伍,国内基础设施建设已经趋于饱和。对于中国建筑企业而言,并购境外市场能力和设计能力强的建筑公司,有助于快速开拓境外市场、抢占国际承包市场、拉动国内制造业、解决剩余劳动力、绕开国际建筑工程市场准入壁垒。

(二)境外技术水平因素

在国内部分行业技术水平落后、人才紧缺,或者因自主研发耗时长、费用高且存在研发成果不确定性的情况下,中国企业可选择掌握所处行业先进技术的企业作为收购标的,以保持或提升自身在该领域的领先地位;与此同时,中国企业也可收购其他行业的先进技术,拓展业务范围,优化战略布局以及提升综合竞争力。从收购标的角度讲,企业通过境外收购,可直接持有专用技术或知识产权,或利用标的对象的核心人才持续研发技术与产品。该种方法可使企业在最短时间内拥有高科技技术,在其经济效率、财务成本及战略布局等方面均具有显著效果。

(三)高效开拓国际市场,扩大市场份额

通过收购国际知名品牌或其所属公司,企业可以快速获得该品牌的既有

市场,从而迅速扩大企业在国际市场占有的份额。与此同时,从事需要特定经营许可资质的领域,企业通过收购持有特许经营资质的公司,掌握标的公司特许经营资质的所有权及控制权,可迅速占领当地国家或地区相关领域市场,拓展国际市场布局。

(四)削弱跨境贸易壁垒

中国劳动力资源丰富,原材料费用、制造费用、运输费用极具竞争力,这些因素成就了"中国制造"的价格优势,但"中国制造"却在国际市场上遭受贸易保护主义的重创。贸易壁垒一直是我国企业跨国贸易面临的重要问题,包括关税类与非关税类。国际组织、地区组织、国家或地区等对中国跨境贸易的抑制政策层出不穷,国际经济贸易形势越加复杂。因此,境外并购方式不失为企业扩大境外市场的有效措施。

(五)获取境外高性价比的优良资源

我国经济发展快速导致竞争日趋激烈,生产成本不断上涨,境内投资利润率逐年下降;而从国际环境来看,不同国家与区域经济发展严重不平衡。在全球经济一体化,以及人民币汇率总体趋势上涨的情况下,将中国企业的生产及经营转移至成本更低的国家,符合国际资本流向的自然规律,也有助于提升公司经营收益及利润率。

(六)其他因素

越来越多的企业重视国际市场,从自身原因考量,除了上述因素外,促进产业转型、整合上下游资源、扩大品牌影响力、提升利润额等都是跨境收购企业进行投资并购的重要原因。

二、国家政策、行业发展因素的推动

共建"一带一路"国家和地区对基础设施建设的需求非常旺盛,但由于财政资金紧张,多数国家基建投资支出不足,普遍呈现基础设施落后的状态,不能满足人口增长速度对基础设施的需求,这成为经济发展的瓶颈。

基础设施投资范围广泛,通常包括铁路、公路、港口、机场、电力、综合交通枢纽及物流中心等支持性基础设施领域。总体上,许多中等收入的共建"一带一路"国家和地区在电力和公用事业方面具备很大增长潜力。

我国在共建"一带一路"国家和地区合作的基础设施建设已经步入了加速期。以基础设施中的港口投资为例,在"一带一路"倡议之下,中国已向欧亚大陆和南美地区的一系列港口、道路及其他基础设施投资数千亿美元,加快在世界各地收购和运营港口。

第二节　收购标的筛选标准

明确境外投资战略目标后,并购方可以开始寻找潜在收购标的。为了寻求符合并购方要求的收购标的,并购方应事先设定一套收购标准,以有效地遴选合适的潜在收购标的。并购方主要可以通过以下几个方面设置符合自身需求的标准。

一、目标公司区域选择——评估境外并购国别风险及法律风险

在确定收购标的时,初步了解被收购标的所在区域和国别情况,包括政治风险、军事风险、外交风险、法律风险、财税政策、宗教文化风险等,对未来并购方控制与把握境外收购的风险十分重要。因此,在选择与确定境外并购目标时,收购前期应当仔细评估目标公司所在国家/地区的政治及法律风险。例如,有些国家越来越加强对某些特定领域的企业的管控,包括国有化征收、环

境保护、新能源、高新科技、本土化保护、反腐败执法以及采取的制裁措施等。

对潜在投资所在区域和国别环境及行业发展情况进行初步调查评估，具体包括，国别层面，例如，国别投资大环境、政治稳定情况、国家财税政策、国家征收风险、国家贪腐度及行政透明度、国家法律健全程度等；所在行业层面，例如，投资所在国投资领域行业情况、法律规定、政策导向、发展前景、全球市场份额、配套设施及福利待遇、资源情况、人才数据、技术情况等；引入第三方中介机构做独立国别投资法律调查，相关调查要点与方法参见第一篇"境外投资项目共性法律问题分析"第二章"境外投资国别法律环境调研"。

二、评估潜在收购标的本身情况

筛选潜在收购目标时，一般需要设定筛选标准来确定潜在收购标的，设定的收购标准往往会与并购方的发展战略挂钩，一般情况下，在设定收购标准时可以考虑收购标的股东情况、实际控制人情况、资质情况、过往业绩、所处行业的地位及市场份额、自主研发能力、将来市场潜力、管理层的经验与业绩、企业工会态度等。但并非所有上述条件均满足才可确定收购标的，公司可根据自身情况确定最重要的几个收购标准。

三、评估收购完成后的整合及发展风险

并购方在确定收购目标时，需事前考虑收购完成后的整合及发展方案是否满足收购目标以及是否可控制风险，具体可包括国外品牌被中国企业收购后迅速贬值的风险；公司核心人员在并购后大量流失的风险；核心客户在并购后流失的风险；对目标公司管理层调换动作太大的风险；目标公司所在国GDP增长率、通胀率、利率、汇率巨幅波动风险等。

四、谈判过程中的估价与报价

在确定潜在投资意向国/地区和/或潜在收购标的的情况下，如果收购资产比较优质，双方在初步洽谈中沟通收购的意向方案及价格，这是衡量与筛选收购标的的重要标准之一。关于价格谈判或竞价，以下为总结的实操经验。

第一，竞价是否与并购方融资预算相匹配。并购方是否有足够的资金来源，其收购预算金额大约是多少，是否有相应的融资支持，均需要做前期考虑。在清楚并购方自身收购预算的基础上，通过评估竞价范围，确定卖方竞价是否符合并购方收购预算。准确了解并购方在竞价中所处的位置，例如，并购方是目标公司重点谈判对象还是仅为陪衬对象，尤其在多家意向投资者参与竞价时，有利于作出准确商业判断。

第二，并购方提交的标书中的核心条款（或写明的原则与底线），应当经过反复论证、谨慎说明，符合并购方长期收购战略与目标，经得起多轮谈判与辩论，除非未来交易过程中出现重大不利或突发情况导致并购方不得不重新调整，否则核心条款（或写明的原则与底线）应当从一而终。例如，不建议并购方为了获取独家谈判资格而前期就报很高的价格，若不了解目标企业比较真实全面的情况而虚高报价，却在后续竞价环节提出显著低价，这种做法令卖方措手不及，通常将导致交易无法成交，浪费双方各项成本，影响市场声誉。另外，在支付方案（一次性支付还是分期支付）、初步预估的支付前提条件或交割前提条件等的设置上，应避免并购交易双方在交易推进过程中，方案出现较大调整，导致卖方心态前后预期差距悬殊，并购方信用危机，被卖方认为缺乏诚意而导致谈判破裂。

第三，在竞价交易中，若并购方收购意愿高，应当采取积极态度，做到坦诚相待，避免因小失大，影响交易最终的成果。在交易前期尽调资料少，收购标的信息不完整且准确率低，与此同时，还存在多家潜在并购方的情况下，可以理解并购方相对而言处于一定的信息不对等的洼地，因此并购方会存在一定的警惕与防备心理。但从既往项目实践来看,在交易前期,并购方保持坦诚与积极开放的心态往往容易给卖方留下良好的印象,甚至对进入后续竞价环节起到重要作用。并购方的交易心态所反映出来的价值观可以确认其是否与卖方的价值观及经营理念相契合。因此,建议并购方切忌在还未取得独家谈判权,或者尚未进入实质性关键谈判环节时,就对前期意向性文件、标书甚至是保密协议提出过多意见,导致留下谈判艰难或其他不好的印象,影响后续入选。

五、融资安排的确定性

在前期阶段应当考量并购方自身是否有足够的资金来源,是否有融资安排或者可靠的融资渠道,这将直接影响其能否进入下一阶段。具体的融资安排包括并购贷款、银行融资、银团贷款或俱乐部贷款、债券融资或股权融资。在锁定成为独家谈判对象的时候,一般卖方会要求并购方提供一定比例的保证金,有时候我国企业与融资方未能有效达成约定,导致并购交易签约后融资不能及时到位,或将影响后续交易的有效推进。

六、潜在收购交易是否符合我国法律法规规定和并购方内部审批程序

在交易前期阶段,并购方经常要提前评估交易所需的公司内部决议时间和外部政府及相关机构审批时间与流程。除了公司内部审批流程外(例如并购方董事会、股东会及控股母公司董事会、股东会甚至是其他财务层面的支持),中国企业境外收购通常涉及反垄断、国家安全审查、国家发展改革委、商务部门、外汇管理部门、证监会等政府部门审批,国有企业的境外收购交易有时还需要主管国资监管部门许可。此外,境内数据出境等新的国家规定也要求与此行业相关的企业履行数据安全申报流程。与此同时,面对境外标的公司所在国/地区而言,在满足一定条件下,通过目标公司所在国/地区

相关政府审批的流程也必不可少。一般而言,收购支付条件的满足或者交割的完成,都以中国并购方获得内部及外部同意和支持为前提条件,否则会直接影响交易结果。

第五章 初步意向阶段法律风险及防范措施

▨ 内容提要

本章主要围绕"初步意向阶段法律风险及防范措施"展开,主要包括以下三个部分内容:

➤ 初步意向阶段概述

➤《保密协议》起草与签署

➤ 前期交易文件的谈判、起草与签署

通过阅读本部分内容,将迅速了解在并购交易双方达成初步合作意向时,双方在初步意向阶段需要做什么、签署什么初步意向文件,从而有效指导商务人员在初步意向阶段如何谈判以及签署相关协议,促进项目顺利推进。

第一节 初步意向阶段概述

在收购初步意向阶段,并购方与卖方并未形成具有约束力的法律关系,而是一种开放式谈判与多边竞价关系,双方根据初步合作意向进行磋商谈判。具体而言,双方谈判和竞价是境外并购初期的两种交易流程。大多数交易中,不论是并购方主动联系卖方,还是卖方主动联系并购方,双方在一定时间内都会进行一对一的谈判,包括竞价及并购方案的谈判,同时交易双方通过签订不同的法律文件确认双方就交易风险和责任方面达成的共识。

一、并购方组建与聘任专业顾问团队

如前述章节所述,在大型跨境并购交易中,并购方需要组建强大的内部团队与外部团队支撑跨境收购,以最大化满足并购方的利益。在确立"走出去"战略目标后,并购方应当逐步搭建并磨合出一支专业、优良的收购顾问团队,方能有效应对交易标的巨大、复杂程度高、牵扯利益相关方多的跨境并购交易。在真正启动并购交易时,并购方可以专业、高效、权益最大化地维护自身利益且达成收购目的,同时赢得交易相对方及相关方的赞誉,提升中国企业在境外投资市场的国际形象。

并购方组建内部团队时,主要包括但不限于技术、商务、法律、财务、税务人员,同时还可能会有人力、公关(政府公关、媒体公关、投资者公关)、审计、董事会办公室等人员的加入。中国企业仍需视情况聘用外部团队,包括但不限于投行财务顾问、会计师事务所、律师事务所、技术专业公司、人力资源顾问、公关公司、情报公司等。

境外并购团队的基本能力要求:扎实的专业知识,较为丰富的项目经验,一定的商业法律常识,必要的行业知识,较好的语言能力,正确的沟通技巧、思考模式。

二、竞标与谈判流程介绍

大型跨境并购项目中,在交易前期会有竞标流程,一般分为两个阶段(但视情况而定,也存在一轮竞标或者两轮以上竞标的可能)。在竞标流程开始前,卖方会向潜在并购方发送意向函(即项目简介,Teaser),其主要包含项目所处行业、业务情况及其财务信息,但不会披露准确数据,更不会披露卖方真实名称。若潜在并购方感兴趣,卖方一般情况要求潜在并购方签署保密协议

（披露卖方公司名称概率较大）或单方保密函，签署保密协议（或保密函）后，卖方将向潜在并购方发送竞标邀请函（Bid Process Letter）。

（一）第一轮竞标流程

在大型跨境并购交易中，谨慎的卖方会邀请投行全程参与资产出售全流程，在第一轮竞标中，一般由投行负责向感兴趣的并购方发出竞标邀请函（电子版），同时附上拟出售公司的基本情况介绍（Confidential Information Memorandum，简称"CIM"），潜在并购方应当根据竞标邀请函的内容与要求，限期制作投标答复文件。第一轮竞标的期限并不固定，正常在一个月内。

1. 竞标邀请函内容与注意事项提示

竞标邀请函是一份综合性报价邀请，其内容涵盖财务金融、法律、业务技术、市场分析等主要领域。从竞标邀请函的内容来看，其对潜在并购方的收购团队要求非常高，若潜在并购方没有专业收购团队与之配套，则难以应对该竞标要求的内容，更无法完成整个跨境收购项目。

以下为竞标邀请函的主要内容，该邀请函通常要求潜在并购方在以下几个方面提供一个非约束性（non-binding）的报价函：

（1）并购方主体信息：披露并购方主体及其控制人信息，并购方注册地、公司形式及主要的关联公司。一般情况下，若未经卖方提前书面同意，潜在并购方不允许以联合体形式参加投标。潜在并购方主体身份的披露是必选项，如民营企业、国有企业、上市公司（境内上市还是境外上市）等，将影响收购项目的价格及资金方案、审批环节及时间安排、收购业务布局及规划等。

（2）要求披露潜在并购方有无过往类似交易的记录及潜在并购方未来前景布局。

（3）收购报价方案：通常情况下，卖方出售资产的目的将决定报价的内容，卖方通常在价格方面具有较高的话语权且一旦确定不轻易改变，在收购报价、支付方式、支付安排等方面将做严格限定。例如，美元或人民币；现金或有价证券或两种的某种结合方式;固定总价或区间报价(一般要求固定总价,若潜在并购方提供区间报价,则以最低值为本轮报价);一次性支付或分期支付;等等。若卖方为弥补亏损或急需资金支持,其通常要求美元现金支付,同时,还可能限定支付周期或限定交易周期。

(4)潜在并购方收购报价的考量方案及假设因素:卖方要求潜在并购方披露本次报价的考量因素,如估值假设,包括 the locked box structure,tax attributes,transaction structure,CIM 信息所提炼的业务考虑及财务考量。

(5)融资安排:卖方要求潜在并购方提供收购的资金及融资安排,例如,是股权融资还是债权融资模式,融资的审批安排、换汇安排、资金出境安排及其对应的时间安排。在境内外汇管制较为严格且手续烦琐的情况下,境外卖方一般要求双方在境外交易;若引入第三方投资者,并购方需披露对应的时间安排及步骤。

(6)尽职调查要求:卖方一般要求潜在并购方告知并说明下一轮尽职调查关注的核心要点,并且会要求潜在并购方提供尽调时间计划表。

(7)内部审批程序安排:卖方一般要求潜在并购方在提交报价函时确认其第一轮报价所需内部审批均已完成;同时,要求在第一轮报价时提供后续提交约束性报价及签署合同所需的内部审批流程及所需时间。

(8)关键条件及假设条件的提出:卖方会请潜在并购方在第一轮报价中提出完成收购的关键条件及假设前提,包括但不限于是否有外部中小股东的确认、政府监管或其他的审批许可事项及对应的时间,如反垄断并购控制申请程序。

(9)未来管理层设置与安排:要求潜在并购方提供收购后对企业管理层及员工的安排计划。卖方一般比较关注潜在并购方是否有大规模裁员或者管理层替换的情况。

(10)整合计划:要求潜在并购方告知本次收购后的整合安排,是否符合卖方对出售资产的预期。

（11）若存在第二轮报价,要求潜在并购方提供第二轮报价的初步计划安排,同时在第二轮报价将设置并购方管理层陈述环节。

（12）要求潜在并购方介绍本次收购项目的交易团队,主要为了防止对抗性交易中存在利益冲突的情况,据此,一般要求并购方在第一轮报价中列明后续尽调主要团队成员(财务咨询、咨询顾问、审计、律师等)的姓名、职责、联系方式。

（13）其他。例如,禁止潜在并购方直接联系卖方,同时,要求进行严格保密,禁止潜在并购方与其他潜在并购方接触,以防恶意串通等情况的出现。

第一轮非约束性竞标中,潜在并购方在收到竞标邀请函后若对内容有疑问,仍有权就疑问的内容向卖方财务顾问提问,一般会通过电话或邮件的形式进行。但在第一轮竞标中,潜在并购方能获取的有效信息仍十分有限,通常仅限于 CIM 及邀请函的内容。在潜在并购方提交报价函后,卖方内部团队进行评估并筛查出具有对应收购实力的并购方,并邀请相关并购方进入第二轮竞标程序。

2. CIM 内容及注意事项提示

CIM 的内容包括但不限于公司概览及亮点内容;业务概览;组织架构概览;主要业务部门设置。若为生产与销售企业,其一般重点涉及供应链及生产领域和财务概览。

潜在并购方一般将从 CIM 中提取重要信息来确定是否收购、报价范围、并购方式等内容。当然,CIM 一般需要财务顾问、会计师及评估师、业务技术人员分析与评估,通过提取有效的关键信息来确定投标方案及应对策略。

（二）第二轮竞标流程

进入第二轮竞标流程后,卖方再次向潜在并购方发送第二轮竞标邀请函,邀请潜在并购方提供约束性(binding)报价方案。在第二轮竞标环节中,卖方将向潜在并购方披露卖方及交易标的更多的信息,其主要的流程与内容包括但不限于以下方面：

第一，开放尽职调查数据库，安排与协调潜在并购方尽职调查事宜。并购交易双方一般会设定具体的调查数据库（data room），传输卖方尽职调查的基础材料，与此同时，根据并购交易双方的沟通，也将安排进行收购标的现场考察与尽调安排。尽职调查一般在2—4周内完成，但一般根据项目的复杂程度及交易时间安排来调整。一般在进行完此轮尽调后，将不再另外安排尽调。

第二，管理层访谈与演示安排。安排卖方管理层与潜在并购方进行沟通会面，通过现场会面的形式来评估交易的推进，审查信息的交换。

第三，提供交易文件草稿，供潜在并购方审阅与谈判。在此阶段，卖方会提供未来交易的文本供潜在并购方审阅与修改，其提供的文本内容主要体现在对卖方友好的交易流程及权益保障方面，也就意味着对并购方的约束较为苛刻。在此期间，往往涉及对交易文本内容的具体谈判，包括口头谈判及协议文本修改谈判，谈判包括但不限于以下内容：收购标的方式及范围；收购主体；支付方案；税务筹划架构安排；收购关键条件与假设安排；融资方案与担保措施；过渡期安排；交割方式；违约责任。

在该阶段中，潜在并购方需提交有约束力的报价函，除了收购价格等内容，需对第二轮竞标邀请函要求的内容进行答复，例如，第二轮内部审批流程的办理情况，交易资金落实与融资情况。在潜在并购方提交约束性报价后，卖方将在收取的报价函中进行筛选并进入最终谈判，尤其是对价格及交易文本中的关键条款的谈判，直至最终确定收购项目的中标者，签署最后的交易文本。

第二节　《保密协议》起草与签署

经过双方初步接洽与了解，若并购方和卖方对收购意向达成初步一致，双方会互相提供与潜在交易相关的信息和文件，以便进行更深层次的了解和交流,在此情形下,为了保护交易安全与商业秘密,双方通常会签署《保密协议》。

一、《保密协议》概述

保密协议(Confidentiality Agreement,CA),即不披露协议(Non-disclosure Agreement,NDA),通常而言由卖方起草,其核心在于防止信息对外公开,约束协议当事人履行保密义务,限定信息使用方式,并约定对应的约束机制。

作为并购方,需要和卖方签署《保密协议》,可视自身需要,聘用各种中介机构、外部顾问(法律顾问、财务顾问、财税顾问、技术顾问、公关顾问等)。

二、《保密协议》签署前关注要点

(一)明确保密协议缔约方

并购方应当注意,《保密协议》的签署主体是否以特殊目的公司作为缔约方,该签署主体是信息最终持有方,还是仅为中介主体,需明确保密权责的相对方主体,若仅为特殊目的公司,则在具体的约束主体上仍需扩展到最终信息的实际控制主体,确保违反保密协议后可追索该责任主体赔偿。

(二)保密协议中义务主体是双向的还是单向的

并购方应当注意,保密协议中的义务主体是单方还是双方?是并购交易双方均可作为信息接收方或信息披露方,还是仅卖方为信息披露方,而并购方为信息接收方?角色不同,权利义务也不尽相同。但对角色定位是否有权进行谈判,往往取决于交易双方地位的强弱势。对于谨慎且具有一定强势市场地位的并购方,也同上要求,可在协议中约定双向的保密义务。

在并购交易中,从卖方角度考虑,卖方希望并购方不披露收购交易及其细节,而从并购方角度看,并购方希望卖方不得向其他并购方披露其身份及交易细节。交易前期,卖方更愿意要求潜在并购方承担单方面的排他性保密义务。

（三）保密信息的范围、保密信息使用范围、保密信息义务主体范围

一般来说，若双方均为权力约束主体，则双方对保密信息的范围需要协商一致并进行限定。在并购交易中，潜在并购方往往为信息接收方，其希望将保密信息使用范围写得越广泛越好，而卖方作为信息披露方则希望尽量限制保密信息的使用范围。

三、《保密协议》相关条款内容要点分析

（一）保密信息的范围

保密信息，为缔结协议之前和/或之后从披露方获得的一切信息，包括但不限于书面信息、口头信息、电子信息或其他形式。另外，在保密协议中，需要确定何种信息不属于保密信息，需要注意提前将法定或缔结在先的约定的义务排除在外。

（二）保密协议的期限

保密期限的长短，也往往会成为保密协议谈判的焦点。正常而言，1 至 3 年期限较为常见。对于卖方而言，有时会特别要求并购方承担永久保密义务，而对于并购方来说，无期限限制的保密协议存在不利风险，如存在无期限限制的保密协议，信息接收方应当予以关注，并设置例外情况，例如，在此期间内，并购方对卖方主动或被动公开的信息则不再需要承担保密义务。

（三）保密协议技术性条款

表 3-5-1 保密协议商务条款列表

知识产权条款	信息披露方要求明确任何知识产权不得因保密协议的签署而被信息接收方使用或处分，更不得对外披露；而信息接收方往往要求写明保密协议不得限制信息接收方开发类似的技术。

限制性条款	一般是由信息披露方提出,用于限制信息接收方的条款,例如,禁止串标条款(No-clubbing Cluase)、禁止锁定条款(No-lockup Cluase)、守门人条款(Gatekeeper Clause)、禁止联系条款(No-contact Clause)、禁止竞争条款(Non-compete Clause)、禁止行动条款(Standstill Clause)、禁止招揽(Non-solicitation Clause)。
商业秘密(Trade Secret)或者专有技术(Know-how)的保密信息	对含有商业秘密(Trade Secret)或者专有技术(Know-how)的保密信息进行特别的约定。因商业秘密及技术诀窍对公司至关重要,需做特别严格的限定,或约定只能在交易后期才可披露。
转让条款(Assignment Clause)	信息披露方一般会要求信息接收方不得转让保密信息,除非经过信息披露方同意。信息接收方可以要求做一定的宽松处理,比如转让给关联公司可以不经过信息披露方的同意。
其他	在复杂的保密协议文本中,也可能存在类似下述所列的条款,需双方根据交易情况来确定是否进行设置,例如最惠国条款(Most Favored Nation clause,MFN),没有义务谈判确定性协议(No Obligation To Negotiate Definitive Agreement),确定信息接收方是尽"合理努力"(Reasonable Endeavors 或 Reasonable Effects)还是尽"最大努力"(Use Best Effects To Hold The Information In Confidence),是否要求独家谈判、独家披露权(Exclusivity)。

(四)保密协议法律风险条款

表3-5-2　保密协议法律风险条款列表

陈述与保证	《保密协议》中的陈述与保证条款不多,核心在于是否有权披露保密信息。一般而言,信息披露方不会主动设置对其自身的陈述与保证,而信息接收方若有该等权限,其可在保密协议中要求信息披露方保证其有权披露保密信息,并保证披露不损害第三方的权益。
违约责任	一般而言,信息披露方有权要求信息接收方不得对外披露,同时有权要求损害赔偿和其他任何可行的救济举措。但信息披露方在行使该项权利时,应当提供合理的侵权事实及相当程度的证据予以证明。值得注意的是,保密协议的违约赔偿责任及赔偿范围的限定通常较为宽泛,其设定达成违约赔偿责任的标准及条件较高。但因谈判前期,双方仍未有任何实质性交易进展,若协议文本出现该条款,则应当高度重视责任的范围及后果。
准据法与争议解决方式	英国法、新加坡法等都是较为中立的准据法。一般来说,如以非熟悉的法域作为准据法时,可征求当地律师出具专项法律意见。

反垄断调查与诉讼风险	在信息披露方与信息接收方是竞争关系且双方在市场上占有较大份额的情况下,双方在向彼此披露价款、市场情况及敏感性的竞争信息时,需要特别注意,避免发生抢跑问题,信息披露方有可能在交易未完成时即受到反垄断调查或诉讼。在此情况下,可视自身需要,引进反垄断领域的律师中介团队,在交易前期的信息披露环节确认是否存在反垄断法律法规规定需要特别申报的情形,若存在触及反垄断法律法规的情况,由专业律师团队确认相关敏感信息是否应当进行遮挡、采取"干净房间"策略,或者是否应在交易后期进行披露,或者在相关反垄断审批已经获得或者交易完成后再行披露。否则,在交易还未开始或未完成时,有可能带来违反境内外反垄断法律法规的风险。
其他特殊法律风险	在涉及不同的交易对手时,其《保密协议》的签署还会涉及的法律风险包括与学校或学术机构签署保密协议,应注意知识产权归属;与政府机构签署保密协议,应注意是否有强制保密或强制披露的要求;在个人隐私或者信息保护立法非常完善的国家,应当严格依照当地法律法规要求进行保密或披露。

第三节 前期交易文件的谈判、起草与签署

当跨境并购项目谈判到一定阶段但交易尚未最终确定的时候,双方需要对阶段性进展进行固定与记录,即签署有约束力(Binding Effect;Legally Binding)、无约束力(Non-Binding Effect)或者部分有约束力(无约束力)的文本。在非公开招标(Non-Public Bidding)的国际并购交易中,备忘录(Memorandum of Understanding,MOU)、意向书(Letter of Intent,LOI)、框架协议(Heads of Agreement,HOA)、条款清单(Term Sheet)均有可能在项目前期进行签署,对交易架构、交易时间表、交易流程、交易核心事项等进行约定。

一、是否签署前期交易文件的优劣对比

是否签署,在何时签署何种类型的前期交易文件,并购交易双方需要从自己的角度认真评估利弊,实现有利于己方投资利益的最大化。

二、前期交易文件所涉主要条款内容解析

交易前期文件更多的是商务条款和商务安排,在起草或修改文件时,一般主要涉及交易的安排、交易的主要内容、交易的方式、交易价金的计算、交易的主要审批等。具体来说,主要条款可包含如下内容:

1. 交易标的与对价条款

一般来说,潜在交易双方在签署备忘录或者意向书的时候,有可能对作价等内容还未确定,或者仅仅对作价、计价方式、计价假设条件或者支付方式作概括性描述;资金来源、有无托管安排、价格调整、税务考虑等也往往仅作概括性描述。

2. 潜在交易时间点或里程碑(Milestone)条款

并购交易双方签署意向性文件的目的之一是将已达成一致的内容与条款记录下来,促使交易继续推进。具体而言,对潜在交易的里程碑事件及时间点事先进行确认,此外,何时进行尽职调查,何时谈判、最终确定正式交易文件,何时获得内部审批及办理外部审批,预计何时交割等均可以进行确认。但实际上,该条款内容在实践中运用较少,双方对于交易时间安排可能仍无法确定。

3. 先决条件条款(Conditions Precedent)

交易前期文件中,促使项目稳步推进的一个方法便是设置双方权利义务履行的先决条件(Conditions Precedent),对于交易必须完成的事项,比如完成尽职调查、政府批准、董事会审批等进行确定。还可在交易前期文件中对最终文件的签署设定先决条件,例如并购方完成全部或者部分融资、没有重大不利事件等。

4. 双方初期合作机制条款

在潜在交易继续的合作机制中,双方是否设立谈判团队、谈判团队的构成、谈判团队的工作机制等可以在前期交易文件中予以确定,比如约定清楚谈

判团队的具体人员、谈判的地点、谈判频率等。

5. 独家谈判权条款

潜在交易是否有独家谈判权或者其他安排,独家谈判权是否要求卖方履行"不兜售"(No-shop)义务,独家谈判权是否有对价或者限制等,需要列明。一般情况下,市场热门资产出售,给予独家谈判权(Exclusivity)比较困难,如果给予,往往卖方要求对价;在支付对价的情况下,如果卖方违反了相关不得兜售的义务,则并购方可要求其支付相应违约金。

6. 前期交易时间限制及解除权条款

潜在交易的谈判是否约定有时间限制,如果在一定期限内双方未达成最终协议,前期交易文件自动终止还是双方均获得解约权;是否需要在文件中约定无理由解约权,无理由解约权的行使是否需要事先书面通知等。

7. 陈述与保证条款

一般来说,前期交易文件中,较少有详细的陈述与保证条款。如在前期交易文件中约定陈述与保证条款,需特别小心与信赖相关的陈述与保证,这可能在双方未能继续交易的情况下,导致潜在交易给出该等陈述,造成保证方的损失。

8. 费用分担

关于并购交易双方在前期磋商与谈判过程中可能产生的费用分担问题,一般也需要进行确定。一般而言,前期的磋商谈判过程中所涉的费用,基本上是各自承担。

9. 保密及披露

保密及披露要点一般是对潜在交易本身的商谈事实、潜在交易已经达成的任何内容和双方所披露的信息进行保密,只能在极为有限的情况下(法令、政府要求、为进行潜在交易的目的等)披露。

10. 准据法与争议解决条款

即使是前期交易文件,磋商过程中的准据法和争议解决条款仍是必要条款。预先设定好准据法及争议解决机制,有助于出现问题后争议的及时解决。当然,在争议解决之前,可约定"友好协商"(Amicable Settlement)的义务,但需要注意对该友好协商义务加上期限及相应的限制,否则友好协商义务可能给争议解决带来意想不到的麻烦。

当然,对于有的交易前期文件,特别是以意向协议的形式出现的文件来说,其中包含的内容基本上就是最终交易文件的大框架,会比上面所谓列明的基本内容更加充实和完整。

三、前期交易文件法律风险提示

(一)关于前期交易文件是否具有约束力的分析

交易前期文件需要明确自身性质有无约束力,部分条款有无约束力。否则,对于交易争议发生后是否需要遵照前期交易文件的约定执行将存在歧义。

对于前期交易文件是否对双方具有约束力,一般从以下情况进行判断:

第一,在前期交易文件中,约定比如,保密义务、有效期、管辖法和争议解决、解除权或者对一方来说非常关键及重要的权利(如尽职调查权、独家谈判权、不竞争、不引诱、关键雇员问题等)应当具有约束力;而对于价格、交易架构、最终交易文件签署、免责条款、承诺条款等,宜作为非约束性条款(或另外通过前期意向协议进行约定),为以后谈判留下空间。

第二,如在交易前期文件中未对文件性质进行明确说明,一般来说,如未来发生争议诉诸法院,法官会从双方谈判过程、往来文件中的内容、双方在谈判中表达的意图及确定性程度中去判断交易前期文件是否具有约束性。

因此,需要提示的是,所有参与谈判的人员,无论是公司内部律师还是商务人员或者技术人员,都需要注意在谈判中的言行和往来邮件,以免法官将正在谈判磋商中的内容认定为并购方已认可并与卖方达成一致的约束性内容。

（二）在最终收购协议达成前，卖方隐形权限的解读

即便并购交易双方签署前述列明的前期意向文件，但仍无法锁定交易，其存在的变数及博弈仍非常大，因此，通常情况下，卖方经常坚持保留一些权利条款或免责条款，在这些条款中，卖方通常有权自主决定是否行使权利，防止交易失败后权益受侵害或潜在并购方起诉要求承担责任。

并购方在谈判及签署该类材料中，应始终对该类条款持警觉态度，例如，前期阶段并不构成要约条款；潜在并购方的投标文件或单方函件的接收不视为卖方对该投标（其内容）的接受或承诺；卖方通常可同时与多家潜在并购方对接、谈判及接收报价；卖方选定中标人的标准不仅仅是价格因素；卖方在任何时候都可以更改、暂停或终止流程，且不承担任何损失费用；潜在并购方应当承担在投标与调查阶段的全部费用等。

（三）关于"最大努力"（Best Endeavor/ Best Efforts）义务条款的判断

关于"最大努力"（Best Endeavor），实务中还存在"合理努力"（All reasonable Endeavors / Reasonable Endeavors）的约定。从实务角度来看，最大努力/一切努力并没有一个明确的判断标准，但是至少需要勤勉的、迫切的、合理的努力。实务中对于"尽最大努力"义务的判断标准趋于放松，如果合同中没有将标准具体化，则只能根据具体情况分析。

针对前期交易文件中出现的"最大努力"（Best Endeavor）及"合理努力"（Reasonable Endeavors），在实践操作中应当注意：

努力义务条款需要具体情况具体分析，不同法官对"努力"（Endeavors）的标准及程度有不同的认识，例如，最大努力实际上是一个不确定而无法执行的标准；在实践中，有人认为，行业标准或者客观情况能确认最大努力应达到的程度；有的认为，不能将合约方自行认为的标准简单适用。

对努力义务条款的约定要尽量做到客观且细节化描述。

如果可能,需要对提供努力义务一方关于费用及义务限额作出约定。

针对"需获得政府批准"中的"最大努力",如果是己方义务,建议少用。

在交易前期文件中,需更加谨慎使用"最大努力"义务。

(四)关于"诚实信用"(Good Faith)义务条款的判断

对于"诚实信用"(Good Faith)义务写入交易前期文件,需要注意:

判定是否违反"诚信义务"并非依据主观标准,应结合具体情形,至少是在一个理性且诚实的人看来,这种行为是商业上不可接受的。

"诚信义务"如果缺少明确表述,其在实务操作及认定上将存在困难。因此,在可以明确描述诚信义务的前提下,应当进行事项列举。

单纯的"诚信义务"条款,如没有明确具体的义务或标准,在实务中,更多的是一种商业上促进交易的非约束性表述,而非具有约束性的义务职责。

(五)关于注意用词准确性问题

在起草及修改前期交易文件中,特别是英文文件,用词准确与否影响对内容的解读,不准确用词将可能导致歧义与误导。建议并购方一定要使用清晰、准确的语言,严格遵守竞标阶段的流程要求。

例如,"and/or"的理解,如果不慎用,会存在多种不同的解释。因此,在实务中,起草及修改文件时,应当严谨用词。例如,穷尽所有可能出现的情况;在不同的情况下,说明使用该词语的意思等。

第六章　境外并购项目尽职
调查过程阶段

▰▰ 内容提要

本章主要围绕"境外并购项目尽职调查过程阶段"展开,主要包括以下四个部分内容:

> ➢ 并购尽职调查概述

> ➢ 并购尽职调查执行

> ➢ 并购尽职调查报告及一般性风险应对

> ➢ 并购尽职调查报告撰写及一般风险应对

通过阅读本部分内容,将迅速地了解在境外并购项目尽职调查环节的有关概念,指导尽职调查小组有针对性地主导和协调尽职调查的工作,同时熟悉尽职调查中的各项文本,以便与律师事务所等可能的中介机构配合完成并购尽职调查工作,披露和规避收购项目中的各项风险。

第一节　并购尽职调查概述

一、尽职调查的含义及类型

（一）尽职调查的含义

尽职调查（Due Diligence）又称审慎性调查，通常是指在收购兼并、股票或者债券发行、资产转让、股权投资和债权投资等资本运作中，组建专业团队针对交易对象的财务、法律、运营和技术等方面专门事项，按照专业准则和交易惯例所进行的审慎性调查和分析。

（二）尽职调查的分类

依专业领域分，有法律尽职调查、财务尽职调查、税务尽职调查、运营尽职调查、环境尽职调查、人力资源尽职调查、技术尽职调查和工程尽职调查等。在收购和兼并中，最常用的是财务尽职调查和法律尽职调查。一般财务尽职调查在先，确认目标公司没有重大财务风险或使交易无法达成的事由（Deal Breaker）后，则可依投资人指示进行法律尽职调查。如果并购方在收购前对目标公司已有了一定的了解，则财务与法律尽职调查也可同时进行，而无需将财务调查前置。财务尽职调查的范围主要是目标公司的资产、负债等财务数据上的财务风险和经营风险，法律尽职调查主要关注的是目标公司的组织结构、资产和业务的法律状况和诉讼纠纷等方面的法律风险。

依据交易地位的不同，尽职调查还可分为并购方尽职调查和卖方尽职调查。对于通常的融资交易，融资方急需资金用于缓解资金危机或扩大经营，在交易中处于相对劣势地位，投资方则居于并购方地位，发起并主导对目标公司的尽职调查。从另一个角度来看，由于目标公司或目标资产对卖方来讲，是自己长期经营管理的，而投资方则是外部人，与卖方处于信息不对称的地位,并购方需要通过尽职调查来了解目标公司或目标资产,规避交易风险。

当卖方拟出售优质资产时,市场上可能有多家意向并购方,在尽职调查和交易谈判开启前卖方即已居于优势地位。为避免泄露商业信息,且为了避免每一家潜在并购方的尽职调查给公司经营带来干扰,卖方也可自行聘请中介机构来进行并主导整个尽职调查。

(三) 卖方尽职调查的优点

卖方尽职调查最明显的优点就在于缩短交易流程,提高融资效率。尽管在我国的并购实践中,卖方尽职调查运用还比较少,但在其他国家的法律传统下,卖方尽职调查较为常用,甚至在有些情况下是必经环节。以英格兰和威尔士法为例,当并购资产是通过拍卖出售时,认为通过拍卖出售资产(默认潜在并购方不止一家)是一种以公示形式开展的法律活动,必然影响到公众利益,卖方应当负责开展尽职调查,并将尽职调查结果形成数据库供并购方查询,或者将尽职调查报告发送给意向并购方。

对于标的额较大、结构复杂的并购交易,并购交易双方甚至会分别聘用顾问进行尽职调查。卖方尽职调查可以使卖方更加了解自身资产状况,突破并购方尽职调查的倾向性,增强卖方的谈判地位,从而使交易能更加公允、更加高效。

再者,当并购交易标的额巨大时,并购方可能需要通过杠杆融资方式支付交易对价,被并购方也可以发起尽职调查,对不止一家潜在并购方发起尽职调查,确认并购方的支付能力。当并购方采用股份对价来完成交易时,卖方采用尽职调查了解并购方公司的估值和股份对价的真实价值,对于拟议交易股份的价格商定则更是具有不可替代的意义。

二、尽职调查的目的及作用

（一）法律尽职调查的目的

尽职调查是对并购项目进行充分详细的研究和调查，其主要目的有以下三个方面：

表 3-6-1　并购尽职调查的目的

为交易判定提供线索	发现、分析并且评估目标公司或目标资产存在的各方面问题；揭示或者提示与拟进行交易相关的法律风险，为并购方判定是否进行交易提供线索
为交易进行提供方案	在尽职调查中发现问题，或者对已知问题进行更深度地了解和梳理分析后，如果问题不构成阻碍交易进行的事由，可以为解决问题提供补救措施；基于尽职调查结果，了解并绕开各种壁垒，设计最符合并购方商业目的的交易方案。
为交易谈判提供依据	交易结构和收购价格的确定、交易先决条件的设置、交割后的义务以及其他各方义务的安排，都要基于尽职调查结果，交易双方在谈判中需要以尽职调查结果为依托。

（二）法律尽职调查的作用

尽职调查就是依靠专业人士通过审慎而详尽的工作，在较短的时间内帮助并购方了解目标公司的本来面目和真实情况，将公司的日常经营置于专业的知识框架内进行审查、分析和评估。好的尽职调查会具有以下几个主要作用：

1. 消除并购双方的信息不对称

并购前的尽职调查可以从各方面了解目标公司的情况，尤其是让并购方能够在公开查询途径以外进一步了解目标公司，尽管尽职调查不可能完全彻底地掌握并购标的的所有细节，但会在一定程度上平衡双方的信息不对称，从而降低并购风险。

2. 准确定位并购方(包括主导尽职调查的卖方)在谈判中的地位

并购方通过尽职调查了解到目标企业或者目标资产存在的瑕疵后,可以将补正瑕疵或承担风险的成本纳入考量,从而提出更低的交易报价,调整交易架构甚至拒绝交易。同时,通过调查和专业人士的提示,并购双方可以就风险承担、权利和义务的明确甚至是交割后的保证和补偿进行谈判,在交易方案确定前即做好安排。

3. 为准备交易文件提供基础

并购交易通常涉及一系列的文件,除了最基础的股权/资产转让条款外,还需要考虑到签约后的事项以及交割后的风险承担。因此,除了转让协议文本,还需要法律人员起草单独的承诺书以及出具法律意见书等。在起草交易文件时,先决条件、陈述与保证、承诺和补偿等方面环环相扣,每一环都需要基于尽职调查报告。没有详尽的尽职调查作为基础,起草交易文本便是空中楼阁,达不到促进交易和规避风险的目的。

三、尽职调查实施原则和方法

尽职调查工作的最基本原则——专业人士,无论是法律人员还是财务人员,在调查中都应当尽到应有的审慎勤勉义务。尽职调查通常工作烦琐又细致,而并购对企业经营发展来说又有着日常经营活动所不具备的节点性意义,所以包括法律人员在内的专业人士在尽职调查实务中还需要将这一原则细化为多个原则,以求做好尽职调查,助并购方实现商业目的。并购尽职调查虽一般委托第三方机构进行,但仍不乏有并购双方的工作人员对接和管理尽职调查工作,所有参与尽职调查的人员都应遵循以下一些基本原则:

(一)保密原则

保密是尽职调查工作的第一原则。

保密原则要求尽职调查参与人员从两方面遵守:注意保密时间范围。一般在尽职调查开始前,被并购方可能会要求并购方以及代表并购方的调查团队签署保密协议,协议中会约定保密信息的范围。关于保密协议的要点,参见上一节论述。

(二)审慎原则

尽职调查的目的就在于发现问题,所以尽职调查人员对资料和信息以及相关人员的口头陈述都要持保守态度,必须经过深入的了解和研究,在得到其他资料的佐证前不轻易采信。在获取信息后,要注意不同资料之间的相互印证,在给出分析和判断前,一定要注意有充分的依据,并对各种证据进行综合分析。比如在资产收购中,对于目标资产的权属登记信息以及目标公司所获得的证照和其他类型的行政许可,尽职调查人员要向相关政府部门进行独立的调查核实。同时,尽职调查人员还需要具有独立的判断,发表独立意见。

(三)目的导向原则

就并购方尽职调查而言,任何调查工作都应当依据并购方的并购目的展开,包括根据并购目的制订调查方案,确定尽职调查的范围、重点及程序。而在出具尽职调查报告时,也应当以与并购目的最密切相关的内容为核心进行全面报告。以地产领域的收购为例,并购方希望获得目标公司所拥有的土地及房产,往往采用股权收购的方式以规避资产转让的高额税费,但此种股权收购与出于经营需要收购目标公司全部或部分股权的目的是不同的,因此尽职调查的范围及重点也应当有所不同。尤其是并购尽职调查往往在较短的时间内进行,尽职调查的进度安排和成本控制都需要以符合并购目的为标准。

我国的建筑企业进行境外并购,其主要目的有三方面:取得控制权,实现报表合并,不进行纯财务投资;扩大国际市场,绕开国际区域壁垒,扩大市场份额;获得先进的管理与技术,增强自身的市场竞争力。基于这几种目的,其收购尽职调查就应更侧重目标公司的业务与技术和设计能力,关注其各种资质与渠道,关注其过往业绩、高级管理人员和核心技术人员的构成与稳定性。

(四) 全面透彻原则

全面透彻是尽职调查的内在要求。为帮助并购方实现并购目的,就需要尽职调查涉及目标公司或目标资产的方方面面,就所有可能产生重大争议和不利于并购方实现商业目的的事项进行全面而充分的风险提示。

全面性原则要求:尽职调查人员在内容和材料两个方面都要做到全面,全面覆盖企业的权利和义务,收集所有与调查主题相关的材料。

透彻性原则要求:尽职调查要有深度,不局限于第一手资料,还需要根据情况从第三方获取资料和信息,来确认第一手资料的真实性和准确性。需要注意的是,尽职调查报告不能仅局限于重大问题概述,而要对问题产生的原因和补正措施进行调查和研究。

(五) 区别对待原则(量身定制原则)

针对不同类型的公司和资产,因法律和经营风险产生点和类型不同,尽职调查的侧重点也应该有所不同。以建筑企业为例,企业获得的资质以及被制裁或者政府禁止投标的情况(包括获得资质的条件和程序)就应该是尽职调查的关注重点。而采矿类企业或者化工类企业,其是否进行过环境评测,是否建立了污染控制体系,就应是尽职调查中的重点部分。

同行业但背景不同的企业,也需要尽职调查人员给予不同的关注,如果企业成立时间较短,股权结构简单,融资较少或未进行融资,则其股权结构及股权争议就不太需要过多关注;而成立时间长,经过多轮融资或转手的企业,其股权架构和现有股东股权取得是否存在瑕疵就需要在尽职调查报告中重点披露。区别对待原则,要求并购方及其调查团队避免模板化、程式化的思维,应根据每一笔投资及时调整,关注到各种公司和资产的特殊性。

（六）并购尽职调查方法

就一般并购实务而言,尽职调查的方法主要有以下几种:

表 3-6-2 并购尽职调查方法

方法	操作
收集并验证文件资料	入场前,与目标公司对接人员密切沟通,完整收集并编排整理资料,及时制作文件目录。 入场后,以尽职调查清单为基础,结合资料实际情况及阅卷发现,更新补充文件清单。 核对文件原件,保证资料完整真实;不能通过原件验证的,应当通过查询、函证等方式核实。
访谈有关人员	对不同部门、不同层级、不同职位的人员进行访谈。 访谈应该单独进行,以便交叉验证。 访谈应形成笔录,并让被访谈人员签字。
向相关政府部门调查	考虑到目标公司可能提供虚假文件,涉及政府许可的事项应当向有关政府部门调查确认。
现场考察	针对目标公司的办公现场、土地、房屋、车辆等,应当运用现场考察的方式,确认实物与证照的一致情况,并了解证照和登记所无法体现的情况。 通过现场调查还可以关注目标公司的生产场所、仓库等,以判定公司是否处于正常运营状态。 现场考察应做好记录,并拍照作为工作底稿。
网络公开核查	通过政府部门官方平台或其他具有公信力的查询平台和数据库查询目标公司/目标资产的基本情况。 通过网络平台查询目标公司/目标资产的专项信息,比如行政处罚和涉及诉讼的情况。
咨询其他中介机构	不同专业的尽职调查人员在相互沟通后,可确认本专业的调查结果,发现本专业视角下未发现的问题,从而弥补自身专业的局限。
函证	对于尽职调查人员在目标公司提供的资料中无法获得或者确认的信息,可以向调查对象发函求证,要求对方回复并签章确认真实。
非公开调查	当调查对象对真实情况有所隐瞒或公开调查仍然无法确认部分信息时,尽职调查人员可以利用手中资源进行非公开调查,以规避并购风险;尤其是在境外并购中,要根据项目情况灵活运用非公开调查方法。
综合分析	在全面收集资料和信息的基础上,对资料进行分类、鉴别、归纳、分析,并根据相关的法律法规和政策,运用专业知识和技能对信息进行总结,为出具尽职调查报告做好充分的准备。

第二节　收购尽职调查执行

一、确定尽职调查范围及内容

尽职调查通常都有明确的时间和成本限制,出于保密考虑和专业能力要求,尽职调查人员也不宜过多,所以尽职调查必须预先确定并及时调整范围。同时,因并购目标、并购方投资偏好、并购类型的不同,结合目标公司所处的行业特点和项目特性,并购尽职调查的范围也应有所不同。

确定尽职调查范围的方法主要有以下几种:

表 3-6-3　确定并购尽职调查范围的方法

依据	方法
交易目的	一般而言,并购目的主要有:取得控制权,获取技术,获取资质、证照或政府许可,获取土地等不动产,获取矿产资源和获取知识产权等。虽然交易方式都可能采用股权并购方式,但交易目的不同,使得尽职调查目光必须向交易目的所指方向侧重。 符合交易目的是尽职调查的内在要求,因此尽职调查工作人员应当与并购方管理层进行充分沟通,明确交易目的;明确交易目的后;确定调查范围。
交易方式	并购交易一般可分为股权收购和资产收购。因为股权收购是一揽子概括继受被并购方的资产与负债,所以尽职调查必须覆盖到目标公司的方方面面,尽最大可能规避并购风险。 而资产收购,最后仅就目标资产签订买卖合同,其余部分因剥离而不在收购之列,因此尽职调查范围较小,主要关注目标资产的权属状况、权利来源及转移、权利负担和税负问题。
目标公司所处行业特点	并购不同行业的目标公司,尽职调查的侧重点也应有所不同。如高科技企业,知识产权是核查重点;如生产类企业,其环保和生产资质是关注重点;如金融等强监管行业企业,其金融牌照和合规制度是关注重点;又如新兴行业,政府补贴对于企业发展至关重要,那么补贴政策及资质要求是并购尽职调查的关注重点。

续表

依据	方法
目标公司/资产自身特点	即使处于同一行业的企业,也会因为发展历史、规模、经营方式等自身特点,而呈现出不同的经营形态,并购风险也会产生于不同层面,因此需要根据目标公司自身特点确定尽职调查范围。 从股权收购角度来看,成立时间长、股东多的公司可能股权结构相对复杂,则股权转让是否满足程序要求,是否存在股份代持的情况,是否存在股权争议等问题是尽职调查的重点方面。而成立时间相对较短、股东较少的企业,则公司是否合法有效设立、是否出资到位是关注重点,股权争议则不需要投入过多时间关注。 又以资产收购中的不同阶段的房地产项目为例,土地使用权转让的尽职调查重点是项目土地状况以及开发前期的各种审批手续,而在建工程转让则应关注项目审批及建设手续、项目建设的所有相关协议、工程款支付以及在建工程是否设置权利负担等,已建成房地产转让的尽职调查应侧重项目竣工验收情况、工程质量是否合格、是否结清工程款以及权证办理情况。

在股权收购框架下的尽职调查,必须要涵盖目标公司的现状、历史沿革、资本投入、公司治理、关联交易及同业竞争、财务与税务、业务与技术、主要资产、知识产权、重大债权债务、人力资源与劳资关系、诉讼仲裁和行政处罚情况等十二个大的方面。

而资产收购的尽职调查范围则一般相对较小,包括目标公司的基本情况,目标资产的范围,目标资产的权属状况,知识产权、供销渠道及产品销售情况,目标公司已经生效但未履行或未履行完毕的合同,目标公司的员工情况,财务与税务和目标公司诉讼或争议情况。

二、起草尽职调查清单

(一)尽职调查清单起草注意事项

尽职调查清单是交付给并购目标公司的对接人员去准备材料的,因此必须考虑到读者的特点,起草尽职调查清单应当注意:一是要个性化,不能一套模板不加修改而反复使用,必须依据并购对象的特性和交易结构量身定制。

二是使用表格化的形式,并提前加上编号索引,使尽职调查文件清单清晰明了。因尽职调查需要准备大量的文件资料,如果尽职调查文件清单不清晰明了,那么并购对象对接人员可能会有抵触情绪,不利于并购对象准备资料文件。三是使用简单易懂的语言,对接人员可能没有并购项目经验,简单易懂的语言有助于其收集并整理资料。

(二)尽职调查清单发出与沟通

尽职调查文件清单一般由并购方起草并发送给卖方,在并购交易谈判中越早发出越好,以便尽早了解对方的文件齐备状态,也便于卖方尽早准备相应资料。但卖方在收到尽职调查清单后却一般不直接提供资料,而是要等到双方签订收购意向书和保密协议后。

在起草尽职调查清单前,并购方应当尽可能多地收集关于目标公司的信息,这样尽职调查文件清单才可能量身定制,更加适用到并购方比较关注或者具有较大风险的方面。然而,一份经仔细准备且详略得当的清单还只是并购尽职调查的开始。

在目标公司对接人员审阅尽职调查文件清单后,并购方及其顾问应当及时跟进其提出的任何关于清单的问题,对解释不清楚或者容易产生混淆的地方进行释明。

(三)尽职调查清单构成及示例

一般而言,并购尽职调查文件清单由三个部分组成,前言指引、正文及附表。前言指引中需要说明本次尽职调查的目的以及希望得到被调查对象的理解和配合,包括被调查对象的范围(母公司及需要关注的子公司、参股公司)、材料收集的范围、调查清单填写要求、资料整理归档及装订要求等。而正文即列明了需要提供的每项文件名称,一般采用表格形式,力求详尽而清晰。附表则一般是根据目标公司情况起草,针对目标公司或者目标资产的概括性信息,为后续尽职调查工作提供便利,要求被并购方对接人员填写的。

以下是针对一般股权收购的尽职调查文件清单正文示例:

表 3-6-4　一般股权并购尽职调查文件清单

编号	文件名称	是否提供	注释
1	公司事务		
1.1	设立及公司状况		
1.1.1	公司设立文件副本(注册登记证书和变更登记证书;纳税人证明文件),包括公司全称和公司形式,初始登记的时间地点,有关任何变更的后续证明文件,公司初始登记时的股份支付凭证等。		
1.1.2	现行的公司章程及先前的所有版本(包括任何已做修改但未进行登记的章程修订案),向监管部门提交的与章程修正案相关的任何通知。		
1.1.3	公司执行机构的成员清单以及与相应成员任命相关的文件,包括董事会成员名单。		
1.1.4	公司现有董事、监事和高级管理人员的任职和兼职情况。		
1.1.5	公司近三年来的历任总经理、副总经理和财务主管(总监)名单。		
1.1.6	公司历史上的重大事项,包括公司股权/股份交易,公司设立的相应决议/决定的副本,公司股权/股份处置的支付凭证,以及其他有关实施该等交易(行为、通知等)的文件。		
1.1.7	关于所有子公司、联营公司和合资企业、分支机构和办事处的信息,包括公司、子公司和办事处所持的比例,记录公司关于子公司、分公司和办事处设立的国家登记证明文件、手册和(或)规定的副本。		
1.1.8	公司股东与公司之间的合同,包括股东协议。		
1.1.9	最近三年(如有关章程修正案,则需更早)所有股东大会的会议纪要、董事长命令和监事会决定(如适用)。		
1.1.10	公司最近和最完整的内部架构图及职能描述。		
1.1.11	机构的内部规章制度。若无,请提供确认不存在该等内部规章制度的公函。		
1.1.12	公司发行的任何债券的清单和介绍。		
1.1.13	公司发行的任何证券的国家登记证明。		
1.1.14	关于公司的任何管理协议的副本。		

编号	文件名称	是否提供	注释
1.1.15	公司签发的所有授权委托书的副本。		
1.1.16	确认注册资本/权益资本增加/减少的文件。		
1.1.17	期权、转让协议或限制处置股权/股份的文件。		
1.1.18	所有与公司股权有关的第三方权益和负担,包括抵押或任何其他提供担保的协议或附件。		
1.1.19	公司中除公司股东或存托凭证股份持有人一般权利以外的获得股息或利润分享的特殊权利。		
1.1.20	与公司或其子公司有关的任何信托细节。		
1.1.21	由任何主体持有的公司或其子公司的任何期权或可转换证券细节。		
1.1.22	在过去五年内发生的与公司或其子公司相关的公司重组、合并或分立细节。		
1.1.23	公司或其子公司与任何第三方之间的合资或合伙细节。		
1.2	股东		
1.2.1	股东名册的副本。		
1.2.2	若股东是自然人,请提供身份证明文件的副本。		
1.2.3	如股东是法人,请提供法人股东最新营业执照、现行有效的公司章程及/或其他组织性文件、股权结构图。		
1.2.4	法人股东最近一年及一期的经审计财务报告。		
1.3	关联方(一方控制、共同控制另一方或对另一方施加重大影响,以及两方或两方以上同受一方控制、共同控制或重大影响的各方,包括但不限于母公司、子公司、兄弟公司等)		
1.3.1	与关联方的合同。		
2	资产		
2.1	公司和其子公司所有持有的、(分)租赁的、占用的或以其他方式使用的财产(包括动产和不动产)清单。		
2.1.1	公司和其子公司持有的或使用的所有知识产权清单(包括商标名称、商标、著作权、专利权、示范权和非专利技术等),无论是否注册,(最新的)前述知识产权的注册和申请注册,包括国内的和国际的,以及所有此类注册的必要的更新或延期情况清单。		
2.1.2	公司和其子公司持有的资产所有权证明文件。		

续表

编号	文件名称	是否提供	注释
2.1.3	租赁资产(如生产设施、设备或重要办公设备、车辆)的租赁协议副本。		
2.1.4	融资租赁协议副本。		
2.1.5	公司现有资产上设立的权利负担(包括但不限于抵押、质押、留置、所有权保留及任何其他第三方权利)的有关文件和登记证明。		
2.1.6	公司对上述重大资产的投保情况说明及保险合同、保险单据副本。		
2.2	土地		
2.2.1	土地所有权/使用权的权属文件和/或土地租赁协议。		
2.2.2	关于公司拥有、租用或持有的每一个地块的全部地籍文件、不动产权利(产权负担)及其技术特征的登记证书。		
2.3	不动产		
2.3.1	公司不动产清单(建筑物、构筑物等)。请提供所有证明公司对其拥有的不动产(土地除外)的权利进行登记的文件(地籍图、技术合格证、所有权证书)。		
2.3.2	公司不动产的买卖协议或租赁协议。		
2.3.3	关于公司拥有、租用或持有的每一处建筑物或构筑物的不动产权利(权利负担)及其技术特征的登记证书。		
2.3.4	关于公司不动产质押的信息和/或协议的副本,公司质押财产的清单,在公司拥有或使用的不动产上设置抵押、担保权益或其他权利负担的所有协议的副本,以及向国家权力机关进行登记的证明文件。		
2.3.5	公司向任何第三方转让其任何不动产(除土地)使用权(租赁、转租、共同经营协议、联合经营等)的所有协议,并提供与之相关的所有文件,包括确认该地块所有者已经合法取得其所有权并进行登记的文件。		
3	合同		
3.1	公司或其子公司签署的所有合同清单。		
3.2	主要合同		
3.2.1	合同价款超过 50,000 美元①(或任何所适用货币的等值金额)的所有合同的副本。		

---

① 并购方可根据目标公司情况和自身投资策略对相应数额进行调整。

编号	文件名称	是否提供	注释
3.2.2	公司签订的任何包销、分销、供应协议的副本(如有)。		
3.2.3	根据所在国法律,导致公司(的行为)可能被认定为"关联交易"或"重大交易"的所有合同。		
3.2.4	公司签署的所有合资、合伙、共同活动或合作的协议。		
3.2.5	请确认公司是否有意向与政府签署具有约束力的合同。		
3.2.6	确认本尽职调查清单所列合同各方已履行其合同义务的文件(付款委托书、承兑行为)。		
3.2.7	工程总承包合同、运行维修合同、监理合同。		
3.2.8	与设计和施工相关合同。		
3.2.9	所有招标文件。		
3.2.10	与竞争者签订的所有合同,包括与限制或可能限制竞争安排有关的会议记录、通信。		
3.2.11	与供应商和客户签订的限制公司和/或其他方商业自由(比如在定价或限制经营的地理范围方面)的所有合同。		
3.2.12	任何已违约或预期违约的合同情况细节。		
3.3	融资		
3.3.1	公司为融资所签订的所有借款、信贷、质押、担保协议或其他协议的副本。		
3.3.2	公司将资金提供给任何第三方所签订的所有借款协议、担保书和任何其他协议的副本。		
3.3.3	由公司出具或向公司出具的所有本票的副本。		
3.3.4	公司是否存在向任何第三方提供贷款或签署任何其他为第三方提供融资的协议,但融资资金尚未全部偿还的情形。若存在,请具体说明各份协议的受益者名称、数额及协议条款。		
3.3.5	公司作出的任何形式的保证或担保(如有)。		
3.3.6	公司购买的所有保险,详细说明保险公司名称和保险主要条款。		
3.3.7	公司获得融资的所有借款协议、信贷措施、保证、担保或其他协议。		
4	国家检查和审计		
4.1	因违反或涉嫌违反任何执照、许可、批准或证书而涉及的任何行政、司法程序或潜在诉讼的相关信息。		

续表

编号	文件名称	是否提供	注释
4.2	监管机关的指示/命令。		
4.3	监管机关就涉及撤销、终止、消除执照和许可方面的瑕疵或其他问题的指令、通知,以及处理意见和瑕疵或其他问题的证明/证据。		
5	诉讼、仲裁及其他争议解决		
5.1	公司或任何公司代表作为一方正在进行的或可能发生的仲裁和/或诉讼,和/或可能导致前述程序的其他争议或任何情形的相关文件。		
5.2	任何对公司有利或不利的未执行的法院判决的详细情况/文件。		
5.3	所有刑事审判的资料和文件。		
5.4	对公司有利或不利的执行程序的资料和文件。		
5.5	任何对公司不利的消费者索赔的详细信息。		
5.6	任何对公司不利的国际组织(如世界银行组织或多边开发银行)制裁信息。		
5.7	任何对公司不利的他国政府制裁信息。		
5.8	向公司或其债务人提起的和潜在的与破产相关的主张的资料和文件。		
5.9	公司所涉及的任何解散、清算及破产程序。		
6	执照		
6.1	有关危险品或爆炸物生产和/或使用的相关资料和文件(如有)。		
6.2	所有目前已取得或需要向任何公共机关取得的许可、执照、证书或批准的详细资料和副本。		
6.3	施工许可证项下满足特殊条件的报告。		
6.4	矿产委员会执照的副本。		
6.5	所在国投资促进中心注册证书的副本。		
7	工业安全		
7.1	在任何操作过程中使用或释放的,或在公司所有、使用或租赁任何地点、建筑物、机器或其他设备中堆积或存放的任何危险(或潜在有害的)物质的详细资料,包括位置和储存方式。		
7.2	任何事件或事故的详细资料,包括在公司发生的危险或潜在危险物质的溢出、泄漏或排放。		

续表

编号	文件名称	是否提供	注释
8	劳工问题		
8.1	集体劳动合同(如有)。		
8.2	劳动合同基本模板的副本,包括集体协议。		
8.3	与管理人员(首席执行官、总会计师)的雇佣合同,包括特殊条件的适用。		
8.4	任何可能由现员工或前员工提起索赔的详细资料。任何据合同终止通知提交辞职信的员工或去年被解雇的员工的详细资料。		
8.5	在赔偿金、养老金或其他福利方面涉及公司与公司管理机构中任何成员之间的特别约定的所有文件,以及公司向前述人员提供任何贷款的所有文件和相关的贷款协议。		
8.6	所有外国劳工许可证件(如有)。		
8.7	所有公司员工的薪金、出生日期、入职日期和职位描述概览。		
9	保险		
9.1	员工保险政策。		
9.2	公司签订的有效保险合同的清单和副本。		
10	环境保护		
10.1	公司运营地所有必需的和现存的环境评价报告、环境许可、备案及批准,包括但不限于与水、空气质量、固体污染物处理、运输及储藏有关的许可和批准。		
10.2	公司运营地的任何被认为是重大环保政策的详细内容,比如污水的允许排放量。		
10.3	过去三年中发生的任何重大的或目前仍存续的违反环境法律或政府批准的详细情况,以及有关政府机构进行的调查及/或司法程序。		
10.4	公司运营地进行的重大环境敏感活动。		
10.5	过去三年里,为适应环境标准的规定而对现有设备进行的革新及革新费用。		
10.6	任何已计划进行的革新及预期费用。		
11	税务		
11.1	公司应缴纳的税项、适用的税率、享受优惠税收、补贴政策的说明及其依据的清单,包括税务机关出具的纳税事项核定书等。		

编号	文件名称	是否提供	注释
11.2	公司最近三年缴付税款情况说明及相关文件。		
11.3	进出口货物免税证明。		
11.4	有关公司和主要子公司或母公司相互之间及其关联公司有关税务安排的任何协议、文件或证明，包括但不限于税务担保或承担纳税义务等方面的任何文件。		
12	财务报表		
12.1	公司在最近两个财年的财务报表（包括资产负债表、利润表和现金流量表）。		
12.2	截至本清单出具之日公司现有债务情况统计表（包括向银行、其他金融机构贷款，股东借款，尚未付清的往来款、工程款、货款等），请列明债权人名称、尚未清偿完毕的债务数额及利息数额。		

三、尽职调查进度安排

尽职调查工作通常时间紧迫，工作烦琐，需要在尽职调查工作开展前就确定好基准日和进度安排，以便统筹所有尽职调查工作和把握整个工作进度。并购方在开展尽职调查工作前应当选定具有丰富经验的专业人士组成尽职调查团队，并及时确定工作计划和安排。并购标的大小有别，交易结构也有类型之分，尽职调查工作计划要根据并购特点量身定做。以下是法律尽职调查工作计划及安排的示例：

表 3-6-5　并购尽职调查进度安排表

时间	工作进度
T（基准日）+0	组建尽调调查团队
T+1	发送尽职调查资料清单，请目标公司准备资料。
T+3	进场，与目标公司对接人员初次沟通，并根据沟通情况确定需要重点关注的事项，制订较为详细的工作计划（包括人员访谈时间安排），修改尽职调查提纲。
T+4	根据工作计划及尽职调查清单开展工作。

时间	工作进度
T+10	初步完成现场尽职调查,起草并提交重大问题概述。
T+14	仔细研究尽职调查资料,起草尽职调查报告。
T+15	就尽职调查报告及相关报告与并购方及目标公司进行沟通,修改完善报告内容。
T+20	提交尽职调查报告及相关报告。

四、现场调查开展及底稿整理

尽职调查工作通常千头万绪,即使制定了详细的工作方案,如果没有好的执行和协调,也会走错方向而延误时间,严重的甚至无法在预期时间内完成调查,影响交易推进。

(一)并购尽职调查工作控制方法

为促使尽职调查顺利完成,尽职调查的牵头人员应当制定并购尽职调查工作规范,统一尽职调查标准并安排协调尽职调查工作的开展。以下是把握尽职调查工作大方向的几个工作安排方法:

表 3-6-6 并购尽职调查节奏把握方法

方法	功能
召开每日例会	尽职调查的现场工作通常会延续一周以上,大型并购甚至需要延续数周,召开每日例会对于调查工作开展具有至关重要的作用:把握尽职调查节奏,保证工作进度;统一工作要求,保证尽职调查标准一致;对发现的问题及时沟通和解决,保证方向不偏离。
制作尽职调查底稿	尽职调查工作人员制作工作底稿是专业工作的内在要求,对尽职调查工作开展具有不可替代的意义:工作底稿是尽职意见和结论形成的记录,有助于自身回溯此前工作,论证尽职调查结论;工作底稿有助于其他成员参考和复核,确认尽职调查意见准确性;工作底稿是尽职调查报告和结论的支撑,有条理的工作底稿有助于面对监管机关的检查。

方法	功能
及时沟通调整	每日例会通常相对简短,而且是内部沟通,一般不会对发现的问题进行深度讨论或实体处理。抑或是每日例会因为种种原因没能召开,那么在调查工作中及时沟通并解决疑难问题就具有了更重要的意义。如在阅卷工程中发现了新的问题,尽职调查项目组讨论后确定需要目标公司补充提供资料的,则应及时与目标公司沟通,向其发送补充尽职调查文件清单。

(二)工作底稿制作整理注意事项

工作底稿的一项意义在于能够证明调查人员已尽全力,运用了合理的谨慎和努力,达到了可以免责的程度。因此,工作底稿应当真实、准确、完整、无遗漏地反映尽职调查工作。在制作和整理尽职调查工作底稿时,应当使工作底稿完备、准确并适时进行整理归类,以便后期核查。

表 3-6-7　制作和整理工作底稿的注意事项

格式	工作底稿应当遵循"工作记录+附件"的形式,记录调查工作、调查内容、方法和结论等,记录应当内容完整、格式规范、清晰准确;并用附件证明、支持相关记录。
索引	工作底稿应当编制索引,以便交叉引用。
复印	在尽职调查中通常只收复印件,而在与原件核对后将原件退还给对接人员。
调查	对于目标公司从第三方取得并经确认的资料,尽职调查人员应当进行必要的调查以证真实有效,调查应当形成相应调查记录及证明。
签章	对目标公司无法提供的资料,可由目标公司出具书面说明,或在进行访谈后,请被访谈人签章,保证说明情况的真实。
归档	工作底稿的整理应当与调查工作同时进行,并在尽职调查结束后的相应期限内完成归档。
保存	尽职调查工作底稿需妥善保存。

第三节　尽职调查主要内容及风险应对

在并购法律尽职调查的实务当中,仅仅是按照调查清单模板搜集整理相应的资料是远远无法达到目的的。要做好尽职调查工作,必须清楚阅读什么样的文件可以得出什么样的信息和结论,反过来要了解相应的信息和风险需要看哪些文件和资料,因此尽职调查工作必须摸清并遵循具体的操作程序:

第一步,要解决看什么文件、搜集什么文件的问题,即熟悉调查清单中所列明的各项文件类型和含义。

第二步,如何取得这些文件,如果目标公司不能提供,是否可以去政府机关或自律机构去调取查证。

第三步,在获得文件之后,要了解文件和所涉事项受哪些法律规范的调整。

第四步,确定核查要点,对文件进行逐项审阅及分析。

一般收购项目的尽职调查要涵盖以下方面。

一、目标公司现状和历史沿革的调查及法律风险应对

为了解目标公司的现状及历史沿革,需要审阅的资料有目标公司的营业执照(或称商业登记证)及所有商业登记资料、公司设立时的政府批复或批准证书、目标公司设立时的验资报告、公司章程、股东协议、股权转让协议、股东名册以及其他有关公司发展历史的背景文件,包括公司的前身组建、公司历史上的重大事件的简要说明。

关于历史沿革方面的调查主要存在以下四种风险。

(一)企业没有合法有效设立的风险与应对

判断目标公司是否有效设立,需要审阅目标公司的商业登记资料及设立

时政府的批复批准文书,可能会存在目标公司在设立时不满足其登记地所在国或地方法律规定的公司设立条件。

例如,目标公司设立时没有满足对发起人数量的限制要求,但在申请时公司曾提交虚假材料或者隐瞒了该项事实,而取得了公司登记。该情况即为公司设立瑕疵。依据公司所在地的法律,公司设立瑕疵存在两种风险:一则是被公司登记机关发现,可能会有行政处罚,或是构成公司后续变更登记的障碍,导致公司行政成本增高;二则是可能被公司相关人员起诉至法院而被判令撤销。尽管此种风险在我国及发达国家发生概率相对较低,但在市场经济不发达的国家,因公司法立法和司法水平不高可能会存在一定的发生概率。

如果发现目标公司存在设立瑕疵的情况,并购方可以要求交易相对方在交割前完成瑕疵补正,不能补正或者来不及补正的,则可以在交易文件中设置承诺与保证,要求交易相对方针对可能发生的行政处罚或行政成本对并购方进行相应的补偿。

(二)股东出资不实或股权取得存在瑕疵的风险与应对

调查目标公司资本投入情况,需要审阅目标公司的商业登记资料、验资报告、非货币出资的资产评估报告、非货币出资的资产过户文件、股权转让协议及对价支付证明,以判断目标公司股东是否实际足额出资以及通过股权转让进入的股东是否已足额支付股份对价。

根据目标公司所在国/地区的法律规定,目标公司可能适用实缴注册资本制(实缴制),也可能适用认缴注册资本制(认缴制)。在实缴制情形下,公司可能存在抽逃出资或者出资不实的情况,目标公司可能因此被法院勒令限期将出资补足并处以罚款,因此并购方为规避风险可要求交易相对方在交割前补足相应出资,或直接在收购价款中就拟补足出资的数额进行扣减,并要求交易相对方出具承诺与保证,如发生行政处罚的情况,要对并购方进行现金补偿。

而在认缴制情形下,因没有最低资本限制,股东可能未实际出资或未足额出资。针对该种情况,并购方可以要求交易相对方在交割前补足出资或在收购价格中进行相应扣减。

(三)目标公司股权存在质押和权利限制的风险与应对

调查目标公司的股权状况,需要审阅目标公司的章程、股东名册、拟出让股权股东的出资证明或股票、拟出让股东股权质押协议(如有),并向目标公司所在地的股权登记结算机构查询目标公司的股权质押登记情况,以了解目标公司股权是否存在质押或其他权利限制。

如目标公司股权存在质押或其他权利限制,则在转让股权时需要取得质权人的同意,否则存在股权转让被认定为无效的风险。如果确实存在质押等情况,并购方可以要求交易相对方在交割前清偿债务,以对拟转让股权上的质押或其他权利限制进行涤除,或是股权转让时向质权人或其他权利人约定由第三人提存。

如未查询到目标公司股权存在权利限制的情况,针对交易相对方可能存在该种事实的风险,可以在交易文件中设置保证条款,要求对方就未能充分披露的权利限制情况承担保证责任。

(四)股权出让受限的风险与应对

需要审阅目标公司的章程、股东协议或其他在该国适用的公司组织性文件,才能查明目标公司股东出让股权是否会存在等同或类似于中国法项下的有限责任公司股东优先购买权的股权对外转让限制。

如存在该种限制,而股权转让未履行相应程序,则存在股权转让被相关权利人提出异议,甚至起诉至法院被法院认定为无效的可能,因此有交易落空和交易成本上升的风险。

针对该种风险,并购方可以要求交易相对方出具该等股东放弃优先购买权的书面同意函。如果目标公司属于特殊类型公司,出让股权需要当地监管机关批准批复的,也可以要求交易相对方在交割前配合目标公司取得该种批复或批准。

二、目标公司治理及规范运作审查及风险应对

目标公司治理方面的文件通常包括目标公司章程,目标公司内部组织结构图,目标公司股东会、董事会、监事会(统称三会)文件(议事规则、工作规程、会议决议、会议记录),职工代表大会、工会文件和高管人员的构成情况说明。

在调查目标公司治理情况时,要着重审查目标公司章程中关于股东权利的特别规定,以及对股东会、董事会、监事会决议事项及表决程序的特别规定,要审查目标公司章程中是否存在反收购条款或者其他反收购措施。在英美等普通法国家,反收购条款和措施通常是围绕着公司控制权,尤其是董事会成员任命进行安排的。

(一)目标公司治理机构失灵的风险与应对

调查目标公司治理状况,需要审查公司章程和股东协议,以了解目标公司股权结构、股东会投票规则、股东会议事规则、董事会成员任命规则以及买断协议(buyout agreement)[①]。

譬如,根据目标公司的章程约定,目标公司董事会成员任命必须经超过持股三分之二的股东同意,而并购后任何一方股东都没有持股超过三分之二,那么相当于任何一方股东都有董事任命一票否决权,则仅仅就董事会成员任命这一事项,就可能发生因股东纷争而长期无法形成有效决议的情况。

在有限公司中,股东纷争是常见的情况,尤其是在公司只有两个股东或两

---

① 买断协议,一般由有限公司(封闭公司)股东之间或与公司达成,当小股东长期行使否决权却无法影响公司股东决议时可依据买断协议要求大股东或公司以公允价格收购自己的股份。

种股份时,任何一个股东无法实际控制公司,则公司可能陷入僵局(deadlock),从而面临着被法院强令解散的风险。

为避免该种纷争或僵局,并购方可以要求交易相对方在收购前召开股东大会修改公司章程,设置买断协议制度,在公司发生僵局时让一方股东以公平价格购买另一方股东的股份;并要求预先与所有股东订立非竞争协议,即出售股份的股东不得另行设立与目标公司存在业务竞争的公司。

(二)大股东控制权落空风险与应对

调查目标公司控制权情况,需要审阅目标公司的章程、股东协议、历次股权转让协议和融资协议,尤其是要关注公司章程中的反收购措施以及股权转让协议或融资协议中的回购条款,以及公司董事会议事规则和董事会专门委员会议事规则,从股东投票权和董事会成员任命权出发,考察并购方获得公司控制权所需要满足的持股要求以及程序性条件。

譬如,目标公司章程中约定,小股东无论持股比例多少,每一个股东均可以任命一名董事,那么并购方即使获得了目标公司51%的股权,依然有可能无法获得董事会多数成员的任免权。或是目标公司设置了分期分级董事会制度,即在公司章程中约定了每年只能更换1/3到1/4的董事,且辞退董事必须具备合理的理由,则并购方在入股后两年之内不能获得控制权,无法迅速对公司进行改组,从而影响实现并购目的。

调查中如发现反收购条款,并购方则可以在交易文件中以取得所有股东同意并召开股东大会为先决条件,并约定在收购完成后一定时间内完成董事会制度修改及董事会成员委派等,并对相应的股东会和董事会议事规则进行梳理和修改。

三、目标公司业务与技术调查及法律风险应对

考察目标公司的业务与技术,需要结合文件资料与实地调查。从业务角

度,首先需要从营业执照(商业登记证)出发,判断目标公司实际经营的业务是否与营业执照所载一致,是否超越范围经营。目标公司在经营范围中,是否具备业务经营所需的资质、许可、审批等事项,继而要审阅该等资质许可文件。例如,建筑企业是否具有施工总承包、专业承包、施工劳务资质,以及工程勘察、工程设计和工程监理资质和以往工程承包业绩等。从技术角度,首先要核查目标公司的行业技术标准,是否有国家标准和国际标准,其次要核查其核心技术的选择,以及相应技术的性质、来源及权属文件,再次要核查是否存在与核心技术相关的重大纠纷。

业务经营的法律风险可大致分为以下两类。

(一)目标公司业务未取得政府审批风险与应对

应当核验目标公司证照的真实性,并检查证照是否存在过期失效、被撤销或吊销、无法续期、不能展期的风险。在调查过程中,还应当关注目标公司名称与其经营资质证书载明的权利人是否相符,目标公司经营是否符合特殊行业的监管要求,以及公司的实际生产是否超过核定产能等。

如果目标公司业务属于当地法律或政府规定的需要审批的事项,那么存在三点风险:补充申请政府批准的成本过高;因无资质经营而被行政机关处罚;无法获得审批而导致无法经营目标业务。

针对补充申请政府批准的成本,并购方可以将该项列为交易先决条件,要求交易相对方先行补充申请,也可以将该项申请的成本列为交割后事项而在交易价款中进行扣减。针对被行政处罚的风险,并购方可以要求交易相对方在交割前出具保证书,并设置行政处罚保证金,或直接在交易价款中进行扣减。

而针对无法获得审批而导致无法经营的风险,因该种风险对于并购目标的实现具有决定性的作用,在此情形下并购方必须充分评估交易是否继续进行,如不构成交易落空的因素,则可以要求交易相对方在交易文件中出具保证,即在无法获得政府审批的情况下应退回交易价款并对并购方进行相应的补偿。

(二)目标公司业务持续性风险与应对

考察目标公司业务持续性,需要审阅目标公司前十(或前二十)大供应商和客户名单(包括分别占采购额和销售额的百分比)、与主要客户和供应商的框架协议和主要合同、目标公司的主要相关技术的权属证书和技术许可协议、目标公司的战略规划资料、董事会会议纪要、战略委员会会议纪要等文件,以判断目标公司对主要供应商和客户的依赖程度。同时,目标公司是否取得核心技术以及核心技术对于发展预期的重要程度,也应作为考察要点。

如存在对主要客户或现有技术的较高依赖,则公司业务的持续性面临着一定的风险,并购方可依据法律尽职调查的结果和分析意见评估风险,并根据对并购目的实现的影响,决定是否进行业务或技术专项尽职调查,以作进一步判断,必要时可聘请专业咨询人士给出具体的改善建议。如业务持续性风险过高,则并购方可以考虑放弃并购交易或在交易文件中约定,就公司业务和业绩要求交易相对方进行补偿或股份回购。

四、公司财务状况和重大债权债务调查及法律风险应对

考察目标公司财务状况,需要检查尽职调查清单所列文件是否已提供齐全,至少应包括目标公司前溯5年的审计报告,前溯3年的资产负债表、利润表和现金流量表,目标公司最近两年的贷款协议、融资协议、发行的债券情况说明,现有债务统计表以及目标公司就现有债务情况出具的说明函或承诺函。调查时,需要判断目标公司财务数据是否反映目标公司真实经营状况;目标公司是否存在表外债务以及表外债务的体量;目标公司是否存在对财务数据有影响的负债;目标公司的重大债权或债务及其成因;目标公司的重大债权或债务是否存有法律瑕疵,是否合法有效;目标公司提供担保情况,是否存在效力

瑕疵;对目标公司负有重大债务的债务人的清偿能力;目标公司财务数据情况,比如是否与纳税状况相符,是否满足交易需求,是否会对交易产生影响以及有何影响等;公司是否存在与发票相关的违法情况等。

(一)目标公司财务数据造假风险与应对

目标公司财务数据造假的主要风险有二:一是目标公司业绩造假,真实价值与文件记录不符,达不到交易要求;二是目标公司伪造财务数据而面临包括税务部门在内的行政机关的处罚。

针对前一种状况,并购方需考虑财务数据与真实情况的偏差严重程度,考虑放弃交易或者不放弃交易但在交易价款中进行相应扣减,并要求交易相对方在交易文件中进行承诺与保证。在后一种情况下,如果目标公司的真实价值与并购方期待的数额大致相符,并购方决定继续交易,则可以就可能遭受的行政处罚进行评估,或扣减并购价款或设置交易专项保证金。

(二)目标公司重大债权无法回收风险与应对

企业之间经常会有资金拆借的现象,一般企业在绝大多数国家法律项下均不具有提供借贷服务的资质,因此借贷合同本身可能被认定为无效合同。另一方面,即使目标公司所在国原则上并不禁止民间借贷合同,但往往也会设置利率上限,因此借贷合同可能会因为利率过高而被认定为全部或部分无效。此外,民间借贷通常欠缺足够的担保措施,担保财产亦可能存在瑕疵,一般企业也没有足够的政府资源来查证担保措施的有效性。

以上种种情况均有可能导致目标公司的重大债权无法回收。针对此种风险,并购方需要交易相对方配合目标企业对所有债权进行允分披露,以评估可能无法回收的真实债权规模,并通过在交易中扣减价款或设置保证金来规避风险,并购方还可要求交易相对方对相应债权损失承担连带赔偿责任。

（三）目标公司真实债务过高风险与应对

目标公司可能存在过高的真实债务,可能会大幅度影响目标公司的价值。针对此种风险,并购方可要求交易相对方配合目标公司对真实债务进行充分披露,并出具保证函,在保证函中约定连带责任,如给并购方造成损失而进行相应的赔偿。

五、目标公司税务的调查及法律风险应对

税务调查需要审阅目标公司的营业执照(商业登记证)、税务登记证明、公司提供的税种和税率情况说明、公司近3年的纳税申报表、税务机关出具的完税证明、公司历史上受到税务处罚的情况说明及罚款缴纳证明,以及审计报告中有关税项的辅助说明等文件。

（一）目标公司未依法纳税的风险与应对

目标公司未依法纳税的情形可能包括:目标公司未进行正确的纳税登记,目标公司进行了虚假申报以隐藏真实应纳税额,目标公司提供虚假证明材料获得税收优惠等。

如目标公司被认定为虚假申报构成偷税,可能面临被有关税务主管机关追缴其未缴或者少缴的税款、滞纳金的情况,并处以相应的罚款。针对此种风险,并购方可就应缴税款的部分要求交易相对方配合目标公司补缴,并设置为交易的先决条件;或就可能面临的罚款,要求包括控股股东和拟出让股份的股东出具保证函,由其承担目标公司可能面临的罚款。

如目标公司被认定为虚假申报构成偷税罪,可能面临被处以罚金。就此种风险,并购方可以要求目标公司对此前年度的会计差错以及会计核算错误进行调整,以主观上不存在故意偷税、漏税的动机且金额较小等理由,联系税务主管机关主动补缴,并由主管税务机关出具不构成重大违法行为的确认函。

（二）目标公司税收优惠变动风险与应对

辨别目标公司税收优惠变动风险,首先要判定目标公司业绩是否存在重大税收依赖,需要审阅目标公司财务报表中包括增值税在内的退税收入占净利润的比例,如退税收入占比超过 50%,一般即可认定目标公司存在重大税收依赖。一旦税收优惠变动,公司的净利润将直接受到影响。相应地,目标公司的价值也会大幅减损,并购方的并购目的也因此无法充分实现。

实务中,存在大量公司在缺乏法律、法规依据的情况下,适用地方性税收优惠政策,因此无法排除因当地优惠政策被宣布无效而被追缴因享受所得税优惠而被免征、减征及先征后返的可能性。针对此种风险,并购方可以要求交易相对方配合目标公司请当地税务主管机关出具函件,确认目标公司所使用的税率符合有关规定,以及根据该等税率依法纳税,不存在被追缴的风险;也可以要求目标公司的股东出具承诺函,即因优惠税率被认定无效,导致目标公司需补缴税款的,由目标公司的股东承担损失。

六、目标公司资产的调查及法律风险应对

调查目标公司的资产状况,需要审阅目标公司动产及不动产清单(内容应包括所有权人、取得方式、使用地点、设备原值、已用年限等信息);土地使用权、房产所有权证书;动产购买合同及权属登记证明;目标公司以融资租赁、分期付款等方式取得的重大资产清单及相关合同;目标公司因租赁或无偿占用取得的重大资产清单以及相关合同;目标公司以其资产对外提供担保的情况说明以及相关的抵押权、质权设立登记证明及合同等文件。

（一）目标公司资产权属存在瑕疵的风险与应对

核查目标公司资产权属状况,主要是审阅主要资产的权属登记证明和租赁合同等。目标公司资产权属瑕疵的情况可以分为几种:主要资产通过租赁

或者融资租赁方式取得,一旦出租方收回,目标公司的运营将受到重大影响;主要资产产权不清晰,如欠缺权属登记,欠缺发票和合同佐证,则该等资产可能存在潜在纠纷;目标公司资产登记在第三方名下,例如,在实际控制人或高级管理人员的个人名下,如第三方以该等资产为自身或他人债务提供了担保,目标公司对该等资产的使用和处置都会受到影响。

针对以上风险,并购方可要求交易相对方配合目标公司在交割前完成清理。例如,对于目标公司租赁的资产,并购方需判定是否可以通过购买或续签租赁合同的方式,确定长期的使用权;产权不清晰的资产,需要交易相对方与目标公司出具相关情况说明,并保证如发生争议,交易相对方将承担相应责任;对于资产登记在他人名下的情况,则可以要求交易相对方协调第三人在交割前完成变更登记。

(二)目标公司资产存在权利限制的风险与应对

核查目标公司资产是否存在权利限制,需要向当地的不动产登记机构和动产抵押登记机构查询抵押质押登记情况,审阅目标公司的抵押与质押合同。典型的公司资产存在权利限制的情形是,目标公司为自身债务或他人债务向第三人提供了担保,从而在其土地、房产、特殊动产(车辆、船舶)和机器设备等资产上设立了抵押权,在其一般动产上设立了质权。因目标公司的主要资产已经用于抵押或质押,其转让必须得到抵押权人或质权人的同意,转让的价款应向权利人提前清偿或者提存。其次,质押财产一般为权利人占有使用,所以如需要利用该种资产,还需赎回该种资产或使用替代资产,因此需要考虑可能发生的费用。

为应对此种风险,并购方需要全面了解目标公司主要资产上权利限制的情况及对拟议交易的影响程度,考虑抵押权人或者质权人实现担保债权的风险,因受限的资产与清洁资产的可利用范围和程度不同,并购方可聘请相应的评估机构准确评估受限资产的价值,并在交易价款中进行相应的扣减;另外,也可在交易谈判中约定由交易相对方配合目标公司将权利负担尽快解除,约定目标公司在获得资金注入后应将资金专项用于涤除权利限制。

七、关联交易及同业竞争调查及法律风险应对

在实务中,很多企业并不清楚法律对关联交易的规定与限制,从节约企业的交易成本和节省交易时间出发,甚至从战略角度出发,进行着大量的关联交易。例如,大型制造类企业,为加强供应链管理、整合上游资源、拓宽销售渠道,可能采取设立或收购的方式将子公司建设成为原材料供应基地,或设立子公司作为自己的经销商。关联交易往往会被监管机关认定为虚增收入的一种方式,同时从并购角度来看,关联交易也可能被控股股东或实际控制人用来掏空目标公司的资产。

从并购角度来看,如果目标公司实际控制人控制的其他企业与目标公司从事相同或类似的业务,也存在目标公司业务被挤压或架空的风险,导致并购方只是收购了空壳。因此在尽职调查中,必须对关联交易与同业竞争进行关注。

(一) 实际控制人利用关联交易转移公司资产风险与应对

一般来说,关联关系是指公司的控股股东、实际控制人、董事、监事、高级管理人员与其直接或者间接控制企业之间的关系,以及其他可能导致公司资产转移的关系。关联方通常包括目标公司的母公司、实际控制人、持股5%以上的法人股东与自然人股东、董事、监事、高管、合营企业或联营企业、子公司,以及其他依据实质认定的情形。

而关联交易可能采取的类型有购销商品、购销商品以外的其他资产、提供或接受劳务、担保、提供资金、租赁、代理、研究与开发项目的转移、许可协议、代表企业或者由企业代表另一方进行债务结算、关键管理人员的薪酬。

关联交易需要判定性质,如果是偶发性的单笔关联交易,一般对并购不构

成风险,而长期持续性的关联交易,并购方必须给予充分的关注,一则是可能被税务机关稽查而处以行政处罚,二则是可能构成并购后的经营风险,尤其是目标公司实际控制人利用关联交易掏空公司资产的风险。

针对此种风险,并购方可以要求目标公司控股股东或实际控制人以及拟出让股东就其控制或影响的目标公司关联方进行充分披露并出具承诺函,保证披露情况真实,在可操作的范围内对关联关系进行切割清理。

同时,可在交易文件中约定在交割后完善公司内部治理,建立关联股东/董事回避制度,完善关联交易披露制度及公司审批流程,完善供应商审核、筛选及管理制度,一方面要求完全披露,另一方面要求保证审批交易的公允性,减少公司利益的损害。

(二)同业竞争导致目标公司利益受损的风险与应对

同业竞争是指一切直接、间接地控制公司或者对公司有重大影响的自然人或者法人及其控制的企业与公司从事相同、相似的业务。现实当中,企业的控股股东或者实际控制人投资同行业企业的情况非常普遍,尤其是在跨境并购中,并购方对目标公司所在国的情况并不熟悉,如出售股份的股东仍持有同行业公司股份并有持续经营的意愿,可能通过控制与从属关系进行利己的安排,削弱目标公司的市场竞争力,牺牲目标公司的市场空间来扩大自身利益。因此在尽职调查中,并购方应要求目标公司出具同业竞争情况的说明,列示存在同业竞争的企业名单、同业竞争所涉及的业务种类和金额,从而判断对目标公司的影响大小。

针对同业竞争的风险,并购方可要求目标公司的控股股东、实际控制人以及拟出让股份的股东出具承诺函,保证披露的情况真实。如确实发现同业竞争,为继续进行交易,并购方可在交易谈判中要求交易相对方将其控制或影响的企业与目标公司合并报价并打包出售,且并购方可决定合并经营或者关停同业竞争的企业。

如并购方基于自身安排,不愿意合并收购,可在交易文件中约定以交易相对方关停同业竞争企业为交易先决条件,并要求交易相对方出具承诺与保证,即交割后不再从事竞争性业务。

再者,若原股东不愿意出售竞争性业务,也不愿意停止竞争性业务,并购方也可以通过与交易相对方协调,让目标公司与同业竞争的企业签订市场分割协议,如出现违反协议的竞争性行为,则需要对目标公司进行赔偿和补偿。

八、目标公司在建和已完工程调查及法律风险应对

对于工程类企业收购,可聘请当地有资质的工程师就目标公司的在建工程与已完工程进行工程尽职调查,关注各个项目的工期、质量和保证等。针对已完工程的尽职调查相对简单,需要审阅已完工程的协议书中质保条款,尤其是质保期。而针对在建工程,则需要关注质量与进度、索赔与反索赔、分包商、供应商履行合同情况、工程施工中的工伤情况、环保安全情况、反腐合规情况,同时也需要注意进度款支付情况、业主罚款情况以及质保条款等。

法律风险主要体现在两方面,一则是公司可能有大额工程款无法回收,另一则是面临质保金和争议解决费用的投入。针对此两种情况,可根据工程师尽调情况估算相应费用,要求交易相对方在交易文件中进行承诺与保证,对收购前的工程进行责任划分,或在交易价款中进行相应扣减。

九、目标公司知识产权的调查及法律风险应对

知识产权是现代企业经营的重要资产,尤其是在相对发达的经济体中,知识产权保护法律体系健全,拥有和保护知识产权对企业来说至关重要,因此知识产权尽职调查是跨境并购必不可少的一环。

(一)目标公司知识产权权属争议风险与应对

公司知识产权权属审查,首先要到相关政府部门查阅其所有权登记情况,

确定所有权人为目标公司,其次要查阅权利证书、与雇员签订的关于知识产权权利归属的合同,委托研究的研发费用支付、权属约定以及注册权利申请和维持的费用负担,如存在许可使用的,还应关注许可类型、许可期限、许可费用以及许可协议。知识产权权属争议一则是可能存在于公司与内部员工之间,另一则是可能存在于公司与其他公司之间。

如果有权属争议,目标公司面临着争议的知识产权被限制使用和转让的风险,甚至目标公司要付出高额的争议解决费用、许可使用费用以及支付他人的侵权损害赔偿。对于并购方而言,一则并购后可能面临着目标公司丧失知识产权的风险,使得公司的经营基础发生变化,可能使得并购方的商业目的落空;另一则在收购目标公司后,目标公司可能要付出高额的费用,超出并购方的计划投入。

为规避此种风险,可根据知识产权权属情况判断知识产权的真实价值,从而在收购价款中进行相应扣减;对于可能发生的违约费用,由交易相对方全部承担,或其与目标公司共同承担。

(二)目标公司知识产权失效风险与应对

各国的法律对于知识产权的保护都有规定的期限。知识产权的权利人必须按时缴纳注册和维持费用,才可能获得相应的认可和保护。如果目标公司疏于维护,则可能面临着相应权利失效的风险。

针对错过费用缴纳期限的,调查时应研究如何补缴费用;如已确定权利失效,则需要研判其对并购的影响,并根据实际情况决定是扣减交易价款,还是放弃交易。

十、目标公司劳动人事调查及法律风险应对

调查目标公司的劳动人事情况,需要审阅员工花名册,标准劳动合同样本,与个别员工签署的竞业禁止协议、保密协议等类似合同,目标公司为员工

缴纳社保等费用的情况证明,与目标公司高管人员的聘用协议,目标公司现有员工福利、奖金、分红、抚恤金、养老政策或其他类似计划的文件,公司实施股权激励计划的情况说明及相应的协议书、目标公司关于工会组织和工会经费拨付的证明文件,目标公司所有员工劳动争议、劳动仲裁和相关诉讼仲裁情况的说明及材料,以及员工手册等。

(一)员工流失风险与应对

对于服务型企业或技术密集型企业,员工是企业经营的核心资产。我国企业出海收购一般会收购同行业的企业,尤其是非金融类企业,希望通过收购来获得技术、管理经验与市场份额,在收购后也不会遣散员工,因此目标公司员工的稳定性是并购的一项基本期待。在尽职调查中,需要关注目标公司的高管与核心技术人员的构成。如果目标公司未能与其签订长期劳动合同,未能与其签订竞业限制协议,未能给予与其管理岗位或技术水平相对应的劳动报酬,未能实施股权激励计划或员工持股计划,则都可能使目标公司存在员工流失风险,从而导致在收购后,并购方无法实现并购的商业目的。

针对员工流失风险,并购方可以考虑修改原定交易方案,通过逐步收购股权或原股东保留部分股权的方式,避免因控制权迅速变更导致员工流失,另外可在交易文件中安排交易相对方配合目标公司制定和完善员工保留制度,落实员工持股计划或股权激励计划,优化薪酬方案,补签长期劳动合同和竞业限制协议,来实现最大程度上保留核心员工。

(二)员工罢工风险与应对

我国企业进行跨境收购时,还必须特别关注投资目的地的劳动法律。在有些发达国家,劳动法对劳动者的保护全面而且系统,工会和其他劳工组织十分活跃,员工罢工时有发生,会对企业经营产生巨大影响。而在一些欠发达国家,也有可能有着与其经济发展水平不相符的劳动立法,罢工频繁,在收购中也必须进行考量。

针对罢工风险,我国企业在收购时要特别关注目标公司的工会运作情况,员工参加的其他劳动组织的情况,目标公司所属行业劳动组织的活动情况,审阅目标公司与工会和其他劳工组织签订的协议,并参考中国企业或其他外国企业收购目标公司所在地同行业企业的情况,将罢工风险设置为各种收购风险的关键问题之一。

并购方还需要特别关注当地的劳动法规对裁减人员的各项实质性、程序性要求,以及对雇佣当地人员比例的要求等。我国企业在完成收购后立即进行大幅度减裁的,轻则可能招致工会抗议,重则可能导致大面积罢工,从而导致收购目的不能实现,甚至产生远超预期的损失。因此在收购后,应当以当地法规为底线,以并购商业目的实现为上限,逐步安排人力资源调整。

(三)潜在用工成本过高风险与应对

境外并购潜在用工成本过高的风险主要有两个源头:一则是目标公司长期未合法用工,大量实行劳务派遣制、雇佣非法劳工或者采取规避劳动合同签订的做法,一旦被当地劳动执法机关发现并纠正后,用工成本大幅度上升;另一则如果目标公司已大面积实施股权或期权激励计划、员工养老计划,该等计划在企业初创时期可能未在财务报表中反映出高额成本,但随着时间推进或者收购后实际控制人变化,员工大面积要求行权或进入养老阶段,则用工成本大幅度上升。

针对以上两种风险,尽职调查时应注意与被并购方的沟通,减少信息的不对称,在并购协议中尽可能细化并购后的薪酬福利方案,增强信息透明度,降低薪酬福利相关的法律风险。

在调查中,应重点分析劳资协议与目标公司劳资债务两个方面,对劳资协议的部分关键条款(包括继承者条款)、并购方重新谈判劳资协议的空间特别关注,将员工的福利、工资、退休安排计划从财务角度进行量化分析,例如,将其纳入经济模型进行计算,然后从整体判断用工成本,甚至在必要时引入人力资源专业顾问提供意见或方案。

十一、环境保护和安全生产调查及法律风险应对

绝大多数行业,无论是制造业还是服务业,都或多或少会对环境产生一些影响。相对发达的国家会有健全的环境保护法律法规体系,并购前考虑环保问题自不必言。在欠发达国家,尽管当地可能没有健全的法律法规,但其却可能是各种国际环保组织的关注对象。

中资企业,尤其是大型中央企业在境外收购经营时未能充分考虑环保和安全生产问题,造成重大环境事故或安全生产事故,对中央企业和我国在境外的形象都会构成重大不利影响。

(一)目标公司存在严重污染情况的风险与应对

在进行环境保护与安全生产调查时,实地调查必须优先于文件审阅。在目标公司存在水污染、大气污染或固体废物污染等事故的情况下,目标公司首先面临环境行政部门的罚款,其次还面临民事损害赔偿,同时目标公司还要进行相应的整改,如未能如期完成整改还要面临加重处罚。

针对此种风险,并购方需要在尽职调查中首先注重实地调查,必要时聘请技术专家进行调查或检测机构来进行检测,根据污染情况来判定可能遭受的罚款数额、可能需要赔付的民事金额以及整改费用。根据测算出的总金额,并购方可决定是否继续进行交易,如继续进行,则应要求交易相对方配合目标公司尽快完成整改,并保证承担相应赔偿。

(二)目标公司环保合规成本过高的风险与应对

在尽职调查中,如未发现目标公司存在严重污染的情况,但目标公司可能长期处于环保不合规的状态,例如,未就生产建设项目进行环境评价程序,未建立配套的环保设施,未获得排污许可,未按规定合理处置危险废物等。

同时,世界各国的环保立法大趋势是越来越严,如果目标公司所在国的环保法律在短期内将发生变更,目标公司为适应新的法律要求,大量更新陈旧设备,就可能产生较高的合规成本。

为应对此种风险,并购方需要在调查时测算环保设施及生产设备更迭的费用,并在交易文件中明确是否由交易相对方承担相关费用或在交易价款中进行相应扣减。

十二、目标公司诉讼仲裁及内控制度核查及风险应对

调查目标公司涉及争议情况,需要审查目标公司从法院、仲裁机构以及行政机关所收到的各种文书,包括答辩通知、庭审通知、禁止令、行政处罚决定书、判决书、和解协议等程序性和非程序性材料,并通过公开途径核查目标公司涉及诉讼、仲裁以及行政处罚的情况。

如果目标公司、目标公司控股股东或者实际控制人存在未决诉讼、仲裁事项,或者目标公司存在未执行行政处罚的情况,其不利的法律后果将减损目标公司的价值,从而损害并购方的利益。

(一)目标公司因诉讼仲裁承担过高债务的风险与应对

对于目标公司存在的尚未了结的或可预见的重大诉讼、仲裁案件,要查询相关法律文件,了解诉讼案件案由、标的、诉讼请求以及当事人、争议金额、争议焦点、诉讼程序进展情况等。

在调查时,不但要注意目标公司本身,还要注意拟转让股权的股东,目标公司控股股东或实际控制人,高级管理人员所涉诉讼、仲裁和行政处罚的情况。目标公司正在进行的诉讼仲裁通常会涉及大笔未确定的债权债务,如果已经进入争议解决的程序,则并购方可能要承担目标公司过高的债务。

针对该种风险,并购方可就争议性质和争议金额进行评估,要求交易相对方出具保证函并设置诉讼仲裁风险保证金,在风险出现时并购方可就保证金

受偿,抑或是在交易价款中直接评估待定债务风险并扣减交易价款。

(二)目标公司因争议解决程序而遭受财产限制的风险与应对

在诉讼和仲裁中,目标公司所在地法院可能就目标公司的财产采取查封、扣押或者冻结等保全和执行措施,因此目标公司的财产可能在争议得到最终裁决前无法使用或处分,如未能提前进行安排,并购方在收购后可能要遭受财产损失或因财产保全而需要增加交易成本。为规避该种风险,并购方需要充分评估遭受限制的财产价值以及因该种限制而可能增加的交易成本,并可在交易价款中进行相应的扣减。因保全措施通常是临时性措施,在严重的情况下,被保全财产可能被执行而确定地损失了,则并购方需要评估该种损失是否构成交易障碍继而判定并购交易是否要继续进行。

(三)目标公司因欠缺内控制度而被制裁的风险与应对

内部控制是指各级管理层为了提高企业运营效率,促进企业实现发展战略,合理保证企业经营管理合法合规、资产安全、财务报告和相关信息完整而制定的一系列具有控制功能的程序和政策。

如未能建立相应内控系统,企业可能会因业务人员违法违规行为而遭受政府或国际组织制裁。如果尽职调查中及时发现,并购方就可以要求其建立或弥补相应制度,并通过培训等手段落实相应制度,并在交易文件中将有效内控制度的建立和完善设置为交割后事项。

表 3-6-8　主要政府及国际组织制裁名单查询

1	中国失信被执行人名单	http://zxgk.court.gov.cn/shixin/
2	联合国安理会制裁清单	https://scsanctions.un.org/search/
3	美国各政府部门经济制裁清单	https://sanctionssearch.ofac.treas.gov/
4	美国出口管制制裁清单	https://legacy.export.gov/csl-search
5	欧盟制裁清单	https://sanctionsmap.eu/#/main

续表

6	英国金融制裁清单	https：//www. gov. uk/government/publications/fi-nancial–sanctions–consolidated–list–of–targets
7	世界银行制裁清单	https：//www. worldbank. org/en/projects – opera-tions/procurement/debarred–firms
8	亚洲开发银行反腐败制裁清单	https：//lnadbg4. adb.org/oga0009p.nsf/alldocs/AANA–AAFBDE？ OpenDocument

第四节　尽职调查报告撰写及一般风险应对

一、尽职调查报告撰写

在尽职调查结束之后,尽职调查人员应当将其发现的问题,对问题或者风险的分析、处理建议等编制尽职调查报告,并提供给决策人员。

以法律尽职调查报告为例,传统尽职报告一般涵盖简称与定义、前言、正文、报告用途及责任限制声明,以及附件等五个部分。

以下是尽职调查报告目录示例:

表 3-6-9　尽职调查报告目录示例

序号	部分	子目录
一	简称与定义	
二	前言	法律尽职调查的背景 法律尽职调查的范围和目的 法律尽职调查的方法 假设性前提 法律尽职调查报告的限制 法律尽职调查报告的用途
三	重大问题	重大问题概述 重大问题性质 重大问题可能后果 重大问题解决方案

续表

序号	部分	子目录
四	正文	基本事实综述 存在的法律问题分析 结论性意见
五	报告用途及责任限制声明	
六	附件	

二、法律尽职调查一般性风险及应对

法律尽职调查主要存在三种风险:固有风险,是指即使调查人员实施了尽职调查的必要程序,但由于时间紧和文件有限,仍无法发现和揭示目标公司的全部潜在价值和重大投资风险;专业判断风险,是指受调查人员专业判断能力的影响,调查结论出现主观性偏差的风险;误受风险,是指调查人员接受目标公司提供的虚假或片面的信息,从而得出错误的调查结论的风险。结合尽职调查中的风险,以下是基于并购尽职调查实务总结出来的风险应对措施汇总。

表 3-6-10　尽职调查风险应对措施

确定范围并围绕重点	尽职调查应当在确定的范围内进行,要有取舍。不属于专业范围的调查事项应当及时提示,而不能勉强给出结论;尽职调查应当围绕并购目的确定的重点进行,避免因片面追求全面而未能在重点事项上给予足够关注,导致未能发现或未能充分提示重大风险。
制订有针对性的清单	不同的并购交易性质不同,尽职调查应围绕具体并购需求和个案资料展开,避免用一套模板而忽视了特定目标公司的特有风险。
文件之间要相互印证	调查中确认一项事实,必须查阅若干个支持性文件,而文件之间应当能相互印证。在目标公司提供文件资料后,要注意文件是否充分,文件之间能否相互佐证,是否存在不一致甚至是冲突矛盾。
关注细节	针对目标公司有意无意未能充分披露的情况,尽职调查时必须足够细致,风险往往发生在被忽视的细节当中。调查人员在阅读概述性信息时发现不一致,应当回头去查证概述性信息的来源,从细节入手去验证不一致产生的原因以及评估该种不一致会对并购交易产生的影响,而非简单归结于统计误差。

续表

关注前手交易和资料	并购实务中,有些目标公司在一项并购谈判前引入过投资人,或发生过多项并购交易,则可能已经进行过尽职调查并由中介机构出具过尽职调查报告,如有可能,也可请目标公司提供相应底稿及报告文件,虽然尽职调查要求专业人员不能依赖非自身经过调查分析而形成的报告,但此前的报告可能帮助发现自己并未关注到的问题。
及时沟通和配合	负责尽职调查的调查人员不但要注意团队内部沟通,还要注重和并购方决策层、目标公司对接人员以及其他中介机构的及时沟通,就调查发现的问题及时讨论和反馈。对于同一问题,从不同的专业角度也许会有不同的发现和分析,因此跨专业沟通和配合对调查工作开展可能具有超乎预期的效果。
关注地方法规	在境外并购中,除了要关注投资东道国/地区国家层面的法规和政策外,还应关注地方法规,特别是劳动管理、社会保险、土地等方面的规定。
补救尽职调查无法确认的事项	对于因各种原因而不能提供文件的事项,可以请目标公司或者其实际控制人出具加盖公章的说明函。但要注意,不能过度依赖说明函,可以设定不同的假设,并从法律专业角度充分分析,以探究可能发生的风险。

第七章 搭建境外并购架构与融资安排法律风险及防范

▚ 内容提要

与境外并购标的达成初步意向后,从控制收购成本及确保收购顺利进行的角度,同时考虑到搭建境外并购架构耗时较长,在公司境外并购资金存在短缺的情况下,公司可同步考虑与谋划境外收购架构以及融资安排。

据此,本章主要围绕"搭建境外并购架构与融资安排法律风险及防范"展开,主要包括以下两个部分内容:

➢ 境外并购架构法律风险及防范

➢ 融资安排法律风险及防范

通过阅读本部分内容,就境外收购项目中,帮助商务人员了解:

搭建境外架构的原因及主要影响因素、常用的境外架构平台,以及如何将已有的境外架构做更为合理的统筹安排

常见境外投资融资方式及融资思路

第一节 境外架构搭建法律风险及防范

一、境外架构搭建概述

境外架构,英文为"off-shore structure",指为境外投资的特定目的,投资人在注册地所在国之外的国家或地区设立的一系列受投资人控制的境外实体。

跨境并购项目在初步锁定收购标的所在国或收购标的时,在与交易相对方谈判前甚至是谈判过程中,并购方应综合考虑和分析投资人母国、投资标的所在国/地区以及中间控股公司所在国的相关法律对项目的影响。除了并购方直接收购标的企业外,为何要搭建境外架构? 其考虑因素有很多,除了并购方整体的商业目的外,其需要考虑境外架构中涉及的各层公司之间的税收优惠政策、投资标的所在国/地区法律监管政策、投资人及投资标的国的金融监管政策、离岸公司所在国的法律监管政策等多个因素。其中,税务筹划、设立及运营成本等无疑是影响投资人选择中间境外架构的最重要因素。具体展开分析如下:

(一)税务考量因素

股权收购模式中,包括直接股权收购模式,由中国境内公司直接持有境外实体的股权;间接股权收购模式,在其他国家(地区)设立中间控股公司间接持有境外被收购公司。典型境外实体控股架构类型如图 3-7-1 所示。

相比直接股权收购,间接股权收购具有诸多优势:一是间接投资在引入外部投资者、并购方集团内部重组、境外利润汇回以及境外退出投资等方面具有更多灵活性;二是可以有效隔离与控制境内母公司、境外子公司之间法律、税务以及业务运营的风险;三是通过设立中间控股公司(如图 3-7-1 所示),可以降低或免除所需缴纳的境外税赋,充分利用境外税收政策抵免,降低税收成

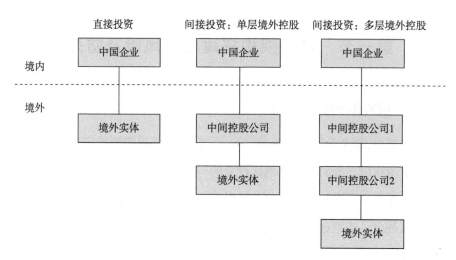

图 3-7-1　典型境外实体控股架构类型

本;四是缩短境外审批部门对跨境交易的审核时间;五是可以有效控制投资收益汇回的时间,从而递延纳税;六是增加可供境外再投资的境外现金利润。

而在设计间接投资的具体架构时,选择设立中间控股公司的国家/地区非常重要,如果从税务角度来讲,其参考的因素包括:偏好通过某一特定的国家(地区)作为对外投资(比如中国香港)的主体;中间控股公司所在国(地区)是否在全球范围内拥有广泛的税收协定网络;中间控股公司所在国(地区)的税赋优惠政策,包括是否征收股息、利息预提所得税与资本利得税,或者实际税率是否较低;中间控股公司所在国(地区)是否有严格的反避税规定与处罚体系。

(二)境外架构的便利性

企业在考虑境外收购的成本时,除了税务上的考虑外,中间控股公司设立、运营的成本及便捷性因素也非常关键,也即是否具有合理的商业目的、注册及维持中间控股实体在当地运营的成本等。例如开曼群岛等离岸国(地区)通常作为并购方选择的境外实体的注册地,这是因为开曼群岛的法律体系所确立的在该地区注册公司的手续与投资成本具有较大的竞争优势。

1. 开曼群岛

开曼群岛①(Cayman Islands),是英国在西印度群岛的一块境外属地,系世界第四大离岸金融中心。以下对在开曼群岛注册公司的便利条件予以列明,其便利条件包括但不限于:

设立主体限制少:根据开曼法律的规定,只要年满 18 岁的人均可于开曼群岛设立公司,投资人国籍无限制。

公司名称、字号要求与限制少。

注册资本金要求:标准授权资本为 5000 美元,公司注册时不需要实缴,也不需要验资。

公司主体可以回购公司股份且可不经过股东会决议批准,但在回购时须证明有现金流偿付能力。

有优惠税收政策:无须缴纳直接税(如企业所得税、个人所得税)和股票转让印花税。

对股东、董事的人数无最低限制,且股东、董事可以为同一人。

公司保密性较高,公众仅可查询公司名称、注册地址、公司类别。

年度报告可以不经审计。

需要提示的是,根据开曼群岛于 2019 年 1 月 1 日颁行且生效的《2018 年国际税务合作(经济实质)法》[The International Tax Cooperation(Economic Substance)Law,2018]及《地理移动活动的经济实质指引(第 1 版)》[Economic Substance For Geographically Mobile Activities Guidance(Version 1.0)]的规定,在开曼群岛注册并且从事"相关活动"的"相关实体"应当通过"经济实质测试"(the economic substance test)。如果相关主体仅仅开展"控股业务",即仅持有其他主体的股权,并仅收取股息及资本利得,没有进行其他业务活动(纯

---

① 主体信息详见开曼群岛官方网站,https://www.gov.ky/,2020 年 11 月 20 日访问。

控股业务主体),则该类主体只需要通过简化的经济实质测试即可,即满足开曼公司法规定的备案要求;在开曼配备足够的员工及办公场地用以持有、管理其他主体的股权。开曼经济实质法及其指引亦明确表示纯控股业务主体可以通过其注册办公地址提供者(即注册代理人)来满足前述简化的经济实质测试要求①。

从保护交易安全性的角度考虑,在公司设立具体架构时如选择在开曼群岛设立控股平台,建议聘请当地律师就设立合法合规性进行分析与判断,以避免产生不必要的法律风险。

2. 英属维尔京群岛(BVI)

英属维尔京群岛②(British Virgin Islands,BVI),也是公司在境外注册实体时的常见选项之一。该群岛拥有宽松友好的公司注册运营环境:

对公司资金要求:没有最低注册资本的规定。

股票可选择是否有面值,允许折价发行股票。

公司可回购股份且可不经过股东会决议批注,但回购时需要进行偿付能力测试,测试资产负债及现金流偿付能力。

有税收优惠政策:没有征收直接税的规定,股东转让无须缴纳印花税。

公司保密性设置高,公众可公开查询的内容仅为公司注册证书、公司章程、注册地址、抵押情况。

公司无须提交年度报告(但需缴纳年度费用),也没有强制规定提交年度报告需经审计。

3."中国香港+其他离岸地"模式

由于中国香港资本可以享受其与中国内地的税收优惠安排,内地投资者在境外投资和境外投资者在境内投资,往往采用"中国香港+其他离岸地"的

---

① 姚平平、徐振梁、樊娟红等:《开曼经济实质法撼动了离岸架构吗?》,见 http://www.zhonglun.com/Content/2019/04-12/2051394751.html? from=timeline,2020 年 9 月 30 日访问。

② 参见 BVI 群岛官方信息,https://bvi.gov.vg/,2020 年 11 月 20 日访问。

架构。在这种架构中,股权投资或转让发生在哪个层面,会影响基金的股权交易的程序、时间和尽职调查过程。例如,在中国香港成立的特殊目的公司,转让股权的过程相对烦琐,需向香港公司注册处提交股权并购交易双方签署的转让文件(Instrument of Transfer)、买卖单据(Bought and Sold Notes)、公司最近的经审计的财务报表或公司过去六个月的管理账户。而转让开曼、BVI 特殊目的公司的股权,只需向公司注册代理人提交一些格式文件,即可在当天完成股权转让。

此外,从特殊目的公司的尽职调查方面来看,香港公司(通常是私人公司)对于开曼公司和 BVI 公司而言相对透明,尽职调查工作相对简单。在香港公司成立时,必须提交一系列申请表,在公司成立周年后的一段时间内,必须向香港公司注册处进行周年申报表登记,每年还需要向公司股东提交年度财务报表和董事报告。公众或一般债权人,在缴纳一小笔费用之后,即可以查看公司的相关登记信息,对于香港公司来说,任何人都可以查阅到公司在某个历史阶段的股东、董事、秘书和周年申报表上记载的信息,尽管这些信息中有许多按法律规定每年只用更新一次。但 BVI、开曼公司的股东名册和董事名册则是完全保密的,公众或一般债权人很难了解到公司的股东或董事的身份信息。因此,在开曼、BVI 特殊目的公司股权转让的尽职调查方面,并购方通常的做法是要求该公司的注册代理人出具一份证书,列明有关信息,以便确认公司股东或董事的身份,这份证书被称为《董事在职证明书》(Certificate of Incumbency)。

开曼和 BVI 公司必须在其注册办事处或注册代理人处保留一份担保登记表,但注册代理人在出具《董事在职证明书》时,不会主动列出公司资产被用于担保的情况,并购方应当要求卖方与注册代理人沟通,在《董事在职证明书》中将相关的担保信息列明。

在考虑使用哪个法域做基金投资的控股公司或者做离岸公司的尽职调查时,还应特别注意在中国香港、BVI、开曼等法域注册的公司,在股权、资产质押登记及股权、资产质押权人的优先权顺序和公示效力方面存在的较大差异。这对整个资产购买交易构成了重大的法律风险,投资者可以根据自身需要,聘请具有丰富跨境交易经验的律师,为该类交易保驾护航。

(三)以并购方未来规划为导向

除了上述因素外,在搭建境外架构时,通常还需要结合并购方未来的发展规划进行考虑。例如若并购方未来有境外上市计划,在搭建境外架构时,需要对拟上市国家、地区相关法律法规进行了解,结合拟上市国家、地区的规定对境外架构的设计进行调整修改。

如果并购方已有较为长期的规划,在搭建境外架构时仍应充分考虑公司长期的战略规划。若未能将公司的长期目标纳入设计投资架构时的考虑因素,不仅会难以帮助公司顺利实现其长期的商业目标,更是对公司资金等资源的浪费。

二、常见境外投资架构模式介绍

基于前述搭建境外架构所需要考虑的因素,以下分情况总结实践中经常采用的境外架构模式,谨供投资者结合自身情况参考:

(一)欧洲投资路径:中国—卢森堡/荷兰/比利时—目标国

欧洲一直是我国企业在某些特定领域实施境外收购的热门地区,其优势包括拥有较为稳定的政治环境,多数欧洲国家拥有健全的法律体系,欧洲拥有高质量资产,欧洲拥有较高科技水平及专利技术。

在欧盟境内开展收购运营活动的,一般选定欧盟境内的一个国家设立一家控股实体,即可在全欧盟境内开展跨境的投资与收购活动。欧盟国家统一受欧盟指令的约束,而无须考虑各个投资标的所在国与中国的投资和税收条约。中国企业在欧盟境内设立一家控股实体,即可实现欧盟境内投资集中化,便于经营管理。当然,该控股实体的设立应当选择具有良好法律规范体系、基础设施健全、有优惠税收及企业友好政策的国家或地区。

荷兰、比利时与卢森堡(以下简称"荷比卢")是投资者在欧洲投资搭建中间控股公司的首选国家。其主要的优势如下:

1. 投资保护

"荷比卢"三国(尤其是荷兰)与第三国签订的双边条约较多,在这三个国家设定控股实体,投资者可选择的标的范围更广,对其境外投资的优惠政策及保障更多,例如避免最终投资目的国对并购方重要资产的征收或国有化等风险。

2. 税收结构

"荷比卢"三国的税收优惠政策具有竞争力、吸引力,属于搭建中间控股平台的主要考虑因素。特别是,荷兰、比利时和卢森堡都与中国香港达成税收协定,对于中国内地企业选择经由中国香港至欧洲地区投资具有天然优势。

3. 法律及其他优势

"荷比卢"三国公司法规定比较灵活,公司注册资本要求不高,且不要求股东实缴出资。

4. 基础设施与物流

"荷比卢"三国均是欧盟地区有强劲竞争优势的物流中枢,大型港口包括鹿特丹港(Rotterdam)、阿姆斯特丹港(Amsterdam)、安特卫普港(Port of Antwerp)等,其中鹿特丹港是世界第三大港和欧洲第一大港,机场包括斯基浦机场(Schiphol International Airport)、卢森堡机场(Luxembourg Airport)等。

(二)北美投资架构:中国—卢森堡—美国/加拿大

中国企业至北美投资时,通常以卢森堡作为北美投资的跳板。除了上文提到的选择卢森堡的优势外,选择卢森堡作为跳板还有特殊的税务优惠方面的考虑。卢森堡已与包括美国、加拿大在内的世界各主要经济体签署多项避免双重征税的协定,可以在最大限度上帮助投资者减少或避免税务成本。以美国为例,根据美国与卢森堡的税收协定,美国公司向卢森堡公司汇回股息,最低只需要缴纳5%的预提所得税。同时,卢森堡对满足一定条件的股息收入是不征收所得税的。

同时,我国企业利用卢森堡与中国香港之间的税收协定,在香港、卢森堡搭建多层境外架构,以卢森堡为跳板投资北美,可享受双重特殊税收优惠政策,最大限度地降低税负压力。

(三)南美投资:中国—西班牙—目标国

南美是中国企业"走出去"的一大热门区域,其自身优势包括:一是在南美基础设施建设及运营需求大、投资建设资金较为短缺、专业技术较为落后的情况下,其自身难以建设与运营发展所需的基础设施。二是南美自然资源丰富,巴西拥有储量巨大的铁矿和煤、铝等;智利铜储量世界第一;委内瑞拉石油、天然气、铁、金、铝土矿、锰等储量位居世界前列;秘鲁铜和铝储量位居世界第三,天然气、石油等资源含量也非常丰富。对于我国企业为扩大资源储备、布局境外市场来说,是不可忽略的市场区域。

选择西班牙作为搭建境外架构中间控股公司的国家,是因为西班牙与南美地区在历史与经济方面有着很深的渊源,其具有的天然优势包括:一是西班牙与南美洲国家签订的避免双重征税和投资保护协议的数目最多。二是西班牙与南美洲具有很深的历史渊源,在语言、经济、政治等多方面具有紧密的联系,其地理位置临近北非,是欧洲、非洲市场的重要连接点,此外,西班牙语是世界22个国家的官方语言,大部分国家分布在南美洲。且由于南美国家大量移植西班牙法律,南美国家与西班牙在法律和文化上皆具有亲缘性,在西班牙设立控股实体可以作为投资南美的跳板,还具有节约文件准备和法律咨询成本的优势。

三、搭建境外架构考量因素汇总

虽然基于税务筹划而搭建的合理合法的境外架构可以减少公司境外收购成本并且有助于为公司打开境外投资市场,但是未经反复推敲及论证的架构搭建会存在一定的不合法不合规风险。因此,在搭建境外架构时,公司应当科学地按照统一税务筹划、规避风险的方式有计划、有步骤地整合重组境外实体。我国企业境外收购过程中的境外架构搭建与整合应考虑如下因素:

(一)充分评估境外投资的目标及战略

在搭建境外架构时,应当以企业境外投资核心目标为出发点,不同的行业领域、不同的境外投资目的决定了境外架构设计的考虑因素及路线的差异。投资目标例如获得境外先进技术与管理经验、获取境外丰富的自然资源、取得境外优惠政策、降低出口与销售成本、扩大企业规模、打开国际渠道、在境外当地有上市打算等。不同的投资目的,对投资者选择目的国、中间控股公司所在国等均具有决定性影响。

(二)境外投资主体

在中国企业有境外投资的长远打算时,对于是否需要设置一个长期存在的境外控股实体,应从以下角度考虑:该实体是否可以进行境外直接投资,抑或是否可以作为衔接境外直接投资的长期中转站;该实体在整个集团公司内部的地位与作用是什么;在何处设置该实体,才能更方便辐射全球或区域;在某些境外投资项目上是否需要新设投资主体(SPV);若以子公司名义进行境外直接投资是否存在特殊限制情况;在某些项目上是否考虑组成联营体的形式进行对外投资;是否与一些投融资基金或机构合作收购公司;等等。

（三）税务影响和税收协定

不同国家的税负制度不同、税收优惠政策不同,不同国家之间签订的税收协定及互惠条约不同,在哪个国家或区域设立主体,税负成本存在或大或小的差别。因此,在设计投资架构时,需从投资东道国/地区、投资者母国及第三国的税务规定、国际税收协定等方面进行考虑。

（四）融资安排

大型跨境收购项目,以企业自有外汇资金或银行借款等往往难以满足其收购标的额,一般情况下均需要引进第三方融资机构。为减少我国境外投资相关监管部门的审批及流程,境外或境内的金融机构或投资机构更偏好在境外安排融资事宜。因此,境外融资的需求也促使我国企业设立境外控股实体,当然其设立地的选择则往往会结合第三方融资机构的意见与融资架构安排。

（五）境外投资的中国政府审批

境外收购项目在满足我国法律法规规定的要求,后需要履行国内相应的政府审批程序,例如向国家发展改革委、商务部门和国家外汇局、国务院国资委等部门申请事前审批或核准。而境外控股实体作为整个跨境收购项目的一环,其在当地注册后,还需报商务部备案,并向我国驻外商务参赞处报到登记。

此外,在搭建境外架构时,为保证设立的顺利,往往需要了解与评估国家审批机关对整体产业及相关国家或地区投资的整体态度,充分考虑政府审批机构的倾向性意见。

（六）被投资国的政府审批

除我国政府的相应流程外,被投资国对外国投资者在本国投资也规定了一定的审批手续,例如反垄断政策、特殊行业领域收购政策限制等。因此,了解被投资国或地区是否准予境外投资及其监管政策,对投资者搭建跨境收购交易的架构亦有着重要意义。

(七) 投资资金跨境收支便利程度

我国是外汇管制国家,虽已逐渐放宽外汇汇出核准权限,但不论是新设项目还是以境外的存量资金进行境外投资,境外投资资金汇出都要以境外投资获得核准或审批为前提。因此,大额资金能否汇出、如何汇出、汇出的时间也是境外架构搭设时必须考虑的问题。

四、搭建境外架构案例分析

中国内地甲公司计划与欧洲乙公司合作设立境外合资公司,共同投资与经营位于南美某国矿业项目,实现通过参股南美 A 国矿业项目掌控低廉的矿业原料的目标,满足甲公司发展需求。

甲乙两家公司达成合意后,合资公司设立在中国香港,但 A 国与中国香港之间没有直接签署税收协定,若收益从 A 国汇回中国香港,则存在 A 国政府对此征收较高税款的可能。从避税的角度考虑,拟在中国香港和 A 国之间再次搭建一层中间控股实体,以满足降低整体税赋的目的。根据该诉求,以下分析两种架构模式,并对比两者设置的优劣势。

(一) 模式一:中国香港合资公司(第一层控股实体)—荷兰(第二层控股实体)—A 国矿山项目①

A 国矿山项目经营股利汇回的各级税负分析:

第一步:A 国公司向荷兰公司支付股利。根据 A 国与荷兰签署的避免双重征税协定,A 国向荷兰公司支付股利需在 A 国缴纳 5% 的预提所得税;而至

---

① 如合资公司不存在转让矿山项目的计划,则投资方对投资架构须从股利汇回的角度重点考虑。

荷兰境内后,免缴荷兰当地所得税。

第二步:荷兰公司向中国香港合资公司支付股利。目前,根据荷兰与中国香港签订的税收协定①,从荷兰分派股利至中国香港的预提所得税降为零。

第三步:从中国香港汇回甲公司的股息,无须在中国香港缴纳预提所得税②,但在中国内地需要征收企业所得税(可以申请境外税收抵免③)。

(二) 模式二:中国香港合资公司(第一层控股实体)—卢森堡(第二层控股实体)—奥地利(第三层控股实体)—A 国的矿山项目

A 国矿山项目利润汇回的税负分析如下:

第一步:A 公司向奥地利公司分配股利。根据两国签署的税收协定的规定,持股超过 10% 的股东的股利汇回,在 A 国仅需缴纳 5% 的预提所得税;持股超过 10% 且连续持股 1 年以上的股东,其股利汇回不需要在奥地利当地缴纳所得税。

第二步:奥地利公司向卢森堡公司分配股利。若奥地利公司和卢森堡公

① 《香港与荷兰关于避免对航运国际贸易委员会双重课税的协定》,人民网,见 http://en.people.cn/200111/27/eng20011127_85403.shtml,2020 年 9 月 30 日访问。

② 根据《中华人民共和国企业所得税法》以及《中华人民共和国企业所得税法实施条例》的相关规定,外国企业在中国境内未设立机构、场所或者虽设有机构、场所,但与该机构、场所没有实际联系,而有取得的来源于中国境内的利润(股息、红利)、利息、租金、财产转让所得、特许权使用费和其他所得,均应就其收入全额(除有关文件和税收协定另有规定外)征收预提所得税。按预提方式,即由所得支付人(付款人)在向所得受益人(收款人)支付所得(款项)时为其代扣代缴税款,是课税的一种个人所得税或公司所得税。

③ 《中华人民共和国企业所得税法》第 22 条规定:“企业的应纳税所得额乘以适用税率,减除依照本法关于税收优惠的规定减免和抵免的税额后的余额,为应纳税额。”《中华人民共和国企业所得税法》第 23 条规定:“企业取得的下列所得已在境外缴纳的所得税税额,可以从其当期应纳税额中抵免,抵免限额为该项所得依照本法规定计算的应纳税额;超过抵免限额的部分,可以在以后五个年度内,用每年度抵免限额抵免当年应抵税额后的余额进行抵补:(一)居民企业来源于中国境外的应税所得;(二)非居民企业在中国境内设立机构、场所,取得发生在中国境外但与该机构、场所有实际联系的应税所得。”《中华人民共和国企业所得税法》第 24 条规定:“居民企业从其直接或者间接控制的外国企业分得的来源于中国境外的股息、红利等权益性投资收益,外国企业在境外实际缴纳的所得税税额中属于该项所得负担的部分,可以作为该居民企业的可抵免境外所得税税额,在本法第二十三条规定的抵免限额内抵免。”

司在两地均有实际经营活动、办公室、员工等证明企业实质经营情况的证据，从奥地利公司向卢森堡公司分配股利时，奥地利不收取预提所得税；在满足一定条件下，股利汇回在卢森堡也不需要缴纳所得税。

第三步：卢森堡公司向中国香港合资公司分配股利。根据中国香港与卢森堡签署的税收协定①，在卢森堡股利的预提所得税为零，中国香港也不对该股利征税。

第四步：中国香港向甲公司分配股利。该股利在中国香港免征预提所得税，在中国内地需要缴纳企业所得税（可以申请境外税收抵免）。

该模式下境外税收抵免仅限于中国香港、卢森堡及奥地利，因为中国内地企业所得税法规定境外税收抵免层级仅限三层②，另有明确规定的除外。

（三）模式一与模式二对比

在模式一中，荷兰与中国香港地区已签署税收协定，荷兰向中国香港地区分回的股利不需要缴纳15%的预提所得税，该种模式下，境外架构仅有一层，日常运营成本相对模式二较低，因此，该模式是理想的境外架构设计模板。

在模式二中，因卢森堡与A国之间签署避免双重征税协定，其实质上可不增加奥地利一层中间控制实体。这样可以简化投资架构，降低日常维护支出，满足A公司境外税收抵免三层的要求。

在实践中，跨境交易中间控股实体的常见设立地包括：中国香港、新加坡、迪拜（阿联酋）、荷兰、奥地利、卢森堡、瑞士、爱尔兰等，这些国家或地区都和较多国家签署了税收协定优惠政策，在股息和资本利得所得税缴纳上具有优势。

---

① See *Specification of Arrangements*（*Government of The Grand Duchy of Luxembourg*）（*Avoidance of Double Taxation on Income And Capital And Prevention of Fiscal Evasion*）*Order*，https://www.elegis-lation.gov.hk/hk/cap112BA@2011-07-07T00;00;00.

② 参见《关于企业境外所得税收抵免有关问题的通知》，2008年1月1日生效。

值得注意的是,在不同的项目安排上,需要我国企业详细了解或者聘请专业的中介机构就各个国家在反避税以及税收协定应用方面的详细规定进行研究并最终确定最适合特定项目的方案,以免被有关税务机关判定为"滥用税收协定来达到减少、免除或者推迟缴纳税款的目的",同时避免助长洗钱与腐败活动,从而导致我国企业承担不必要的法律与税务风险。[①]

第二节　融资安排法律风险及防范

在境外并购项目上,因收购所需资金往往非常高,我国企业在决定收购时大部分需进行融资支持。在面对体量庞大的境外投资时,仅仅采用并购方的自有资金进行境外投资,既增大了投资的风险,同时也给企业造成了较大的财务压力。因此,通过融资方式来进行境外投资就成了首选。

本节对几种常见的境外投融资方式进行分析介绍,以期对融资模式有一定了解。

一、自有资金

(一)定义

自有资金,为企业内部融资模式,其资金来源主要包括:公司自有现金、未使用或未分配的专项资金和公司的应付未付款。

(二)优劣势对比

优势:自有资金而无须向第三方融资,其成本较低、简单高效、可较快完成

---

① 参见《中华人民共和国企业所得税法》(2007年3月16日颁布,2018年12月29日修订)第47条规定:"企业实施其他不具有合理商业目的的安排而减少其应纳税收入或者所得额的,税务机关有关按照合理方法调整。"

收购交易,对于一些收购标的较小的项目,或者收购者资金实力雄厚的情况,可采用此模式。

劣势:在资金需求量大的交易上,收购者通常自有资金有限,一方面仍要通过自有资金维持对现有业务的运营,另一方面,利用自有资金进行投资时,需要注意分散与降低投资风险。因此,单纯使用自有资金来完成境外收购不符合大多数投资者的实际情况。

二、内保外贷

(一) 定义及操作

内保外贷,是指中国境内银行为中国境内企业(境外并购的并购方)在境外注册的控股企业或参股企业提供担保,由该境内银行的境外关联银行给境内企业(境外并购的并购方)的境外子公司发放相应贷款的担保方式。

内保外贷操作路径:根据境内企业向中国境内银行提供担保的具体情况,由中国境内银行确认担保额度,并在该担保额度范围内,由该境内银行开出保函或备用信用证为境内企业的境外公司提供融资担保,境内银行在境外的关联金融机构根据境内银行开出保函或备用信用证为境内企业的境外公司在担保额度范围内提供贷款。由于该担保为额度担保,因此,境外公司无须就每笔贷款逐笔申请银行审批,在额度范围内的贷款可一次性或分批申请,大大缩短业务流程。

内保外贷法律关系:担保人指某银行境内分行,被担保人指设立于境外的分子公司,受益人是指离岸中心,即提供授信的机构,反担保人指被担保人的境内母公司(境外并购的中国收购者),或者具有其他担保资质的企业或者机构。

(二) 注意事项

关于内保外贷,我国现行有效的法律规定是《跨境担保外汇管理规定》

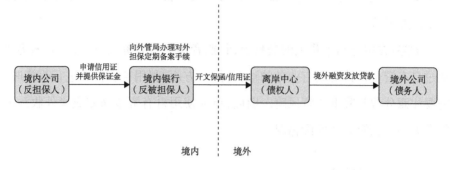

图 3-7-2　内保外贷法律关系结构

（汇发〔2014〕29 号，以下简称《29 号文》）及《关于完善银行内保外贷外汇管理的通知》（汇综发〔2017〕108 号）等，在具体通过内保外贷模式进行融资时，应当注意的事项包括：

对于内保外贷，以事后登记管理代替额度管理、事前审批。

如果是由境内企业直接提供担保，需在签订担保合同后 15 个工作日内，至外汇管理局办理内保外贷登记；如果是由境内银行提供担保，银行需提供内部数据接口程序向外汇管理局报送相关数据。

资金用途：内保外贷项下的资金应用于并购方在境外支付并购交易款项及相关费用，不得用于支持并购方从事并购业务范围以外的任何交易，更不得构成交易背景进行套利或进行其他形式的投机性交易。

（三）优劣势对比

优势：资金用途非常灵活，既可以用于股权收购项目，也可以向已收购的境外子公司增资扩股。此外，内保外贷也可以作为过桥资金提供过渡性资金安排。

劣势：根据实务操作口径，很多并购方实际控制人是境内企业的内保外贷，履行境外投资相关核准/备案手续是办理内保外贷登记的前提条件，否则可能影响境外投资进度。监管部门对内保外贷的政策口径及态度也可能影响境外投资进度,例如,内保外贷资金出境行为是否符合国内相关部门有关境外投资的规定;是否存在规避、违反规定的情况,有无违规路径或者存在境外异常投资行为,异常投资行为包括"快进快出"①"母小子大"②"大额非主业投资"③"资金来源不明"④等情况。

因此,在采取该种模式前应当事先与当地外汇管理部门或者银行沟通确定后再进行操作,如确需以其他审批手续为前提,则应当规划整个并购项目时间与审批时间安排,避免因审批程序问题导致境外投资项目受阻。

另外,由于国际惯例、各国监管政策、法律环境、税务、语言、文化等多方面的差异,内保外贷仍存在诸多不确定性,实践中存在办理进展十分缓慢的情况。

（四）案例介绍——曲美家居要约收购挪威上市公司 Ekornes ASA⑤

2018 年 9 月 27 日,曲美家居集团股份有限公司(以下简称"曲美家居")公告完成收购 Ekornes ASA100% 股份。收购标的 Ekornes ASA,是一家全球化的家居制造销售企业,总部位于挪威 Ikornnes,于 1995 年在挪威奥斯陆证券交易所上市,旗下品牌主要有 Stressless、IMG、Svane 和 Ekornes Contract。

在收购策略上,曲美家居联合华泰紫金通过境外子公司 Qumei Investment AS 向挪威奥斯陆交易所上市公司 Ekornes ASA 的全体股东发出购买其持有

---

①　"快进快出":成立子公司开展境外业务,在无任何实体经营的情况下即开展境外投资活动。

②　"母小子大":企业境外投资规模远大于境内公司注册资本,企业财务报表反映的经营状况难以支撑其境外投资的规模。

③　"大额非主业投资":企业与境内母公司主营业务相去甚远,不存在任何相关性。

④　"资金来源不明":企业投资人民币来源异常,并存在向境外非法转移资产和用以地下钱庄非法经营的情况。

⑤　曲美家居(603818)公开披露的信息,见 http://www.cninfo.com.cn/new/commonUrl/pageOfSearch? url＝disclosure/list/search&lastPage＝index,2018 年 5 月 24 日访问。

的已发行的标的公司股份的现金收购要约,要约收购价格为每股 139.00 挪威克朗。假设标的公司全部股东接受要约,交易价格为 512,812.55 万挪威克朗,合计 406,316.89 万元人民币。按照曲美家居通过境外子公司持有标的公司 90.5%的股权测算,曲美家居本次交易需支付的对价约为 464,095.36 万挪威克朗,合计 367,716.79 万元人民币。

本次收购的资金来源为公司自筹资金(自有资金、股东借款、银行内保外贷借款)、非公开发行股票募集的资金以及公司通过其他法律法规允许的方式筹集的资金。公司自筹资金来源包括自有资金、股东借款和并购贷款。其中股东向上市公司提供借款 15 亿元人民币,招商银行股份有限公司通过内保外贷向曲美家居境外子公司提供等值 18 亿元人民币的欧元贷款。

三、过桥贷款、并购贷款、银团贷款

(一)定义

过桥贷款,是提供给借方的临时性的融资额,以过渡到长期融资资金到位时,期限 1 年左右。

并购贷款,是指商业银行向并购方或并购方子公司发放的,用于支付并购对价款项的贷款。

国际银团贷款,在规模非常庞大的跨境收购项目中,交易标的非常大的情况下,一般由境内银行与境外银行联合组成银团,向并购方(或其境外 SPV 公司)提供贷款。

过桥融资+并购贷款(银团贷款),有时交易价款支付时限要求较为紧张,为尽快完成股权或资产交割,过桥融资通常成为首选。由于并购贷款和银团贷款的审批耗时较长,因此形成了"过桥融资+并购贷款(银团贷款)"的模式,即前期先通过过桥融资进行支付或交割,后期再用审批通过的成本低、期限长的并购贷款或银团贷款去替换前面的过桥融资。

（二）优劣势对比

优势：在交易相对方要求的价款支付时限较为紧张的项目上，借助银行雄厚的资金，缓解资金成本压力，以满足尽快完成股权或资产交割的目的。通过过桥贷款、并购贷款、银团贷款等债权融资方式，可避免股权融资模式下出现股权控制权分散的情况。

劣势：并非所有项目都可采用该种模式进行融资，一般银行具有严格的审核手续，如投资行为是否符合国家关于境外投资的相关政策导向，投资规模及投资交易架构、后续资金还款计划及担保方案是否满足银行要求等。另外，该种债权融资模式还可能涉及极高的融资杠杆，通过搭建多层 SPV 结构来实现交易，其交易架构的设计往往比较复杂。

四、关联方境外直接放贷

境外关联方境外直接放贷，其中境外关联方通常是子公司或子公司下属控股公司。一般是关联企业拥有雄厚的资金时，为了方便交易，以及在约定的时间顺利完成交易，而向境外关联方进行借款。在相关的借贷合同中，一般约定借贷本金、利率、期限及违约责任。但在向关联方借贷资金时，需履行严格的内部关联交易决议程序，确保交易合规合法，不存在借贷无效的情况。

五、联合投资人融资

联合投资人融资，是联合一个或几个有资金实力的投资主体对投资标的进行投资。联合投资人包括战略投资人和财务投资人。其中，战略性投资是与收购主体业务联系紧密且欲长期持有公司股权的投资；财务投资多为常见的 PE 和 VC 投资，项目往往从纯财务回报的角度进行筛选，在获得股权时即预留了退出机制，不会长期持有目标公司的股权。

六、股份发行

股份发行,是适用于上市公司的一种融资模式,即通过发行股份的方式购买境外资产。

定向发行股票的优势在于避免使用现有资金的财务成本费用或承受外部杠杆融资的压力,理论上可以通过定向增发进一步做大和增厚上市公司的资本。在外汇政策收紧的情况下对中国企业较为有利,因为发行股份购买境外资产不涉及资金跨境流动,不受外汇政策收紧的影响。

该种模式劣势在于定向增发额外增加了监管部门的审查程序,这可能会增加上市公司境外收购的时间成本。此外定向增发的审核还可能无法通过。当然,随着私募审核的市场化改革,上市公司通过私募进行境外收购的进程将大大加快。值得进一步探讨的是,通过公开增发的方式进行境外收购的案例相对较少。

七、发行债券(境外)

(一)定义

发行债券(境外),是指主要经营活动在境内的企业,以注册在境外的企业的名义,基于境内企业的股权、资产、收益或其他类似权益,在境外发行债券的融资模式。中资企业在境外发行债券是现如今较为常见的重要融资途径,因其具有吸引外国投资、融资成本相对较低、融资规模较大以及建立国际信誉等优势而受到广泛青睐。

(二)发债(境外)限制

境内企业发行债券(境外)受《企业中长期外债审核登记管理办法》(中华人民共和国国家发展和改革委员会令第 56 号,以下简称《外债新规》)管理,根据《外债新规》规定：

发行债券（境外），应在行使外债资金提取权利（境外债券完成交割或商业贷款首次提款）之前取得《企业借用外债审核登记证明》，完成审核登记手续，未经审核登记的，不得发债。

发债企业需符合：依法设立并合法存续、合规经营，具备健全且运行良好的组织机构；有合理的外债资金需求，用途符合前述规定，资信情况良好，具有偿债能力和健全的外债风险防控机制；企业及其控股股东、实际控制人最近三年不存在贪污、贿赂、侵占财产、挪用财产或者破坏社会主义市场经济秩序的刑事犯罪，或者因涉嫌犯罪或重大违法违规行为被依法立案调查的情形。①

发债用途需符合：不违反我国法律法规；不威胁、不损害我国国家利益和经济、信息数据等安全；不违背我国宏观经济调控目标；不违反我国有关发展规划和产业政策，不新增地方政府隐性债务；不得用于投机、炒作等行为；除银行类金融企业外，不得转借他人，在外债审核登记申请材料中已载明相关情况并获得批准的除外。②

---

① 《企业中长期外债审核登记管理办法》第 9 条。
② 《企业中长期外债审核登记管理办法》第 8 条。

第八章　谈判、起草与签署并购协议阶段

▮▮ 内容提要

本章主要围绕"谈判、起草与签署并购协议阶段"展开,主要包括以下五个部分内容:

> ➤ 并购交易协议阶段基本概述

> ➤ 并购协议主要架构介绍及注意事项

> ➤ 并购交易买卖协议主要条款风险解析

> ➤ 签署境外并购交易文件中的注意事项

> ➤ 股权、资产买卖协议审核要点总结

通过阅读本部分内容,将迅速了解,境外并购中谈判、起草与签署并购协议阶段的基本内容,了解谈判过程中的注意事项,梳理起草与签署并购协议的风险及防范要点,指导商务人员有针对性地了解并购协议谈判、起草与签署阶段所涉风险与对应防范意见。

完成尽职调查之后,如并购方未发现阻碍交易进行的重大实质性障碍,收购交易将继续推进,将交易的重点放在报价、交易文件谈判与签署上。结合前期并购方对技术、财税、商务、法律等方面的调查与分析,并购方内部项目组将评估并判断目标公司或目标资产的收购交易报价,在内部决策层通过该报价

后,通常而言,并购方将向卖方提交报价函及对应的修订后的股权购买协议或资产购买协议。

资产购买协议(Sales and Purchase Agreement,SPA),无疑是整个交易所涉文本的核心,是并购方在交易过渡期和交易完成前风险控制的最后关口。

正式交易文件的谈判与起草,非常考验并购双方交易团队的能力与经验,在正式交易文件定稿前,双方之间关于权利义务的博弈将非常激烈。并购方交易团队中的商务及法务团队将是整个交易文件谈判与起草的核心成员。为了确保在维护并购方权益的基础上,在跨境交易中做到促进交易有效进行,并购方团队应当掌握跨境交易国际思维,熟悉并购商业逻辑与思路,并对交易文件的风险及谈判点非常熟悉并有十足的把握。

正式文件中需要对整个交易宏观与微观内容进行全面梳理与约定,除了体现最基本的范式文本内容(交易主体、交易标的、交易价格与支付、承诺与保证、违约责任、争议解决等内容)外,更需深入考虑交易架构、境内外审批、税务筹划、退出转让、业务整合等并把对应的商业风险、法律风险进行合理分配与分担。

本章节将以《股权买卖协议》为主、《资产买卖协议》为辅拆解跨境并购交易中交易文本的主要风险控制点及谈判要点,同时也将对两个文本的共性与差异进行对比分析。

第一节 并购交易协议阶段基本概述

一、并购交易中涉及的交易文件

并购交易是一项大型的系统工程,其所涉法律关系及交易架构复杂,其所对应的交易文件也较多,以下对相关交易文件进行一一介绍:

收购协议,通常是收购交易中的主要法律文本,从商业、法律、财务、技术等方面规定各方在该交易的各项安排,并从法律风险防控角度对目标公司本身的风险和交易的风险及后果进行分配与分担;收购协议一般包括若干附件、附属协议及函件等内容。根据收购标的的不同可分为:股权收购协议(Share Purchase Agreement, or Stock Purchase Agreement, or Securities Purchase Agreement,简称"SPA")和资产收购协议(Asset Purchase Agreement)。

股东协议(Shareholder Agreement,以下简称"SHA"),是指在股权收购不是100%收购的情况下,并购交易双方在收购完成后,作为目标公司股东单独签署一份股东协议,其主要对目标公司内部运营、内部治理、股东之间权利义务划分、收益分配、责任分担等内容进行约定。

托管协议(Escrow Agreement),是指并购交易双方共同委托与指定第三方对交易所涉资金及重要文件进行保管、控制或托管,在满足某些条件后,第三方将资金、文件等按照托管协议的规定交予并购方或卖方。

服务协议(Services Agreements,可以分为不同类型,比如,过渡服务协议 Transition Services Agreements 或者管理服务协议 Management Services Agreements),是指收购过渡期内,并购方需要使用原有的信息技术设备或者原有的管理层的服务,据此在协议中做进一步的约定与安排。

关键雇员雇佣协议(Employment Agreement for Key Employees),在并购交易中,并购交易双方需对原关键雇员是否留任进行协商谈判,若留任则可就留任所涉事宜进行约定并达成书面协议。该类型协议所涉关键雇员一般包括但不限于原董事、监事、高级管理人员、核心技术人员等。

补充协议(Side Letter),是指在正式收购交易中未做约定/不方便约定/不愿意披露的事项,并购交易双方或各方将签署额外的补充协议,对未尽事宜进行约定。若补充协议与主协议约定不一致的,一般来讲,以补充协议约定为准,若补充协议未约定的,仍需按照主协议约定内容履行。

联合作业协议(Joint Operating Agreement,简称"JOA"),或者联合开发协议(Joint Develop Agreement,简称"JDA"),是指在并购方不是100%购买的情

况下,并购交易双方需要对相关业务领域的开发达成约定。

保障协议(Indemnity Agreement),是指在并购交易中发现的重大风险由并购方或者卖方承担的协议。

担保契据(Deed of Guarantee),若签署收购协议的并购交易双方均为中间控股实体(也即 SPV)时,为了保障并购交易双方各自交易的安全性,一般要求控股母公司签署必要的担保协议。

融资文件(Financing Documents),该处为统称,在并购交易中涉及第三方融资的情况下,并购方与第三方融资机构签署的系列文本。

披露函(Disclosure Letter),在收购文本中通常会附录系列的配套文本,包括披露并购交易双方对目标公司、目标资产、并购交易双方本身的系列承诺与保证事项制式文本。

其他文件(Other Documents),根据项目不同情况而需要签署的其他协议、函件等文本。

二、并购交易中并购交易双方主要谈判及关注要点对比

在并购交易双方签署具体的交易文件之前,双方会就交易中关注的内容进行谈判与沟通。就谈判的方式而言,包括面对面沟通谈判、电话谈判,对于有很多细节的事宜,则是通过并购交易双方反复审阅与修改交易文件的方式进行。

以下是基于跨境并购实务总结的,在交易中并购交易双方谈判时应当关注的要点:

表 3-8-1　并购交易双方主要关注点对比

关注要点	卖方	并购方
法律和惯例	选择适用卖方国家法律和惯例,确保协议架构、术语和内容对卖方连贯及有利。	一般会选择适用卖方当地所在国或地区的法律及惯例。

关注要点	卖方	并购方
交易对手	合格、有技术及资金实力的并购方,并购方是否提供足够资信担保。	合格、可信及合规的卖方。
交易标的	股权或者资产、出售比例、是否仍愿意控制及经营。	股权或者资产、出售比例、是否仍愿意控制及经营。
交易流程	高效并保证安全。	高效并保证安全和合法合规。
支付方式	期待固定交易价款,期待尽快收到价款,期待减少分期付款的次数且宽松的付款前提条件。	不希望一次性付款,希望付款方式可分散风险,主张采用托管(Escrow)方式等机制。
融资安排	希望并购方提供充足的资金或担保措施,保证交易金额及时安全支付。	一般由并购方提供并主导融资。
税务架构	期待设置最优税务架构,税后收益的价格达到最高,交易税金支付流失最少。	期待设置税务筹划架构,期待税后购买价格达到最低,收购成本最低化。
政府审批	期待最快完成政府审批及第三方同意;要求并购方负责履行政府审批及登记程序;要求并购方承担未通过政府审批的责任,例如设定分手费。	期待最快完成政府审批及第三方同意;虽主要承担政府审批的责任,但期待并购交易双方共同承担政府审批的风险,或者降低并购方因未通过政府审批的成本。
优先购买权	放开对优先购买权的限制以争取获得最佳交易伙伴。	要求设置交易排他性安排,不行使优先购买权,要求卖方负责获得具有优先购买权的其他交易对手的豁免及放弃。
合同解除	合同解除负担较大、成本高,设置严格的解约条件,除非卖方同意,并购方不能退出交易;但在极端或其他特殊的情况出现时,卖方享有解除权,保留再次出售的灵活性。	一般不同意合同随意解除;但交易有特殊事件发生,交易先决条件未能达成,卖方出现重大违反陈述与保证的情况,并购方有权单方面解除合同。
并购交易双方交易事项披露	卖方保持披露的灵活度,对于交易前期、过渡期、交割阶段的披露范围及权限可进行把控;限制并购方基于卖方披露权限及披露范围提出索赔。	对卖方披露的范围及真实性享有索赔权。
索赔	不同意或限制并购方在交割后索赔或者限制索赔的范围及额度。	要求设置索赔权利,对交割前及交割后因卖方原因导致的相应情形的出现,并购方有权进行索赔,并约定索赔的金额。

续表

关注要点	卖方	并购方
过渡与交割	期待完整与严谨的过渡与交割,配合并购方程序,减少卖方烦琐的程序,期待在风险最小化的情况下顺利完成交割。	设置严谨复杂的过渡期及交割安排,保障并购方收购的公司或资产不存在法律风险与障碍,不存在市场价值贬损问题。同时,保留因存在相应风险对卖方的追索权。

第二节 并购协议主要架构介绍及注意事项

以下列明在跨境并购项目中,《股权收购协议》及《资产收购协议》中一般包含的条款。

一、《股权收购协议》必备条款架构及要点

表3-8-2 《股权收购协议》必备条款架构及内容

编号	条款内容	条款要点
ARTICLE 1	定义与解释 (DEFINITIONS AND IN-TERPRETATIONS)	列举在协议中出现的关键词语的含义,除一般常用的定义外,对关键词语的定义,例如"知悉"、"重大不利影响"、"损失"、"运营资本"等也十分重要。
ARTICLE 2	待收购股权的转让 (TRANSFER OF TRANS-FERRED EQUITY INTER-ESTS)	标的股权范围、数量、性质、股权状况、股息处分、标的主体范围对应债务处理等。
ARTICLE 3	价格和支付方式 (PURCHASE PRICE AND PAYMENT)	交易价格,包括押金与预付款的约定;价格计算方式;交易价格调整方式;支付方式;支付时间、支付条件、托管账户等。
ARTICLE 4	生效 (CLOSING / EFFECTIVE-NESS)	包括先决条件条款(Conditions Precedent)、后决条件(Conditions Subsequent)或解除条件等条款的约定。

编号	条款内容	条款要点
ARTICLE 5	陈述和保证（REPRESENTATIONS AND WARRANTIES）	根据尽职调查结果进行确定,同时与先决条件条款、赔偿条款相配套。该条款主要分为并购方的陈述与保证、卖方的陈述与保证;一般为制式文本,内容与条款较多,但根据每个交易情况的特殊性会有特定内容的加入。同时,协议中也可对陈述与保证条款中的内容作出限制,例如"重大不利影响"、"知悉条款"。
ARTICLE 6	承诺条款（COVENANTS）	约定并购交易双方在交易文本签署后的可以采取或不可以采取的事项,其主要目的是保障交易可顺利交割,不存在任何突发负面状况,或者对前期尽调发现的瑕疵与障碍进行整改的要求。主要包括交割前承诺（Covenants Prior to Closing 或 Pre-Completion Obligations）与交割后承诺（Covenants after Closing 或 Post-Completion Obligations）。
ARTICLE 7	赔偿（INDEMNIFICATION）	主要包括赔偿的范围、方式、程序、索赔额度限制以及第三方索赔的处理方式。主要约束的范围包括违反陈述或保证条款、违反承诺条款、特定情况下守约者的损失、特定情况下第三方索赔等。 另外,收购协议中还会对赔偿额度进行限制,例如最低金额运用、最高限额运用。不适用限制的违约责任。
ARTICLE 8	终止（TERMINATION）	主要对终止情形、终止的程序、终止的后果与处理方案进行列明与划分。
ARTICLE 9	管辖法律（GOVERNING LAW）、争议解决（SETTLEMENT OF DISPUTES）	主要规定法律适用法,选择的管辖法一般是发达国家或地区的法律,例如英国、新加坡、中国香港等;争议解决方式,在跨境争议解决中,选择知名国际仲裁机构的情况极多,因跨境执行的问题,选择法院裁判的方式极少。
ARTICLE 10	其他条款（MISCELLANEOUS）	其他条款中往往标准化格式的条款比较多,例如完整性条款、通知条款、条款可分性条款等等。
APPENDIX	披露函、目标公司证照、本次收购审批文件、合同交接文件、股东信息、重大资产清单、银行账户及贷款信息等	对于一些需要列明的重大信息,一般会作为附件予以列明。

续表

编号	条款内容	条款要点
EXHIBIT	股东协议、托管协议、知识产权许可协议、法律意见书、承诺函与竞业禁止函等等	其作为主协议在谈判与签署中不可获取的重要部分,在统一谈判后单独进行规范化约定。

二、《资产收购协议》必备条款架构及要点

表 3-8-3　《资产收购协议》必备条款架构及内容

条款	名称	要点
ARTICLE 1	定义与解释（DEFINITIONS AND INTERPRETATIONS）	列举重要词语的含义,除一般常用的定义外,还有对关键词语的定义。
ARTICLE 2	资产（设备）的转让［TRANSFER OF THE ASSETS（EQUIPMENT）］	资产的界定与范围、资产有关的债务等约定。
ARTICLE 3	价格和支付方式（PURCHASE PRICE AND PAYMENT）	交易价格,包括押金与预付款的约定;价格计算方式;交易价格调整方式;支付方式;支付时间、支付条件、托管账户等。
ARTICLE 4	承诺和义务（COVENANTS AND OBLIGATIONS）	承诺条款的功能、内容与股权收购协议的承诺条款类似。其区别在于该条款不限制并购方公司情况、股东及股本情况、经营投资情况。同时,其包括成交前承诺与成交后承诺。
ARTICLE 5	陈述和保证（REPRESENTATIONS AND WARRANTIES）	其作用、范围和限制与股权收购协议相类似。其区别主要在于该条款针对标的业务及资产作出,而非卖方公司本身。该条款也包括卖方的陈述与保证、并购方的陈述与保证。
ARTICLE 6	员工、环境保护、知识产权等条款	对出售资产所涉相关员工问题、环境保护问题、知识产权问题进行明确约定。
ARTICLE 7	赔偿条款（INDEMNIFICATION）	该条款与股权收购协议约定内容基本一致。
ARTICLE 8	终止（TERMINATION）	主要对终止情形、终止的程序、终止的后果与处理方案进行列明与划分。

条款	名称	要点
ARTICLE 9	管辖法律 （GOVERNING LAW）、 争议解决 （SETTLEMENT OF DISP-UTES）	主要规定法律适用法,选择的管辖法一般是发达国家或地区的法律,例如英国、新加坡、中国香港等;争议解决方式,在跨境争议解决中,选择知名国际仲裁机构的情况极多,因跨境执行的问题,选择法院裁判的方式极少。
ARTICLE 10	其他条款 （MISCELLANEOUS）	其他条款中往往标准化格式的条款比较多,例如完整性条款、通知条款、条款可分性条款等等。
APPENDIX	目标资产列表 （LIST OF TARGET AS-SETS）	就收购的目标资产情况进行约定与限制。

三、草拟及审阅交易文件注意事项

（一）交易文件起草与审阅注意事项

一般是卖方牵头草拟第一稿收购协议,并购方对第一稿提出修改标记稿后,与报价函一并提交卖方。卖方评估并购方提交的报价及交易文件。需要注意的是,并购方对卖方提供交易文件的修改,需根据前期尽职调查情况来调整,基于商业战略考虑及市场背景等情况实事求是进行修改;切忌毫无商业逻辑地过分维护自身利益,避免被卖方反感而引起敌对情绪,避免因小失大,错失交易。

（二）交易文件附件谈判、草拟及审阅注意事项

在前述章节中,已列明了收购协议等主合同中一般会包含系列附件文本,包括附属配套的协议,例如股东协议、托管协议、融资协议（财团联合体协议）、担保协议、知识产权许可协议书、重要员工聘用协议等等。收购协议与附件文本组成系列文本,从而构成了统一的整体。

附件通常包括整个交易和交易方的重要约定,在起草、审阅和谈判收购协

议中应与附件文本保持一致,重视该类文本,兼顾上下文、定义等内容,保证收购协议及配套文件的完整、一致。

(三) 交易文件格式、语法与风格注意事项

一般情况下,经常从事境外投资并购业务的公司及外部律师团队,会有适用于各行各业的并购交易文件模板。在可协商的情况下,可要求适用自己熟悉的版本。因为选择公司熟悉的版本,甚至是格式、风格,对公司推进交易的效率进展会有影响。

如无法选择公司熟悉的版本,则经常需要耗费很多时间在阅读、审阅具体的条款安排上。如无法选择合同版本,则从对方提供的版本格式与风格来判断对方起草或修订协议的专业度及经验度,有助于公司了解交易对手的专业能力及谈判水平。

第三节 并购交易买卖协议主要条款风险解析

一、交易结构性条款

(一) 交易双方主体(Parties)

并购交易双方提前确定各自的签署主体。从并购方角度,并购方通常需要搭建境外架构,其交易及签署文本的主体一般是境外设立的特殊目的公司(以下简称"SPV");从卖方角度,卖方可以用原本的主体进行交易,也可设立SPV来与并购方交易。

需要注意的是,如并购交易双方均用SPV主体作为签署主体,其履约信用存在不确定性,一般情况下,并购交易双方都会要求对方母公司或关联公司为本次交易提供担保,保证交易双方均可以履行对应的义务。

（二）事实部分（Recitals）

在协议中为"鉴于"（"whereas"）部分，对各方当事人概况、前期背景、交易情形或者其他交易信息进行说明。特别提示，鉴于部分仅是描述交易的事实情况，无法起到"陈述与保证"的效果，若一方要求另一方保证事实（背景）情况的真实性、有效性、合法性，其应当特别在交易文本的正文进行约定。

（三）释义部分（Definitions）

释义部分因不同的交易有不同的数量和写法，但以下内容需要注意：

营业日（Business Day）

当并购交易各方主体分布在多个地域的时候，"营业日"的确定往往会有很大差异。在跨国交易中，往往不能仅考虑并购方或卖方一方所在地的营业日，需要综合考虑目标资产、目标公司或其他银行等金融机构所在地的营业日。

生效日或估价日（Effective Day、Evaluation Date/ Accounts Date）、签字日（Signing Date）、交割日（Completion Date）

国际并购交易文件中常见的生效日，经常用于估值日的确定。规定估值日的原因在于并购交易双方一般都会确定一个日期（例如 6 月 30 日或者 12 月 31 日）来计算目标资产或者目标公司价值。

一般公认会计准则（Generally Accepted Accounting Principles, GAAP）

交易定价一般是整个交易最核心的条款，目标公司的财务账目是确定交易价格的核心基础，在跨境交易中需要对交易定价及对应的财务账目适用的会计准则进行明确约定。由于国际和不同国家的会计准则的差别，需要在每一个交易中确定适用的会计准则，否则在计算资产或公司价值时会出现偏差，相关财务报表也可能需要进行调整。通常而言，一般是目标公司惯用的且公认的会计准则。若存在目标公司惯用的会计准则与公认的会计准则不一致的情况，则交易双方需要选择适用何种规则或进行何种调整，此时最好由双方的财务顾问、会计师、审计师来参与谈判。

重大不利变化（Material Adverse Effect/ Material Adverse Change/Material Adverse Event，MAC/MAE）

重大不利变化是一个在国际并购交易中非常重要的概念。如过渡期内，目标资产或目标公司发生或预期发生重大变化的程度达到对目标资产或公司产生重大不利时，则并购方有权退出交易。

对重大不利变化的描述一般分为三种：第一种是概括性描述（定性），第二种是定量描述，第三种是把定量和定性结合起来。定性就是概括描述对公司或资产产生重大不利影响程度；定量即将重大不利情况以公司或资产比例的变化进行确定。

二、交易款项与支付方式

（一）合同标的（Subject）

并购方式不同，其合同标的也会不同：在资产收购中，标的是卖方的资产和相关权益；在股权收购中，标的是目标公司股权。在起草的交易文件中必须注意的是：

必须核查合同标的主体、合同标的数量、合同标的性质（例如在股权收购中，是否将优先股纳入交易范围中）。

在合同标的下，往往还会将一些资产排除在外，例如除外资产（Excluded Assets）。除外资产也会在交易文件中列明，将双方协商一致不纳入交易范围内的资产明确进行说明，例如排除在外的股权范围、目标公司排除在外的动产或不动产、目标公司的知识产权、目标公司的部分业务或人员等等。

（二）对价及交易交割（Consideration/Purchase Price）

在收购交易中，并购方支付的对价可能是现金、股票或其他财物；收购价格可能是固定的,也可能在发生某些特殊情况按照一定机制调整价格。付款方式包括所谓"迟延付款"(Deferred Payment)、"盈利支付"(Earn out)、"迟延付款+盈利支付"(Deferred Payment + Earn out)和交割日支付全款+价格调整等。通常来讲,交易价格在双方确定的生效日(估值日)的一个固定的时点,双方确立交易的"基准价"(Base Price)。

1. 交易价格锁定

在复杂的跨境交易中,由于交割期长,交易标的大,有可能交易方股东多,确定一个固定交易价格往往难以满足双方的诉求。因此,在交易实践中,常见的定价模式包括:锁箱机制(Locked box Mechanism)及交割账目机制(Closing Accounts or Completion Accounts)。

交割账目机制,签约时在交易文本中约定价格调整的公式及标的基础交易价格(企业价值)及预计的运营资本(包括现金、负债、运营资本、交易费用);在交割日前,根据卖方提交的初始财务账目数据形成预估交易定价;在交割日,并购方根据双方初步确定的初始交割账目支付购买价格;交割日后一定期限内,卖方再次提供最终财务账目,双方计算目标公司实际的运营资本、现金、负债及交易费用,根据实际的数据对之前预估的初始购买价格进行最终的调整。

锁箱机制(Locked box Mechanism)计价方式,其本质上是一种固定价格机制,是指在交易文件签署前的一个日期("锁箱日"或"基准日",通常基准日与并购协议签署日之间的间隔越短,价格估值越准确),依据基准日的财务报表数据锁定目标资产或目标公司的价格,并购方在交割日按照该锁定的价格进行支付。在该种模式中,通常会约定"价值损漏"的锁定价格例外情形,也即哪些情形属于卖方转移了目标公司价值或进行了利益输送导致目标公司价值减损的情形。一般情况下,卖方需要承诺在"锁箱日"至交割日之间,公司经营良好且没有发生价值贬损,若存在价格贬损的,则并购方有权要求对价值贬损的部分降低交易价格。卖方通常更希望采用价格锁定的做法,而并购方更希望设定"价值贬损"例外机制,或者"赔偿机制",对交割后发现的未披露的情形或存在的价值贬损的情形予以退还相应金额或作出相应赔偿。

2. 交易价格调整

由于在交割前一段时间,卖方对目标资产/目标公司持续投资或经营,同时并购方逐渐参与或控制目标资产/目标公司,对目标资产/目标公司财务及账目情况有更多的了解。因此,从交易文本生效日到交割日,一般会存在价格调整机制。价格如何调整,是否存在调整最高限额,都需要根据每个交易情况和买卖谈判地位的差别来特别约定,例如卖方通常不希望价格调整,若一定要进行价格调整,则要求设定价格调整的限额;而并购方通常要求卖方提供临时价格陈述(Interim Price Statement),同意因生效日到交割日之间存在一定价格差异,并购方有权按照一定的模式对价格调整。在设定价格调整中,一般还会存在只允许价格上调或下调、设定调整的上限或下限、在调整的金额超过特定金额后才允许调整、超过上限的金额不再调整等情况。

3. 其他价格调整方式

对于保证一方支付价款调整的义务的安排,主要有托管安排(Escrow)、延迟支付(Holdbacks)和抵消(Set-off)等方式。使用托管安排的,一般设立托管账户,或单独设立赔偿托管(Indemnity Escrow)账户。

在一般情况下,并购交易双方会约定将全部或部分转让价款存于第三方托管账户(Escrow Account),在支付条件满足时,按指令划转转让款至卖方指定账户或者退回给并购方;或者延迟支付安排,留下部分交易价金,就价格调整的差价部分进行支付;而抵销安排,一般和盈利支付机制或者其他机制进行关联,可以使一方直接抵销相关的价格调整支付款项。

4. 押金和预付款

卖方会要求并购方在签约时支付押金(Deposit)、定金、诚意款或预付款(Prepayment),用于证明并购方有完成交易的实力和诚意。其目的是担保并购方履行收购协议,或者,也可以是双方谈判后作为启动项目预存的一部分款项。

但在实践中,此类款项若是用于境内直接投资,该笔前期费用的出境往往需要严格的出境审批,若因交易协议尚未签署而需提前出境,可能存在无法通过审批的风险。据此,我国企业往往需要就跨境交易项目提前与审批部门进行沟通,避免存在费用无法出境而导致中国企业违反约定而需支付终止费的问题。

三、先决条件条款

(一)先决条件(Conditions Precedent)

先决条件,是决定并购交易双方是否履行最终支付和权益转让义务的条件。其应与协议生效条款相区分,通常情况下,该条款是在合同生效后,协议各方履行与满足相应条件才能触发支付或交割。先决条件条款,逐条列举了完成交易的前提条件,除非己方成交的先决条件都已分别被满足或被放弃,协议方没有义务完成交易。在交易文件谈判过程中,对任何一方而言,都希望自己履行的先决条件越少越好。先决条件的描述应当是客观的,而非主观的。一般先决条件履行会设定最终完成日(Long stop date),即各方完成先决条件义务应当满足的截止时间。

先决条件主要包括如下内容:

政府监管部门的审批:主要包括股份转让审批、资产转让审批、投资安全审批、国家安全审批、反垄断申报审批、国家安全审查、跨境数据合规审查等。对于跨越多个国家的资产,可能会接受不同国家的政府机构的审批,其范围包括但不限于:对并购方所在地国家/地区、中间控股平台注册地国家/地区、卖方所在地国家/地区政府监管部门的审批、登记与核准事项。对于监管/审批的事项,每个国家与地区规定不一致,审批严格与宽松程度不一致,时限不同,需要结合每个交易项目的情况进行特殊分析。

获取第三方的同意:在公司正常经营过程中签署的重大合同经常约定,若存在控制权变更、股权变更或标的资产所有权变更等情况需提前通知缔约方并取得缔约方事先同意。并购方在聘请第三方尽调时通常需要对重大合同中该类似条款进行审查并予以列明、提示；另一方面，卖方通常需要在披露函中列出需要取得第三方同意的清单，在此情况下，卖方需要确保交易已获得第三方的同意作为交割前的先决条件。例如目标公司对外贷款合同中银行方的同意、重大租赁合同中房屋所有权人（出租方）的同意、抵押合同中抵押权人的同意等。

股东大会的批准、其他股东或缔约方优先购买权的放弃：在特定的交易项目中，可能存在需要获得目标公司全体股东大会表决同意的情况，或者部分股东需要放弃优先购买权的情况。并购方通常也将该类情形列为交割前的先决条件。

陈述与保证条款的重述：该条款也属于交易文本中的格式文本，在先决条件条款中的重述，主要是确保在签约日及交割日"陈述与保证条款"内容真实、准确。该条款的重述一般对并购方有利，该条款的设置能再次保证签署日"陈述与保证条款"不准确而不进行交割，也可以保证在签署日准确但在交割日（也即过渡期内）发生不利变化后不交割的情形，但是对后者情形，卖方一般不同意加入，其能否加入也取决于双方谈判的博弈与取舍。

没有重大不利变化发生：该条款的设置通常是站在并购方的角度进行设置，"重大不利变化"的标准如何界定，其宽泛的标准往往会成为并购方终止交易的惯用理由。因此，该条款能否放在"先决条件条款"往往成为并购交易双方对该条款谈判的重点之一。即便设置了"没有重大不利变化发生"这个条款，一旦存在变化情况使并购方认为触发不能交易事项，并购方仍需进行举证，其举证证明重大不利情况已经发生的难度非常大。

并购方成功融资到位（Financing Out）：在将并购方拿不到融资作为先决条件的情况下，并购方可能行使终止权，且存在并购方需要支付反向分手费的情况。

其他先决条件的设置：基本上有的格式文本一定会包括例如满意的并购

方尽职调查结果;对某些尽职调查发现的重大事项的解决;完成出售前部分资产重整或股权重整;资产层面或公司层面抵押解除(如有);特定比例关键雇员留任;就联合作业协议或者股东协议达成一致;没有任何诉讼或者法律程序阻止交易。

并购方的财务顾问在交割日出具 Bring-down Fairness Opinion,从卖方角度,如果并购方财务顾问将公允意见在交割日撤回,则不能完成交割,给交易带来很大的不确定性。

其他根据特定交易情况列明的先决条件。

(二)后决条件/解除条件(Conditions Subsequent,CS)

后决条件(英文直译为 Conditions Subsequent),其一般对应的是我们通常理解的"交易解除条件"的概念。一般而言,"解除条件"分为两类,一是条件成就时解除,一是条件未成就时解除。例如若存在交易未通过政府监管部门审批或者第三方未同意等情况,则属于可以解除交易的情形。此时,是否豁免该条件、是否冒险推进该交易均属于各方需要谨慎评判的情况。

四、承诺与保证条款

(一)陈述和保证(Representation and Warrants)

陈述与保证,是收购协议项下的协议方就其自身、目标公司及交易相关的事实所做的确认和承诺,其经常是双方及其中介团队反复修改及谈判的重点条款之一。陈述与保证在谈判与起草文件时应当注意的事项如下:

1. 陈述和保证条款与尽职调查的关系

并购方在接入跨境交易项目前期时,其通常需要组建团队对目标公司及资产进行尽职调查,但往往卖方会限定尽调时间,且同时仍存在无法穷尽调查结果的可能,因此,对并购方而言,陈述和保证的主要作用是:要求卖方对并购方在尽职调查过程中发现的问题及事实进行陈述与保证;在并购方尽调无法穷尽的客观情况下,弥补并购方信息不对称的弱势,使并购方更深入了解目标公司与资产,合理评估交易估值,有效降低交易风险。

2. 陈述和保证与先决条件条款的关系

并购方通常把卖方陈述和保证条款真实性再次列入"先决条件条款",对陈述和保证条款进行重述,以此作为并购方支付及交割的先决条件之一,该条在前述"三、先决条件条款"做了论述。也即,在陈述和保证签署日至交易交割日存在一定的时间差,在交割日前若卖方陈述与保证仍为真实,其为满足交割的条件之一。

3. 陈述和保证条款与赔偿条款的关系

陈述和保证条款与赔偿条款密切相关,通常而言,并购方会约定,若卖方违反陈述和保证条款的内容,则属于卖方违约,并购方有权追究卖方的违约责任,要求卖方对并购方的损失进行赔偿(Indemnification)。

4. 陈述与保证条款的内容

关于陈述与保证的内容通常涵盖公司基本面、财务、业务、法律、合规等领域,也区分为基础性陈述与保证(Fundamental Representations)和一般性陈述与保证(Non-fundamental/General Representations)。但交易文本中能落实的事项以及深广度,则因交易背景情况、尽职调查结果而异,最终取决于双方谈判的结果。

与此同时,不同的交易领域对于陈述与保证条款的内容及其侧重点也不尽相同,例如高新科技领域的跨境收购项目,其知识产权领域的陈述与保证内容会更多;建筑工程与房地产开发领域会侧重于资产权属与权利负担、资质、人员业务等领域。

5. 陈述与保证条款作出的时间节点要求

从并购方角度考虑,陈述与保证条款一般要求在签署日即对交易的相应事实进行确认,也即要求交易文件生效日即陈述与保证的内容真实、有效。因跨境交易从签署日至最终交割日仍有一段过渡期,由协议各方(通常是卖方)满足一系列交割先决条件,在此情况下,并购方会再要求卖方在过渡期及交割日时重述陈述与保证的真实性直至交割顺利完成。

6. 卖方对陈述与保证条款的限制性要求

(1)关于"重大的"或"实质性的"(Material)限制

在陈述与保证条款中,卖方往往要求加入"重大的"或"实质性的"(Material)限制,例如目标公司运营未发生重大不利影响事件等。一般而言,如何界定重大性的标准,会成为双方谈判的一个焦点,若从控制风险的角度考虑,一般而言双方可对重大性设置一定的具体条件,例如金额标准、具体事件标准。

此外,作为并购方,仍需要特别重视交易文本条款叠加而出现的双重"重大性"条款的限定,若存在该种双重重大性限定,则并购方需要证明卖方相应"违约"情形出现满足双重重大性的标准才能就索赔得到支持。

(2)关于知情限制(Knowledge Qualifier)

关于卖方知情限制条款,首先,一般会要求将该条款限制在特定人员中。在资产或股权购买协议的附件中,经常会有知情人员列表(Knowledge person list),一般会包括公司控股股东或实际控制人、高管人员或者核心技术人员等,在特定业务范畴中也会将特定了解该部分事宜的人员加入名单中。同时,对于知情限制人员,必须要经过合理且尽职的询问(Reasonable and diligent inquiry),只有在经过合理且尽职询问后仍不知情的,才能免责。除此之外,就"知情"而言,存在实际知情(Actual Knowledge)和推定知情(Constructive Knowledge 或 Imputed Knowledge)的区别,该区别主要用于快速辨别责任主体的范围。在交易中,若有了具体的知情人员列表,则大部分的交易会使用"推定知晓的标准"。

(3)不依赖条款(No-reliance Clause)

强势的卖方会要求在陈述与保证条款中加入"不依赖条款",也即,除了并购方基于自身对相应领域的调查和决定来判断交易与否外,只能基于交易文本中卖方的陈述与保证条款作出交易判断,除此之外,不得依照其他的内容来进行判断。

(4)陈述与保证期限的限定

为了降低并购方对卖方施加的陈述与保证条款的责任与风险,卖方经常会要求对某些陈述与保证条款设定期限限制,例如"在签署本协议之日前两年内,公司不存在被任何税务机关处罚的情况,不存在偷税、漏税等情况"。通常而言,期限的长短也将是双方谈判的要点之一。

(二)披露(Disclosure)

在跨境并购交易中,披露函经常作为并购交易文件的附件清单存在,披露函的作用通常是卖方对目标公司、目标资产的事实信息进行全方位综合性披露,除此之外,卖方也需要对"陈述与保证条款"内容例外的事件进行主动披露,主动揭示目标公司、目标资产存在的问题,该行为的目的在于提前豁免卖方的责任。在披露条款中需要注意的事项包括如下内容:

第一,披露函一般至少一轮,一般由并购方起草。第一轮的内容主要涉及陈述与保证条款的格式文本要求,另外包括卖方、交易标的等主体的事实信息,需要提示的是,卖方也需要将对己方不利的事实情况如实披露。一般交易文件签署日与交割日中间仍有一段时间过渡期,一般情况下,存在相关事实与信息的更新,根据更新信息的不同,双方可以要求出具第二轮披露函。

第二,一般并购方要求卖方披露的内容必须合理、真实、全面、具体,但卖方往往更倾向笼统的表达。若强势的卖方不同意配合,其可能的推辞便是,已将所有的文件资料公开到"资料室(data room)",并告知并购方自行通过该数据库来评判资料的真实、准确、完整。

第三,披露函中,对于卖方披露的不利事项,并购方知晓后仍决定交割,则表明并购方对披露的事项已了解,一般情况下便不得再行使索赔权。但我们认为,在交易协议中可设置条款,即便知晓了不利情形,并购方仍可将相应的责任风险转嫁,或降低收购价款或者在条款中加入其他的风险划分条款。但该类型条款是否得到支持,也有待双方最终谈判后决定。

(三) 承诺(Covenant)

交易文本中存在的另一重要条款,也即承诺条款,该条款主要约定各方在签署协议后主动履行事项(Confirmatory Covenant)、禁止履行事项(Negative Covenant)、限制性履行事项(Restrictive Covenants)。根据时间节点划分,也分为交割前承诺事项(Pre-closing Covenants)与交割后承诺事项(Post-closing Covenants)。该条款起草与谈判有以下主要注意事项:

第一,该条款一般主要通过非穷尽式列举的方式进行约定。

第二,在无客观履行事项无特定履行标准时,双方往往需要提前限定履行承诺事项的标准,否则协议相对方往往存在扯皮现象。例如卖方应取得经营许可资质,还是仅要求卖方应尽合理努力取得经营许可资质。前述表述的区别则将导致,若卖方在一定程度上履行了行为却仍无法取得资质,并购方也不得因此终止交易。

第三,交割日前的承诺主要包括:陈述与保证条款的承诺,监管部门审批的获取,内部股东大会决议的通过,查阅卖方信息与数据的权利,过渡期业务经营承诺(例如按照正常经营过程运营,不得单独接触重要客户、供应商等主体,不得卖出资产、处置权益,不得借贷等),重大事项通知义务,第三方同意,交易条款保护(不招揽,独家权,不得再主动引诱其他第三方报价),融资配合,其他交割前需要履行的承诺等。

第四,交割日后的承诺主要包括:不竞争承诺、员工薪酬与劳动关系安排承诺、免责豁免承诺、知识产权授权、税务安排承诺、交割后协助合作承诺等。

一般而言,承诺条款与陈述和保证条款容易混淆,以下简单介绍两者的区别:其一,陈述和保证条款,是对目标公司和交易的相关事实的描述和确认,旨在签约及成交时对目标公司状况进行确认。而在承诺条款中,则规定协议各方应履行或不应履行的事项,旨在确保签约日至交割日及交割日之后的交易安全顺利完成,保障协议方的重大利益。其二,与陈述与保证条款类似,承诺条款常与赔偿条款挂钩,要求协议方在违反其承诺的情况下,对受到损害的其他协议方进行赔偿。与陈述和保证条款相比,承诺条款的例外和限制一般较少,承诺方违约后,有权要求赔偿且获赔的概率更高。

(四)努力(Endeavor/Efforts)条款

努力条款是跨境交易本文中均会涉及的专业术语要点,一方采取何种努力程度去完成对应的义务,是专业人士需要在交易文件中重点关注的。对谈判与签署该条款应当注意的内容提示如下:

最佳努力(Best endeavors),其责任要求相较而言最高,需要一方尝试所有能够尝试的方法去实现合约中的义务。若该项义务针对我方,则建议修改"最佳努力(Best endeavor)"为"勤勉(diligent)和合理(reasonable)",降低我方义务与责任的标准。根据判例研究来看,合理努力(Reasonable endeavors),一般认为是比最佳努力(Best Efforts/endeavors)义务较轻的努力。

从义务程度来判断,主要还是要从双方在交易合同订立时的预期努力程度、行业管理、谈判优劣势地位、动机等角度去考虑。避免争议的最好做法就是将履行义务的标准具体化描述。

五、过渡期安排

(一)过渡期(Interim Period)

过渡期的范围一般是从正式文件的签署日到交易文件约定的交割日这段期限。在过渡期内,并购交易双方有大量的工作要做,例如,根据交易文件约定,满足先决条件的内容,满足各自的承诺,互相提供有关信息,履行过渡期设定的各项权利义务等,同时,也需要保证重大不利事件不会发生,保证陈述与保证条款的真实性、完整性等。

（二）交割（Completion/Closing）

交割日，双方要互相交付各自负责的文件（包括资料、法律意见书、并购方支付价金、卖方给予权益证明），并签署一系列文件。在并购交易实务中，在交易双方认可的交割日之前，双方会准备好交割清单（Completion deliverables list）并达成一致，按照交割清单的内容进行交割并签署。

交割需要注意交割发生的时间、地点。就地点而言，需要考虑跨境税负问题，国际并购签约及交割时均不能因为地点的问题而带来预期外的税负。一般情况下，在双方初期谈判过程中设计交易架构应当同时制定税务计划，选择最优路径避免交易涉及大量的税负成本。

如果在交割日，一方未交付应予交付的交割交付物，则另一方一般来说有如下选择：推迟交割；选择放弃该交割交付物，进行交割但保留索要损害赔偿的权利；对于重要的交割交付物未交割的，规定终止权。

六、交易保护条款

鉴于在大型跨境并购中经常存在过渡期安排，其时间跨度通常较长，为了保证交易能按照预期顺利交割，实践中并购交易双方经常在过渡期中设定一系列交易保护条款。交易保护条款一般缘起于美国上市公司收购交易中，但逐渐地，在大型的跨境并购中也经常会出现相应的条款来保障交易安全。

（一）盈利支付条款（Earn-out Clause）

Earn-out 条款，是协议方对目标公司估值有分歧时对收购价格的安排，也是并购方控制在交易交割时可能支付较高价款的风险的手段之一。例如成交时并购方向卖方支付第一笔对价，成交后的一定期间内，并购方在一定条件满足后再向卖方支付额外金额，如果条件不满足则卖方无权获得后续支付。盈利支付条款是一种类似于"对赌"概念的机制,该条款将设置对赌谈判标准,例如经济指标标准(Economic Earn-out)、绩效指标(Performance Earn-out)。常见的财务目标包括营业收入、利润等;非财务目标可能包括产品研发、客户挽留或开发、员工留任等方面。

盈利支付(Earn-out)机制主要谈判要点:

衡量标准,一般为"EBITDA",是 Earnings before Interest, Taxes, Depreciation and Amortization 的缩写,即未计利息、税项、折旧及摊销前的利润(中文简称"息税前利润")。尽管盈利支付(Earn-out)机制往往和利润挂钩,但盈利支付机制的标准并不一定和利润挂钩,公司营收、市场表现、资产储量或者产量等,均可作为盈利支付机制的标准。

时间范围,盈利支付条款时间范围是并购交易双方的重要谈判点之一。

盈利支付期间需要以何种方式经营目标资产或公司(从卖方角度看,未来的运营需要和过去运营的实践相匹配,以便控制并购方采取损害目标资产/目标公司的行为,使得盈利支付机制不能发挥作用;从并购方角度看,并购后按照其认为合适的方式运营目标资产/目标公司是其一个重要的权利)。

目标资产/目标公司发生控制权变更时(Change of Control, COC)时,盈利支付的义务是否需要提前履行。

是否明确排除盈利支付机制在交易双方之间创造了信义责任(Fiduciary duty)。

盈利支付条款会涉及详细且复杂的计算方式、原则、包括项或者排除项,会涉及非常详细的商业条款,即公司商务人员、投行顾问及财税顾问、律师等应当高度参与,经过各方理解无歧义后由律师忠实反映在具体协议当中。

(二) 保护性退出(Protective Options)

一般常见的有融资退出(Financing Option),即并购方在未融到并购资金的情况下,有权退出;还有所谓的尽职调查退出(Due diligence Option),若并购方继续进行尽职调查后发现目标公司或者目标资产有重大不利情况,有权退出,但一般卖方很少愿意同意该条款。

(三) 不招揽、不交谈、不兜售(No-talk/No-shop)

一般是并购交易双方在签署交易协议后,也即过渡期内,目标公司董事会不得再和任何其他潜在并购方商谈,也不得在市场上进行任何兜售行为。卖方需要履行的义务包括:禁止招揽或鼓励再招标与投标,禁止提供信息或与第三方进行再谈判,要求目标公司团队在收到未经招揽的竞争性报价时主动告知卖方。而在此情况下,往往并购方会要求在目标公司董事会收到更优报价(Superior proposal)的时候,有最终看价权(Last look right)或者匹配权(Match right),该权益是指在目标公司团队收到其他任何竞争性报价时,并购方有权决定提高报价和/或优化收购条款和条件,以便与其他潜在收购竞争方的报价相匹配或超过竞争方的报价。

(四) 分手费(Break Fee/Termination Fee) 或 "反向分手费" (Reverse Break-up Fee)

分手费,指在签署并购协议后,若存在卖方或目标公司与更高报价方达成新的交易合意,或者卖方股东大会未批准交易,卖方或者目标公司存在特定的违约情形等情况下,卖方应当给并购方支付的损害赔偿,俗称"分手费"。

反向分手费,主要针对并购方设定,主要是在过渡期内,若并购方未能完成承诺、违反陈述与保证条款,或存在其他违约情形导致交易无法按时完成,则要求并购方支付一定的损害赔偿。

一般就分手费的金额而言,行业管理一般相当于交易价金的 1.5%—5% (实务中选择 2%—3% 之间的较多)。一般认为,交易价金一定要符合市场惯例,如果约定过高,则不易执行。从境外判例来看,法院对合理的分手费金额也未设置明确的数字或规则标准,也是根据个案情况来具体分析。

（五）托管账户安排（Escrow account arrangement）

该内容适用于定金（Deposit）、文件、满足特定保障（Indemnity）义务或者并购方留置部分价金（Part consideration retention by buyer）等情况，在条件满足的时候，托管账户中的资金或文件将释放给文件所规定的一方。托管账户的安排还需要考虑第三方托管人的引入、签署聘用托管代理协议并支付托管费用的问题。

七、违约条款（损害赔偿）

（一）保障赔偿（Indemnification）

保障条款，一般翻译为"保障、赔偿或免受损失"。其指出，保障者同意在特定情况下、特定范围内向被保障者承担损失、责任或损害，以及支付相应赔偿。一般可使用保障机制的情况包括：保障者违反陈述或保证条款；保障者违反承诺条款；特定情况下被保障者遭受损失；特定情况下第三方索赔，比如知识产权、产品缺陷责任、被保障者使用商品或者服务、人员伤亡、环境责任、税务、诉讼等。

使用保障条款的一大优点就是可以省去知情、减少损失及证明因果关系等违约损害赔偿的要素。在赔偿保障条款下，需要注意以下内容：

在决定赔偿损失的时候，所有在陈述与保证中的实质性条款在赔偿条款中，均不能适用，这是对卖方有利的写法。

赔偿条款是唯一的救济方式是对卖方更有利的条款。但是，故意的误导性陈述、欺诈、违反交割后承诺等，可以考虑从此条款中拿出。

是否给予卖方机会弥补违约（Right of Seller to Remedy），还是并购方可以直接采取法律行动，由双方谈判确定。

独立补偿/个别补偿：一般对于环保责任、税务、产权或者雇佣等特殊事项,需要适用单独的补偿/保障安排,以更好地应对潜在风险。

(二)责任限制(Liability Limitation)

责任限制条款的主要争议点是时间限制、额度限制、方式限制和不得重复获益限制,该条款一般是卖方对并购方提出的。具体应当注意的内容包括:

赔偿时间限制。往往在交割日后1—2年之间。

赔偿额度限制。其一,最小索赔额(De Minis Claim):损失额度没有达到最小索赔额的,不允许并购方提起索赔。一般最小索赔额没有一个惯例数字,基本上根据每个项目具体情况来确定交易额大小。其二,一篮子额度(Basket Amount):只有超过最小索赔额的所有索赔加起来到一个额度,卖方才负责对超过总额度以上的部分进行赔偿,即可扣减总额度(Deductible Basket);或者达到总额度后,承担所有的索赔额责任,即倾覆菜篮额度(Tipping Basket)。其三,责任最大限额(Overall Cap),卖方一般要求最大限额为交易金额的20%—50%。

八、重大不利变化条款

重大不利变化条款(Material Adverse Effect or Material Adverse Change,简称"MAE"或者"MAC"),指交易中的一项承诺和担保,也可以理解为一项交易交割的先决条件,其目的是确保在卖方的条件发生重大不利变化时,并购方拥有解除交易的机会。这一条款通常适用于合同或协议的签署日与交易的最终交割日之间有一段时间间隔,在该段期间设置相应的条款以回避与控制在这段时间内出现的任何重大不利变化。

虽然其在司法实务中,很少有并购方可以利用 MAE 条款从并购交易中脱身,但其设置在逻辑上和现实上为并购方提供了脱身的可能及渠道,所以它考虑到了所有可能对交易双方产生重大影响的方案,其将最大限度保障并购方利益。

九、协议终止条款

终止条款,规定在协议签署后,协议各方在何种情形下可以将协议终止。终止协议为协议方提供了退出机制。

终止条款通常规定协议在以下情形下可以终止:

协议各方协议终止,成交之日可以由协议各方共同书面同意终止;

一方违约,如果协议一方的陈述和保证、承诺及其他约定发生了严重违约,且该违约未能及时补救,则其他方有权解除协议;

最迟成交日,在各方约定的最迟成交日,成交尚未完成,则协议一方可以向其他方发出书面通知解除协议。

本条的适用一般存在前提,即提出解除协议的一方不能有过错,如该方对本协议下任何陈述、保证、承诺约定的违反,导致交易未能在该最迟成交日之前完成,或该方未能自政府机构获得必要的批准,导致交易未能完成,则不得提出解除协议。

十、法律适用与争议解决等

在境外并购中,选择的管辖法,一般会是发达国家或地区的法律,例如美国、英国、新加坡、中国香港等国家或地区。

争议解决方面,一般会以著名国际仲裁机构或者法院的裁判为主。著名国际仲裁机构包括:国际商会国际仲裁院(International Chamber of Commerce,ICC)、伦敦国际仲裁院(London Court of International Arbitration,LCIA)、美国仲裁协会国际争议解决中心(American Arbitration Association,AAA、International Center for Disputes Resolution,ICDR)、香港国际仲裁中心(Hong Kong International Arbitration Center,HKIAC)、新加坡国际仲裁中心(Singapore International Arbitration Center,SIAC)。在境外并购投资中法院判决存在执行问题,因此法院裁判方式也极少采用。

十一、其他条款(Miscellaneous)

其他条款中,标准化格式的条款往往比较多,以下列明常用条款的功能及目的。

完整性条款(Entire Agreement Clause),确保并购协议和任何其他附属协议的签署取代各方先前达成的口头或书面沟通、谅解或协议,以成为唯一正式有效的协议。

通知条款(Notice Clause),列明了各方当事人及其代理人(通常为律师)的地址和联系方式,并规定了发出通知的方式,如电子邮件或传真、专人递送、邮寄,以及该等通知被视为送达的时间。该条款在双方发生争议时显得尤为重要,因为很多权利主张要依赖于通知的有效送达。

可分割性条款(Severability Clause),为了防止特定关键条款因违法或者其他原因被认定为无效而导致整个协议无效,合同方约定个别条款无效不影响协议其他条款的有效性。

第四节 签署境外并购交易文件中的注意事项

一、小签(Initial signing)

并购交易谈判完成,在有权签字人签署交易文件之前,一般都有一个所谓的小签程序(Initial)。小签是表明双方已经完成交易文本谈判,确定最终交易文本的一个仪式性的工作程序,目的是固定交易文件签字之前的工作成果,避免对交易文件再做改动。小签还可以在交易文件每页上盖公司或授权代表的印章。

二、传真签署(Fax signing)

如存在交易文件签署人无法及时签署交易文件的情况,实践中也可以通过传真方式签署。即双方约好一定时间,让有权签署人签完相关文件后,传真交换签字页。但一般来说,采用传真签署文件的方式并不多见。

三、当面签署交易文件(Face-to-Face Signing)

对于大型交易来说,并购交易双方见面直接签署交易协议是常见的方式。在当面签署协议方式中,时间、地点需要选择好,一是方便双方;二是在签署地不能有任何税务负担;三是需要确认各方签署交易协议人员的授权是否到位;四是检查对照交易双方所确认的最终文本。

第五节 股权、资产买卖协议审核要点总结

表 3-8-4 股权、资产买卖协议审核要点总结

审核要点	并购方视角	卖方视角
并购交易双方签署主体	境外新设中间控股实体(SPV),一般并购方要求提供担保,担保方为母公司或关联公司。	也可使用境外新设中间控股实体(SPV),同样可要求卖方担保。
营业日	因存在跨区域交易而存在交易时间差,注意协调交易各方及其关联中介机构所在地营业时间的差异。	
生效日	一般签署正式交易文本时生效。	
公认会计准则	双方需协商确定适用的统一会计准则,另外,双方有特殊规定的,仍可协商对特定的财务专业术语做特殊定义。	
交易定价计算标准	更倾向定价调整机制模式,倾向不支付过渡期利息,倾向通过不同节点的卖方财务账目调整交易金额价差。	更倾向定价锁箱机制(Locked box),更倾向并购方支付过渡期利息,考虑锁定交易价格,一定幅度范围内不调整交易价格。
过渡期对赌机制的设立(Earn-out)	更倾向设定 Earn-out 条款,督促卖方核心团队在过渡期努力经营,设定经营财务指标,设定具体的卖方责任主体。	其接受意愿并无并购方强烈,但要求设定合理指标保证卖方收益最大化或偿还概率最小化。
意向款或预付款	希望控制一定比例金额,双方可协商要求放入托管账户。但要求设定一定的交易锁定期及独家谈判权。	一般主动要求并购方支付预付款,一般同意放入托管账户。

审核要点	并购方视角	卖方视角
债务范围	明确债务承担范围,一般倾向剥离无价值负债,要求卖方对已有已披露或未披露或潜在债务的责任承担。	一般更倾向打包交割,一般不愿意承担责任保留承诺条款。
先决条件	一般设定针对卖方、标的公司、标的资产较为严格的先决条件,设定无重大不利变化条款。	一般关注卖方为完成本次交易而需完成的手续、支付义务及其他义务是否履行等,希望设定宽松的交割先决条件。
陈述与保证条款	对并购方有利的注意事项: 1)要求卖方承担真实性、准确性、完整性保证; 2)不存在未披露债务; 3)不存在重大误解或遗漏; 4)一般不愿加入"知情限制",不加入知情者名单更为有利,一般更倾向适用"推定知情"; 5)注意避免"陈述与保证条款"中"重大性条款"标准的设置,注意避免全文"双重重大性"的限制; 6)更倾向于对卖方及交易合法合规做具体要求,包括但不限于:交易标的的合法合规,交易相对方交易资格合法合规,反垄断、税务、环保、劳动、知识产权、合同履约、反腐败合规等领域合法合规; 7)在签署日、过渡期、交割日等节点均要求卖方做持续不断的"陈述与保证"。	对卖方有利的注意事项: 1)卖方往往不愿意从反面陈述与保证,而愿意给出具体的正面陈述与保证; 2)更倾向在"陈述与保证条款"中均加入"重大性"限制条款; 3)更倾向加入"知情限制"条款,倾向设定知情人名单,限定受该条约束的范围; 4)更倾向宽松的合法合规方面的陈述与保证。
披露(Disclosure)	1)资料室(data room)作为披露的一部分。 2)披露函 a.需要提前将披露草稿给并购方; b.要求的披露事项一般要具体、明确、及时; c.对于披露内容是否存在交易瑕疵,评判其瑕疵大小,有权选择接受与否该瑕疵。	1)可行的情况下尽量配合并购方要求进行披露; 2)卖方一般会如实披露,以保证随着交割推进,卖方就披露的内容可以免责。

审核要点	并购方视角	卖方视角
承诺条款	1)对并购方有利,属于交易文件格式文本; 2)不招诱条款的设置,一般更倾向于限定期限更长,适用主体范围更广; 3)努力程度条款,应当对努力程度做具体定义,避免模糊化导致难以定义确定。	1)对卖方不利,一般要求进行限定。 2)不招诱条款的设置,要求对期限、人员范围进行限制。 3)对于努力程度条款,并购方义务采取"Hell or high water"最佳;并购方最大努力取得政府审批、采取一切措施满足政府审批施加的前提条件。
赔偿条款	1)要求对卖方违约的情形进行广泛限定,包括但不限于:陈述与保证条款、承诺条款、义务、债务责任、交割义务、行政处罚、名誉受损等等未履行交易文件义务等内容; 2)更倾向无论卖方知情或不知情均应承担相应的违约赔偿责任,要求卖方故意或过失的情况下均应当承担赔偿责任; 3)除直接损失外,仍要求间接损失、可得利益损失及弥补损失费用的赔偿,除此之外,一般不设定最高赔偿金额(或越高越好); 4)可接受并购保险的设置; 5)一般要求设定抵销条款(Set-off),对并购方需向卖方赔偿的债务互为抵销; 6)接受赔偿条款与价格调整条款相配套,不重复索赔。	1)要求对赔偿范围进行缩小。 2)要求对直接与卖方违约有因果关系的情形才赔偿。 3)要求限定在卖方知情、故意的情况下才构成违约。 4)要求限定赔偿最高限额,要求仅赔偿直接损失,而不包括间接损失、可得利益损失、损害赔偿费用等内容。 5)一般要求设定并购保险;一般要求设定最高赔偿额托管账户(并作为唯一的赔偿来源)。 6)一般同意接受抵销条款,要求与价格调整条款相配套,不得进行重复索赔。
合同解除条款	要求设定重大不利条款,并以此作为合同解除情形,除此之外,需设定具体的合同解除重大事项。	希望尽量交易顺利完成,不希望交易解除,除非因并购方未履行价款支付;更希望限定解除情形,淡化解除事项。
争议解决	诉讼与仲裁均存在一定优缺点。一般采用仲裁,但诉讼也存在更便捷有利,跨境交易项下不同管辖法域,导致诉讼执行存在一定难度。	

第九章　并购交割阶段的风险防范

▨ 内容提要

本章主要围绕"并购交割阶段的风险防范"展开,交割条款是跨境并购股权买卖协议与资产买卖协议的核心条款,是并购交易双方协议谈判的焦点之一。在交易顺利推进,并购交易双方签署股权/资产买卖协议,满足交割条件后,双方进入交割阶段以及收购后整合阶段。本章主要对交割阶段及收购后整合所涉及的法律风险及防范措施进行梳理,具体如下:

> ➤ 并购交割阶段风险与防范
> ➤ 交割后整合阶段

第一节　并购交割

在大型跨境并购交易中,并购协议一般分为签约(Signing)与交割(Closing)这两个阶段。

在境外并购中,交割,是指在股权/资产买卖协议中约定的条件满足的情况下,卖方将目标股权或资产登记于并购方名下,或将股权或资产变更登记及相关所有文件交付给并购方,并购方支付全部或部分股权/资产转让对价的行为。但交割阶段存在很多实务性操作细节,并购交易双方应当认真对待,避免因为操作不当或者失误而导致不必要的损失。

一、交割定义

交割（Completion/Closing），是跨境并购中并购交易双方支付价金、转移标的股权/资产的行为，其实质是交易合同中义务的履行，是跨境并购的最后阶段，是实现交易目的的关键性一环。

二、交割条件

交割条件（Closing Conditions），是在交易协议里设置的为了保证能够顺利完成交割所做的技术化安排，在正常情况下（除非豁免交割条件），在交易文件中约定的交割条件成就时，则双方进入后续交割阶段。

交割条件分为先决条件（Conditions Precedent，以下简称"CP"）和后决条件（Conditions Subsequent，以下简称"CS"）。先决条件（CP），是收购协议生效后，并购交易双方履行交割义务（卖方转移标的股权/资产、并购方支付价款）的前置条件。值得注意的是，此先决条件是合同履约条件不是合同生效条件，先决条件不成就不影响转让协议有效和守约方向违约方主张违约赔偿的权利。后决条件（CS），是收购协议生效并完成交割后，并购交易双方解除合同义务的前置条件。境外并购协议中，使用 CP 较多，因为风险太大使用 CS 很少。

在交易文件中约定了交割先决条件的情况下，交割期内，并购交易双方需要尽可能努力（有些情况下根据交易文件的约定是要尽最大努力）促使相应的先决条件获得满足。某些先决条件只需要一方进行相关的工作，比如中国政府的境外投资审批，而有些先决条件需要双方配合进行相关工作，比如获得合同相对方的同意、反垄断审查等。此外，双方需要就交割事宜履行相关的通知义务。

在交割前，并购方应当仔细确定先决条件是否均已满足，相关证明先决条件的文件是否已经齐备，在详细梳理和确认相关的交割条件已得到满足后，才能确保后续交割不存在风险。

（一）常见交割条件

交割条件通常参考尽调结果并根据实际需要设置，因为项目之间差异很大，实际情况中交割条件设置的内容不尽相同。交易文件中通常会根据双方责任，分卖方（负责实现）交割条件、并购方（负责实现）交割条件。

从行为事务主体角度分类，常见的交割条件有：

政府审批：如境外投资审批（如中国国家发展与改革委员会境外投资审批）、国家安全审批（如美国外资投资委员会审查）、反垄断审批（如经营者集中反垄断审查）、行业监管机构审批（如证监会、国家电力监管委员会审批）。

第三方同意：如目标公司债权人关于"控制权变更"的同意，目标公司其他股东关于卖方转让股权的同意（优先购买权放弃）。

并购方：融资到位。

卖方：陈述、保证与承诺（representations and warranties and covenants）真实并遵守。

目标公司：财产（重整完成、抵押解除、财产不减值）+人员（关键雇员留任）+事务（重大事项解决、无重大不利事件 MAC、信用等级不降）。

中介：并购交易双方律师出具法律意见书，对标的公司授权情况、出资认缴与实缴情况、交割事宜可执行性、是否有重大诉讼、违约事件等出具意见。

实际中项目千差万别，交割条件也各不一样，可能存在的交割条件还包括：东道国/地区国家银行关于外资控股的批准、目标公司供电供气协议签署、政府安慰函、目标公司借款协议更新、并购交易无政府、法院的阻碍禁令、卖方提供电子版资料并存放于中间方、股东大会内部审批、国家外汇局/商务部审批、购买责任保险等等。

（二）交割条件条款特别注意事项

交割条件选取原则。一是充分利用尽调成果，着眼合同目的，针对重大关切设置交割条件;二是交割条件不应受一方完全控制,否则当对交割条件实现有控制力的这一方不正当地阻止条件成就或不正当地促成条件成就时,对方难以制约抗衡。

交割条件不能实现的风险、责任分配原则。促成交割条件实现的责任如何分配,这是并购交易双方谈判的焦点。

交割条件的描述原则。交割条件"实现程度"和实现"努力程度"往往都不好量化,因此要注意尽量用客观语言。比如,"实现程度"如果使用"使一方满意"(satisfactory to one party)来描述,其主观性太大,不符合法律语言准确特定的要求,容易引发争议,增加合同的不确定性。

(三) 交割条件的放弃

在对交割条件进行梳理时,经常会存在交割条件尚未满足的情况,是否放弃先前约定的先决条件需要并购交易双方仔细分析和考虑。

一般情况下,交割条件分为单方先决条件和双方先决条件。

在单方交割条件放弃的情况下,享受该方交割条件权益的主体应当衡量放弃该权益的利弊。卖方单方先决条件放弃的情形,例如在交易文件中设置并购方需要在交割前获得其股东(大)会审批才能完成交易,根据交易文本的约定,卖方有权以并购方股东(大)会决议未通过为由主张不予交割;但如果卖方放弃该等单方先决条件的对应权益,则卖方不能以并购方未获得股东(大)会决议通过为由拒绝交割。

在并购交易双方交割条件放弃的情况下,一是双方要达成放弃的合意;二是双方需要就放弃交割先决条件可能导致的后果达成一致(例如是否有额外的职责、风险、费用,若有,该等职责、风险或费用如何分担等)。就双方放弃交割先决条件后的相应后果分担,双方可达成补充协议,同时在补充协议中承诺任一方不得再以该等交割条件未能满足为由而拒绝交易交割。

三、交割时间、地点、方式

（一）交割地点

交割地点很关键，通常选在并购交易双方之外的第三方地点，一般情况下，会选择代理律所、顾问等中介机构办公地。交割地点选择要考虑税负征收，不能因为在约定的地点签署或交换文件而被征收相关税费；同时也应当考虑地理位置便利程度。

（二）交割时间

交割日（Completion Date）通常精确到日甚至精确到小时点。理想的交割是一次性、短时间内完成。

交割日前，并购交易双方需要协商并准备好交割事项清单（Completion Items List／Completion Deliverables List），对交割日日程安排、会见地点、资料交换清单等进行明确约定，建议进行交割前彩排，对所有步骤、行动及任务进行一一确认。交割日当天，双方要签署该交割事项清单。

（三）交割方式

交割不一定是一步就能完成，可能是分为两个或多个步骤完成，有时会区分并购方交割和卖方交割，这取决于每个项目设置的交割条件约定。

交割的方式，通常是双方见面现场亲自交付"交割文件"并签字盖章（可能需要实物盘点）。实践中也有电子、邮寄方式交割，即双方在交割日前以电子方式互传已经完成的先决条件和交易文件，然后再以邮寄方式将其原件寄去对方的办公地址。

有些交接事项，比如巨额交易价款跨境支付，银行系统转账耗时较长，因此需要提前做好资金支付计划，必要时可以采取"托管安排"（如第三方律所、银行托管）。

四、交割重要确认性法律文件

以股权购买协议为例,其交割条款中卖方的核心义务是转移目标公司股权,并购方的核心义务是支付价款。"交割文件"需要根据交易文件内容(特别是"先决条件"、"承诺"条款内容)具体确定,常见的有:

交割事项清单(Completion Items List/ Completion Deliverables List),为核心文件;

目标公司证照(许可证:如营业执照、组织机构代码、税务登记证,资质证书:如电网、发电行业资质证书);

印章(公司公章、财务章、法人私章、部门内印章等),可废除旧章印制新章;

股权证明;

主要合同(需要通知债务人,取得债权人同意);

劳动合同(关注福利待遇、工作条件、员工持股、新股东限制),通常纳入交易后事项;

银行账户和贷款(托管协议、办理相关银行对账单,电子银行用户名、密钥、支票簿等文件交接,办理贷款续贷);

公司内部批准(股东会批准、董事会授权);

政府审批(投资审批、反垄断审批、国家安全审批);

公证文件;

先决条件满足证明(通常由双方高管出具);

陈述与保证未违反、未发生重大变更声明①(Bring-down Certificate/ Statement,通常由卖方高管出具);

---

① 陈述与保证未违反、未发生重大变化声明(Bring-down Certificate),从签字日到交割日之间,一方做出的陈述与保证(Representations & Warranties)没有被违反或发生重大变更。在交割日做出 Bring-down 的陈述时,一般需要一方的高管(Directors or Officers)给出 Bring-down Certificate 或者 Statement,在其中表明交割日作出的陈述与保证与签字日相比,没有重大的变化或者被违反。

放弃先决条件声明①（Waiver of Conditions to Closing）；

公司良好存续证明②（Good Standing Certificate）；

高管在职证明③（Certificate of Incumbency）；

完税证明（Certificate of Tax Compliance）；

法律意见书（Legal Opinion Letter）；

公司公章移交声明书；

承诺函与竞业禁止函。

五、交割期内违约责任

在"交易终止日"前，交割条件实现，并购交易双方顺利交割，这是理想情况。为了保证一定的灵活性，并购交易双方通常会约定在书面一致同意的情况下，交割条件可以放弃。

在交割期内，并购方可能发现卖方违反了某些合同义务，比如违反了陈述与保证条款，或是赔偿条款下的赔偿事项被触发。这种情况下，并购方需要及时通知卖方，并向卖方说明根据合同条款并购方有权采取的行动（比如终止合同或索赔），以及有义务采取的行动（比如通知的义务），以及不采取行动的后果；在此基础上，并购方需要与相关的顾问一起讨论处理方案，并及时向卖方提出处理方案，进行相应的处理或与卖方进行谈判。在"交易终止日"前，交割条件未能或不可能实现（not satisfied or become incapable of satisfaction），一般会包括如下后果：

---

① 放弃先决条件声明（Waiver of Conditions to Closing），如在并购交易文件中某先决条件无法满足，在双方先决条件下，双方决定（在一方先决条件下，一方决定）放弃该等先决条件的满足从而继续交割，此时需要双方或者一方签署放弃该等先决条件的文件。

② 公司良好存续证明（Good Standing Certificate），是并购交易中常见的交割交付资料之一，以证明参与交易的公司是有效设立并良好存续的商业实体。

③ 高管在职证明（Certificate of Incumbency），卖方出具的董事或高管在职证明，以证明其在任的公司高管有权根据公司章程等文件行使权利（比如签署交易协议等），也是公司并购交易中常规交付文件之一。

推迟交割;放弃交割物继续交割(同时索赔,或者保留索赔的权利),包括:支付分手费(Break-up Fee 或 Termination Fee)和反向分手费(Reverse Break-up Fee 或 Termination Fee)等;终止交割。

六、交割阶段工作内容梳理

交割阶段所涉事宜琐碎但却十分重要,不管是交割前的准备还是交割当日的交接与签署,每一步骤操作不当都可能导致交割失败。以下梳理交割阶段中所需完成的工作内容,供投资者实践操作中参考借鉴:

(一)交割前准备工作

对交割日日程安排及事项明确约定(例如要求准备好证明材料、事先展开内部会议及决议程序、履行相应公证认证手续、准备第三方中介机构文件等),核实相应的先决条件是否均已满足、证明先决条件满足的文件是否已经齐备,并对交割的所有步骤、内容及参与各方所负责具体事项进行一一确认,例如制作并购交易交割清单:

表3-9-1　并购交易交割清单示例

文件描述	义务方	原件接收主体	是否完成
项目所在国政府审批文件①	卖方	卖方	
中国政府审批备案文件②	并购交易双方	卖方	
公司高管交割陈述保证	卖方	并购方	
公司董事辞任文件(如有)	并购交易双方	并购方	
确认每一项交割条件满足	并购交易双方	并购交易双方	
……	……	……	

---

　　① 此处根据并购项目所在国具体要求来确定,可能是一项审批程序,也可能是多项审批程序。

　　② 此处为总称,在具体项目中,可列明该单个项目所涉的每一份审批文件。

交割前的准备工作,包括但不限于需签署文件、需完成的授权、签署协议相应人员的时间安排与行程、资金换汇准备、实物资产盘点的提前安排与准备等等;

提前确认并购价款支付流程与安排,特别是巨额资金跨境流动,包括确认实际付款金额、托管账户安排、银行付款安排,与银行确认交割当日可以正常提款,并最后确定款项流转路径,专门人员负责对接及核实工作等;

如需进行公开披露或者举行联合新闻媒体发布会,需事先准备好相应的书面材料并与交易相对方交叉核实;

制定交割现场的应急方案,例如交割未发生,如何处理资产、账户、文件等情况;

为了确保交割当日的工作顺利进行,在预定交割日的前2—3天,并购方和卖方一般需要对先决条件满足的情况以及交割准备工作的进度做最后一次核实,组织一次交割预演,走一遍交割当日的流程,但不交换文件,也不实际进行付款(但是需要测试付款路径是否通畅);

需要制定详细的工作计划和时间表,公司内部应将各项工作落实到具体的负责人,外部需要落实到具体的专业顾问团队,每项工作需要明确完成的标志和最后期限;

一般需要公司、顾问及对方团队通过召开周例会的方式,及时沟通工作进度和遇到的问题;

需要根据交易文件的要求,及时进行有关通知工作。

(二)交割当日工作

可由并购交易双方按拟定的交割工作计划和交割清单,逐一对移交的原件进行核对并在清单上签字确认;

并购交易双方会在交割完成后签署一份备忘录,来记录交割的程序和确认交割完成;

按照交易文本约定,支付交易款项至托管账户;

交割当日可能会出现一些突发的状况,需要并购方团队有应急处理的能力,包括在专业顾问的协助下,制定处理方案并及时获得相关授权;

如果交割当日出现问题,不应存侥幸心理,双方应当重新设计交割安排并协商一致,对于豁免与放弃的情形进行书面约定,确保损失降到最低。

第二节　并购后整合阶段

完成并购交割后,公司面临的机遇与挑战还在继续。对被并购公司进行有效整合,达到并购方并购目标,境外并购才算真正成功。在交割完成(或者并购过渡期内),对被收购标的的并购整合的计划、执行也需要进行全面的规划与安排,更重要的是合法合规地进行,才能为并购的真正成功打下坚实的基础。

纵观我国企业的境外并购史,失败案例远多于成功案例,很多企业在并购后未能实现预期的协同,面临整合效率、配合程度、文化融合、人才流失等一系列问题。面对此类困境,投资者应当吸取既往失败案例中的经验教训,组建专业化团队,做好并购整合阶段的各项工作。

一、并购整合方案与建议

（一）国际化战略整合

在跨境并购交易中,并购方应充分利用交易评估和尽职调查阶段,对风险进行识别,对协同效应进行预判,事先确立一套整合指引原则以及战略计划,这样能帮助并购方决策层与整合阶段项目团队形成清晰统一的整合战略,明确整合的范围和深度,从而高效引导具体工作的管理与落地。

整合工作应制定的战略目标可以包括:明确未来业务模式和发展的战略

方向;明确交割和接管的潜在风险及核心价值所在;制定交割和接管的总体目标,明确各个职能团队各自的具体目标;和参与交割和接管工作的所有成员充分沟通总目标及各分项目标;根据实际工作情况及时调整相关工作目标,并及时和所有成员进行沟通。

制定整合阶段的战略还需要考虑以下几个方面的因素:如何使并购方高层对此次并购的战略决策与被收购主体的发展战略相契合;此次并购的财务与运营目标是什么;未来目标运营计划是什么;如何执行与配备组织架构;整合效应有哪些,在何时实现,需要哪些资源投入;未来财务报表和管理报告如何审阅和汇入总部;计划如何向各利益相关方(包括员工、客户和合作商)沟通此次交易。

(二)企业文化整合

在很多境外并购失败案例中,交割接手后经营失控很大的原因是交易双方的文化差异。并购方对此应当予以重视,例如交易过程中搜集了解被并购方的企业文化,与被并购方高管及员工接触沟通,理解并尊重被并购方的企业文化。在收购完成后,应当采取渐进式分步骤的方式,平衡企业原有文化和经营模式与新控股层及管理层风格与企业文化之间的特性与共性。在交易过程中及交割后,并购方均应根据实际变化调整文化整合方案,最终过渡到企业文化的融合和统一,使被收购企业在收购完成后可以有效实现跨境收购的战略目标。

(三)组织架构整合

整合导向组织变革,一般需优先遵循稳健过渡、发挥优势的原则,其次是支持业务。稳健过渡,应自下而上考虑组织内整体变革意愿和自上而下确保整体利益实现最大化。发挥优势,要明确差异,分析、平衡组织内部的差异性;甄别协同,发挥、整合组织内部协同效应。支持业务,即战略导向中应当承接战略要求,支持业务发展。整合中还要坚持问题导向思维,识别能力短板,提升组织潜能。

(四) 人力资源整合

关于人力资源整合的一个重要目标是人才保留及维护整体员工的稳定性。明确国内管理人员和驻外管理人员的授权和分工,对于驻外的管理人员,要实施进行一定的约束和激励政策,将国内和境外薪酬体系整合,对境外派遣人员的薪酬进行差异化调整,并要求定期汇报境外经营情况,不断强化忠实勤勉的意识。

(五) 业务活动整合

业务活动整合指导原则,包括确保过渡期业务持续、稳定、安全运行,不因股权变化产生隐患;快速学习对方的业务,了解被收购主体的业务及运营情况,识别关键风险领域存在的风险;管理并控制关键职能,规避风险;让卖方留下的管理层积极参与关键决策。

二、并购后整合案例介绍

(一) 案例一:以 L 公司并购 M 公司为例

以 L 公司并购 M 公司为例,并购之后在产品的组合、市场的布局、内部的品牌等方面与 M 公司之间产生互斥,造成专利流失、核心高管离职、内部组织架构动荡和组织支撑薄弱,导致了并购没有得到很好的融合,以致 L 公司在智能手机市场没有得到良好的开拓。

在 L 公司并购 M 公司的案例中可以看出:其一,战略定位:策略摇摆,产品组合定位不清,前进方向不明,因此,发展方向和组织变革需要在并购之后进行整体考虑和融合调整。其二,组织架构:组织架构动荡,组织支撑薄弱,业务定位难迅速固化并发展。其三,人才方面:灵魂人物的离职、大举裁员导致军心不稳,没有尝试运用有效的激励手段保留关键人才,没有及时将战略目标向下传导。因此,在保留关键人才方面应采取一些相应的激励手段。其四,文化方面:品牌文化和地区文化没有融合,难成合力,因此,在文化方面应进一步增进了解,避免文化之间的冲突。

(二)案例二:以吉利并购沃尔沃为例

以吉利并购沃尔沃为例,在被并购方体量、技术、管理水平均远优于自身的情况下,吉利采取了"三步走"策略,实现了"蛇吞象"。

第一步,保持独立,充分自主运营:对董事会进行调整,外部董事能够更好地帮助董事会做决策、建立信任、给予经理层更多授权,并只制定为期10年的战略,不对发展战略做过多干涉,给予被并购方充分的尊重和自主。

第二步,平台搭建,逐步整合专利:帮助沃尔沃投入大量研发,通过双方合资搭建的方式建立全球性研发平台。

第三步,建立生产线,力拓中国市场:在前两步的过程中双方逐步建立信任后,建立国内生产线,打通全球一体化。

吉利并购沃尔沃案例给我们带来的启示包括:领导者全心投入,有耐心、毅力;善用团队力量,并且需要集合具有跨国并购、资本运作、法律等专业知识的人才;把握政策导向,洞悉政策风险,结合政策红利,因势利导;并购只是万里长征第一步,并购后的整合同样至关重要;管理体系与人员,针对被并购方的核心管理层与员工,采取适当合理的人才留用机制,平稳过渡并激发整体动能。

第十章 境外并购全流程案例分析

⫸ 内容提要

本章中分别列举分析股权收购及资产收购的典型实务案例,详细分析介绍中国企业在进行境外投资时的前期战略考量及定位、初步意向阶段风险把控、搭建境外架构、融资安排、境内外审批手续、交易协议签署要点、过渡期及交割注意事项等内容。通过对成功跨境并购案例的介绍,阐述关注要点,供我国企业在实际操作境外跨境并购项目时参考。

第一节 股权收购案例
——天齐锂业收购泰利森案例

一、项目综述

2012年9月至2014年5月,四川天齐锂业股份有限公司(以下简称"天齐锂业"或"公司",证券代码:002466)完成对澳大利亚泰利森锂业有限公司(Talison Lithium Limited,后更名为 Talison Lithium Pty Ltd.,以下简称"泰利森")的收购。该项目于2014年1月通过中国证监会审核,2014年2月完成股票发行并募集资金31亿元,2014年5月完成目标公司的交割。

泰利森是一家在加拿大多伦多证券交易所上市的澳大利亚公司,其拥有当时世界上储量最大、品质最好的锂辉石矿——西澳州格林布什锂矿,是当时全球最大固体锂矿拥有者及供应商,并拥有全球锂资源约31%的市场份额,供应了中国国内约80%的锂精矿。

二、并购前战略考量

(一)产业背景

根据国务院于2012年7月9日印发的《节能与新能源汽车产业发展规划(2012—2020年)》及国家发展改革委于2013年2月22日公布的《战略性新兴产业重点产品和服务指导目录》,其中锂电子电池材料,包括锰酸锂、磷酸铁锂、三元材料锂离子电池及材料均名列其中。上游锂电子资源的价值得到进一步凸显,为碳酸锂等原材料供应商带来市场机遇。

(二)行业背景

泰利森拥有澳大利亚格林布什锂辉石矿,该矿已开采30余年,现有的资源储量仍是世界其他矿区的数倍。锂辉石是天齐锂业最重要的原材料,占生产成本的50%左右。泰利森的主营业务为澳大利亚格林布什锂矿的勘探、开采、加工与销售业务,该锂辉石矿开采项目拥有当时全世界最大的锂矿储备。天齐锂业当时生产所需锂精矿全部采购自泰利森,天齐锂业收购泰利森将有利于天齐锂业加强对泰利森锂矿资源的掌控,有利于转型为大量优质锂矿资源的掌握者,跻身世界锂行业龙头行列。

(三)交易背景

2012年8月23日,美国洛克伍德锂业公司(Rockwood Holdings, Inc.,以下简称"洛克伍德")宣布全面收购泰利森普通股股权。当时,天齐锂业生产所需的几乎全部锂精矿原料来自泰利森,若泰利森被洛克伍德成功收购,则包括天齐锂业在内的我国锂矿加工企业的未来业务发展将受到影响。

（四）未来规划

天齐锂业的发展愿景是成为全球领先的锂资源和锂盐跨国经营企业集团之一,而泰利森为全球最大的固体锂矿生产商。此次收购有利于充分发挥泰利森的资源优势和天齐锂业的加工工艺技术优势,完善产业链,提高天齐锂业的综合竞争力。

三、被收购标的基本概况

（一）泰利森的基本情况

表 3-10-1　泰利森基本情况

公司名称	Talison Lithium Pty Ltd.
中文名称（翻译）	泰利森锂业有限公司
澳大利亚公司编号	140122078
澳大利亚实体编号	15140122078
成立日期	2009 年 10 月 22 日
住所	Level 4,37 St Georges Terrace,Perth WA 6000,Australia
已发行普通股	114,401,293 股
主营业务	锂矿资源的勘探、开采、加工与销售

注:泰利森锂业有限公司原为上市公众股份有限公司,自 2013 年 3 月 13 日闭市后在多伦多证券交易所停止交易。

2013 年 3 月 26 日,文菲尔德,即天齐锂业在澳大利亚设立的全资子公司文菲尔德控股私人有限公司（Windfield Holdings Pty Ltd.,以下简称"文菲尔德"）通过股东会决议,将泰利森的公司类型由公众股份有限公司转为私人股份有限公司,泰利森在变更生效时名称变更为 Talison Lithium Pty Ltd.(泰利森锂业私人有限公司)。泰利森在澳大利亚公司法完成注册信息变更事项公告后于 2013 年 6 月 14 日正式变更为私人有限公司。

(二)泰利森主营业务情况

泰利森主营业务为澳大利亚格林布什锂矿的勘探、开采、加工与销售业务(以下简称"格林布什锂矿经营项目"),共有全日制员工 146 人。澳大利亚格林布什锂矿是当时已探明的全球最大的锂辉石矿,产出的锂精矿占全球锂资源年供应量约 30%。

四、项目交易架构安排

(一)第一阶段:天齐集团阻止洛克伍德收购泰利森,通过子公司逐步收购泰利森

截至 2012 年 11 月 19 日,天齐集团通过其中国香港全资子公司 Tianqi Group HK Co.,Limited(以下简称"天齐集团香港",原名 DML Co.,Limited)在澳大利亚设立的全资子公司文菲尔德,以二级市场收购及场外交易等方式合法持有泰利森 19.99% 的普通股股份,对其交易对手洛克伍德继续收购泰利森设置了障碍。同年 12 月 6 日,文菲尔德与泰利森董事会签署了《方案实施协议》(Scheme Implementation Agreement),以每股现金价格 7.5 加元(约合 47.56 元人民币)收购泰利森余下的 80.01% 的普通股股权。之后,泰利森于 12 月 12 日公告终止其与洛克伍德于 2012 年 8 月 23 日签署的《方案实施协议》。

(二)第二阶段:天齐集团和中投共同收购泰利森

鉴于收购泰利森对价高达人民币 50 多亿元,而截至 2012 年底天齐集团

总资产仅人民币 30 多亿元,天齐集团必须解决收购资金问题(具体融资方案详见下述"五、项目融资安排")。为此,天齐集团引入中国投资有限责任公司(以下简称"中投")之全资子公司立德投资有限责任公司(以下简称"立德")对文菲尔德增资 273,318,685.57 澳元(约合人民币 17.88 亿元),在经历当地及泰利森公司的系列程序后,2013 年 3 月 26 日天齐集团联合中投完成对泰利森全部股份的收购,泰利森成为文菲尔德的全资子公司,天齐集团通过天齐集团香港持有文菲尔德 65% 股权,中投通过立德持有另外 35% 股权的权益。

（三）第三阶段:天齐锂业收购天齐集团持有的泰利森的 65% 股权

2013 年 6 月,天齐锂业通过非公开发行股票募集资金总额不超过人民币 40 亿元,并通过其在中国香港设立的全资子公司 Tianqi HK Co.Limited(以下简称"天齐锂业香港")向天齐集团购买其全资子公司天齐集团香港持有的文菲尔德 65% 的股权,交易价格为 367,983.86 万元人民币。

（四）第四阶段:天齐锂业收购天齐集团持有的泰利森的 51% 股权

但 2013 年 11 月,洛克伍德通过其全资子公司 RT 锂业有限公司(以下简称"洛克伍德 RT")以 5.243 亿美元受让了天齐集团香港和立德分别持有的文菲尔德 14% 和 35%(合计 49%)的股权,至此,立德退出文菲尔德,天齐集团通过天齐集团香港持有文菲尔德 51% 的股权。

2013 年 12 月,天齐锂业修订其非公开发行股票预案,向天齐集团购买其通过全资子公司天齐集团香港拥有的文菲尔德 51% 的股权,募集资金总额也调整为不超过 33 亿元人民币,交易价格为 304,119.89 万元。

2014 年 2 月,天齐锂业实施了非公开发行股票,非公开发行 111,760,000 股普通股,募集资金总额为 3,129,280,000 元人民币,扣除发行费用 104,907,

510.53 元人民币后,募集资金净额为 3,024,372,489.47 元人民币。

2014 年 5 月,天齐锂业将收购主体由天齐锂业香港变更为天齐锂业香港在英国设立的全资子公司 Tianqi UK Limited(以下简称"天齐锂业英国")。2014 年 5 月 28 日,天齐锂业通过天齐锂业英国完成对文菲尔德 51% 股权的收购。

本次交易完成后,天齐锂业通过天齐锂业英国持有文菲尔德 51% 的股权,文菲尔德持有泰利森 100% 的股权,天齐锂业实现了对泰利森的控股。

五、项目融资安排

本次收购时,天齐锂业总资产为人民币 15.69 亿元,股票市值仅 35 亿元,而总收购价款高达 50 多亿元,属于"以小博大"式收购。

根据天齐锂业披露的《四川天齐锂业股份有限公司非公开发行股票预案(二次修订版)》,天齐锂业采取了引入外部财务投资者,引入国际金融机构借款及过桥资金、目标公司股权质押担保等多种形式进行了融资,具体内容包括:

(一)银行融资

本项目的总交易价格约 45% 由境内外的银行提供,包括 Credit Suisse AG, Singapore Branch(瑞士信贷银行新加坡分行)、工商银行、国家开发银行等知名机构,这是一般规模较小的并购基金和产业投资基金无法比拟的。

(二)担保措施

●天齐集团香港所持文菲尔德 65% 权益的担保

天齐集团香港所持文菲尔德 65% 的权益已质押给瑞士信贷银行新加坡分行并由其作为第一顺位质押权人,质押给 Twenty Two Dragons Limited 并由其作为第二顺位质押权人,质押给立德并由其作为第三顺位质押权人,为天齐集团香港向瑞士信贷银行新加坡分行贷款 2.25 亿美元事宜所涉及的天齐集团香港的义务提供担保；为天齐集团香港向 Twenty Two Dragons Limited 贷款 5,000 万美元事宜所涉及的天齐集团香港的义务提供担保；主债权为立德因《立德股东协议》而对天齐集团及天齐集团香港享有的退股认沽期权等权利。

● 文菲尔德所持泰利森 65% 权益的担保

文菲尔德所持泰利森 65% 的权益已质押给瑞士信贷银行新加坡分行并作为第一顺位质押权人，文菲尔德所持泰利森 65% 的权益已质押给 Twenty Two Dragons Limited 并由其作为第二顺位质押权人，文菲尔德所持泰利森 65% 的权益已质押给立德并作为第三顺位质押权人。

● 文菲尔德所持泰利森另外 35% 权益的担保

由于立德持有文菲尔德 35% 的股权，因此为文菲尔德所持泰利森另外 35% 的权益设置了质押权。

● 洛克伍德参股文菲尔德实施后的相关质押变化情况

如果洛克伍德参股文菲尔德在本次非公开发行前实施完毕，天齐集团香港将仅持有文菲尔德 51% 权益，上述文菲尔德及泰利森的股权质押状态将在全部解除后变更质押如下：天齐集团香港所持文菲尔德 51% 的权益及文菲尔德所持泰利森 100% 的股权质押给洛克伍德 RT，并由其作为唯一的质押权人，为文菲尔德对洛克伍德 RT 负有的不超过 6.7 亿美元本金及其利息债务提供担保。

（三）定向增发

因该项目收购时间安排紧急，天齐锂业联合外部投资者并通过过桥贷款的方式解决巨额资金需求。为偿还外部贷款及后续收购款项，天齐锂业通过非定向公开发行股票方式募集资金置换并偿还相应的股权收购价款。

2014 年 2 月，天齐锂业实施了非公开发行股票，非公开发行 111,760,000 股普通股，募集资金总额为 3,129,280,000 元人民币，扣除发行费用 104,907，

510.53 元人民币后,募集资金净额为 3,024,372,489.47 元人民币。该款项用于置换与偿还原先支付的股权收购价款。

六、本项目涉及报批事项情况

根据我国《证券法》《公司法》以及《上市公司证券发行管理办法》等相关法律、法规和规范性文件的规定,本次收购行为,天齐锂业履行的审批手续包括但不限于:

非公开发行股票方案通过天齐锂业董事会、临时股东大会审议通过;

向国家发展改革委申请准予;

向商务部申请准予;

向国家外汇管理局申请准予;

中国证监会核准本次非公开发行股票方案;

向深圳证券交易所和中国证券登记结算有限责任公司深圳分公司申请办理股票发行和上市事宜,完成本次非公开发行股票全部呈报批准程序。

第二节　资产收购案例
——青岛海尔收购通用电气家电业务资产

一、项目综述

2016 年 1 月 15 日,青岛海尔发布公告称,拟通过现金方式向通用电气(以下简称"GE")购买其家电业务相关资产,交易金额为 54 亿美元。最终,双方达成的交易价格为 55.76 亿美元(约合人民币 387.92 亿元),由青岛海尔向通用电气现金支付。在如此巨额的款项下,青岛海尔融资安排为自筹资金、并购贷款。截至 2016 年 6 月 7 日,青岛海尔已完成标的资产主体部分的交割以及对标的资产的审计工作。

通用电气旗下的家电品牌均为北美知名品牌,历史超过 100 年。在欧美市场,通用电气、惠而浦、博世等家电品牌长期霸占中高端市场,这恰是中国企业最难攻下的领地。GE 家电业务在美国 5 个州拥有 9 家工厂,并拥有物流和分销能力,以及美国市场强大的零售网络关系。

中国企业此前对欧美市场的突破主要靠两种方式,一种是代工贴牌,一种是自主品牌进驻,而自主品牌虽已进入欧美,但至今影响力都微乎其微。通过收购来打开欧美中高端市场,于中国企业而言,是最有效的捷径。海尔作为国内家电业巨头,很早就实施全球化战略。一方面,海尔将物美价廉的中国制造推向全世界;另一方面,海尔不断通过跨境并购"弯道超车",可谓是中资企业跨境并购的榜样。

二、并购前战略考量

(一)青岛海尔已发展为全球白电巨头

青岛海尔为中国家电行业巨头。青岛海尔于 1993 年在上交所上市,为最早入选上证 180 成分股指数的蓝筹股公司之一。经过 20 多年的发展,青岛海尔已从一家濒临破产的小工厂发展成全球家电业巨头之一,作为全球最大的白色家电制造企业之一,其业务涵盖冰箱、洗衣机、空调、厨卫产品等。

(二)短期内国内白电行业发展承压,青岛海尔业绩增速放缓

一方面,国内经济增速放缓、房地产市场低迷,白电行业增长乏力;另一方面,国内劳动力、原材料价格上涨,家电行业成本压力上升。

(三)跨境并购是保增长、完善全球化布局的必要手段

跨境并购可成为白电企业改善国内行业缓慢发展的有效手段。一方面,跨境并购对财务报表数据的改善有立竿见影的效果。通过跨境并购,中资企

业可收购国外的白电行业龙头,极大地提高营业收入和净利润并扩大规模。另一方面,跨境并购为实现中资企业全球化战略的必要手段。

通过收购通用家电,海尔可直接获得较高的境外市场份额,推进海尔的国际化进程。同时利用通用家电的品牌形象,打开中高端家电市场,提高品牌溢价。

(四)美国白电行业仍有增长潜力,海尔此前未能成功渗透北美市场

全球主要大型家电市场规模集中在亚太地区和欧美地区,为两地的家电行业发展孕育了广阔的市场空间。

海尔一直计划在北美市场大力发展,而通用家电旗下的品牌为北美知名家电品牌,通用家电正是海尔的理想标的。

三、被收购标的基本概况

通用电气作为青岛海尔收购的标的,其具有强劲的竞争优势,收购通用电气对青岛海尔开拓境外家电市场具有战略性意义。以下是通用电气的基本情况:

(一)通用电气基本信息

表 3-10-2 通用电气基本信息

公司名称	General Electric Company(通用电气)
成立时间	1892 年 4 月 15 日
董事长兼首席执行官	Jeffrey R.Immelt
主要办公地址	3135 Easton Turnpike,Fairfield,Connecticut,United States
税务(IRS)注册号	14—0689340

续表

上市地	纽约证券交易所(NYSE)
证券代码	GE
经营范围	提供多元化产品与服务,包括飞机发动机、发电设备、油气生产设备、家用电器、医疗成像、商务和消费者金融、工业产品等。
股本结构	(1)普通股:截至2015年12月31日,GE普通股共计13,200,000,000股,其中已发行且流通在外的普通股总数为9,379,288,000股。 (2)优先股:截至2015年12月3日,GE优先股共计50,000,000股,该等优先股发行情况如下: ①A系列优先股:2,777,625股; ②B系列优先股:2,072,525股; ③C系列优先股:1,094,100股。

(二) 通用电气主要竞争优势

历史悠久、生产研发实力强、销售渠道强大、市场占有率高、品牌知名度广、高中低端全面布局。

四、项目交易方案

2016年1月14日(美国东部时间),青岛海尔与通用电气签署了《股权和资产购买协议》(Shares and Assets Purchase Agreement)及其附属协议①(以下简称"购买协议")。具体的交易方案如下:

---

①　交易双方基于《购买协议》约定已签署或拟签署的与本次交易事项相关的协议及附件,包括但不限于:《商标许可协议》(Trademark License Agreement)、《知识产权交叉许可协议》(Intellectual Property Cross License Agreement)、《过渡服务协议》(Transition Services Agreement)、《员工事务协议》(Employee Matters Agreement)、《全球员工服务协议》(Global Employee Services Agreement)、《所有权证明样式》(Form of Title Affidavits)、《出售契约、转让和继承协议》(Bill of Sale,Assignment and Assumption Agreement)、《保理应收账款买卖契约》(Factored Receivables Bills of Sale)、《豁免协议》(Instrument of Cancellation)及《税务事项协议》(Tax Matters Agreement)。

（一）资产收购标的

交易标的为与 GE 家电业务相关的资产,包括本次交易拟购买的业务子公司股权、合资公司股权、少数股权及其他非股权资产。

（二）交易对价

根据上述协议,青岛海尔拟通过现金方式向 GE 购买标的资产,基础交易价格为 54 亿美元。最终交易对价将根据《购买协议》约定的交割调整机制确定。

（三）对价支付方式

本次交易对价以现金方式支付。

（四）资金来源

根据青岛海尔于 2016 年 1 月 29 日发布的《青岛海尔股份有限公司重大资产购买预案(修订稿)》(以下简称《预案》)及《购买协议》,本次交易资金来源为青岛海尔自筹资金及通过申请并购贷款等多种融资方式获取的资金。本次交易所使用的并购贷款金额不超过交易对价的 60%。

根据青岛海尔与国开行于 2016 年 1 月 13 日签署的《承诺函》(Commitment Letter),国开行拟向青岛海尔提供总金额不超过 33 亿美元的并购贷款,用于本次向 GE 收购其下属家电业务相关的资产。前述并购贷款期限为 5 年。青岛海尔的实际控制人海尔集团将作为担保方为本次并购贷款提供全额担保。

根据青岛海尔第八届董事会第三十次会议决议、《重组报告书》以及青岛海尔出具的说明,《承诺函》签署后,经进一步协商,青岛海尔与国开行对《承诺函》涉及相关事项进行了以下调整:将借款方由青岛海尔变更为 Haier US

Appliance Solutions Inc.和/或青岛海尔设立的其他作为本次收购交易并购方的且由青岛海尔直接或间接全资控制的子公司；将并购贷款金额的确定方式调整为以 33 亿美元或本次交易对价的 60%二者孰低为准（以本次交易基础交易价格 54 亿美元计算，并购贷款金额为 32.4 亿美元）；将保证担保方调整为青岛海尔和海尔集团公司；将担保方式确定为：（a）保证担保方对并购贷款分别提供全额连带责任保证担保，（b）经双方协商一致同意并符合贷款方要求的其他形式的担保。

（五）交割

根据《购买协议》的约定，交易双方应于协议约定的交割先决条件全部满足或得到豁免后的第 5 个工作日或交易双方另行书面约定的其他日期实施本次交易的交割。

交割地点为美国纽约市纽约州第七大道 787 盛德律师事务所办公室（the offices of Sidley Austin LLP,787 Seventh Avenue,New York,New York 10019）或交易双方另行书面约定的其他地点。

五、境外架构设置

为达成本次交易目的，青岛海尔初步计划通过其中国香港全资子公司海尔香港在美国、荷兰、新加坡、印度、韩国、BVI 等国家和地区设立公司，用于承接本次交易的相关资产。青岛海尔拟设立的境外架构如图 3-10-1 所示。

六、本项目涉及报批事项情况

本次资产收购项目取得批准、授权及备案手续包括：

（一）青岛海尔的批准和授权

2016 年 1 月 14 日及 2016 年 3 月 14 日，青岛海尔召开第八届董事会第二

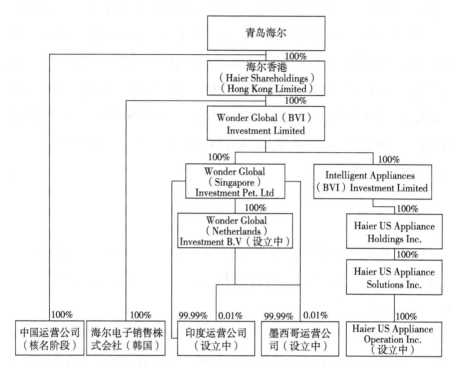

图 3-10-1 青岛海尔拟设立的境外架构图

十九次会议及第三十次会议,审议通过与本次交易有关议案。

青岛海尔股东大会的批准本次交易相关的议案。

(二)通用电气的批准

根据《购买协议》中 GE 的陈述与保证条款项下的约定,GE 已取得签署和交付交易协议、完成交易协议所述交易以及履行交易协议项下的义务的正式授权。

(三)中国政府部门的备案

国家发展改革委同意青岛海尔实施收购 GE 家电业务的交易。

青岛市商务局备案,向青岛海尔下发《企业境外投资证书》。

（四）美国反垄断审查

根据青岛海尔于 2016 年 3 月 11 日发布的《青岛海尔股份有限公司关于公司重大资产购买相关交易通过美国反垄断审查的公告》，以及美国联邦贸易委员会竞争局并购前申报办公室（Federal Trade Commission Bureau of Competition Premerger Notification Office）于 2016 年 3 月 3 日向青岛海尔和 GE 发出的信函，青岛海尔本次重大资产购买的相关事项已通过美国反垄断审查。

第四篇

境外房地产投资项目全流程风险与防范

第一章　境外房地产投资项目概述

▨ 内容提要

本章的内容主要围绕"境外房地产投资项目概述"展开,主要包括以下五个部分内容:

➢ 境外房地产投资基本介绍

➢ 境外房地产投资的项目投资主体

➢ 境外房地产投资的主要方式

➢ 中国政府对境外房地产投资的监管政策

➢ 境外房地产投资的主要风险

通过阅读本部分内容,将对境外房地产投资的有关基本概念、模式的选择、相关的政府监管、主要风险有基本的了解,指导项目人员对境外房地产投资形成初步认识。

第一节　境外房地产投资基本介绍

一、概述

随着国家"走出去"和"一带一路"倡议的深入实施,共建"一带一路"国家和地区经济的发展带动了当地房地产业的发展,境外房地产逐步成为中国企业"走出去"的重要投资标的。

二、基本特点

除境外投资的一般特点外,境外房地产投资特殊性主要体现在以下几个方面:

第一,产权优势凸显。境外房产很多为永久产权,例如英国土地法上规定的永业权(Freehold)①。但中国企业需要考虑的是,对于房产使用年限没有限制的投资目的国,其法律往往规定了较高的税负。

第二,由于不动产本身价值的相对稳定性,房地产投资具有抗通胀、投资回报高且波动小的优势。对于建筑企业而言,投资境外房产市场还有机会获取与之配套的施工份额,增加投资组合收益,实现扩大自身品牌效应的目的。

第三,境外房地产投资,操作流程复杂,且由于房地产项目影响国计民生、投资资金高、投资周期长等因素,境外房地产投资受到国家及投资目的国法律政策的约束较大,投资决策和实施取决于国家宏观政策和资本限制。

第二节　境外房地产投资的项目投资主体

一、房地产开发商(商业+住宅)

房地产开发商是推动整个境外投资市场的最主流力量,其主要通过境外新建项目方式,在商业和住宅地产领域进行直接投资。根据 FDI Markets 统计,2006 年至 2016 年,中国住宅和商业地产境外投资累计金额 518.3 亿美

---

①　根据英国土地法,土地所有权为永久。见商务部国际贸易经济合作研究院、中国驻英国大使馆经济商务处、商务部对外投资和经济合作司:《对外投资合作国别(地区)指南之英国(2021 年版)》,第 57 页。

元,其中房地产开发商总投资 397.7 亿美元,贡献率为 76.7%,是主要投资主体。

住宅地产方面,房企境外投资的大型住宅项目有纽约布鲁克林大西洋广场、伦敦金丝雀码头综合大楼和兰姆公馆、洛杉矶比弗利山综合地标、英国伯明翰住房项目和马来西亚新山小镇、旧金山高层豪华住宅公寓等。

商业地产方面,十年间房地产开发商主要投资新建了 25 个项目,总投资额 251.46 亿美元,在住宅和商业总投资中占比 65.5%,主要由于商业地产多数位于发达国家,开发商境外业务拓展中更加注重商业地产价值和为企业带来的品牌影响力。主要项目有巴黎欧洲城、首尔双塔综合体、纽约中央公园壹号等。

二、主权财富基金(商业)

(一)中国投资有限责任公司

近年来面对全球资产收益预期下调、下行风险不断凸显的投资环境,中国投资有限责任公司(以下简称"中投公司")不断加大对房地产等稳定收益类资产的投资力度。2015 年中投组建了独立的房地产投资部,管理房地产私募股权基金,截至 2015 年末,中投公司在房地产领域的投资超过 40 项,分布于北美洲、欧洲、亚洲及大洋洲。

2016 年 11 月,中投公司境外联合澳大利亚未来基金(Future Fund)、澳大利亚昆士兰投资公司(QIC)、美国全球基础设施合伙公司(GIP)、加拿大安大略省市政雇员退休基金(OMERS)等投资伙伴收购了澳大利亚墨尔本港 50 年租赁权。

(二)银杏树投资公司(Gingko Tree)

银杏树于 2009 年 12 月在英国注册成立,母公司为中华人民共和国投资公司(新加坡)(以下简称"华新"),华新在新加坡注册成立,上级为国家外汇局,主要进行固收(固定收益)业务。

自 2012 年开始,银杏树在国家外汇局的指导下在英国进行了超 16 亿美元的投资,包括学生公寓、写字楼等。据伦敦金融市场数据统计公司 Dealogic 的数据显示,银杏树收购的英国主要大学住宿供应商 UPP Group Holdings Ltd. 的 40% 股权就价值 5.5 亿英镑,此为银杏树最大笔交易,而卖家则是大名鼎鼎的巴克莱资本。2012 年 5 月银杏树斥资 2.85 亿英镑,从前业主 Evans Randall 手中收购了全球最大的资产管理公司贝莱德集团(BlackRock)位于欧洲总部的办公楼 Drapers Gardens。

(三)保险公司(商业)

2012 年,中国政府规定保险公司的房地产资产在其总资产中所占的比重不得超过 15%。2014 年,中国保险监督管理委员会将这一上限提高至 30%。中国保险资金也随之增加房地产投资的比重。

与传统房地产开发商直接投资开发项目不同,险资主要投资方式为境外并购商业地产,通过战略控股,进行多元化业务布局,增加投资收益。出于风控的考虑,险资的投资对象集中于欧美或者其他经济发达地区可以产生稳定现金流以及固定收益的商业地产项目,主要包括上述地区的地标性商业建筑、大型写字楼、五星级酒店以及豪华公寓等。

第三节　境外房地产投资的主要方式

境外房地产投资一般可采取绿地投资、企业并购、合作开发等方式进行,采取何种方式进行投资取决于项目所在国的经济发展水平、投资行业的规模、技术水平和管理等方面的因素。

一、境外并购

境外房地产并购,指投资主体基于某种目的,通过取得另一国企业的全部或部分资产或股份,以达到对该企业的房地产或对其经营管理实施一定的或完全的实际控制的目的。

从投资市场来看,中国企业在境外房地产并购时,较为倾向于投资写字楼、酒店等物业,主要因为一是收益稳定、风险低;二是中国资本投资的酒店等物业对来自中国的游客能够定位更加精准,提供更好的服务。

二、绿地投资

绿地投资,是指投资主体在东道国/地区依法依规建立的全部或部分资产所有权属于外国投资主体的企业的行为。

绿地投资一般适用于东南亚和非洲等发展中国家市场,这是因为当地开发商对操盘大型商业综合体项目在经验和资本上都相对较弱,中国的开发商在这些国家就有很强的优势①。也有一些中国企业在欧美或者其他经济发达地区进行固定资产投资,在这些发达经济体的市场中,中国企业在大多数情况下会寻找一家或几家本土开发商进行合作,以分担风险。

绿地投资项目的发起模式,依照是否由政府方发起,可以分为自行发起和开发的项目以及由政府发起和开发的项目。其中由开发商自行发起的项目,一般而言具有较大的灵活性,通常只需要办理东道国/地区所要求的项目审批/备案等行政许可手续即可。

三、合作开发房地产

实践中,中国企业在境外与外方联合开发的房地产项目中,主要存在"合

---

① 参见《中国发展商投资海外地产图谱:国企扎堆与热衷大型商业综合体——房产》,人民网,2022年5月7日访问。

资开发"与"联合开发协议"两种模式。"合资开发"即中国企业与外方合作伙伴共同设立合资公司并签署合资协议,以合资公司作为主体从事房地产开发工作。而"协议联合开发"中,中国企业及外方公司则不共同设立单独的合资公司,仅以双方签订的联合开发协议为基础来确定双方在项目中的各项收益。

四、小投资拉动大 EPC

随着国际工程市场竞争的白热化,有条件、有实力的大型承包开始创新商业模式,努力在对外承包工程行业实现"顶端优势"。在这种背景下,小比例参股投资拉动 EPC 总承包甚至 OM(运营维护)承包的模式成为近年来新的国际工程项目运作模式,其一方面能协助业主解决融资问题,另一方面能帮助承包商锁定 EPC 工程,此外,还能实现业主向承包商分散部分投资风险的目的。

近年来,中国政府原则上不允许从事境外房地产投资,但国家发展改革委在《境外投资核准备案常见问题解答(2021 年 7 月)》中对"境外房地产投资"进行了除外规定,允许"建筑企业以获取工程承包合同为目的,对拟承建的项目进行小比例投资",为建筑企业在房地产领域以"小投资拉动大 EPC"开了操作的窗口。

(一)"小投资拉动大 EPC"模式下的法律风险

近年来,境外的项目方越来越多地要求 EPC 的承包商对项目进行参股或其他形式的投资。而 EPC 的承包商一般仅仅作为项目小股东进行投资,对项目的把控力并不高,兼之项目位于国外,更进一步放大了承包商的风险。此外,项目所在国不同的文化、法律,以及交易习惯也可能在无形中增加出海企业的成本与风险。

在 EPC 承包商参与投资项目后,承包商拥有了一个新的角色,即项目的投资方,在某些时候,EPC 的承包商与项目投资方的利益并不完全一致,因此承包商面临的商业环境更为复杂,除了做好 EPC 项目之外,有的时候还需要协调作为股东与 EPC 总包之间的关系。

如前所述,走出去的承包商应当提高风险防范意识,做好风险防范预案,落实风险防范措施。具体的风险防范手段将在下文详述。

(二)"小投资拉动大 EPC"模式的风险控制

1. 尽职调查

"尽职调查",即在投资活动中以"必要的谨慎"或"合理的谨慎"的行事规则对于即将进行的商业项目进行各方面的调查。调查的内容主要包括兼容性审查、财务审计、宏观环境调查、法律/环境审计、营销审核、生产审核、管理审计以及信息系统审计等。

由于项目的整体尽职调查往往由项目的主导方来进行,作为小股东的 EPC 承包企业话语权有限,因此承包商往往不能够就一次尽职调查得出结论。因此,在可能的情况下,承包商应当进行自己的尽职调查,或者尽量从一开始就参与到整体尽职调查中,并勇敢、主动地提出自己的诉求,以尽可能获得更多信息并减少风险。此外,出海的中国企业对尽调中所关心的内容可能与大股东不完全相同,也未必是整体尽调工作的关注重点,为了更好地控制风险,中国企业应当在大股东的尽调工作框架下尽可能地去获取自己需要的信息,哪怕与大股东共同承担一部分尽调的成本。

2. 公司治理

作为项目公司的小股东,在面对大股东时,往往被大股东利用优势地位压制,导致无法伸张自己的合理诉求。且由于大股东往往是项目所在国地方企业,在当地的法律、文化、交易习惯乃至政府关系等具有中国承包商完全不对等的优势,中国承包商往往因对项目所在地比较陌生,没有强有力的合作伙伴等原因而进一步在项目公司的运营中失去话语权,造成风险与利益不对等,给自己未来的投资埋下了隐患。对此,在公司治理层面,笔者梳理了以下风险防范措施,谨供各位读者参考。

●积极参与日常经营管理活动

承包企业应当积极参与项目公司的日常经营管理,尽可能获取公司的决策信息并在决策中发挥自己的影响力,特别是涉及 EPC 的决策。作为小股东,承包企业可以在企业章程或者投资协议中规定派出一定数量的管理人员参与公司日常经营,在不影响企业管理层独立的情况下尽可能多地获得企业最新的经营信息并参与一部分决策。

●对重大事项的一票否决

在一般国家的民商法中,往往存在小股东对公司重大事项的一票否决权来对小股东进行保护,例如合并、分立、清算、更改公司的组织形式等等。对此,承包商应当尽快熟悉当地法律或者聘请有经验的当地顾问来合理使用这一保护措施,以减少自身风险。

●明确分红权

在项目开始之前,承包商就可以以投资协议或者其他形式明确自己的分红权,以保障自身在公司产生收益时的合理权利。

●反股权稀释条款

反股权稀释条款也是常见的为了保护小股东利益而存在的条款,特别是在项目进展顺利、有较大可能产生良好经济收益的情况下,合理利用反股权稀释条款可以在最大限度上保护作为小股东的承包商的合法利益。

3. 担保与融资

尽管承包商仅作为项目的小股东参与项目,也并非项目的主要融资方,但是对于金融机构而言,在一般情况下,总是希望公司的各个股东可以为项目进行联合担保,且这种担保为连带责任。在此情况下,承包商应当积极谈判,使自身的担保风险与自身的投资比例相吻合,并要求大股东出具反担保或其他形式的措施来对冲自身可能因为担保而遇到的风险。

（三）参股与退出机制

1. 参股模式及参股比例

承包企业对当地项目公司的投资模式主要有以下几种：

总承包企业对新设立的项目公司直接入股；

对于已经存续的项目公司，总承包企业进行增资扩股的形式入股；

总承包企业直接收购现有的项目公司股东的股票。

不同的投资入股形式，其注意事项与复杂程度也有很大区别，一般而言，第一种投资形式交易结构简单，时间以及其他成本较少，是中国承包企业最优的交易形式。

为了将母公司的风险降到最低，出海的承包企业应当在除本国以及项目所在国以外的第三国设立离岸公司，并以离岸公司为主体参与对项目公司的投资。设立离岸公司除了可以隔离母公司的风险之外，还可以利用一些离岸地区的免税优惠，合理合法减少税务负担，此外，设立离岸公司还可以在一定程度上实现外汇的自由兑换并在退出时更加自由。

2. 退出机制

出海中国承包商的最终目的是为了承接 EPC 项目并在完成项目后安全退出，实现收益的落地，因此在参与了小比例的投资之后，如何设置合理的退出机制十分重要，这关系到了企业的资金能否安全回笼，减少相关风险。

在实际操作中，由于同时兼具股东与 EPC 总承包商的双重身份，出海中国总承包商的退出会更加复杂，往往会与大股东在投资协议中约定，退出的时间要在工程完成并度过质保期之后。退出的周期越长，则对资金占用的时间越长，在无形中放大了出海承包商的风险。

第四节　中国政府对境外房地产
投资的监管政策

一、境外房地产投资的政策取向

从监管机构的监管方式来看,与境内房地产投资的全方位监管不同,监管机构对境外房地产投资主要通过投资前门槛设置和资金流动监控进行管理。

从监管目的来看,中国政府对境外投资的约束主要是为了防止国有资产流失、维护金融秩序、规制虚假投资以避免扰乱国际市场、损害国家形象。单就房地产投资而言,投资周期长、投资金额高、影响因素多、投资风险高,因此,中国政府对境外房地产投资的监管要求较为严格。

二、境外房地产投资监管范围

（一）适用情形

我国境外投资的主要监管机关——国家发展改革委于《境外投资核准备案常见问题解答(2021 年 7 月)》,将企业境外投资中的"房地产投资"限定为以下两类:"1. 从境内投入资产、权益或提供融资、担保等,在境外新建或并购住宅、商业地产项目以及并购用于建设住宅或商业地产的土地;2. 从境内投入资产、权益或提供融资、担保等,在境外新建或并购房地产企业、向境外既有房地产企业增加投资、投资境外房地产信托基金等。"

该定义比较广泛,将新建、并购、增加投资、提供担保及投资房地产信托基金等方式全部纳入投资监管范围,并包括住宅及商业地产项目。

（二）排除情形

该《境外投资核准备案常见问题解答(2021 年 7 月)》又从"房地产投

资"中排除了六种情形："1. 投资物业管理、房地产中介服务；2. 新建或并购企业自用的办公场所、员工宿舍等；3. 投资用于实体产业的基础设施建设和建筑开发，例如产业园、科技园、仓储物流园、境外仓等；4. 建筑企业以获取工程承包合同为目的，对拟承建的项目进行小比例投资；5. 已依法合规取得发展改革部门核准文件或备案通知书，但尚未完成的项目；6. 既不涉及境内投入资产、权益，也不涉及境内提供融资、担保等，全部从境外募集资金的项目。"

因此，从文义解释的角度，"境外房地产投资"的范围要比国内法的"房地产投资"更窄。境外投资监管规制的是存在较高风险的房地产开发经营活动，且涉及潜在大量资金出境的业务。因此，实务操作当中，对于具体境外房地产投资项目是否属于监管范围，需根据上述规定，结合境外投资监管政策的目的和特性来综合判定。

三、境外房地产投资国内监管部门

（一）国家发展改革委

国家发展改革委在《境外投资敏感行业目录（2018 年）》中将房地产列为需要限制企业境外投资的行业，也即《企业境外投资管理办法》中规定的"敏感行业"，适用核准管理。具体操作流程见本文第一篇第一章"国家发展改革委境外投资监管体系"。

将房地产行业为敏感行业的依据是 2017 年 8 月 4 日国家发展改革委联合商务部、中国人民银行和外交部等部门发布的《关于进一步引导和规范境外投资方向的指导意见》（国办发〔2017〕74 号，简称"74 号文"）第四条第二款，将"房地产、酒店、影城、娱乐业、体育俱乐部等境外投资"列为"与国家和平发展外交方针、互利共赢开放战略以及宏观调控政策不符的境外投资"。

74 号文的制定是针对此前部分中国企业在境外房地产领域频频出手、大额收购,引发了市场和舆论广泛关注的情况,因此,中国政府决定限制境外房地产投资的非理性倾向,强化政府的政策引导,防范资金大幅跨境流出冲击国内金融安全。根据国家发展改革委的统计信息,在《企业境外投资管理办法》出台的 2018 年,房地产行业没有新增对外投资项目。

(二)商务部

因商务部驻外机构多,触角长,因此商务部在境外投资数据统计和后续监测上具有优势。一般认为商务部在境外投资监管中的地位次于国家发展改革委,更加侧重于形式上的监管,审核监管的重点是企业投资架构、投资领域、投资目的地是否为建交国、所属行业是否为限制类等。

与国家发展改革委不同,商务部并未出台境外投资负面清单,且根据商务部与科技部联合发布的《中国禁止出口限制出口技术目录(2008 年版)》及2020 年两部门对该目录的修改调整①,其主要对相关行业技术的出口进行禁止与限制,不涉及房地产投资。

表 4-1-1　中国禁止出口限制出口技术目录涉及行业

禁止出口	畜牧业,渔业,农、林、牧、渔服务业,有色金属矿采选业,农副食品加工业,饮料制造业,造纸及纸制品业,化学原料及化学制品制造业,医药制造业,非金属矿物制品业,有色金属冶炼及压延加工业,专用设备制造业,交通运输设备制造业,通信设备、计算机及其他电子设备制造业,仪器仪表及文化、办公用机械制造业,工艺品及其他制造业,建筑装饰业(中国传统建筑技术),电信和其他信息传输服务业,专业技术服务业,卫生

① 中华人民共和国商务部、中华人民共和国科学技术部公告:《中国禁止出口限制出口技术目录》调整内容【2020 年第 38 号】,见 http://www.mofcom.gov.cn/article/b/g/202009/20200903002724.shtml,2020 年 11 月 25 日访问。

限制出口	农业,林业,畜牧业,渔业,农、林、牧、渔服务业,农副食品加工业,食品制造业,饮料制造业,纺织业,造纸及纸制品业,化学原料及化学制品制造业,医药制造业,橡胶制品业,非金属矿物制品业,黑色金属冶炼及压延加工业,有色金属冶炼及压延加工业,金属制品业,通用设备制造业,专用设备制造业,交通运输设备制造业,电气机械及器材制造业,通信设备、计算机及其他电子设备制造业,仪器仪表及文化、办公用机械制造业,工艺品及其他制造业,建筑装饰业(中国传统建筑技术),其他建筑业(建筑环境控制技术),水上运输业,电信和其他信息传输业,计算机服务业,软件业,专业技术服务业,地质勘查业,卫生

但将房地产列为限制开展的境外投资的"74号文"是由国家发展改革委、商务部、中国人民银行和外交部联合发文,且从商务部发布的三版《对外投资国别产业导向目录》中"鼓励行业"来看,均未见房地产行业,相反建筑与基础设施则是该等目录中针对不同投资目的地国的鼓励行业,以下是该目录的部分摘录:

表4-1-2 《对外投资国别产业导向目录》部分鼓励行业和国家

建筑	泰国、新加坡、缅甸、越南、柬埔寨、菲律宾、马来西亚、印度尼西亚、印度、巴基斯坦、蒙古国、韩国、伊朗、沙特、土耳其、阿尔及利亚、苏丹、尼日利亚、肯尼亚、俄罗斯、哈萨克斯坦、巴西、卡塔尔、加纳、博茨瓦纳、厄瓜多尔、约旦、埃塞俄比亚、乌干达、塞拉利昂、安哥拉、土库曼斯坦、乌克兰、保加利亚
基础设施	马来西亚、印度、爱尔兰、波兰、罗马尼亚、乌兹别克斯坦、委内瑞拉、埃塞俄比亚、塞拉利昂、安哥拉、塔吉克斯坦、阿尔巴尼亚、乌拉圭

因此,在商务部监管项下,境外房地产投资需要适用核准管理,企业在进行境外房地产投资前必须报请商务部门批准才可推进。

(三)国务院国资委

国务院国资委《中央企业境外投资监督管理办法》对于境外投资方向的限制主要有两方面:负面清单+原则上不得从事非主业投资,具体详见本文第一篇第一章"国务院国资委境外投资监管体系"。

关于主业认定,《中央企业境外投资监督管理办法》第 2 条规定"主业是指由中央企业发展战略和规划确定并经国资委确认公布的企业主要经营业务;非主业是指主业以外的其他经营业务"。国务院国资委自 2004 年起先后出台了九个通知文件,分批次对各家中央企业的主业进行了确认并公布。

以中国铁建为例,其中《国务院国有资产监督管理委员会关于公布中央企业主业(第二批)的通知》(2004 年)及《国务院国有资产监督管理委员会关于公布中央企业主业(第三批)的通知》(2005 年)将建筑工程及相关工程技术研究、服务、地质勘查与设备制造及房地产开发经营列为中国铁建的主业。

对于主业范围内不涵盖房地产的中央企业及其全资子公司,如需进行境外房地产投资,则需要与其他中央企业进行合作。

四、境外房地产投资审批流程

参见第一篇"境外投资项目共性法律问题分析"第一章第一节。

第五节　境外房地产投资的主要风险

一、境外房地产投资风险概述

房地产项目的投资额巨大,周期相对较长,参与的各方单位往往牵涉数十家乃至数百家,不确定性因素相对较多。根据以往的项目经验,房地产投资风险主要包括自然风险、政治风险、经济风险、技术风险、社会风险、内部决策和管理风险、国际风险等。

(一)自然风险

自然风险指的是如风暴、地震、洪水等非人为的自然因素对正在实施的房地产项目产生的风险。自然风险产生的概率不大,但是一旦发生,所造成的损失十分巨大,往往使得整个投资失败,在一般情况下,自然风险主要依靠投资者购买相应的保险进行应对。

(二) 政治风险

房地产投资的周期相对较长,从项目立项到完全退出往往需要数年乃至十数年的时间,在此期间,房地产项目所在的政治环境往往会发生变化。面对政治风险,投资者应当从项目所在国的政治、法律环境入手,依靠所在国自身的法律以及政治力量来减少政治风险,而这就需要依靠有竞争力的当地合作伙伴或者咨询机构来为投资者服务,规避政治风险。

(三) 经济风险

经济风险主要是由于经济环境发生变化而可能产生的投资损失,经济风险在任何市场都是存在的,投资者应当对此类风险做好心理预期,并制订合理的计划,做好事前调查来规避此类风险。具体而言,针对特定的房地产项目,一般可以从市场风险,往往也是系统性风险,以及项目本身的经济风险去分门别类进行分析,或者依照房地产投资的不同环节来分析不同环节中可能遇到的风险。

(四) 技术风险

技术风险是指由于项目所遇到的技术困难可能导致项目无法按时完成甚至无法完成或者大幅超预算完成的风险。

面对技术风险,投资者应当充分考虑项目所在国的特殊情况,而并不能一味地以本国或其他国家的项目经验进行生搬硬套,在项目的各个阶段都做好预案,减少可能的风险。技术风险除了因为投资者可能存在的技术实力不足而产生以外,还可能因为项目所在国与投资者本国的法律法规要求不同等种种原因而产生,因此,事前充分了解项目以及项目所在地的相关情况对于技术风险的规避十分重要,可以说,投资者在进场前对项目了解的越多,预案准备的越多,则技术风险越小。

(五)国际风险

国际风险因素的划分如下所示:

国际政治风险;

货币汇率变化风险;

国际经营风险。

国际风险主要包含汇率等不确定性因素,以及房地产投资往往不能确定交割的日期,对于投资者而言,无法就汇率风险在期货市场上进行远期合约交易以减少风险,造成此类风险难以规避,只能通过所在国货币等其他因素的分析来尽可能减少风险敞口。

二、不同投资类别下的不同风险[①]

对于不同类型的房地产项目,由于其不同的商业模式,其中所蕴含的风险也有很大的不同[②],以下将参考不同资料,并结合以往经验,分析不同类型的房地产项目所面临的风险:

(一)土地开发

土地开发在房地产投资中处于最上游的位置,土地投资的特点在于并不需要特别多的房产项目施工经验,很多时候仅仅凭借土地的升值就可以获得高额的收益。但是土地投资的门槛在于对市场的把握,对所在国经济发展、政

---

① 参见范秀兰、马文军、徐胜全:《房地产投资分析》,重庆大学出版社 2011 年版,第 55—70 页。

② 参见柯小玲:《房地产项目投资风险及决策优化研究》,中国地质大学出版社 2017 年版,第 32—40 页。

策变化的熟悉程度,一般而言,对于"走出去"的企业,土地开发的风险较大,且收回投资的周期漫长。

（二）普通住宅及公寓

对于普通住宅而言,一般开发商在完成开发后会选择尽快出售,甚至在完全开发完成之前就已经完成了住宅的出售,尽管在大多数情况下,这样并不能够获得最大的利润,但无疑有助于减少风险。

对于高级公寓而言,一般开发商会选择自持并出租,或进行整体出让,在此情况下,后续物业的管理水平将至关重要,同时,项目所在地的经济发展状况也会极大地影响公寓的出租情况。

（三）办公、写字楼

写字楼的投资不同于高级公寓,虽然一般情况下写字楼的开发以出租为主,但是写字楼一般租客稳定,在优良地段的写字楼是一种良好的保值增值的物业,并还会搭配专业的物业管理公司。除了管理水平之外,在疫情之后,很有可能产生了一些工作上的变化,某些公司可能存在相应的更多的远程办公职位,这进一步加大了写字楼等商业地产的风险。

（四）其他商业地产

此类商业地产往往投资额巨大,如果不能有良好的招商以及后续的物业管理服务团队,则很难在合理的期限内收回成本,从而造成损失。

第二章 境外房地产投资
项目的尽职调查

▟ 内容提要

本章主要围绕"境外房地产投资项目的尽职调查"展开,包括以下三个部分内容:

➢ 并购类型的房地产项目尽职调查

➢ 绿地投资类型的房地产项目尽职调查

➢ 合作开发类型的房地产项目尽职调查

通过阅读本部分内容,项目人员将了解不同房地产投资模式(如绿地投资、并购投资与当地合作伙伴共同开发)下的尽职调查要点。

第一节 并购类型的房地产项目尽职调查

根据过往项目的经验,参考《房地产并购实务操作指引教材》,总结如下:

表 4-2-1 并购类型的房地产项目尽职调查清单

文件名称	提供	不适用	注释
公司信息			
公司股权结构图			

续表

文件名称	提供	不适用	注释
公司营业执照(正本及副本)①			
公司的组织机构代码证(若有)			
税务登记证(若有)			
社保登记证(若有)			
统计登记证(若有)			
房地产开发企业资质证书			
外商投资企业批准证书(如适用)			
公司股东协议及其全部修改及附件			
公司章程及其修订			
股东会及董事会决议			
董事和监事的委任名册			
公司验资报告(如有)及公司注册资本金缴纳凭证			
公司股权/资产转让协议及相关批文(如有)			
财务信息			
××××年经审计的财务报告			
银行开户许可证			
最新一个月的资产负债表及利润表			
最新一个月资产负债表中有关债权债务组成说明,并提供相关证明文件			
公司涉及物业的贷款合同和/或融资租赁合同			
公司涉及物业的抵押、担保或保证文件及相关登记文件			
公司其他涉及物业的借贷/融资文件			
公司未清偿贷款清单及用途			
任何尚在存续过程中的与公司资产和股权有关之抵押、担保或保证文件及相关登记文件			

---

① 若公司已取得"三证合一"的《营业执照》,则无须提供组织机构代码证及税务登记证;若公司已取得"五证合一"的《营业执照》,则无须提供社保登记证及统计登记证。

续表

文件名称	提供	不适用	注释
公司重大债务清单,请注明债务数额、债权人名称、债务期限、履行情况、发生债务的文件依据(含短期借款、长期借款、应付账款前五位,其他应付账款前五位的债务)			
地块和物业			
土地出让金、转让金、物业购买款(如有)的支付凭证、租金收据(如有)			
就土地使用权及应支付的费用(包括但不限于大市政配套费用、动拆迁费用、土地使用金和契税)的清单及付款发票			
关于地块的土地使用权合同(土地使用权出让或转让合同)			
关于地块的土地和/或房屋的他项权利证明、查封情况、关于影响项目的地役权及约定文件(如有)			
关于项目的共有情况(包括但不限于建筑物共有部分)及相邻关系的说明(如涉及)			
物业之不动产权证			
政府部门出具的维修基金缴款通知书及物业维修基金缴纳凭证(如有)			
物业中的资产情况的清单,包括装修清单、可移动的附属设施、配置电器、家具以及其他相关的资产			
关于项目物业的其他安排(包括但不限于优先权、权利性限制规定、经营性限制规定等)			
有关地块的投资协议或其他与当地政府签署的类似协议(如有)			
关于任何地块以外的土地的土地使用权或土地租赁合同或协议			
项目建设及房地产许可			
关于项目建设的立项批复			
城市规划管理局关于项目的规划批复			
关于项目的建设用地规划许可证			
关于项目的建筑工程规划许可证			
关于项目的建筑工程施工许可证			
关于项目的建设工程质量核验证明书/竣工验收报告			

续表

文件名称	提供	不适用	注释
关于项目的所有工程验收合格证明/验收备案表（包括但不限于规划、民防、消防、建委等）			
关于项目的房屋土地权属调查报告书(即实测报告)			
与物业有关的房屋改建、装修项目的任何报建批文（如有）			
与物业有关的房屋改建、装修项目的建设工程规划许可证、施工许可证及相关验收合格证明/验收备案表（包括但不限于规划、民防、消防、建委等）(如有)			
地块地名使用批准书			
项目的门牌号批复。			
租赁及经营			
就物业租赁经营取得的任何许可或批复文件(如有)			
请提供一份关于物业租约(包括租赁意向书及租赁合同或许可使用协议)的详细清单,包括但不限于租赁的单元(车位号码、允许使用的部位等)、面积、承租方名称、租金、租赁保证金及期限			
关于物业的所有租赁合同、协议、许可使用文件及意向书并说明其各自的履行情况(包括付款进度)			
物业租户申请装修报建所取得的资料,包括建设工程规划许可证、施工许可证、竣工验收证明及消防验收证明等			
业务合同			
公司签署的与物业有关的且尚未履行完毕的合同			
对上述合同履约情况的说明,包括进度款支付说明,履约、违约、中止或终止合同的详细情况			
公司与任何第三方达成的任何重大且在履行过程中的协议(金额超过人民币 500 万元)的经签字并标注日期的复印件			
物业管理			
有关项目之物业管理服务合同,以及物业管理公司的资质证明文件			
有关项目之物业管理费用收费标准备案之文件(如适用)			
有关项目的管理规约			

文件名称	提供	不适用	注释
有关项目的租户手册、装修手册等(如有)			
知识产权			
涉及项目的有关商标、专利、域名等知识产权(如有)			
保险			
公司就物业所投保的任何保险单,如财产险、建筑工程保险、人身伤害险或其他保险,以及保险费支付凭证			
公司已提出或可能提出理赔要求的有关文件			
劳动人事			
服务合同(董事、高级管理人员)			
劳动合同(临时工、正式工及外籍员工)			
员工手册			
劳动人事登记			
公司成立以来的社会保险的缴纳资料(包括任何住房公积金)			
外籍员工劳动许可证与居留证(如有)			
公司员工的社会保险标准(包括但不限于公司和员工个人分别缴付的费率、适用的员工范围以及缴费基数)的清单,该等社会保险包括但不限于养老金、医疗保险金、失业保险金、生育保险及工伤保险			
与工会有关的文件(集体合同等)			
公司成立以来的任何劳动争议的文件(如有)			
员工名单,列明每一员工的职称、年龄层、职责和薪酬			
有关员工辞退、停薪留职、离岗退养、退休等情况说明,以及未支付的经济补偿金等金额说明			
税务			
公司适用的税种及税率表			
有关投资奖励(退税)的政府批复			
税务机关对土地和房屋方面的纳税义务或税收减免的文件			
公司成立以来的任何纳税凭证或其他证明			
其他有关的税务文件			
诉讼及争议			
当前针对公司的司法程序、仲裁程序等			

文件名称	提供	不适用	注释
有关公司及其业务或资产的任何其他争议或潜在争议的说明			
遵守适用法律			
公司知悉的未能遵守(但不限于)以下任一领域的适用法律或法规的相关文件: • 政府的批准、许可 • 审批、登记和备案要求 • 纳税义务和任何其他政府收费和征缴 • 银行账户的管理使用、外汇管理 • 公司或由代表公司的雇员向官员作出的任何贿赂或其他付款 • 劳动管理			
针对上述违法或声称的违法作出下述说明文件(如适用): • 如因违法或声称的违法活动遭强制执行,公司的潜在责任(罚款、补偿金等)说明 • 对公司及其各项业务和资产的任何其他潜在后果或不利影响(如吊销营业执照、扣押财产等)说明			
其他			
本文件其他地方未要求提供,但含有对拟进行的物业收购有重要影响的信息的任何其他文件、协议和函件			

第二节 绿地投资类型的房地产项目尽职调查

一、项目开发方式的调研和决策

绿地开发一般首先会由企业进行可行性研究,主要对项目概况、开发项目用地的现场调查及动迁安置、市场分析和建设规模、规划设计影响和环境保护、资源供给及资本运作方案、环境影响和环境保护、项目开发模式、组织机构、岗位需求、管理费用及开发节点计划、项目经济效益等方面进行分析和研究。

二、获得土地所有权/使用权

在投资开发时,首先要解决的是土地权利的取得方式,以及取得土地权利的类型,例如通过购买的方式取得土地的所有权,还是通过租赁的方式取得土地的使用权。

一般来说,在项目前期调研阶段就需要对项目所在的地块进行选址、考察,并考虑土地的取得方式。在项目基本确定时,则需要开始筹备和办理相应的土地权属证明,取得相关证照。

以下按照取得土地所有权和取得土地使用权的不同情况,分类介绍在进行该部分的尽职调查时应当注意的事项:

(一) 土地所有权获取

首先应当明确项目所在国法律对外国公民或者外国公司持有土地是否存在限制,比如在菲律宾等国,私有土地只能归本国公民和本地公司所有。而在允许外国公司或外国投资者持有土地的类型或规模上,也可能存在一定限制,例如:

对持有私有土地的公司,有可能存在外资股权所占比例的限制;

有可能存在对外资公司持有土地类型的限制,例如可能会禁止外资公司持有公寓性质的土地;

有可能对外国投资者购买土地,实施某些特定的审批流程或者是土地竞得流程,在这种情况下,获得相应的审批或者是完成特定的土地竞得流程所需的条件和可能遇到的障碍就应当是首要考虑的因素。

同时,还要注意在明确了土地所有权的可获得性之后,对具体的意向地块进行具体的勘察和尽调,对其地质条件、土地性质、地上抵押权和租赁权、土地权属争议等情况进行详细的调查。

（二）土地使用权获取

在土地所有权取得存在限制，或者是从经济角度考虑取得所有权并不合算时，采取租赁的方式取得土地就是一种比较理想的方式。采用租赁的方式取得土地时，应当注意以下几个方面：

很多国家对租赁土地的期限进行了一些限制，例如对租赁的土地期限、最长的租赁期限以及续租的次数进行限制。在对租赁期限进行考察时，需要主要考虑后续能否成功续租，以及租赁期间的稳定性和经济回报率。

采用租赁形式取得的土地，其本身的房地产开发类型会受到限制，并且在房地产销售阶段，具有所有权的土地和以租赁形式获得的土地的销售价格也会不同。例如在公寓项目中，使用租赁方式取得的土地，其商品售价会较取得土地所有权的情形更低。

采用租赁形式取得的土地，需要尤为关注当土地的所有权人变更，或者在土地上设置抵押权等权利限制时，对租赁可能产生的影响。并综合考量该等影响和项目的经济受益，从而选择项目所适合的模式。

三、项目的立项

需要说明的是，此处的"立项"是指经政府有关部门批准并列入政府计划的过程。

项目立项是房地产综合开发建设的起点。通常而言，在拿地后（具体时间因不同国家的法律而异）首先要向主管部门提出立项申请，报送项目建议书，取得批复，并据此编制可研报告，报主管部门审批。在法律有要求的情况下，该过程还可能需要若干政府管理部门的批准，如规划部门、土地管理部门、税务部门、环境部门、卫生部门、警察部门、消防部门等。

因此，在进行尽职调查时，需要了解项目所在地的项目立项审批流程，并评估项目获准立项方式以及是否需要经过招投标过程，以明确项目的实施条件和障碍。

四、项目的用地规划

项目用地规划,是指一国的规划行政部门对项目用地的规划许可,一般作为建设单位向土地主管部门申请取得、使用土地的法律凭证。

由于规划部门有可能会对用地规划进行一定程度的审查(包括实体性审查和形式审查等)。因此,在进行规划方面的尽职调查时,应当核查清楚该国法律要求的项目用地规划审批类型,并评估规划审批取得的可能性大小以及取得成本等。

五、建设工程、勘察、设计招投标强制性规定

一般而言,在很多国家的法律之中可能会明确当满足某些要求时(例如当工程的规模或者是投资额达到一定范围时),需要进行招投标。招投标是很多国家建设工程承包合同订立的主要方式,对于不适于招投标的可以直接发包,这对于勘察、设计的发包一般来说也比较适用。

当项目所在国的法律规定某项目需要适用招投标手续时,招投标工作可能是办理工程规划、工地规划工作的必经阶段,应当遵循公开、公平、公正和诚实信用的原则。房地产开发企业应当按照相关的法律规定参与招投标活动,在招投标范围、规模、方式、招标文件、招投标人资格、评标、中标、定标、后续建设工程合同、勘察合同及设计合同的订立,以及招投标过程中注意事项等各个方面,严格遵守招投标相关法律法规的规定。

六、建设工程的规划

通常,在城市规划区内进行建筑物、构筑物、道路、管线和其他工程建设的,建设单位需要向政府或者主管部门提出申请,并提交使用土地的有关证明、建设工程设计方案等材料,符合规划条件的,将获得相关规划许可

证件。

一般而言,主管机关对规划证照的审查,主要着眼于以下方面:对于已经通过设计方案审查的建设项目,主要审查其图纸是否符合修建性详细规划或已审查通过的设计方案。对于其他建设项目,主要审查申报图纸的用地范围与规划确定的范围是否一致;建设项目的性质是否符合城市规划的要求;容积率、建筑高度、建筑密度、空地率或绿地率是否符合城市规划的要求;停车位数量是否符合法律、法规以及城市规划的要求;建筑间距是否符合法律、法规和城市规划技术标准的要求;公共服务设施是否符合法律、法规以及配套建设指标的规定;建设项目后退道路红线的距离是否符合法律、法规和城市规划技术标准的要求;是否已安排了必要的水、电、气、热等市政基础设施等。

因此,在项目尽调阶段,房地产开发企业应当了解项目建设工程许可的核发是否有可能受到制约,以避免影响工程项目的开展和制约项目落地。

七、施工许可手续

在建筑工程开工前,建设单位应当按照项目所在国的有关法律规定申领相关的建筑施工许可证照。核发施工许可证照可能主要审查以下内容:是否已经办理该建筑工程用地的批准手续;在城市规划区的建筑工程是否已经取得了规划许可;需要拆迁的,其拆迁进度是否符合施工要求;施工场地是否已基本具备施工条件;是否已确定施工单位;是否有施工图纸及技术资料;是否有工程质量和安全保障措施等。

八、项目销售

从商业模式来讲,房地产开发企业既可以将竣工验收合格的商品房出售给买受人,由买受人支付价款(商品房现售),也可以将正在建设中的商品房出售给承购人,由承购人支付定金或者房价款(商品房预售)。因此应当对项目所在国是否允许进行预售进行调查。

在项目所在国允许开发企业进行商品房预售时,应当及时向相应的房地产管理部门申请预售许可证。在这种情况下,房地产开发企业应当研究取得预售许可证的条件,以及取得预售许可证是否存在障碍。举例而言,取得预售许可证可能需要满足的条件有:

已经交付全部土地使用权/所有权的价款;

取得土地使用权/所有权的证照;

取得土地/工程规划的许可证照;

开发建设投入资金达到一定比例;

达到特定的施工进度,或者竣工交付日期已经确定。

由于在取得商品房的预售许可证照之后才能够进行商品房销售,并且获得预售收入,因此商品房是否允许预售以及预售许可的取得时间将会对商品房销售产生重大的影响。因此在项目开展前期阶段,房地产开发企业应当对该问题进行细致调查。

九、竣工验收

房地产项目的设计、施工,必须符合项目所在国的有关标准和规范。房地产开发项目竣工并经验收合格后,方可交付使用。工程完工后,施工单位向建设单位提交工程竣工报告,申请工程竣工验收。实行监理工程师负责制的工程,工程竣工报告须经监理工程师签署意见。建设单位收到工程竣工报告后,对符合竣工验收要求的工程,组织勘察、设计、施工、监理等单位组成验收组,制定验收方案。对于重大工程和技术复杂工程,根据需要可邀请有关专家参加验收。

房地产开发企业应当了解,建设工程竣工验收备案的完成可能制约房屋交付、实测面积备案、房屋产权证等后续工作的开展及手续的办理,应在实践中加以注意。

十、房屋权属初始登记

房屋权属初始登记一般发生在新建房屋竣工后,由权利人向登记机关申请房屋所有权的登记。在依法取得的房地产开发用地上建成房屋,申请房屋所有权初始登记的,应当提交土地使用权证书、登记申请书、申请人身份证明、建设用地使用权证明、建设工程符合规划的证明及房屋已竣工的证明等材料。依法登记的房屋权利受国家法律保护,房屋权属证书具有产权推定的公信力。

十一、产权的征收/征用问题

(一)作为产权取得手段的征收/征用

在采用该方式取得土地时,对房地产开发企业来说,对被征收人的补偿是应特别关注的内容。同时,还应当防范因政府部门征收/征用的进度缓慢对项目造成的影响。

一般而言,征收/征用的补偿方案包括货币、房屋调换补偿,除对被征收人所受财产损失给予补偿外,还要依法对被征收房屋的使用人进行安置,并支付补助费用。

(二)取得土地权利后的征收/征用风险

该风险属于政治风险之一,指的是在取得土地的使用权、所有权之后,该权属被政府强制征收/征用的风险。该风险在欠发达国家/地区中表现尤为明显,一旦项目土地被征收/征用,房地产开发企业将面临巨额的损失。

因此,在尽职调查阶段需要充分了解项目所在国家的征收/征用相关的法律法规,充分评估项目所在国的政治风险,以及土地被征收/征用之后的相关补偿是否能够弥补投资损失等。并且,应当注意及时妥当投保中信保等保险以防范可能发生的风险。

十二、项目所在国的劳动用工和人才储备

需要了解项目所在国对外商投资企业劳动用工的要求,劳动用工政策又主要体现为对外国劳工比例的限制和对外国员工签证的要求。

基于对当地法律中劳动用工相关要求以及成本控制的考虑,房地产开发企业可以相应考虑从中国外派的员工和项目所在地当地员工的比例和数量。

对于在境外单独开发项目的情况,由于对项目所在国的情况了解不是很充足,因此需要匹配相当数量的具有当地项目经验的人员,此时应当对当地的用工政策、签证政策等有所了解。

第三节　合作开发类型的房地产项目尽职调查

在采用与当地合作伙伴共同开发房地产项目的模式下,除了应当关注项目本身的情况(如根据项目类型是绿地投资还是并购投资从而进行不同方面的尽职调查)外,还应当关注合作伙伴公司本身的情况,具体而言,可主要着眼于以下方面:

尽职调查清单:

表 4-2-2　合作开发类型房地产项目尽职调查清单

文件名称	提供	不适用	注释
(一)合作方股权和公司结构 (1. 公司基础性文件;2. 表明公司依法成立并有效存续;3. 突出公司的重大历史变更并确认此类变更的合规性;4. 使潜在投资者能够对其他股东基本情况以及可能对公司价值造成的影响进行评估。)			
公司及其子公司在项目所在国的设立及经营所需要的一切批准、许可、证书和授权的副本。			
开展公司业务所需要的其他证照,包括但不限于勘察、设计、施工等有关的资质。			

续表

文件名称	提供	不适用	注释
能够展现集团成员公司之间重要关系及联系(包括信托持股关系)的股权结构图(若公司为一个企业集团的一部分),以及每个成员公司的成立地。			
公司在其所在地或之外所设立的任何分公司、业务机构或办事处或公司的特许经营实体的详情(包括结构图),及其各自的注册成立文件。			
公司内部组织结构图,说明公司内部部门构成、部门人数及职责。			
公司资产(有形和无形)以及员工所在城市和国家列表。			
公司目前的董事、监事以及高级管理人员名单(其姓名、国籍、长期住所地、职责、薪酬以及其他福利待遇)以及其任命文件。			
董事会或董事授权特别指定代理人处理某项特殊事务的授权书。			
公司最近有关业务及重要事项的报告。			
公司宣传手册或其他公司介绍资料。			
公司所生产的产品和/或所提供的服务的清单。			
有关政府部门对公司就产品研发、生产、市场拓展等方面给予扶持的所有特殊待遇的详情,包括此类特殊待遇的返还条件以及所含的控制权变动条款。			
就公司及其子公司可能在任何证券交易所上市而采取的任何步骤(包括对公司及其任何子公司的重组)以及取得的任何进展的详情。参与上述拟议上市的代理人、会计师、经纪人、投资银行、律师事务所和其他机构的名单。			
公司成立以前: 发起人会议的决议和会议记录; 发起人之间达成的协议。			
公司成立期间或公司进行重大变更期间: 公司提交予政府部门的项目建议书及其他申请文件,以及政府批复函件。			

文件名称	提供	不适用	注释
公司自成立至今： (1)营业执照,包括变更的营业执照和所有年检记录; (2)在主管工商管理部门("工商局")存档的全部公司登记资料(包括开业、变更、备案、年检、股权质押等资料); (3)章程,包括所有章程修正案; (4)合资合同(如适用),包括任何合资合同的修订或补充; (5)验资报告、以非现金出资的资产评估报告; (6)针对外商投资企业的批准,包括变更、年检记录; (7)组织机构代码证,包括任何变更和年检记录。			
其他有关公司历史变更的文件,例如： (1)公司股东会及董事会决议; (2)该等变更或交易的相关合同; (3)交易相对方的股东会决议和董事会决议。			
股东的基本信息以及股东之间内在联系。			
股东营业执照或个人身份证明。			
部分或全部股东关于公司的任何合同、协议(包括股东协议、股权转让协议、认股协议、其他约定公司股东之间的关系或影响公司筹资的相关协议)。			
任何权益所有及类似安排(例如可变利益实体)的详情。			
与公司股权出售和转让相关的任何优先购买权的详情,但法定权利或和公司股权出售和转让依法需获得批准或同意的情况除外。			
与本公司注册资本有关的任何期权、合约、安排、权利、权益、担保权益或其他安排的详情。			
对持股股东的限制性规定。			
享有购买公司股权/股份的优先权的人员、机构名单(如有)。			
公司股东对其他公司或实体的投资情况(如有),以及这些被投资的公司或实体的相关信息,包括：营业执照、批准证书(适用于外商投资企业)、公司股东在其他被投资公司或实体中的股权比例。			
关于公司及/或其下属子公司的股份/股权上存在的任何限制、质押或权利负担的详情。			
会计师事务所出具给公司的证明公司股东所有实缴资本的验资报告。			

文件名称	提供	不适用	注释
(二)财务 (1. 提供有关公司的债务信息包括所提供的担保,评估该等债务是否合法,比如是否符合有关外汇管理的法律,发现有可能造成债务履行违约的其他情况;2. 提供有关公司与其关联方之间的股权及债权关系信息,评估该等投资、贷款和担保权益是否合法,评估该等投资、贷款和担保权益的价值和风险。)			
借款等融资合同以及担保合同等。			
有关前述合同履行情况的信息和文件,包括: (1)是否全部报告及登记要求均已得到遵守; (2)是否全部重大承诺包括财务承诺/比率均已得到遵守; (3)是否发生任何违约行为; (4)任何违约通知或要求是否已送达公司; (5)贷款人为追究责任而采取的行动。			
银行关于收到还款的收据或其他文件。			
公司所有类型银行账户(人民币账户或外币账户)的信息和文件。			
除银行贷款以外的其他融资安排及相关文件。			
可能导致公司违反还款义务和偿还其他应付款义务的潜在因素。			
经审计的近年度的年度财务报告、半年度财务报告和年初至当时的季度财务报告。			
目前和将来的融资计划和预算。			
关于以下任何破产程序及破产相关事宜的详情: (1)任何针对公司财产的申请、会议召开或公司破产、重组、破产清算决定的通过,或任何管理人的任命,或任何施加于公司资产之上的执行或其他程序; (2)任何关于指定公司管理人的由法院作出的命令或向法院递交的申请; (3)任何构成公司债务清偿、公司重组或公司与其任何债权人或股东(或两者皆有)之间或与其任何债权人或股东团体(或两者皆有)之间的已被提出、判决或同意的妥协或安排的事项; (4)任何已经导致或经第三人通知导致公司或其股东在公司资产或股权上创设的任何形式的担保权益得以执行的事项。			

文件名称	提供	不适用	注释
公司拥有的其他公司股份/股权的信息,包括: (1)股份/股权凭证; (2)证明公司是该等公司股东的工商登记证明; (3)购买或成立公司的合同; (4)与购买或成立该等公司有关的股东会或董事会决议; (5)股份/股权质押证明文件; (6)(在必需的情况下)政府部门的批准文件。			
公司拥有的债券和其他投资文件以及相关的证明文件。			
他人(直接或间接)欠付公司之债务的相关信息,包括: (1)公司作为出借人的合同,包括与抵押和其他担保权益有关的合同; (2)股东会或董事会关于批准该等借款的决议; (3)银行出具的关于偿还该等贷款的收据或文件; (4)任何显示债务难以收回的文件或信息; (5)公司为出借人,而担保权益受益人为第三方的相关合同。			
公司享有的担保权益信息(如抵押、质押、留置等),包括相关合同: (1)政府部门出具的登记文件; (2)显示担保权益优先顺序的文件; (3)有关潜在抵押物之价值的信息。			
公司实际控制但不享有所有权的资产的信息,例如通过租赁获得的资产;包括有关这类资产的来源、使用条件、尚未付清的款项和其他详细信息。			
(三)业务安排 (1. 重大合同、重大合同风险的信息披露;2. 尽职方应当向公司进行释名,以便公司能提准确的文件。)			

续表

文件名称	提供	不适用	注释
属于以下情况的公司任何合同、协议、交易、义务、承诺相关的详细信息及所有相关文件（不论口头还是书面）： （1）合同金额超过重大金额； （2）对公司或公司集团的业务有重大影响（包括正在谈判中的）； （3）公司和至少一个关联方或至少两个关联方之间签订的合同； （4）非经常性或反常的，或含有非正常条款的合同； （5）保密或禁止披露协议； （6）履行期超将会过六个月的； （7）公司义务特别繁重的，或者相反对公司特别有利的； （8）公司认为无效的或不能执行的； （9）相对方被认为将破产或不能履行其义务的； （10）需要政府部门的批准以使其生效的； （11）要求公司支付任何佣金、介绍费、特许费或类似性质费用的； （12）含有任何形式的控制权变更条款。			
有关上述合同履行情况的信息和文件，包括： （1）是否与上述交易相关的全部报告及登记要求均得到遵守； （2）是否全部重大承诺均已得到遵守； （3）是否发生任何违约行为； （4）任何违约通知或要求是否已送达公司； （5）合作方为追究责任而采取的措施。			
所有公司正在使用的销售或采购标准合同条件及条款。			
任何对客户或者公司有利的信贷安排，包括给予了超过30天的付款期限或特殊折扣。			
主要客户的名单，以及主要供应商名单。			
公司作为合同方的任何股权或资产购买协议的详细信息和文本。			
公司为一方当事人的任何合资、财团、合伙或利润分享协议或安排之详情，包括公司的子公司订立的该等协议或安排。			

文件名称	提供	不适用	注释
（四）知识产权 （1. 评估公司是否侵犯了其他公司的知识产权；2. 评估公司的知识产权是否受到保护并未受侵权。） 下文使用的"知识产权"一词包括但不限于（1）专利（发明、实用新型和外观设计），商标及其申请；（2）未注册的设计权、版权（已备案或未备案的，包括计算机软件），数据库权；（3）域名、品牌和商号中的权利；（4）专有技术、商业秘密和保密信息中的权利。			
公司拥有或与他人共同拥有的知识产权： （1）公司或其任何子公司（排他或与第三方共同）拥有的所有已注册的知识产权。每一项均列明：所有人、申请/注册号、简要说明（专利的规格和图纸或已公布的专利申请）、注册日期（如尚未注册，则申请日期或公布日期）、更新日期。指出对公司或其任何子公司的业务十分重要的知识产权。 （2）公司或其任何子公司拥有的所有重大但未经注册的知识产权（包括版权作品、数据库、专有技术/保密信息）。每一项均列明：作者、所有人、简要说明、创设日期、首次发表日期、存储媒介（例如 Excel 电子表格）。 （3）作为对公司或其子公司的业务意义重大或可能对该等业务意义重大的任何研发/协作协议的标的任何知识产权之详情。 （4）目前正在进行的或已构想但尚未开展的任何研发项目或活动，包括公司及其子公司筹资/发起任何外部研究之详情。 （5）关于专利保护的具体政策之详情，例如公司及其子公司是否拥有关于专利申请的政策，以及公司及其子公司是否决定将其开发项目作为"商业秘密"保留进而对该等开发项目保密。			

续表

文件名称	提供	不适用	注释
将公司或其任何子公司拥有或使用的知识产权作为标的的担保权益、选择权、抵押、押记或留置权。			
许可/协议(书面或口头),包括: (1)公司或其任何子公司授予第三方的知识产权许可。 (2)授予公司及其子公司的知识产权许可,并请说明哪些许可为关键许可。 (3)在法律要求进行登记/备案时,相关知识产权许可是否已向有关部门办理备案之详情。 (4)与知识产权有关的其他协议或安排,例如研发协议、协作协议、共用安排。 (5)公司或其任何子公司因使用知识产权而向第三方支付的特许费、许可费或其他对价之详情。 (6)确保遵守许可/协议条款的制度之详情。 (7)任何许可/协议项下产生的任何争议(包括目前的争议、过去 12 个月内的争议以及威胁提起或可能产生的争议)之详情。 (8)重大供应协议中关于知识产权(例如所有权、侵权)的规定。 (9)雇员的合同中关于知识产权所有权和保密性以及雇员的发明奖励计划的规定(如有)。 (10)公司或其任何子公司或许可/协议的任何当事方的作为或不作为,构成违约或终止依据,或可能导致该等许可/协议无效或不可执行之详情。公司或其任何子公司可能丧失许可/协议的利益的任何其他情况。 (11)转让许可/协议过程中任何预期的困难之详情,例如控制权变更条款、取得供应商对转让的同意的义务、或对转让或转移的其他限制。 (12)公司或其任何子公司从事在很大程度上依赖于向第三方取得或授予许可的任何活动的可能性。			

文件名称	提供	不适用	注释
侵权/有效性索赔,包括: (1)第三方公司及其子公司成立以来提起的索赔(包括任何实际的、威胁提起或可能提起的索赔),称公司及其任何子公司或其被许可人的经营活动侵犯了其知识产权。以及如索赔成功,是否会对公司或其任何子公司的业务产生重大影响之详情。 (2)公司或其任何子公司自成立以来提起的索赔(包括任何实际的、威胁提起或可能提起的索赔),称第三方侵犯了其知识产权。 (3)对知识产权的有效性或所有权提出的任何质疑,或对任何知识产权的注册申请提出反对意见之详情。以及如质疑成功,是否会对公司或其任何子公司的业务产生重大影响之详情。 (4)与客户之间达成的任何标准合同条款,限制或排除公司或其子公司因使用其产品或提供其服务而导致侵犯知识产权所要承担的责任。 (5)涵盖公司及其子公司因侵犯知识产权所发生的费用或损害的任何保险,以及提出的任何保险索赔。			
(五)不动产 (1. 提供有关公司土地和建筑物所有权的信息;2. 提供有关公司在建工程项目的信息,评估该等土地、建筑物及在建工程项目是否违法或存在任何风险。)			
公司拥有的土地、建筑和在建工程的基本信息: (1)地址; (2)土地面积和建筑面积; (3)目标用途; (4)价值/已投资金额; (5)是否存在共有、地役权、租赁或其他第三方利益。			
公司承租物业的信息,包括: (1)租赁合同和相关文件; (2)租赁登记文件; (3)出租人有权出租物业的证明文件; (4)显示租金支付状态的凭证。			
公司及其子公司使用或占用的其他不动产及持有该等不动产所依据的权益之详情,包括但不限于一切所有权文件、土地使用权证、土地使用权出让或转让合同、规划许可证、占地许可证和与之相关所需的其他许可、同意和批准的复本。			

续表

文件名称	提供	不适用	注释
有关在建工程的信息和文件,包括: (1)工程开工日期、施工进度及预计完工日期; (2)政府部门对工程进度的时间要求; (3)承包商、监理人; (4)付款情况(包括收据)。			
建设、消防、公共卫生和污水处理(视具体情况而定)、环保、土地、规划及其他政府部门的官方文件,包括: (1)土地出让合同、土地转让合同或土地划拨批复; (2)征地拆迁完成无遗留问题的证明文件; (3)土地价款及税费已经缴纳完毕的文件; (4)土地使用权证以及说明土地上所附任何担保权益的文件; (5)环境影响评估报告(以及其批复); (6)地质灾害风险评估报告(以及其批复); (7)建筑工程规划许可证; (8)建设用地规划许可证; (9)建筑工程施工许可证; (10)竣工验收报告; (11)房产所有权证以及说明房产上所附任何担保权益的文件; (12)消防许可证或备案; (13)卫生许可证; (14)人防许可。			
可能影响建筑物或土地用途信息、文件,包括: (1)重大损坏或退化; (2)周边环境。			
公司及其子公司应付的所有土地使用权出让或转让费(若有)业已在应付之日向任何相关政府主管部门和实体全额付清的证明。			
确认业已获得与公司及其子公司享有任何权益的不动产有关的所有必要的政府部门之批准或同意,以及业已取得并满足了与之相关的所有备案和登记要求。请提供该等批准、同意及备案或登记记录的复本。			
任何资产评估报告和证书(若需要)的复本。			
(六)保险 [获取公司所持有保单的信息(效力、承保范围等)以及历史索赔信息。]			

文件名称	提供	不适用	注释
与公司保险协议及持有保单有关的信息及文件,包括: (1)合同; (2)证明保险费已经全额缴齐的收据或其他证据。			
超过重大金额的保险历史索赔记录。			
任何关于公司保险充足性的报告、往来函件或其他文件的复本。			
公司采用的任何含有特殊或非常规性条款的保险单(或公司参与的)的详情。			
(七)资质、许可和合规 (1. 评估公司的合规状况。2. 本节中的各项应适用于公司的特殊业务。请注意此处仅列举了主要项目,应当根据公司特殊业务进一步修改完善。3. 对于受监管的行业,某些活动应当取得监管部门直接的授权。某些业务活动也可能涉及其他的政府部门,比如海关。)			
针对外国投资者的特别准入管理要求。			
公司开展特殊业务需要申请获得相关政府部门的批准。			
公司在特殊行业进行经营所需要获得的相应行业主管部门的批准。			
有关公司所从事的任何其他活动的额外信息,该等活动可能是非常规的、使得公司未能遵守任何法律法规或违反任何合同约定。			
公司或其任何子公司的行为守则的复本。对公司或其任何子公司所有其他涵盖遵守司法管辖区(视情况而定)关于贿赂(包括商业贿赂)的法律法规的书面政策、程序、培训材料或项目资料,腐败案例,公司或其任何子公司的账册、记录和有关内部控制、洗钱、国际贸易的制度,以及在特定司法管辖区从事业务的法律限制的简要说明。			
对公司或其任何子公司合规制度的说明,包括主要合规人员的名单、董事会和审计委员会在设计和监督合规制度方面的作用、为公司或其任何子公司人员开展的合规培训,以及任何内部审计或其他合规监控机制。确认已要求所有员工参加强制的反贿赂培训,以及考勤记录。确认已要求所有员工完成年度申报,确认其遵守公司或其任何子公司的行为规范,尤其是恪守反贿赂、反腐败以及有关利益冲突的行为规范。			

文件名称	提供	不适用	注释
任何与规划及实施反腐败法和交易控制的合规项目有关的内部风险评估或其他分析的复本。			
公司或其任何子公司是否已设有供员工及其他人员报告潜在合规问题的合规热线或其他机制的详情。过去一年中收到的电话或其他方式报告的次数。注明关于贿赂以及利益冲突指控的所有记录。			
过去五年中是否曾就公司或其任何子公司遵守相关司法管辖区(视情况而定)的反腐败法或交易控制的情况开展任何内部或外部调查,以及该等调查的结果之详情。是否有任何公司或其子公司人员因违反该等法律或控制而遭受纪律处分之详情。是否有任何公司或其子公司人员因涉及盗用公司资金或财产(包括挪用钱款、提交虚假发票等)的任何种类的不法行为而被终止劳动关系,受纪律处分或被起诉之详情。			
就公司或其任何子公司的业务经营(包括取得政府批准)受聘或以其他方式奉命为公司或其任何子公司行事或可能被需要与政府官员或公务人员打交道的所有代理人、代表、顾问、分销商、说客、服务提供商、合资企业合作伙伴或其他人士("中间人")的清单。对上述每一个中间人提供的服务的总体说明。			
公司或其任何子公司在聘请或与中间人订约前或中间人受聘后周期性地对其开展筛选、调研、核实或其他调查的政策、程序或具体操作之说明。公司或其任何子公司是否了解其中间人与政府或官员之间的任何联系的说明。确认中间人已接受有关公司或其任何子公司的行为规范(尤其是有关反贿赂和反腐败的政策、程序和指导原则)的培训。与中间人订立的所有协议。过去五年中对中间人开展过任何审计的审计报告。			
公司或其任何子公司关于向政府官员送礼、赠物、提供节日礼品和捐赠或报销的政策、程序和指导原则之说明。现行有效的以及过去五年中有效的关于上述各项政策和指导原则的复本。对过去五个财年中每一财年的公司或其任何子公司会计记录中列明的上述各项支出的分析,并提供证明文件以供检查。			

文件名称	提供	不适用	注释
公司或其任何子公司关于(a)促销和营销费用,例如向政府官员或公务人员或非政府客户提供差旅、食宿等;(b)疏通费,例如为加速或确保一项常规政府行为的履行而支付的小笔费用;(c)慈善捐助;(d)政治性捐款;(e)现金款项的政策和程序。对过去五个财年中每一财年的公司或其任何子公司会计记录中列明的上述各项支出的分析,并提供证明文件以供检查。			
(八)诉讼、仲裁、争议和行政处罚 (1. 取得可能对公司造成重大影响或产生风险的相关争议的信息;2. 评估任何已有的或潜在的争议可能对于公司及其业务运营所造成的影响。)			
公司、股东、子分公司、高管和董事的潜在的、正在进行的超过重大数额的或在其他方面对公司业务有重大影响的权利主张、制裁、行政处罚、仲裁和法院诉讼的信息及文件,包括以下: (1)争议涉及各方的姓名或名称; (2)争议金额; (3)争议问题简介; (4)目前为止预计发生的开支,以及未来可能发生的开支; (5)占理的优势、收到的意见以及可能的结果的简介。			
任何可能导致公司卷入任何诉讼或其他争议解决程序的事项之详细情况。			
任何尚在进行或未决的法院、仲裁庭或其他主管机关对公司产生影响的判决、指令、发现或决定的详细信息及所有相关文件文本。			
公司或其任何交易对手(与公司有合同关系)的违约或被指控违约的详细信息(对公司及财务情况产生重大影响)。			
(九)劳动 (1. 提供有关公司人力资源系统的信息;2. 评估公司用工风险。)			
公司人力资源的信息: (1)各部门各级别的人员总数(包括管理层、全职和兼职员工等); (2)员工手册及有关制度; (3)加班制度; (4)每个员工的实际加班时间; (5)员工期权计划和其他福利。			

续表

文件名称	提供	不适用	注释
相关合同,如: (1)高管和关键技术人员与公司的劳动合同、保密合同、竞业限制合同等; (2)公司采用的劳动合同范本,包括聘用全职、兼职和外籍员工的合同; (3)普通员工与公司之间的培训合同、保密协议、竞业限制合同等; (4)劳务合同范本,如实习生和退休人员; (5)劳务派遣协议及劳务外包协议。			
外籍员工的工作许可和居留许可。			
社会保险文件和住房公积金文件: (1)社会保险登记证和住房公积金开户证明; (2)公司已为其全部员工足额缴付社会保险费和住房公积金的证明; (3)支付工会费和职业健康补偿的证明。			
最近三个月代扣员工个人所得税的证明。			
关于不定时工时制或者综合工时制度的批复(如有)。			
工会基本情况。			
可能的或正在进行的劳动争议。			
任何有关计划或拟议中的高级管理人员和关键技术人员的解雇详情。			
任何现存的、悬而未决或对公司有威胁的相关劳动监察部门的询问和调查的详情,或公司知悉的可能引发该等情况的事实。			
(十)税务 (1. 评估公司是否存在任何未履行的税赋义务;2. 评估公司是否符合所有相关税收法规。)			
近年中公司已付或应付的与不动产、动产和知识产权相关的税收、政府收费的详细图表,包括: (1)所有与进口设备、机械和原材料有关的关税和进口税; (2)所有与境内采购的设备、机械和原材料有关的税收(例如,增值税); (3)与土地和建筑相关的税收,包括土地出让费、土地或场地使用费、不动产税和其他相关税收; (4)与知识产权相关的营业税、预提税和其他相关税收。			

续表

文件名称	提供	不适用	注释
企业所得税和其他税涉税函件,包括: (1)国家和地方税务登记证,包括任何变更和年检记录; (2)纳税申报表以及纳税证明; (3)关于税收豁免、税收优惠、免税期、退税等的政府文件; (4)税务审计、调查或税收争议文件; (5)进出口货物征免税证明。			
最近的应付税款及其计算方法的说明。			
税务机关与公司之间特殊税务安排的详情。			
关于固定资产的账面价值与其税基的基础成本之间没有重大差异的确认。			
公司所有资本性支出的详情以及证明该等支出合法性的充足记录。			
针对本公司所进行的交易相对方为公司关联方的有关货物或服务提供或接收的交易(包括借款),证明交易的相关价格为公允价格并且不存在或将要发生有关价格转移的税收调整的文件。			
任何关于公司旨在避税或者主要目的是避税的计划的文件。			
公司已实施或拟议实施的任何预售税务计划的详细信息。			
(十一)环境保护 (1. 提供有关公司所从事的任何有可能受环保法律规制的活动的信息;2. 评估任何可能违反环保法律的风险。)			
任何特别向公司或其子公司签发的有关环境事宜的行政或政府要求或命令的详情。			
所有关于公司及其拥有或占有资产(或以前拥有或占有)的近年的环境报告、审计报告或其他评估报告。			
公司及其子公司获得的与环境法律有关的批准、许可、证书或豁免(包括对环境影响评估报告的批准和污染物排放许可证),或就环境法律与中国的主管部门作出的任何特别承诺、口头讨论或协议之说明。			

续表

文件名称	提供	不适用	注释
与环境或安全部门之间关于公司业务环境或安全问题的所有通信往来,包括向环境或安全部门所做的所有报告或通告,及/或环境或安全合规方面的违规通知或整改命令的副本,包括: (1)环境许可证、登记、评估等; (2)其他实施项目相关的许可和批准。			
受管制或将受管制的环境敏感活动的信息,包括: (1)有关公司所拥有、使用、存储或以其他方式处理的有害物及污染物的信息和文件; (2)政策遵守情况; (3)近几年为符合环保法律法规以及近年内预期将会制定的环保法律法规而进行的重大政策修订或事实上的增加/变更。			
任何环境方面潜在、正在进行的或近来的调查、处罚或争议信息及文件,以及公司与任何第三方有关环境问题(包括分配调查责任或清理费用,或就该等费用进行赔偿)的协议复本。			
自成立以来为遵守环境标准而对现有设施进行的任何改造及该等改造的费用。			
为遵守适用的环境法规或标准而实施的任何改造、长期计划或战略及执行该等计划或战略的预计费用,以及对公司拥有、占有或使用的任何场地上所有废物处置活动以及环境污染控制系统的介绍。			
(十三)健康与安全 (1. 提供可能受到健康和安全法律规制生产经营活动的信息;2. 评估任何可能违反健康和安全法律法规的风险。)			
所有公司及其资产(现在或曾经拥有或占有)近年的健康和安全报告、审计及其他评估的文本。			
现有的安全管理制度。			
公司为员工及承包商提供健康安全培训的详细情况。			
公司违反任何健康和安全法律法规的详细情况。			
公司内负责健康和安全的人员信息。			

文件名称	提供	不适用	注释
与健康和安全事项有关的以下详细信息： (1)任何发给主管机关的通知或举报； (2)任何执行措施(例如执行或禁止通知)或任何主管机关采取或拟将采取的法律程序； (3)任何员工或承包商采取或拟将采取的任何举报或法律程序(包括现在或过去的员工或承包商)； (4)公司目前是否就任何健康和安全事项受到主管机关的调查或与主管机关协商。			
公司为员工购买保险及公共责任保险信息。			
(十四)其他长期资产 (1. 获取有关公司其他长期资产的信息;2. 评估是否存在与公司长期资产有关的潜在风险。)			
拥有或租用的长期资产，以及是否存在权利限制。			
《车辆行驶证》和与车辆有关的其他许可证或批准文件。			
就每一项价值超过重大金额的资产，请提供： (1)订单、收据、报关单等； (2)租赁协议及履行情况； (3)任何公司保管的第三方资产(例如托销货物)的清单； (4)第三方保管的公司任何资产(例如托销货物)的清单。			
(十五)产品责任 (评估公司因瑕疵产品或服务对其客户承担的潜在责任。)			
有关公司产品和服务质量标准要求的官方文件。			
公司通常就其产品和服务所提供的保证及免责条款。			
公司生产、销售或经销的任何产品的缺陷或与公司(明示或默示的)陈述保证不符的详细情况。			
所有有关潜在的、正在进行的最近发生的产品责任纠纷的文件。			
(十六)其他相关事项			
任何其他对公司及其子公司的业务具有重大影响的文件或信息,或者您认为应当将涉及公司的业务或财务状况披露予投资者考虑和评估的任何其他文件或信息。			

第三章　项目协议审阅签署（项目获取）阶段

内容提要

房地产开发包括土地开发和房屋建设,通常分为项目获取、项目建设和经营管理等阶段。下文将分析每阶段可能涉及的重要协议,并分析其审核要点,主要包含以下几个方面:

➤ 土地出让协议

➤ 合资开发协议

➤ 联合开发协议

➤ 房屋买卖合同

➤ 商业地产租赁合同

通过阅读本部分内容,将迅速地了解房地产开发过程中所涉及的主要协议,指导项目人员把握合同审阅的重点,合理防范风险。

第一节　土地出让协议

一、签订背景

土地出让协议,指为取得项目地块而与政府、合作方或转让方签订的协议。对于单独开发的境外房地产项目,大多数都采用开发商向政府或私人购买土地所有权而进行开发的形式。而与政府签订的土地出让协议因政府的土地出让附加条件而更具复杂性,下文将着重探讨与政府签订的土地出让协议。

二、审核要点

协议主要内容涵盖:目标地块的位置、面积和自然状况,交地时间及条件,土地出让金价格、支付币种和方式,规划要求及用途,土地转让、出租、抵押的条件,双方其他的权利和义务,违约责任,争议解决等条款。订立土地出让协议合同时,应尽量考虑周详,既要遵守东道国/地区法规和政策要求,又要最大限度地争取和维护己方的合法权益。其中,以下要点需要注意:

(一)合同主体

对于与政府部门签订的土地出让协议,需要核实土地出让协议的签署主体是否有权利签订且符合东道国/地区法律要求。例如,一些国家可能规定特定的签署土地出让协议的政府机构,由其他政府机构签订则无效。因此,审核土地出让协议时应关注合同主体,以免因合同主体违反东道国/地区的强制性法律规定而无效。

(二)土地出让金的构成

需要明确土地出让金是否包含税及其他费用。如果东道国/地区对土地出让价款的价格有规定,则土地出让金不得低于订立时按照国家规定确立的最低价。

(三)土地出让金的支付

土地出让金的支付分为一次性支付和分期支付。一次性缴纳这一方式适合资金充足的公司,可以免除利息。而分期支付适合资金不充足的公司,可以缓解对资金占用的压力。房地产开发企业订立出让合同时应结合自己的实际情况，和出让方商定支付方式。建议土地出让金以分期支付的方式进行约定，并预留一部分款项于转让完成后一定期间（如一年、两年）届满时支付，以应对出让方的不实披露或违反承诺事项。

（四）规划指标

对于与政府部门签订的土地出让协议，政府可能会对该房地产项目设定一些规划指标，例如限高、容积率、绿地率、用地性质等。合同订立后，若投资者不能按照土地出让协议履行义务，项目规划指标未达到土地出让协议约定的标准，投资者将面临承担违约责任的风险。因此，投资者应当注意核实指标之间是否有矛盾，争取最优惠的规划指标，并根据项目的具体情况以及出让方对项目的最低容积率、建筑密度要求等指标，综合评估，审慎承诺。

（五）土地用途

一些国家为了合理配置土地资源，对土地用途进行了规划与管制。与政府签订的土地出让协议可能涉及土地用途相关的约定。投资者必须按照约定的土地用途进行开发。

（六）开发期限

在土地出让协议中，出让方可能会要求对土地的开发动工期限进行约定。投资者应先合理评估开发周期，与政府做好协商沟通，避免因自身原因延期开工造成土地闲置，导致承担违约责任，如合同解除甚至被政府收回土地。

（七）违约责任

从投资者的利益出发，土地出让协议中应明确约定逾期交付土地的违约责任，包括违约金、损害赔偿及达到某种条件时投资者解除协议的权利。

第二节　合资开发协议

一、签订背景

在这种开发模式下,以中外双方成立的合资公司名义取得土地使用权并进行规划审批、建设工程证照的申办。合资双方以出资额为限对合资公司承担责任。采取合资开发模式进行房地产开发,有着组织结构规范、法律关系明确的优点,且使合资公司成为土地的所有权人,有权对土地进行转让、出租、抵押等处分,最大限度上保护了中方的交易安全。

二、审核要点

合资协议主要明确股东之间的权利义务,包括设立公司组织形式、出资比例、出资方式、公司治理、利润分配、退出机制、违约责任、争议解决等内容。对于开发过程中的各方面。应当在合资协议中明确约定,以减少争议,审核要点如下:

(一)合资协议的先决条件

对于在先期尽职调查环节发现对方存在问题及风险,可以将对方承诺或修正的条款设置为协议生效的先决条件。例如,经东道国/地区政府审批或备案、国家安全审查、反垄断审查、房地产行业的投资审批等后,合资合同方生效。

(二)出资比例

首先,需要关注东道国/地区对房地产行业外国投资持股比例是否有限制性规定。其次,在不违反东道国/地区法律规定的前提下,综合考虑公司控制权的问题，与其他合资方协商确定各自的出资比例。

（三）出资方式

如果股东以非货币形式出资，需要特别注意东道国/地区的法律规定，哪些资产可作为出资，哪些形式的出资无法实现。例如，在缅甸（Burma）、印度尼西亚（Republic of Indonesia）、斯里兰卡（Democratic Socialist Republic of Sri Lanka）、哈萨克斯坦（Republic of Kazakhstan）等国，不允许外国投资者拥有土地所有权，因此土地无法作为合资公司的出资。其次，对于非货币出资的资产需要进行详细的描述，并对其资产价值进行评估。

（四）以土地作为出资的相关约定

以土地出资的一方应保证土地合法获取、持有，且所有手续完备，后续能够以合同约定对土地进行继续开发。

另外，以土地作为出资的一方应保证，除双方明确约定外，土地出资方应承担其土地上所涉债权债务或类似会影响土地后续开发的额外支出。

（五）公司治理

一般而言，股东按照股权比例同等分享股东利益。若投资者为小股东时，可以通过一票否决权、重要人事安排、优先购买权、僵局处理等机制保障自身权利。

（六）利润分配

合资公司具备东道国/地区法律规定的利润分配条件后方可进行利润分配，可以按照各自在公司中的股权比例，也可视东道国/地区法律规定，按照不完全等同于其股权比例的其他特定比例分享公司的可分配利润。

（七）退出机制

投资者应当根据参与项目的目标战略及可能面临的风险考虑完善的退出机制，如是以获取施工任务为战略目标的投资，可考虑完工后退出。

第三节　联合开发协议

联合开发是一种较为松散的合作模式，对于资金提供方而言法律风险较大，签订协议时注意以下要点：

一、联合开发方式

此为明确合作各方主要权利义务的基本条款，合同应明确约定是各方联名开发，还是有一方或数方隐名参与开发，并对项目的运作机制、组织形式、主要机构、主要人员进行约定。

二、投资安排

房地产开发的时间周期长，开发过程中可能出现资金不足的状况，作出合理的投资安排很有必要。协议中需明确约定各自的投资形式及投资金额，同时对投资不到位的一方，应当存在制约机制以保证房地产项目顺利推进并保障己方利益。

三、双方权利与义务

在联合开发协议中，应当约定在项目中各方的具体权利义务，并明确各自所负责的工作，共同推进项目。对于重要的工作任务，还应当在协议中明确违约责任以及终止条款。

四、违约责任

针对上述约定的双方义务，应分别约定未履行义务时的违约责任。对于严重的违约情形，还应约定守约方解除协议的权利。

第四节　房屋买卖合同

房屋买卖合同包括房屋基本状况、房屋价款、保证金、房屋交付时间、房屋交付条件与交付手续、面积差异处理方式、房屋质量、保修责任、合同备案、房屋登记、前期物业管理、违约责任、争议解决等条款，主要有以下要点：

一、购房人资格

一些境外房地产投资者开发的住宅项目，主要面向中国购房人销售。在此类情况下，应注意东道国/地区对外国人购买本国住宅的限制性规定。例如，马来西亚允许外国人购房，但只能购买一定总价之上的房子，低于该总价的房子外国人不能购买。还有一些国家通过加重税收来控制外国资本过度流入当地房地产市场，例如，加拿大对在温哥华购买住宅的外国人征收 20%的购置税。投资者销售房屋时应注意审查购房人的资格是否符合东道国/地区法律规定。

二、房屋价款及支付

商品房买卖合同的价款应表明单价与总价，支付方式一般有一次性付款和分期付款，均需明确具体支付的金额及时间节点。

三、保证金

在很多国家，商品房预售时，买方无须支付全部房款，仅需支付一部分的保证金。因此,保证金的具体金额及支付方式,需要根据东道国/地区的法律法规确定。

四、房屋交付时间

应在合同中明确房屋交付的概念,如交房是指卖方向购房人交钥匙还是购房人签署交房单,明确房屋交付时间对确认违约金、损失赔偿的起算点有重要影响。

五、面积差异处理方式

因预售的房屋尚未竣工,可能导致合同中载明的面积与实际面积发生误差,因此需明确面积差异的处理方式。

六、保修责任

一般而言,在房屋交付后的一段时间内,卖方需要承担保修义务。例如,在美国,一般保修期为1年,法国为10年。还有一些国家对新房的保修期有强制性规定,例如,新西兰规定新房有1年全屋保修(含屋内所有东西,花园除外)及10年结构保修(含屋顶、主要框架、水管煤气管道、电工、窗户等)。卖方与购房人约定的保修期不应低于东道国/地区的法律规定。

七、违约责任

卖方的主要义务是提供合格的商品房并配合完成房屋产权转让的相关手续,其主要违约责任为:

未按约定期限或标准交付商品房;

未按约定配合完成房屋所有权转让事宜。

购房人的主要义务是付款并接受商品房,承担违约责任的方式是实际履行合同、赔偿相应损失和解除合同。

第五节 商业地产租赁合同

相比于其他类型的地产项目,商业地产的门槛更高,运作更为复杂,因此对团队的专业化程度有更高的要求,一些典型的指标,例如开业率、入驻品牌、营业时间等会受到格外关注,此类关注也会反映在商业地产租赁合同中,商业地产租赁合同的审核主要应当注意以下要点:

一、租赁用途

在大多数情况下,商业地产的开发商对商业地产的用途会进行统一的规划,一般在商业地产的租赁合同中,出租人与承租人会明确约定可以进行运营的商业种类,此外,对于入驻品牌的类别,档次可能也会进行约定。在未经出租人同意的情况下,一般来说,承租人不能随意改变租赁的用途。

二、租赁期限

不同于其他类型的地产,商业地产的租赁期一般会包含数十日至数月不等的免租期。免租期并不意味着承租人不需要支付任何费用,一般而言即使在免租期内,正常的物业管理费用以及公共事业费用等仍然需要承租人支付。

三、计租面积

商业地产的业主靠出租给租客来获得收益,计租面积的计算影响到这一根本利益,由于不同的计算方式,计租面积往往会差距巨大,单单建筑面积与使用面积之间的差值就是一笔不小的费用,因此,完善的商业租赁合同中应当明确约定计租面积的计算方式,有条件的,应当由专业的测量师进行测量,双方共同认可结果后,写入租赁合同。

四、开业

大型商业综合体的业主往往希望租户进行统一开业以达到良好的营销效果,但是统一的开业日不一定对租户最有利,怎样协调各个租户之间对开业日的不同要求,以达到双方满意的结果,是租赁协议十分重要的功能之一。一般而言,业主可以通过免租期等相关条款来影响商户的开业日,或者直接设置开业日条款来约束租户。

五、租金

租金是商业租赁合同中的核心条款,租金的计算与收取主要有以下几种方式:

固定租金方式,即确定一个固定的租金价格,一般按月或者按季度收取,此种收取方式简单直接,一般适用于个体租户;

提成租金方式(也叫扣点分成),业主与承租人在约定期间以租户的营业额乘以一定的百分比交予业主作为租金;

固定租金加提成租金的方式。

六、其他费用

租赁合同的双方应当在合同中对除了租赁合同以外的其他费用进行明确约定,例如物业管理费用、公共区域的水电费用、停车场使用费用等。具体的费用应当在双方协商后,约定明确的计算方式并写入租赁合同。

七、保证金

除正常租金外,出租人通常还可要求承租人在合同有效期开始前缴纳一笔保证金。这笔金额通常在租期到期、承租人按约定履行完合同义务后的一定合理期限内退还给承租人。对此,建议投资者在合同中约定保证金的抵扣及补足方案。

八、装修装饰

对于租户的装修,由于可能涉及业主商业综合体的完整以及安全,承租人在装修前一般应得到业主的同意。基于商业综合体的特殊性,租户的装修设计一般应当经过业主的审核,与物业的整体风格相统一。此外,还需考虑租赁期限届满或合同中途解除后装饰装修物的归属问题。

九、转租

一般情况下,由业主和租户自行约定在租赁合同期内是否允许租户将尚未执行完毕的租赁期转租给第三方。在允许的情况下,一般的转租应当由业主审核并同意,这是考虑到商业地产的特殊性,为了不影响商业综合体的整体运营稳定,以及避免影响业主以及其他租户的利益。

十、合同解除

根据实践,出租人可以约定租赁合同的解除事宜,一般包括:

承租人未按照约定的方法或者租赁物的性质使用租赁物,致使租赁物受到损失的;

承租人未经出租人同意转租的;

承租人无正当理由未支付或者迟延支付租金的,出租人可以要求承租人限期支付,直至解除合同;

承租人擅自变动房屋建筑主体和承重结构或者扩建,在出租人要求的合理期限内仍不予恢复原状的;

承租人逾期开业达到一定期限的;

承租人未按照约定用途营业的。

第四章　项目建设和经营管理阶段

// 内容提要

本章主要围绕"境外房地产项目建设和经营管理"展开,主要包括以下六个部分内容:

> 房地产项目土地取得

> 不动产使用权/所有权登记

> 房地产项目行政审批

> 房地产项目招标管理

> 房地产项目施工管理

> 房地产项目销售管理

通过阅读本部分内容,将迅速地了解境外房地产开发阶段的有关流程,指导房地产项目管理人员全面开展境外房地产开发项目的工作,熟悉境外房地产开发项目的各个环节,把握房地产投资项目的工作重点,规避房地产投资项目中的各项风险。

房地产开发是一个多步骤流程,过程复杂、时间漫长且风险高。一个房地产开发项目从初期规划阶段,到施工建设再到最后完成可能长达数年,而在此过程中的任何一个阶段都可能出现影响项目推进的阻碍因素。

无论采取绿地投资还是收购现存项目,项目的实施运行阶段都是必须经历的。因此,项目的实施运行对房地产投资来说至关重要,管理好实施运行阶段对整个项目意义非凡。以下,就房地产项目实施运行阶段的各个流程进行介绍。

第一节　房地产项目土地取得

一、土地制度

房地产项目的启动以获取土地(所有权或使用权)为先决条件。在不同的国家和地区,其土地法律有很大不同。

与在中国没有土地私有制,房地产开发只能取得土地使用权[①]的情况不同,大多数国家的土地是私有的。但在土地私有制占主导的国家,也并非所有的土地都由自然人或法人所有,国家也可能是一部分土地的所有权人,国有土地与私有土地的用途可能不同,所适用的法律规定也有不同。

在我国取得国有土地使用权要经过"招拍挂"的程序,而在境外获得土地则要根据土地属性的不同采取不同的形式。

二、权利范围

尤其是在境外房地产投资当中,投资人必须要注意的一点是,在不同的法域下,土地所有权与土地使用权的概念外延并不总是一致,通过租借获得的"使用权"并不一定比"所有权"的权能范围要窄。例如,在英国,名义上全部的土地都归英国王室或国家所有,土地权利人称"土地持有人"或"租借人",但实际上权利人对土地进行占有、使用、收益和处分,其权能与中国《民法典》

---

① 基于本研究是为中国企业境外投资提供指导,包括"土地使用权"在内的法律术语均以中国法项下含义为准,另作解释的除外。

的所有权并没有实际差别。

因此,在境外房地产投资的土地取得环节,要遵守"实质高于形式"的原则,更多地关注土地权的权利范围,而非术语称呼,以及适用哪些法律与政策,会存在何种限制,是否可以通过投资架构搭设以完成土地取得及后期开发。

三、"内外有别"

土地法律制度是各国的基本法律制度之一,是一国国民的核心利益所在,因此很多国家在土地权利转让政策上实行"内外有别"的原则,所以即使是可以转让土地所有权,但也必须是在本国公民之内的转让,而不允许让与外籍人士或外籍人士控制的法人。

例如,泰国《土地法案》(1954 年)在原则上不允许外籍人士拥有土地,外籍人士包括外籍自然人、在泰国之外注册的公司、在泰国注册但是外籍人士持有已发行股份 50% 或以上的公司、在泰国注册但是外籍股东人数多于泰籍股东的公司。[①] 若境外房地产投资的目标客户是不限于投资对象国本国居民的,"内外有别"的限制可能是后续房地产产品推向市场和整个项目投资回报的决定性元素。

四、权利期限

一是要考虑投资对象国对土地使用权可能设置了最长期限,也可能专门针对外籍人士和外籍人士控制的法人拥有的土地使用权设置期限。例如,刚果民主共和国规定土地使用权永久转让仅限于本国居民,一般转让期限只有 25 年,期满可以顺延,但累计年限不得超过 99 年。

在获得土地权益时,还要考虑的一个问题是该种土地权利是否存在开发时限要求,例如,在阿拉伯联合酋长国(迪拜)购买酋长所有的土地,一般会有

---

① 参见中华全国律师协会:《"一带一路"沿线国家法律环境国别报告》第二卷,北京大学出版社 2017 年版,第 855 页。

5 年的开发时限要求,如未能在 5 年完成开发,则出让方可以解除合同,将土地权益再次出让并可保留已付价款。

五、土地用途

在土地权利取得时,另一个需要考虑的问题是土地用途,即使在土地私有制国家,土地所有权可以进行自由流转,但土地用途却并非土地所有权人可以任意决定或变更的,这是中国企业进行境外投资时不可想当然的一个问题。土地私有制和土地所有权并不表示土地权利行使完全不受限制,在进行境外投资时必须理解土地权利从根本上还是基于法律承认,受让土地权利和利用土地都要符合当地的土地法律规定。

例如,英国 1947 年出台的《城乡规划法》中就规定一切土地的开发权,即土地用途变更由国家控制,土地所有者不能随意对土地进行开发。这个问题的存在就要求投资者,在土地取得前考量该土地是否可以进行用途变更,将用途可变更为符合投资目的的用途设置为土地取得的前置条件,这样可大大降低投资失败的风险。因此,在土地取得前,应就土地是否可以用于房地产开发进行判定。

六、交易方式

在取得土地使用权/所有权时,要注意通过股权转让方式间接取得这种形式。在实践当中,出于政策限制、税费负担和交易成本等方面考虑,通过收购项目公司股权方式取得目标地块的使用权/所有权是一种比较普遍的交易方式,但要注意项目所在地的法律对通过该种形式取得土地权利后的房地产开发是否有限制。

股权转让的优势在于节约交易费用和交易时间,但风险则相对较大,例如,目标公司可能存在未披露的债务,且目标公司名下可能也有除该土地外的各种资产以及员工,股权交易是一揽子交易,概括继受了目标公司的所有资产和债务,因此必须要进行专项尽职调查,如发现债权债务关系比较复杂,则可能需要耗费大量时间和金钱成本进行资产剥离和清理。

与中国境内房地产投资在土地取得环节中主要关注事项不同,境外投资需要考虑土地权利的各个方面,以下是境外房地产投资土地取得环节的关注重点归纳:

表4-4-1　境外房地产投资土地取得重点关注事项

土地制度	➢ 是否以私有制为主导? ➢ 投资对象国/地区是大陆法系还是英美法系? ➢ 是否为前殖民地国家/地区? ➢ 是否为发展中国家/地区? ➢ 不同类型的土地如何取得?
土地权利范围	➢ 土地所有权 vs.土地使用权? ➢ 土地权利的权能是否完整? 即是否包括占有、使用、收益和处分?
"内外"限制	➢ 外籍人士或由外籍人士和外国法人控制的法人或其他组织是否可受让土地所有权/使用权? ➢ 受让土地的外资/外籍人士的人数有无限制,若有,限额是多少?
期限	➢ 土地使用权/特许使用权是永续还是有期限? ➢ 如土地使用权有期限限制,是否可以展期? 展期最长限制是多少? ➢ 取得土地权利后,是否有开发时限要求? ➢ 开发时限是以动工开发时间为准还是以完成开发时间为准?
土地用途	➢ 土地用途是否存在限制? ➢ 土地用途是否可以进行变更? 变更需要符合怎样的条件和程序?
交易方式	➢ 资产收购还是股权收购? ➢ 在该国/地区法律项下,不同收购方式的成本比较如何?

第二节　不动产使用权/所有权登记

一、不动产权利登记概述

在大多数大陆法国家(以公示作为物权变动的原则),在签订土地权利转让/租赁合同后,如未办理不动产登记证明,则购买人不能享有不动产权利,而仅可就合同要求合同相对人承担违约责任。此外,在不动产上设置他项权利(例如抵押权、地役权等),大多数国家都规定需要经过登记才会生效或者对抗第三人。因此,对于投资目的国为大陆法系的国家,登记是土地权利确认和保护的机制,是土地取得过程中一个必不可少的环节。

二、不动产确权

不动产权利登记又可分为两个环节:权利确认和权利登记。在权利确认环节,如果土地权利是原始取得(如从无主地变成私有土地),则应进行初始登记,初始登记需要当地具有资质或者获得政府授权的机构进行测量并出具报告,界定权利所及的土地范围。

如果不动产权利是继受取得(从他人处购得),则应进行权利限制的查询,查询不动产是否存在其他共有产权人,转让时是否获得了所有产权人同意,还应确认不存在抵押权和地役权等权利限制,即英美法所称的“清洁资产”(clean title),如存在权利限制,需确认权利限制的类型和规模,对交易是否构成限制,以及解除相应权利限制的成本为多少。

三、不动产登记

在完成了权利确认的环节后,即可申请权利登记,权利登记的关注重点是要符合形式要求,在完成税费缴纳和备齐文件后向不动产登记机关申请登记。如果根据当地法规,进行不动产转让登记可以不需要提前完成税费缴纳,出于节约时间的考虑,可以先完成登记后在规定的时间内完成税费缴纳。

第三节 房地产项目行政审批

房地产开发通常时间跨度很长,除土地以外,还涉及城市规划、环境保护、公共安全、国民经济发展、就业等各方面公共利益,因此各国对房地产开发项目都设置各类行政审批。

一般来说,虽然各国的具体法律与政策都有所不同,但房地产开发项目具有共性。为指引中国企业进行境外房地产投资,本节以已建立相对成熟的房地产开发监管体系的中国为参照,梳理出房地产项目的行政审批,包括但不限于以下方面:

一、房地产开发主体资质

房地产开发项目持续时间长,需要调配使用的资金量大,需要沟通的方面多,因此对开发主体有着很高的资质要求。

一般而言,不同等级的资质需要考虑房地产企业的资金实力、开发经验、专业人员和管理人员储备,还涉及企业的过往业绩和近期业绩(可反映业务经营是否连续稳定)以及是否建立了质保体系等方面,从而对房地产开发主体进行综合而具体的评价。

与之类似,外国政府或以统一法律规定或以个案判定的形式,可能会对不同规模和不同区域内的房地产开发项目的主体——企业所需要的资质进行限定。

因此,在境外进行房地产投资中,房地产开发企业资质认定可能是房地产开发项目早期工作中必不可少的一个部分。

二、设计审批/备案

(一)房地产设计审批/备案的制度目的

房地产开发就是高楼平地起,而从土地到建筑的第一步就是设计,房地产项目的开发建设不仅关系着参与各方的利益,更涉及未来业主的利益和公众的利益。因此,政府对房地产项目的监管往往从设计阶段就开始了,监管的手段之一就是设置行政审批,往往从规划合规、环境保护和公共安全等角度进行。

在相对发达的经济体,法治相对健全且建筑市场发展符合规范,出于节约政府资源的目的,可能通过备案制度来对房地产项目设计进行监管。房地产开发主体需主动进行设计备案并进行自我审查。

不同于审批制是先行设卡,备案制往往采用高额的行政处罚来防范设计缺陷和备案材料造假行为。因此,外国的设计备案制与我国的设计审批制,虽然方法不同,但其制度设置的目的均是对建筑工程的规划、质量、安全、环保等方面进行监管。

(二) 不同设计阶段涉及的审批

一般来说,建筑设计可分为方案设计、初步设计、扩初设计和施工图设计四个阶段。以中国为例,监管的门槛主要卡在设计的最后一个阶段——施工图审查。

(三) 施工图审批

施工图是设计阶段的最终成果,审查施工图也是政府尊重市场主体自主性和降低监管成本的必然要求。

作为施工制作的依据,施工图是设计和施工的桥梁,也是后期监理和政府质量安全监督管理的依据。例如在中国,早在 2004 年中国政府就出台了《房屋建筑和市政基础设施工程施工图设计文件审查管理办法》来规范施工图审查,并规定施工图审查不合格的不得使用。根据 2018 年底修订的《房屋建筑和市政基础设施工程施工图设计文件审查管理办法》,中国监管机构对施工图审查的方面有:是否符合工程建设强制性标准、地基基础和主体机构的安全性、消防安全性、人防(防空)工程、是否符合民用建筑节能强制性标准及是否由勘察设计企业和注册执业人员签章。此外,在中国,后期的施工许可也与施工图审查通过挂钩,如施工图审批未通过,则后期的施工许可证也无法获得。

投资者应注意,虽然不同国家的监管口径和监管方式有所不同,但建筑质量和安全是政府审批的一致关注点。如在美国进行房地产开发时,就需要审查包括建筑物立面和景观图在内的设计图纸,以审查建筑物设计是否符合设计原则(包括质量与安全原则),是否符合美观方面的规定等。

企业在境外进行房地产投资时,在施工图审批(或备案)环节,应当充分考虑当地环境和尊重当地法律政策,在设计阶段即做好质量和安全的把关,这不但有利于为当地市场提供过关的产品,也有利于建立自己的市场声誉。

三、规划许可

房地产项目形成的建筑及其附属设施通常都会使用至少几十年,占用土地面积大,对一个地区的发展和公众利益影响巨大,其是否符合城市规划是一个地方政府和民众都会重点关注的问题。

四、其他前期专项评审

(一)环境影响评价

房地产开发项目以建造人类可居住和生产生活的场所为最终产出,这势必会涉及改造自然环境,也势必会对环境产生各种影响,包括可能污染土壤和地下水、阻碍野生动植物栖息和迁徙、产生噪声影响周边居民生活等,且施工过程中短期产生的废水、废料、粉尘和噪声更会对环境产生严重影响。

因此,在相对发达的经济体和具有相对成熟完善的房地产开发监管体系的国家或地区,环保评审都是房地产开发项目中必不可少,甚至贯穿整个项目运营实施的一个环节。

（二）交通、绿化、卫生、消防等其他专项评价

房地产项目也会对城镇交通、地区绿化、居民卫生、社区消防等各个方面产生影响,存在着各种损害公共安全和公共利益的风险。基于此,各国也会在房地产开发项目中设置相应的行政审批程序。但各国国情不同,政府监管手段和监管水平也不同,此类评审的程序也会有所不同。

如美国前置审批不严格,但是"后置"的监督——诉讼赔偿却可能非常高。我国企业在进行境外房地产投资时,一是要提高环保、交通、绿化、卫生和消防方面的合规意识;二是合规的工作思路要注意境内境外的不同,需要针对投资国的具体情况进行调整,才能顺利地推进项目,实现最终收益。

五、施工许可

房地产开发势必涉及建筑物及其附属设施的变动,无论是新建、扩建还是改建,都会导致原先地块上的物理形态发生变化,而且一旦施工开始,就不再轻易可逆,因此政府要对房地产项目进行监管就势必在施工前进行控制。且建筑施工是影响建筑物质量和安全的直接决定因素,因此从保障未来产权人利益和公众利益出发,对房地产项目施工前是否具备施工条件、是否做好了充分的施工准备进行审核也是政府监管的应有之义。

各国的政治和法律制度虽有不同,但各国政府在施工事项上基本都设置了事前审批的制度,并且与后续房地产产权办理挂钩,未获得施工许可就施工的建筑物,后期也难以获得政府的产权确认和保护。

如在法国,任何建筑面积超过 20 平方米的(超过 150 平方米的就必须聘请建筑师)建筑施工都必须办理施工许可(Permis de construire),需要提交周边区域图、标明四至界限的总体设计图、土壤剖面图、建筑物外立面及屋顶设计图、地理文件以及远近环境照片等文件;审查范围包括是否符合欧盟法的规定,是否符合土地利用、植被、自然环境、建筑物与自然环境协调性、施工安全

和卫生等相关规定。

第四节 房地产项目招标管理

一、招投标的流程

以我国为例,通常来说,不论是建筑工程的勘察、设计、施工还是设备的采购,其招投标都会大致经历以下流程:

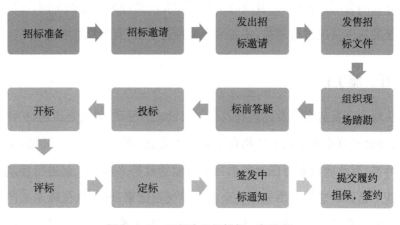

图 4-4-1 工程建设招投标一般流程

二、招标文件

(一)招标文件构成

房地产开发企业在进行招投标时,作为招标方,第一步要做的就是编制招标文件。招标文件一则是帮助投标人了解工程项目情况从而作出报价,再则是合同文件的基础,此外,还是工程施工时索赔与反索赔的依据。因此,招标文件编制的重要性自不必言。招标文件不仅应当符合投资东道国/地区的合同法、招标投标法和公共采购法等有关法规,还应当准确、详细地反映项目的客观真实情况,力求减少签约和履约过程中可能产生的争议。

一般而言,招标文件中通常包括投标邀请书、投标须知、合同条件、技术规范、图纸、工程量清单、投标书格式文本、投标及履约担保要求等。因为招标文件涵盖不同类型的多项内容,因此招标文件应当统一和规范使用术语。

（二）工程概况

工程概况,包括招标人名称、工程名称、地点、规模、地质地貌、气候条件、现场情况和工程情况(结构类型,建筑物或构筑物形式及数量、层数,主要建筑内容,对周边环境要求,设计标准)、建设前期准备情况和地址资料等。

工程概况不仅便于投标人了解工程情况,更是作为招标文件的一部分和合同签订的背景情况,是固定合同期待的一种形式,对于后期施工中解决争议具有重要意义。

（三）工作范围与合同模式

在编制招标文件时,招标人必须要考虑的问题就是确定需要发包的工作范围,以及基于工作范围和房地产企业自身的设计管理资源和优势,选择何种合同模式。主要的发包方式包括:

设计、采购和施工的 EPC 总承包/交钥匙合同方式;

勘察、设计、施工分别发包。

合同模式的工作范围不同,由承包商承担的风险也不同。一般而言,EPC合同中承包商承担的风险分配更大,所以合同价格也更高。

（四）合同条件

招标文件中的合同条件是招投标成功后双方签订合同的依据,一般不允许对重要条款进行修改。而合同条件是由招标方单方确定的,潜在投标人投标就视为已同意合同条件,如果投标人在投标文件中进行了修改则可能被视为重大偏离而无法中标。对于投资者而言,在制订合同条件时,要关注到以下几个重点方面:合同文件及解释顺序、发包人和承包人的各自义务、工期延误、验收方法和标准、质量安全、环保节能、计量与支付、材料和设备的供应、违约索赔等。

(五)工程量清单

工程量清单一般可由招标人聘请专业设计单位制作并根据施工图纸进行审核,并在招标文件中提供。尤其在境外房地产投资中,房地产开发企业对当地的自然地理、市场环境和劳动力市场都不十分了解,不但要做好充分的市场调研,更要在专业人士的协助之下进行认真核对,力求使工程量清单符合施工要求和实际的市场环境。就工程量清单本身来说,应当详细、完整、清晰,例如暂估金额、暂估价、计日工等要写明,还应考虑特殊项目、特殊要求等。

(六)报价模式

报价直接决定了招标人的预期投入和投标人的预期收益,因此是招投标活动中最核心和最敏感的部分。虽然报价由投标人报出,但报价模式却由招标人确定。房地产开发企业作为招标人应在充分调研的基础上确定计价模式,尤其是境外投资不能局限于国内的操作习惯,应考虑固定总价、固定单价、可调价和成本加酬金等报价模式的优劣,灵活选择报价模式。

三、中标签约

(一)签约前谈判

虽然递交标书,意即表明承包商已经愿意遵守业主招标文件中提出的各项要求与合同条件,但承包商也会提出一定的变动和修改,而招标人在评审中也不会因为部分变动和修改就完全排除某个投标人。因此,在中标后双方都需要通过谈判再行签约。在国际工程的招标惯例中,在发出中标通知后一般会留出一个月的时间,招标人可与承包商进行谈判并最终确定合同文本后签约。

(二) 签约谈判的目的

从招标人的角度出发,进行合同谈判有以下预期:通过谈判与承包商代表和技术人员接触,进一步了解确认承包商的技术、经验、资金、管理能力和人力资源等;对评标过程中承包商的报价进行修正,但仍需要由承包商确认;讨论并共同确认局部变更,包括设计的局部变更、技术条件、合同条件、承包商的建议方案以及由此可能导致的价格、质量标准和工期的变动;对承包商报价中不合理的部分进行核查和调整;对已达成的协议进一步确认和具体化。

(三) 合同文件的构成

工程施工合同文件内容一般包括合同协议书、工程量清单、合同条件(通用条件和专用条件)、投标人须知、合同技术条件及图纸、中标通知、双方共同签署的补充文件、投标人投标时提交的主要技术和商务文件以及其他双方认为需要被纳入合同文件的部分文件。

(四) 合同的签署

在合同谈判结束后,形成的合同草案应经业主和承包商双方确认并由授权代表进行签署。合同签署后,业主应在承包商提交履约保函后,将投标保函退还承包商。

第五节　房地产项目施工管理

一、房地产项目成本管理

在整个房地产开发项目中,除去土地取得的费用,资金量投入最大的就是建设施工的费用。施工是依据设计方案和图纸,由施工人员利用原材料和各种设备建造建筑物和构筑物的过程,涉及原材料采购、设备采购和租赁、人员工资等各种费用。因此,房地产项目成本管理集中体现在施工阶段的造价控制上。

而施工阶段的造价控制主要有三个方面:控制工程变更和签证管理、严格审查承包商的索赔要求以及材料设备采购管理。

(一)控制工程变更

工程项目实施过程是工程变更的多发阶段,一旦发生变更,对建设工程造价、进度的影响均较大。我国企业在作为业主时,必须要控制工程变更,尤其是长期从事施工的建筑企业在境外从事房地产开发时,需要做好从承包商到业主的角色转换,利用自身的施工经验去把控工程变更。

而控制工程变更的重要手段就是签证管理。房地产开发企业作为业主,必须会同监理工程师制定严格的工程签证管理制度,明确职权与分工,确保签证的质量,杜绝不实及虚假签证,例如,要求所有的现场签证经承包商、监理工程师和业主三方代表共同签字方为有效。

(二)审查承包商的索赔请求

我国企业在国外进行房地产开发时,要想做好承包商索赔的审查工作,必须要熟悉和掌握施工索赔依据、收集好关于施工索赔的依据、注重施工索赔的防范。此外,还应从承包商的角度,合理梳理索赔发生原因、充分考虑索赔性质、分析双方核心诉求、提出能够响应诉求的解决方案,以求能够相对公平地解决索赔请求。

(三)控制材料设备采购

在大型的房地产开发项目中,工程施工必然涉及大量设备与材料的采购,采购成本也是工程造价的重要组成部分,因此进行造价管理就必须做好采购成本控制。而在境外投资时,由于不熟悉当地市场,原材料和设备的采购渠道也相对欠缺,中国企业必须提高造价控制意识,丰富造价控制手段。

控制采购成本,必须正确确定材料价格,除了把控进场材料和设备的质量要求,还应建立材料设备的价格和质量认证制度,以防供应商以次充好,损害工程质量,如委托承包商进行采购,则可以在承包合同中为承包商采购设定采购程序和规范,要求承包商必须经询价、议价和质量认证等程序才可以采购,如承包商未按照该程序采购则构成承包合同项下的违约。

二、房地产项目施工进度管理

工程施工是整个房地产开发项目中耗时最长的一个环节,也是房地产项目"产品形成"的环节。工程进度关系到建设工程能否如期竣工交付使用,关系到房地产开发企业何时能够实现资金回笼,不但会影响正在施工的项目的融资安排和融资成本,而且会影响到整个房地产开发企业的现金流量。在工程建设中,项目的施工进度、质量和成本是相互影响的,房地产开发企业进行进度管理有利于控制成本和保障收益预期。因此施工进度管理是房地产开发管理的核心内容之一。

(一)工程进度控制原理

在工程施工合同招标时,建设单位规定总的施工工期,而在投标时投标人也会提交进度计划表,中标后业主会与中标人共同确定一个施工进度计划,这就是承包商进场施工前的初始进度计划。而随着施工工作的开展,施工进度计划会需要根据实际情况进行修改和调整,再经双方共同确定为新的进度计划。

而进度控制,就是定期检查施工实际进度状况,与原进度计划进行比较,找出进度差,通过对原因及总工期影响情况的评估分析,由业主和监理工程师共同监督承包商及时采取措施调整进度计划并执行调整后的进度计划。这是一个动态的循环过程,从项目招投标开始直到在既定的工期实现竣工,或者在保质保量且不增加投资的前提下,提前竣工。

(二) 工程进度拖延的防范措施

针对一般的工程进度拖延,可采取如下防范措施:

表 4-4-2　工期延误的防范措施

充分评估	工程招标前应对项目建设目标计划做好充分评估,留足机动时间和室外工程施工时间后,确定房屋建筑工程的施工合同工期,在项目施工招标文件内写明,作为要约条件请投标方考虑。
工程进度计划与合同要求相匹配	开工前,要求承包商提交完整的施工进度计划报业主和监理工程师,由业主和监理工程师根据工程施工总目标计划进行核准。对于专业、分项工程,尚需与已核准的承包商总进度计划和现场施工实际进度进行有效整合,确保工程进度计划满足合同要求。
结合施工实际做好月度计划	要求承包商每月底对本月计划完成情况进行小结,并把下月的进度计划报监理和业主审核。制订月度计划应结合施工实际,制定进度计划时应考虑分包单位的施工流程,确保计划的可实现和可操作性。
施工进度与进度计划作对比	监理工程师应经常检查现场施工进度情况,与项目施工总进度计划进行比较,当实际施工进度滞后于计划进度时,监理工程师应及时分析原因,提出解决的办法,要求承包商调整并报业主备案。
对承包商施工完成情况进行综合考评	施工期间每月由监理工程师配合业主综合考评承包商工程计划完成情况。当出现关键工作的施工进度明显拖期,直接影响后续工序施工时,监理方和业主应立即分析原因、找出解决办法,采取必要手段落实施工单位"赶工",以此来确保目标节点工期的实现。
落实确定的节点完成控制时间	根据目标工期确定的节点完成控制时间必须予以落实,对影响控制节点完成时间的责任单位在工程结算时按合同规定予以处罚。

第六节　房地产项目销售管理

本节主要介绍房地产销售过程中的广告欺诈风险,谨供读者参考。

一、房地产销售广告的法律性质

房地产广告属于要约邀请还是要约,在司法实践中有不同的观点。如果房地产产品与房地产广告存在偏差,当房地产广告被视为要约,房地产开发企业需要承担违约责任;而当房地产广告被视为要约邀请,在合同法上对当事人没有拘束力,房地产开发企业则无须承担违约责任。

在英美法系国家,对于商业广告属于要约还是要约邀请没有法条规定,而由法官依判例解读而裁定,这就依赖于对广告实际内容的判定,而非用简单的法条衡量即可得出结论。因此,房地产开发企业境外投资时,在销售前期必须要重视其广告的内容,避免被认定为要约的可能。

二、房地产销售广告发布要求

房地产广告是房地产销售宣传的重要途径,好的房地产广告对房地产营销至关重要。除了房地产广告被视为要约继而有民事责任的风险外,房地产广告因为涉及市场秩序和公告利益,还受到发布广告、反不正当竞争等相关法律法规的规制。这就要求房地产开发企业在发布前既要评价其是否具备广告发布的前提条件,也要注意审查广告的内容,避免被认定为虚假广告的风险。

实践中,判断房地产广告是否为虚假广告主要从广告是否存在"不实内容"(untrue statement/false statement)及"误导性陈述"(misleading statement),是否足以使消费者产生误解。内容上的失实性判断主要依据为广告内容与商品房实际情况是否一致,误导性陈述是否足以使消费者产生误解的判断标准取决于普通消费者对广告的一般认知。

第五章　境外房地产投资
全流程案例分析

⫻ 内容提要

本章主要结合前述房地产投资的内容和理论要点，以具体国别投资为例，介绍在该国家进行房地产项目投资开发的主要步骤、需要取得的证照，以及需要注意的风险点等内容。本章我们选取了菲律宾的例子，介绍进入此类国家进行房地产投资开发的注意事项：

在菲律宾（以及其他发展中国家）进行房地产开发投资的主要注意事项。因为菲律宾处于我国的周边区域，并且具有较为丰富的旅游资源，因此赴菲律宾投资具有相当的代表性。

根据菲律宾中央银行公布的数据①，2018年菲律宾净吸收外商直接投资为98.02亿美元，这些投资主要来自中国、新加坡、日本和美国等，主要流向制造业、金融和保险业、房地产行业、电力燃气能源供应行业和艺术娱乐行业等。

---

① 参见中国领事服务网：《菲律宾》，见 http://cs.mfa.gov.cn/zggmcg/ljmdd/yz_645708/flb_646330/，2020年11月10日访问。

一、项目前期调研和项目取得阶段

根据 *The Philippine BOT Law and its Implementing Rules & Regulations*（RA 7718）（以下简称《菲律宾 BOT 法》）第 2.5 条的规定，房地产开发主体可以向潜在项目的相关主管部门或地方政府进行登记，表达对潜在项目的兴趣，依据 ICC Guidelines 中规定的形式提交公司简介。相关主管部门或地方政府会每 6 个月将优先项目清单及其后续更新信息通知上述完成登记的开发主体。

开发主体根据项目性质和具体情况，可以选择以非征求性提案（Unsolicited Proposal）、公开招投标或合同直接谈判等方式取得意向项目。

二、土地取得阶段

（一）土地取得

根据《菲律宾宪法》，菲律宾私有土地的所有权只能归菲律宾公民和菲律宾本地公司所有。因此，外国投资者和外国公司无权拥有菲律宾私有土地。但是，外国投资者和外国公司可以通过以下方式变相取得项目开发所需的土地权利：

通过在菲律宾本地公司占少数股权（不超过 40%）的方式间接拥有私有土地；

通过租赁土地的形式，但是需要注意的是，菲律宾法律对土地的租赁期限进行了规定（一般最长为 50+25 年），过长的租赁期限可能被菲律宾法院认定为对租赁土地有实质的所有权，从而被禁止；

通过拥有永久产权公寓的形式获得公寓项目占有的土地。

其中，根据公寓开发项目占有土地的类别不同，分为 Lease Hold（土地是租的）和 Free Hold（土地是永久拥有的），如果是永久产权，公寓所有人共同拥有公寓项目占有的土地。

（二）相关审批和登记

开发主体可能需要向 Housing and Land Use Regulatory Board（HLURB）或地方机构申请土地规划许可证（Certificate of Site Zoning Classification of the Land），并且此许可是下文所述项目开发许可的前提条件。

此外，开发主体可能需就上述通过租赁取得的土地权利向菲律宾土地登记部门（Land Registration Authority）进行权属登记。

三、施工前阶段

（一）项目前期开发阶段

一般来说，项目开发主体在项目初期调研后，就需要聘请相关的设计单位以及工程师开始逐步推进项目概念设计、方案设计、施工图设计等事宜，同时编制技术要求、材料供应清单、成本预算等，完成项目可行性研究报告。根据菲律宾相关法律规定和相关部门的审批材料要求，这些都可能是申请项目施工前，办理各项审批许可时，必须提交的材料。

（二）施工前阶段相关的审批许可

1. 环境相关审批

根据《菲律宾 BOT 法》第 12.2 条的规定，项目开发主体应在项目建设施工之前向相关环境部门 DENR 取得相关环境许可。地方政府和相关机构可为项目开发商取得项目相关审批和许可提供必要的协助。

根据 Prescribing Time Periods for Issuance of Housing-Related Certifications, Clearances and Permits, and Imposing Sanctions for Failure to Observe the Same［以下简称《菲律宾关于办理房地产相关审批许可的规定》（EO 45）］第 6 条，房地产项目相关环境审批许可类型包括 Environmental Compliance Certificate

（ECC），National Integrated Protected Area System（NIPAS），Verification and Approval of Survey Returns 等。其中比较重要的是 ECC，因为根据菲律宾有关 Subdivision Project 和 Condominium Project 的相关实施细则，ECC 是后续项目开发许可取得的前提条件。

2. 农业部门的相关审批

根据《菲律宾关于办理房地产相关审批许可的规定》（EO 45）第6条，相关房地产项目还涉及需要取得菲律宾农业改革部门和农业部门的相关审批，包括 DAR Order，MARO Certification，Certification of Eligibility for Reclassification of Agricultural Land，NIA Irrigation Clearance 等。其中比较重要的是 DAR Order，因为根据菲律宾有关 Subdivision Project 和 Condominium Project 的相关实施细则，DAR Order 是后续项目开发许可取得的前提条件。

3. 项目开发许可证

根据菲律宾相关规定，进行不同类型的项目开发时，需要首先就项目开发方案向 HLURB 或地方政府机构申请审批，审批通过后颁发开发许可证。

四、建设施工和竣工阶段

建设施工和竣工阶段几个比较重要的许可证书如下：

（一）施工许可证

根据《菲律宾建筑法》第301条和第302条的规定，项目开发主体必须从项目所在地区指派的 Building Official 处申请获得施工许可证后，方可进行项目的施工建设。取得施工许可证应该提交的材料包括：

对拟申请许可的项目的描述；

产权证书（Transfer Certificate of Title，TCT），如果许可申请人不是所有权人，除了 TCT 以外，还应提供租赁合同；

项目用途和占有使用说明；

拟申请许可项目的预估成本。

（二）项目竣工证书

根据《菲律宾建筑法》第308条的规定，项目开发主体需聘请有资质的建筑师或土木工程师（Architect or Civil Engineer）对项目的建设施工进行全程监督。一般情况下，上述负责监督项目建设施工的工程师，不能为负责项目建筑设计（Design of Building）的工程师。

上述负责监督建设施工的工程师应监督项目的建设施工是否符合项目开发方案和技术要求，将项目的实际施工进度，包括完成的测试、天气情况和其他相关数据记录在现场日志上。

在项目建设施工完成时，负责监督建设施工的现场工程师应将其签名盖章的现场日志提交给 Building Official，同时提交相应的项目竣工证书，说明项目的建设施工符合建筑法和项目开发方案与技术的要求。

（三）占有使用证书

根据《菲律宾建筑法》第309条的规定，在对项目进行最终监查（Final Inspection）和上述项目竣工证书提交后30天内，若项目的建设或结构符合《菲律宾建筑法》的规定，则 Building Official 应当颁发占有使用证书。在该证书颁发之前，该建筑不能使用、入驻，也不能对建筑原有的占有使用分类作任何变更。

五、销售、出租阶段

（一）销售、出租的条件

1. 开始销售需满足的条件

（1）施工许可证

有关施工许可证的相关规定和申请事宜已经在前面论述，此处不再赘述。

（2）销售许可证

根据 Subdivision and Condominium Buyers'Protective Decree_ Regulating The Sale of Subdivision Lots and Condominiums（PD 957）第 5 条对销售许可证的定义，相关所有人或交易人只有在取得相关登记证书的两周内，申请获得销售许可证，才能开始进行销售。而销售许可证的申请可能因项目类型而有所差异。

2. 开始出租需满足的条件

在出租人对相应的出租房屋拥有完全的处置权的情况下，双方可以在租赁合同中对相关条款进行自由约定，而法律不会对此有强制性限制。

（二）销售与出租中开发商的义务

第一，采用销售模式时，根据 HLURB 官网公布的信息，开发商在销售过程中负有以下义务：

在买卖合同生效之后的 180 天内完成合同登记；

保证将无瑕疵的房屋产权转让给买受人；

保证产权不受抵押、规划变更、所有权改变等的影响；

在所有权人或实际控制人/占有人变更为买受人之前，由开发商或出卖人缴纳交易房产的相关税费和评估费；

由于开发商或出卖人未完全开发或未开发等原因，买受人在接到通知后，暂停支付按揭的，开发商或出卖人不得要求买受人进行赔偿；

对于属于 BP220 法范围内的住房，不得超过法定的最高出卖价格；

在所有权人和开发者的所有办公室显著位置，张贴相关证照；

不得向买受人征收所谓的社区利益费用。

第二，在采用租赁模式时，对于出租人的义务，未见法律强制性的规定。因而在此种情况下，双方的权利义务可以通过租赁合同进行约定。

（三）资金收回的节点

据菲律宾相关置业中介机构的网站介绍,对于 Condominium Building 的销售往往会选择的付款方式为:

支付一定金额的定金;

在 40 个月内(取决于项目的交房日期),以零利率支付占房屋总价款比例为 10%—20%(具体比例取决于开发商)的首付款;

支付完首付款后,即可取得银行或者菲律宾住房公积金或者是由开发商提供的贷款。

采用销售模式由于在获得销售许可证等相关证照时即可进行预售,因此资金的回收时间较早,并且收款进度与工程进度可以相配合,从而在一定程度上缓解项目的资金压力。而当采用租赁模式时,资金回收则一般需要在项目完全建成、配套设施完备后,才能进行出租,通过收取租金取得收益,其回收资金的时间较为靠后。

责任编辑：邓创业
封面设计：汪　莹

图书在版编目（CIP）数据

境外投资项目法律风险防范研究 / 王甲国主编. -- 北京 ：
人民出版社，2025. 6. -- ISBN 978‒7‒01‒027124‒8

Ⅰ. D922. 295.4

中国国家版本馆 CIP 数据核字第 2025Z3Z939 号

境外投资项目法律风险防范研究

JINGWAI TOUZI XIANGMU FALÜ FENGXIAN FANGFAN YANJIU

王甲国　主编

人民出版社 出版发行
（100706　北京市东城区隆福寺街 99 号）

北京建宏印刷有限公司印刷　新华书店经销

2025 年 6 月第 1 版　2025 年 6 月北京第 1 次印刷
开本：710 毫米×1000 毫米 1/16　印张：33.25
字数：456 千字

ISBN 978‒7‒01‒027124‒8　定价：58.00 元

邮购地址 100706　北京市东城区隆福寺街 99 号
人民东方图书销售中心　电话（010）65250042　65289539